AF889311

Deutsche Reichsgesetzgebung.
Text-Ausgaben.

Reichs-Justizgesetze.

Gerichtsverfassungsgesetz.
Strafprozeßordnung.
Civilprozeßordnung.
Konkursordnung.

Text-Ausgaben und Register.

Berlin.
Verlag von J. Guttentag (D. Collin.)
1877.

Deutsche Reichsgesetzgebung.
Text-Ausgaben.

Gerichtsverfassungsgesetz

für

das Deutsche Reich.

Text-Ausgabe.

Berlin.
Verlag von J. Guttentag (D. Collin.)
1877.

Inhalt.

Drittes Buch.

Rechtsmittel.

Viertes Buch.

Wiederaufnahme eines durch rechtskräftiges Urtheil geschlossenen Verfahrens

Fünftes Buch.

Betheiligung des Verletzten bei dem Verfahren.

Sechstes Buch.

Besondere Arten des Verfahrens.

Einleitung.

Im Art. 4. Nr. 13 der Reichsverfassung ist bestimmt, daß die gemeinsame Gesetzgebung über das gerichtliche Verfahren der Gesetzgebung des Reichs unterliege (S. Art. 4. Nr. 13 der Verfassung des Deutschen Reichs v. 16. April 1871 und das Gesetz vom 20. Dezember 1873 R. G. Bl. S. 379). Die ausdrückliche Ausdehnung der Kompetenz des Deutschen Reichs auf die Gesetzgebung über das gerichtliche Verfahren „einschließlich der Gerichtsorganisation" fand im Reichstage Widerspruch, jedoch nur aus dem Grunde, weil die ausdrückliche Hervorhebung dieser Worte für unnöthig gehalten wurde, insoweit es sich um solche Anordnungen über die Gerichtsorganisation handele, welche sich aus der Einrichtung des Verfahrens selbst als die naturgemäße und nothwendige Voraussetzung oder Ergänzung desselben ergeben (Stenogr. Ber. 1869 S. 440 ff. 651 ff., 1871 S. 206 ff., 1872 S. 596. 601).

Gleichzeitig mit der Ausarbeitung der Prozeßgesetz-Entwürfe hat daher der Bundesrath die Regelung der Verfassung der deutschen Gerichte vorbereitet.

In der Sitzung des Bundesraths vom 21. Februar 1870 wurde beschlossen:

den Bundeskanzler zu ersuchen, den Entwurf eines Bundesgesetzes, betreffend die Gerichtsverfassung und die gerichtlichen Institutionen, ausarbeiten zu lassen und diesen Entwurf sodann dem Bundesrathe zur Beschlußfassung über das für die Prüfung und Feststellung des Entwurfs einzuhaltende weitere Verfahren vorzulegen.

Ueber die Entstehung der in Folge dieses Beschlusses verfaßten, schließlich dem Reichstage vorgelegten Entwürfe sind nur spärliche Nachrichten in die Oeffentlichkeit gekommen. Nach der Mittheilung des Preußischen Justizministers Dr. Leonhardt in der Sitzung des Reichstags vom 25. November 1876 (Stenogr. Ber. S. 358. 359) wurde dieser „gleichsam für seine Person" schon Ende 1869 von dem Bundeskanzler ersucht, zu veranlassen, daß ein Gesetz ausgearbeitet werde, welches die Gerichtsverfassung betreffende Vorschriften enthalte, die nach Maßgabe der kommissarisch festgestellten Civilprozeßordnung für die Civilrechtspflege erforderlich würden. Der Preußische Justizminister erklärte, daß er den Auftrag übernehmen wolle, erklärte aber zugleich, daß es jedenfalls erforderlich sein werde, die Vorschriften über die Gerichtsverfassung zu verallgemeinern, und zwar in der Richtung, daß sie auch die Strafrechtspflege begriffen. Der Bundeskanzler ist hiermit stillschweigend einverstanden gewesen. Der Justizminister Dr. Leonhardt fand aber demnächst, daß die Angelegenheit in einem ganz anderen Umfange angegriffen werden müsse. Er ließ sich von dem Gedanken leiten, das Reichsgericht so herzustellen, daß es, wenn auch nicht ohne Mitwirkung der Landesjustizverwaltungen, so doch ohne Mitwirkung der Landesgesetzgebungen ins Leben treten könne, so daß ein Konflikt zwischen der Reichsgesetzgebung und der Landesgesetzgebung nicht eintreten könne. Demzufolge bestimmte er, daß ein vollständiges Gerichtsverfassungsgesetz ausgearbeitet werde und neben demselben eine Anwaltsordnung, eine Gebührenordnung für bürgerliche Rechtsstreitigkeiten, eine Notariatsordnung und ein Gesetz über die Formen der öffentlichen Beurkundung.

Diese Entwürfe erhielten bei einer in Berlin gehaltenen Konferenz der Justizminister der größeren Bundesstaaten keine Majorität. Sie wurden dem Reichskanzleramte übersendet, jedoch nicht weiter verfolgt.

Der vollständige Entwurf eines Gerichtsverfassungsgesetzes wurde zu einem Bruchstücke eines solchen umgearbeitet und mittelst Schreibens des Reichskanzlers vom 12. November 1873 nebst dem Entwurfe eines Einführungsgesetzes dem Bundesrathe mit dem Antrage vorgelegt, über das für die Prüfung und Feststellung beider Entwürfe einzuhaltende weitere Verfahren beschließen zu wollen. Nach erfolgter Prüfung durch den Justizausschuß des Bundesraths wurden die Entwürfe am 12. Mai 1874 dem Bundesrathe wiederum vorgelegt und von demselben in seinen Sitzungen vom Juni 1874 definitiv festgestellt.

Demnächst wurden dieselben dem am 29. Oktober 1874 zusammengetretenen Reichstage mit den Entwürfen zur Zivilprozeßordnung und zur Strafprozeßordnung vorgelegt und gelangten am 24. und 25. November 1874 zur ersten Berathung. In Folge derselben wurde beschlossen, die Gesetz-Entwürfe einer Kommission von 28 Mitgliedern zur weiteren Vorberathung zu überweisen. Zu Mitgliedern dieser (XI) Kommission wurden gewählt: die Abgeordneten Reichensperger (Olpe), Obertribunals-Rath in Berlin, von Forcade de Biaix, Obertribunals-Rath in Berlin, Dr. Mayer (Donauwörth), Appellationsgerichts-Rath in Augsburg, Hauck, Bezirksamtmann in Markt Scheinfeld (Mittelfranken), von Schöning, Landrath und Rittergutsbesitzer in Pyritz, von Jagow, Wirklicher Geheimer Rath und Oberpräsident in Potsdam, Thilo, Kreisgerichts-Direktor in Delitzsch, Dr. von Schwarze, General-Staatsanwalt in Dresden, Klotz, Kreisgerichtsrath in Berlin, Herz, Bezirksgerichts-Rath in Nürnberg, Eysoldt, Advokat in Pirna, Dr. Zinn, Direktor und Chef-Arzt der Land-Irrenanstalt zu Neustadt-Eberswalde, Dr. Lasker, Rechtsanwalt in Berlin, Dr. Marquardsen, ord. Professor in Erlangen, Miquél, Oberbürgermeister a. D. in Berlin, von Puttkamer (Fraustadt), Appellationsgerichts-Rath in Colmar (Elsaß), Bernards, Landgerichts-Assessor in Düsseldorf, Dr. Lieber in Camberg, Pfafferott, Amtsrichter in Liebenburg (Provinz Hannover), Dr. Krätzer, Appellationsgerichts-Rath in Passau, Dr. Bähr (Cassel), Obertribunals-Rath in Berlin, Becker (Oldenburg), Oberappellationsgerichts-Rath in Oldenburg, Dr. Gneist, ord. Professor in Berlin, Dr.

Grimm, Rechtsanwalt in Mannheim, Dr. Völk, Rechtsanwalt in Augsburg, Struckmann (Diepholz), Obertribunals-Rath in Berlin, Dr. Wolffson, Advokat in Hamburg, Gaupp, Kreisgerichts-Rath in Ellwangen (Württemberg).

Durch das Gesetz vom 23. Dezember 1874 (R. G. Bl. S. 194) wurde die Kommission ermächtigt, auch nach der Vertagung des Reichstages bis zum Wiederzusammentritt desselben ihre Berathungen fortzusetzen, damit die Entwürfe in einer der nächstfolgenden Sitzungen des Reichstags zur zweiten Berathung gelangen könnten.

Nach Wiederzusammentritt des Reichstags am 27. Oktober 1875 wurde die Kommssion, nachdem der Abgeordnete Miquél in der Sitzung vom 29. Oktober 1875 einen kurzen Rechenschaftsbericht gegeben hatte, wiedergewählt und demnächst durch das Gesetz vom 1. Februar 1876 (R. G Bl. S. 15) der frühere Auftrag bestätigt bezw. verlängert.

Die Kommission konstituirte sich am 26. Januar 1875 durch die Wahl des Abgeordneten Miquél als Vorsitzenden und des Abgeordneten Dr. von Schwarze als Stellvertreters desselben, sowie der Abgeordneten Eysoldt, Mayer (Donauwörth), Struckmann und Thilo als Schriftführer. Auf ihren Antrag wurden ihr als Protokollführer der Königl. Preußische Gerichtsassessor Sydow, der Königl. Bayerische Stadtgerichtsassessor Dr. Seuffert und der Königl. Sächsische Gerichtsassessor Dr. Schreber beigeordnet. Nach dem Rücktritt des Dr. Seuffert trat an dessen Stelle der

Königl. Bayerische Assessor Mettenleiter; Assessor Sydow wurde zeitweise durch den Königl. Württembergischen Kreisrichter Ege bei der Protokollführung vertreten.

Die von den genannten Herren geführten Protokolle wurden stets den Kommissionsmitgliedern zur Revision vorgelegt und erst nach der auf diese Weise erfolgten Feststellung ihres Inhalts gedruckt. Sie sind sämmtlichen Mitgliedern des Reichstags fortlaufend zugestellt worden und in gleicher Weise den Bundesregierungen kommunizirt.

Zur Redaktion der Beschlüsse der Kommission wurde eine besondere Subkommission eingesetzt. Dieselbe bestand aus den Abgeordneten Dr. Bähr, Becker, Dr. von Schwarze, zu welchen in zweiter Lesung noch die Abgeordneten von Forcade de Biaix und Klotz hinzutraten. Die Redaktionskommission hatte außer der Redaktion der Kommissionsbeschlüsse die Aufgabe, den Sprachgebrauch der drei Entwürfe in Uebereinstimmung zu bringen, bezw. in Uebereinstimmung zu halten, sowie die durch abändernde Beschlüsse der Kommission bedingten Konsequenzen zu formuliren.

Die Anträge der Redaktionskommission wurden fortlaufend gedruckt den übrigen Mitgliedern zugestellt. Erfolgte kein Widerspruch gegen die Richtigkeit derselben, so galten sie als genehmigt, während im anderen Falle ein Plenarbeschluß der Kommission über die streitige Frage herbeigeführt wurde.

Die Gesetzentwürfe sind von der Kommission in

zwei Lesungen durchberathen. Die Ergebnisse der ersten Lesung wurden gedruckt zusammengestellt und dienten diese Zusammenstellungen als Grundlage für die zweiten Lesungen. Auch die Zusammenstellungen beider Lesungen sind den Mitgliedern des Reichstags zugegangen.

Die Berathung der Entwürfe erfolgte in nachstehender Reihenfolge. Zuerst gelangten die Civilprozeßordnung und die Strafprozeßordnung, sowie die auf die Handelsgerichte und das Verfahren vor denselben bezüglichen Theile des Gerichtsverfassungsgesetzes in erster Lesung zur Berathung. Die Kommission lehnte zwar die Handelsgerichte ab, trat jedoch auf den bezeugten Wunsch des Bundesraths für den Fall entgegengesetzter Beschlußfassung des Reichstags eventuell in die Detailberathung des auf das Verfahren vor den Handelsgerichten bezüglichen Theiles der Civilprozeßordnung ein.

Demnächst wurden die Civilprozeßordnung in zweiter Lesung und hiernach das Gerichtsverfassungsgesetz und sämmtliche Einführungsgesetze in erster Lesung durchberathen. Nach Vollendung der Berathung der Civilprozeßordnung in zweiter Lesung wurde dieselbe noch einmal auf Grund der abgegebenen Erklärungen des Bundesraths, sowie zur Beschlußfassung über die von einigen bayerischen Mitgliedern der Kommission, welche bei der zweiten Lesung abwesend gewesen waren, gestellten Anträge wieder eröffnet und gelangte erst dann die Berathung der Civilprozeßordnung zum Abschluß.

Die zweite Lesung des Gerichtsverfassungsgesetzes und

der Strafprozeßordnung, sowie der Einführungsgesetze erfolgte gleichfalls, nachdem die Ergebnisse der ersten Lesung der Beschlußfassung des Bundesraths unterlegen hatten.

Die Beschlüsse des Bundesraths wurden der Kommission theils in übersichtlicher Darstellung, theils bei Berathung der einzelnen Paragraphen mitgetheilt. Sie gelangten zur Diskussion auf Grund von Anträgen, welche, sofern sie nicht einzelne Mitglieder stellten, vom Vorsitzenden unterzeichnet wurden.

Die Kommission hat 160 Sitzungen gehalten.

Die Berathung des Gerichtsverfassungsgesetzes und des Einführungsgesetzes zu demselben hat einschließlich der eventuellen Berathung des handelsgerichtlichen Verfahrens in erster Lesung 36 Sitzungen, in zweiter Lesung 17 Sitzungen, die Berathung der Civilprozeßordnung und des Einführungsgesetzes zu derselben in erster Lesung 36 Sitzungen, in zweiter Lesung 18 Sitzungen, endlich die Berathung der Strafprozeßordnung und des Einführungsgesetzes zu derselben in erster Lesung 52 Sitzungen, in zweiter Lesung 20 Sitzungen erfordert.

Die Kommission ist versammelt gewesen: am 26., 28., 30. und 31. Januar 1875, vom 26. April bis zum 10. Juli 1875, vom 1. September 1875 bis zum 19. Februar 1876 und vom 2. Mai bis zum 3. Juli 1876.

Die Redaktionskommission hat, soviel festgestellt worden, 85 Sitzungen gehabt.

Als Vertreter des Deutschen Reichs und der Einzelstaaten nahmen an den Berathungen Theil

1. der Civilprozeßordnung: der Direktor des Reichskanzleramts Kaiserl. Wirkl. Geh. Ober-Regierungsrath von Amsberg, der Kaiserl. Geh. Oberregierungsrath Hanauer, der Kaiserl. Geh. Regierungsrath Hagens, der Kgl. Preuß. Geh. Oberjustizrath Kurlbaum II., der Kgl. Preußische Oberst-Lieutenant Blume, der Kgl. Bayerische Appellationsgerichtsrath Dr. Hauser, der Kgl. Württembergische Ministerialrath Heß, der Kgl. Württembergische Obertribunalsrath von Kohlhaas, der Kgl. Sächsische Geh. Justizrath Held;

2. der Strafprozeßordnung: die oben genannten Mitglieder des Reichskanzleramts, der Kgl. Preußische Geh. Justizrath Oehlschläger, der Kgl. Preußische Geh. Justizrath Schmidt, der Kgl. Bayerische Ministerial-Rath Loé, der Kgl Bayerische Appellationsgerichtsrath Dr. Hauser, der Kgl. Sächs. Geh. Justizrath Held, der Kgl. Württembergische Obertribunals-Vizedirektor von Beyerle, der Kgl. Württembergische Ministerial-Rath Heß;

3. des Gerichtsverfassungsgesetzes: die oben genannten Mitglieder des Reichskanzleramts, der Kgl. Preußische Geh. Oberjustizrath Kurlbaum II., der Kgl. Preußische Geh. Justizrath Schmidt, der Kgl. Preußische Geh. Justizrath Oehlschläger, der Kgl. Preußische Geh. Ober-Regierungsrath Dr. Forch, der Kgl. Bayerische Ministerialrath Loé, der Kgl. Bayerische Appellationsgerichtsrath Dr. Hauser, der Kgl. Württembergische Ministerialrath Heß, der Kgl. Sächsische Geh. Justizrath Held, der Kaiserl. Geh. Oberpostrath Dr. Fischer.

Außerdem betheiligten sich der Kgl. Preuß. Justizminister Dr. Leonhardt und der Kgl. Bayerische Justizminister Dr. von Faeustle an verschiedenen Sitzungen zur Berathung des Gerichtsverfassungsgesetzes und der Civilprozeßordnung.

Die Mitglieder des Kaiserlichen Reichskanzleramts, sowie die Vertreter verschiedener Bundesregierungen nahmen ebenfalls regelmäßig an den Arbeiten der Redaktionskommission Theil.

Zur Berathung und Abstimmung gelangten außer den Anträgen der Mitglieder der Kommission die von sonstigen Mitgliedern des Reichstags eingereichten Anträge. In der Regel wurden alle Anträge vor der Abstimmung gedruckt, ohne daß jedoch schriftliche, während der Berathung eingebrachte Anträge nach der Geschäftsordnung ausgeschlossen waren. In zweiter Lesung wurde jedoch beschlossen, daß angenommene schriftliche Anträge auch nach der Beschlußfassung gedruckt werden sollten und daß es jedem Mitgliede freistehe, nach erfolgtem Druck eine nochmalige Abstimmung über den betreffenden Antrag zu fordern.

Nach Beendigung der zweiten Lesungen der Entwürfe beschloß die Kommission, dem Reichstag über dieselben schriftliche Berichte erstatten zu lassen. Nach dem Beschluß der Kommission sollten diese Berichte jedoch keine erschöpfende und eingehende Begründung aller einzelnen Beschlüsse der Kommission enthalten, da diese in den gedruckten Protokollen niedergelegt ist. Die Berichte sollten vielmehr nur eine erläuternde übersichtliche Darstellung der wichtigsten zur Erörterung gelangten Fragen und der wesentlichsten Differenzpunkte zwischen der Kommission und dem Bundesrathe geben und dadurch das Verständniß der Ergebnisse der Berathungen dem Reichstag und dem deutschen Volke selbst erleichtern.

Als Berichterstatter wurden gewählt:

1. für das Verfassungsgesetz und das Einführungsgesetz zu demselben der Abg Miquél, als Korreferent und Stellvertreter desselben der Abg. Hauck;

2. für die Civilprozeßordnung und das Einführungsgesetz zu derselben der Abg. Becker, als Korreferent und Stellvertreter desselben der Abg. von Forcade de Biaix;

3. für die Strafprozeßordnung und das Einführungsgesetz zu derselben der Abg. Dr. von Schwarze, als Korreferent und Stellvertreter desselben der Abg. Klotz.

In den Sitzungen des am 30. Oktober 1876 wiederum zusammengetretenen Reichstags erfolgte die zweite und dritte Plenarberathung der sämmtlichen Gesetzentwürfe, und zwar die zweite Berathung in den Sitzungen vom 7., 17., 18., 20., 21., 22., 23., 24., 25., 27., 28., 29 u. 30. November, 1. u. 2. Dezember 1876, die dritte Berathung in den Sitzungen vom 18., 19., 20. und 21. Dezember 1876 In der Sitzung vom 21. Dezember 1876 fanden auch die Gesammtabstimmungen statt.

In Betreff der Strafprozeßordnung ist noch Folgendes zu bemerken:

Am 18. April 1868 nahm der Reichstag auf Grund des Art 4. Nr. 13 der Norddeutschen Bundesverfassung den von den Abgeordneten Wagner (Altenburg) und Planck unter dem 30. März 1868 eingebrachten Antrag:

> „den Bundeskanzler aufzufordern, Entwürfe eines gemeinsamen Strafrechtes und eines gemeinsamen Strafprozesses, sowie der dadurch bedingten Vorschriften der Gerichtsorganisation baldthunlichst vorbereiten und dem Reichstage vorlegen zu lassen,"

mit großer Mehrheit an.

Nachdem der Bundesrath in seiner Sitzung vom 5. Juni 1868 diesem Beschlusse beigetreten war, wurde der Preußische Justizminister Dr. Leonhardt seitens des Bundeskanzlers unterm 12. Juli 1869 ersucht, gleich wie es mit dem materiellen Strafrechte geschehen war, auch die Aufstellung des Entwurfs einer Strafprozeßordnung zu veranlassen.

Der in Folge dieses Ersuchens aufgestellte Entwurf einer Strafprozeßordnuug wurde im Anfange des Jahres 1873 dem Bundesrathe vorgelegt und gleichzeitig mit den Motiven und einem Bande Anlagen durch den Buchhandel veröffentlicht. Hiernächst beschloß der Bundesrath auf den Antrag des Justizausschusses in der Sitzung vom 15. März 1873, den Entwurf einer aus elf angesehenen Juristen des deutschen Reiches zu bildenden Kommission zur Vorberathung zu überweisen. Zu Mitgliedern dieser Kommission wählte er: den Kgl. Preuß. Präsidenten Dr. Friedberg, den Kgl. Preuß.

Geh. Ober-Justizrath und vortragenden Rath im Justizministerium Dr. Förster, den Kgl. Preuß. Geh. Ober-Justizrath und Appellationsgerichts-Präsidenten Mager, den Kgl. Preuß. ord. Professor der Rechte, Staatsrath Dr. Zachariä, den Kgl. Preuß Rechtsanwalt Justiz-Rath Wiener, den Kgl. Bayerischen Appellationsgerichts-Rath und Referenten im Staatsministerium der Justiz Dr. Staudinger, den Kgl. Sächs. General-Staatsanwalt Dr. von Schwarze, den Kgl. Württ. Obertribunals-Rath von Binder, den Großh. Bad. Ministerialrath Dr. Bingner, den Großh. Hess. Ober-Appellations- und Kassationsgerichts-Rath Dr. Zentgraf und den Hamburgischen Ober-Staatsanwalt Dr. Mittelstädt. Diese Kommission trat am 17. April 1873 in Berlin zusammen und hielt bis zum 3. Juli desselben Jahres unter dem ständigen Vorsitze des Unterstaatssekretärs im Preußischen Justizministerium (jetzigen Wirkl. Geh. Raths und Staatssekretärs im Reichsjustizamt) Dr. Friedberg und unter Mitwirkung zweier Schriftführer 39 Sitzungen ab, in welchen der Entwurf in 3 Lesungen berathen wurde. Die Kommission änderte in vielen Einzelnheiten, ließ jedoch die Grundlage und das System unverändert. Der von der Kommission redigirte Entwurf wurde im Oktober 1873 (im Verlage der Kgl. Geh. Oberhofbuchdruckerei, R. v. Decker) veröffentlicht.

Nach der ersten Berathung vom 30. November 1874 überwies der Reichstag die Entwürfe der oben (S. X) erwähnten Kommission von 28 Mitgliedern.

Am 27. November 1876 trat der seit dem 30. Oktober einberufene Reichstag, nachdem er in den vorhergegangenen Tagen die Entwürfe der Civilprozeßordnung und des Gerichtsverfassungsgesetzes berathen hatte, in die zweite Berathung der Strafprozeßordnung, welche in 6 Sitzungen bis zum 2. Dezember beendigt wurde. Am 14. Dezember beim Beginn der dritten Lesung übersandte der Bundesrath eine Zusammenstellung derjenigen 18 Punkte, welche bezüglich des Gerichtsverfassungsgesetzes und der Strafprozeßordnung von ihm für nicht annehmbar erachtet wurden, worauf der Reichstag die weitere Beschlußfassung bis zum 18. Dezember vertagte. Vom 18. bis 21. Dezember erfolgte demnächst die dritte Lesung, welche zur Annahme der durch die Endbeschlüsse veränderten Kommissionsvorlagen führte.

I.

Gerichtsverfassungsgesetz

mit

Einführungsgesetz.

Einführungsgesetz
zum
Gerichtsverfassungsgesetze.

Vom 27. Januar 1877.

(R. G. Bl. 1877. Nr. 4 S. 77 u. ff.)

---

1. Das Gerichtsverfassungsgesetz tritt im ganzen Umfange des Reichs an einem durch Kaiserliche Verordnung mit Zustimmung des Bundesraths festzusetzenden Tage, spätestens am 1. Oktober 1879, gleichzeitig mit der im § 2 des Einführungsgesetzes der Civilprozeßordnung vorgesehenen Gebührenordnung, in Kraft.

2. Die Vorschriften des Gerichtsverfassungsgesetzes finden nur auf die ordentliche streitige Gerichtsbarkeit und deren Ausübung Anwendung.

Vgl. Ger. Verf. Ges. § 2.

3. Die Gerichtsbarkeit in bürgerlichen Rechtsstreitigkeiten und Strafsachen, für welche besondere Gerichte zugelassen sind, kann den ordentlichen Landesgerichten durch die Landesgesetzgebung übertragen werden. Die Uebertragung darf nach anderen als den durch das Gerichtsverfassungsgesetz vorgeschriebenen Zuständigkeitsnormen erfolgen.

Auch kann die Gerichtsbarkeit letzter Instanz in den

vorerwähnten Sachen auf Antrag des betreffenden Bundesstaates mit Zustimmung des Bundesraths durch Kaiserliche Verordnung dem Reichsgerichte übertragen werden.

Insoweit für bürgerliche Rechtsstreitigkeiten ein von den Vorschriften der Civilprozeßordnung abweichendes Verfahren gestattet ist, kann die Zuständigkeit der ordentlichen Landesgerichte durch die Landesgesetzgebung nach anderen als den durch das Gerichtsverfassungsgesetz vorgeschriebenen Normen bestimmt werden.

Vgl. Ger. Verf. Ges. § 14.

4. Durch die Vorschriften des Gerichtsverfassungsgesetzes über die Zuständigkeit der Behörden wird die Landesgesetzgebung nicht gehindert, den betreffenden Landesbehörden jede andere Art der Gerichtsbarkeit, sowie Geschäfte der Justizverwaltung zu übertragen. Andere Gegenstände der Verwaltung dürfen den ordentlichen Gerichten nicht übertragen werden.

Vgl. Str. Pr. O. § 483 Absatz 3.

5. In Ansehung der Landesherren und der Mitglieder der landesherrlichen Familien, sowie der Mitglieder der Fürstlichen Familie Hohenzollern finden die Bestimmungen des Gerichtsverfassungsgesetzes nur insoweit Anwendung, als nicht besondere Vorschriften der Hausverfassungen oder der Landesgesetze abweichende Bestimmungen enthalten.

6. Unberührt bleiben die bestehenden landesgesetzlichen Vorschriften über die Zuständigkeit der Schwurgerichte für die durch die Presse begangenen strafbaren Handlungen.

7. Die Militärgerichtsbarkeit, sowie das landesgesetzlich den Standesherren gewährte Recht auf Austräge werden durch das Gerichtsverfassungsgesetz nicht berührt.

8. Durch die Gesetzgebung eines Bundesstaates, in welchem mehrere Oberlandesgerichte errichtet werden, kann die Verhandlung und Entscheidung der zur Zuständigkeit des Reichsgerichts gehörenden Revisionen und Beschwerden in bürgerlichen Rechtsstreitigkeiten einem obersten Landesgerichte zugewiesen werden.

Diese Vorschrift findet jedoch auf bürgerliche Rechtsstreitigkeiten, welche zur Zuständigkeit des Reichs-Oberhandelsgerichts gehören oder durch besondere Reichsgesetze dem Reichsgerichte zugewiesen werden, keine Anwendung.

Vgl. Ger. Verf. Ges. § 135.

9. Durch die Gesetzgebung eines Bundesstaates, in welchem mehrere Oberlandesgerichte errichtet werden, kann die Verhandlung und Entscheidung der zur Zuständigkeit der Oberlandesgerichte gehörenden Revisionen und Beschwerden in Strafsachen ausschließlich einem der mehreren Oberlandesgerichte zugewiesen werden.

Vgl. Ger. Verf. Ges. § 123.

10. Die allgemeinen, sowie die in den §§ 126, 132, 133, 134, 137, 139, 140, 183 Abs. 1 enthaltenen besonderen Vorschriften des Gerichtsverfassungsgesetzes finden auf die obersten Landesgerichte als Behörden der ordentlichen streitigen Gerichtsbarkeit entsprechende Anwendung.

11. Die landesgesetzlichen Bestimmungen, durch welche die strafrechtliche oder civilrechtliche Verfolgung öffentlicher Beamten wegen der in Ausübung oder in Veranlassung der Ausübung ihres Amts vorgenommenen Handlungen an besondere Voraussetzungen gebunden ist, treten außer Kraft.

Unberührt bleiben die landesgesetzlichen Vorschriften, durch welche die Verfolgung der Beamten entweder im Falle des Verlangens einer vorgesetzten Behörde oder unbedingt an die Vorentscheidung einer besonderen Behörde gebunden ist, mit der Maßgabe:

1. daß die Vorentscheidung auf die Feststellung beschränkt ist, ob der Beamte sich einer Ueberschreitung seiner Amtsbefugnisse oder der Unterlassung einer ihm obliegenden Amtshandlung schuldig gemacht habe;
2. daß in den Bundesstaaten, in welchen ein oberster Verwaltungsgerichtshof besteht, die Vorentscheidung diesem, in den anderen Bundesstaaten dem Reichsgerichte zusteht.

12. Die für Elsaß-Lothringen geltenden Bestimmungen über die Gerichtssprache werden durch die Vorschrift des § 186 des Gerichtsverfassungsgesetzes nicht berührt.

13. Die Bestimmungen über das Richteramt im § 8 des Gerichtsverfassungsgesetzes treten in denjenigen Staaten, in welchen Vorschriften für die richterliche Entscheidung über die Enthebung eines Richters vom Amte oder über die Versetzung eines Richters an eine andere Stelle oder in Ruhestand nicht bestehen, nur gleichzeitig mit der landesgesetzlichen Regelung der Disziplinarverhältnisse der Richter in Wirksamkeit.

14. Die am Tage des Inkrafttretens des Gerichtsverfassungsgesetzes bei dem Reichs-Oberhandelsgerichte anhängigen Sachen gehen in der prozessualischen Lage, in welcher sie sich befinden, auf das Reichsgericht über.

15. Durch Kaiserliche Verordnung kann auf Antrag eines Bundesstaates und mit Zustimmung des Bundesraths die Verhandlung und Entscheidung derjenigen Sachen welche nach den bisherigen Prozeßgesetzen von dem obersten Landesgerichte zu erledigen gewesen wären, dem Reichsgerichte zugewiesen werden.

Vgl. Einf. Ges. z. Str. Pr. O. § 8.

16. Behufs Erledigung der nach Vorschrift des vorstehenden Paragraphen dem Reichsgerichte zugewiesenen Sachen können mit Zustimmung des Bundesraths durch Kaiserliche Verordnung bei dem Reichsgerichte Hülfssenate eingerichtet werden.

Der Reichskanzler bestimmt die Zusammensetzung der Hülfssenate und die Vertheilung der Geschäfte derselben.

Mit der Wahrnehmung der richterlichen Geschäfte in den Hülfssenaten können nur Mitglieder des Reichsgerichts und Mitglieder der früheren obersten Gerichte oder der Oberlandesgerichte beauftragt werden.

Die Anordnung ist für ein nicht zum Reichsgerichte gehörendes Mitglied bis zu dem Zeitpunkt unwiderruflich, in welchem die Wahrnehmung seiner Thätigkeit in dem Hülfssenate nicht mehr erforderlich ist.

17. Auf Antrag eines Bundesstaates und mit Zustimmung des Bundesraths kann durch Kaiserliche Verordnung die Verhandlung und Entscheidung der im § 17 des Gerichtsverfassungsgesetzes bezeichneten Streitigkeiten dem Reichsgerichte zugewiesen werden.

Für diejenigen Bundesstaaten, in denen die im § 17 des Gerichtsverfassungsgesetzes bezeichneten Behörden bestehen und nach Maßgabe der Vorschriften im § 17 Nr. 1—4 einer Veränderung ihrer Einrichtung und des Verfahrens bedürfen, kann die Veränderung, sofern sie nicht bis zum Inkrafttreten dieses Gesetzes landesgesetzlich getroffen ist, durch landesherrliche Verordnung eingeführt werden.

18. Die am Tage des Inkrafttretens des Gerichtsverfassungsgesetzes bei den Landesgerichten anhängigen Sachen können den ordentlichen Landesgerichten ohne Rücksicht auf die im Gerichtsverfassungsgesetze bestimmten Grenzen der Zuständigkeit durch die Landesgesetzgebung zugewiesen werden.

Vgl. Einf. Ges. z. Str. Pr. O. §. 8.

19. Die Mitglieder des Reichs-Oberhandelsgerichts werden durch Kaiserliche Verfügung mit Beibehaltung ihrer Besoldung entweder bei dem Reichsgerichte angestellt oder in den Ruhestand versetzt.

20. Bei der ersten Einrichtung der Landgerichte, der Oberlandesgerichte und der bei einem Amtsgerichte gebildeten Strafkammern und während der Dauer des ersten Geschäftsjahrs erfolgen die Geschäftsvertheilung und die Bestimmung der Mitglieder der Kammern und Senate, sowie der regelmäßigen Vertreter der Mitglieder durch die Landesjustizverwaltung.

Vgl. Ger. Verf. Ges. §§ 62, 63, 67, 69, 109, 121.

Bei der ersten Einrichtung des Reichsgerichts und während der Dauer des ersten Geschäftsjahrs erfolgen die Geschäftsvertheilung und die Bestimmung der Mitglieder der Senate, sowie der regelmäßigen Vertreter derselben durch den Reichskanzler.

Vgl. § 133.

21. Innerhalb zwei Jahren nach dem Inkrafttreten des Gerichtsverfassungsgesetzes kann die Landesjustizverwaltung bei nothwendiger Einziehung von Richterstellen die unfreiwillige Versetzung eines Richters an ein anderes Gericht von gleicher Ordnung unter Belassung des vollen Gehalts und Erstattung der Umzugskosten verfügen.

Vgl. § 8.

22. Die Bestimmungen des § 2 des Gerichtsverfassungsgesetzes über die Fähigkeit zum Richteramte finden auf diejenigen, welche vor dem Inkrafttreten des Gesetzes die erste Prüfung in einem Bundesstaate zurückgelegt haben, nur insoweit Anwendung, als nicht in dem Bundesstaate abweichende Vorschriften bestehen.

Der für den Vorbereitungsdienst vorgeschriebene Zeitraum kann für die ersten vier Jahre nach dem Inkrafttreten des Gesetzes in den einzelnen Bundesstaaten bis auf zwei Jahre abgekürzt werden.

Vgl. § 2.

Gerichtsverfassungsgesetz.

Vom 27. Januar 1877.

(R. G. Bl. 1877. Nr. 4 S. 41 u. ff.)

Gesetzeskraft spätestens mit dem 1. Oktober 1879.

(Vgl. § 1 des Einf.-Ges. zu diesem Gesetze.)

Erster Titel.

Richteramt.

1. Die richterliche Gewalt wird durch unabhängige, nur dem Gesetze unterworfene Gerichte ausgeübt.

2. Die Fähigkeit zum Richteramte wird durch die Ablegung zweier Prüfungen erlangt.

Der ersten Prüfung muß ein dreijähriges Studium der Rechtswissenschaft auf einer Universität vorangehen. Von dem dreijährigen Zeitraume sind mindestens drei Halbjahre dem Studium auf einer deutschen Universität zu widmen.

Zwischen der ersten und zweiten Prüfung muß ein Zeitraum von drei Jahren liegen, welcher im Dienste bei den Gerichten und bei den Rechtsanwälten zu verwenden ist, auch zum Theil bei der Staatsanwaltschaft verwendet werden kann.

In den einzelnen Bundesstaaten kann bestimmt werden,

daß der für das Universitätsstudium oder für den Vorbereitungsdienst bezeichnete Zeitraum verlängert wird, oder daß ein Theil des letzteren Zeitraums, jedoch höchstens ein Jahr, im Dienste bei Verwaltungsbehörden zu verwenden ist oder verwendet werden darf.

Vgl. E. G. § 22.

3. Wer in einem Bundesstaate die erste Prüfung bestanden hat, kann in jedem anderen Bundesstaate zur Vorbereitung für den Justizdienst und zur zweiten Prüfung zugelassen werden.

Die in einem Bundesstaate auf die Vorbereitung verwendete Zeit kann in jedem anderen Bundesstaate angerechnet werden.

4. Zum Richteramte befähigt ist ferner jeder ordentliche öffentliche Lehrer des Rechts an einer deutschen Universität.

5. Wer in einem Bundesstaate die Fähigkeit zum Richteramte erlangt hat, ist, soweit dieses Gesetz keine Ausnahme bestimmt, zu jedem Richteramte innerhalb des Deutschen Reichs befähigt.

Vgl. § 127.

6. Die Ernennung der Richter erfolgt auf Lebenszeit.

7. Die Richter beziehen in ihrer richterlichen Eigenschaft ein festes Gehalt mit Ausschluß von Gebühren.

8. Richter können wider ihren Willen nur kraft richterlicher Entscheidung und nur aus den Gründen und unter den Formen, welche die Gesetze bestimmen, dauernd oder zeitweise ihres Amts enthoben oder an eine andere Stelle oder in Ruhestand versetzt werden.

Vgl. §§ 128—136.

Die vorläufige Amtsenthebung, welche kraft Gesetzes eintritt, wird hierdurch nicht berührt.

Bei einer Veränderung in der Organisation der Gerichte oder ihrer Bezirke können unfreiwillige Versetzungen an ein anderes Gericht oder Entfernungen vom Amte unter Belassung des vollen Gehalts durch die Landesjustizverwaltung verfügt werden.

Vgl. E. G. §§ 11, 13, 21.

9. Wegen vermögensrechtlicher Ansprüche der Richter aus ihrem Dienstverhältnisse, insbesondere auf Gehalt, Wartegeld oder Ruhegehalt darf der Rechtsweg nicht ausgeschlossen werden.

Vgl. § 70.

10. Die landesgesetzlichen Bestimmungen über die Befähigung zur zeitweiligen Wahrnehmung richterlicher Geschäfte bleiben unberührt.

Vgl. § 69 Abs. 2.

11. Auf Handelsrichter, Schöffen und Geschworene finden die Bestimmungen der §§ 2—9 keine Anwendung.

Vgl. §§ 31, 84, 111.

Zweiter Titel.

Gerichtsbarkeit.

12. Die ordentliche streitige Gerichtsbarkeit wird durch Amtsgerichte und Landgerichte, durch Oberlandesgerichte und durch das Reichsgericht ausgeübt.

Vgl. §§ 23, 25, 70—76, 79, 80, 100, 101, 123, 135, 136, E G. §§ 9, 10.

13. Vor die ordentlichen Gerichte gehören alle bürgerlichen Rechtsstreitigkeiten und Strafsachen, für welche nicht entweder die Zuständigkeit von Verwaltungsbehörden oder Verwaltungsgerichten begründet ist, oder reichsgesetzlich besondere Gerichte bestellt oder zugelassen sind.

Vgl. § 17, E. G §§ 2, 3, 5 u. E. G. z. Str. Pr. O. §§ 3 u. 4.

14. Als besondere Gerichte werden zugelassen:

1. die auf Staatsverträgen beruhenden Rheinschifffahrts- und Elbzollgerichte;
2. Gerichte, welchen die Entscheidung von bürgerlichen Rechtsstreitigkeiten bei der Ablösung von Gerechtigkeiten oder Reallasten, bei Separationen, Konsolidationen, Verkoppelungen, gutsherrlich-bäuerlichen Auseinandersetzungen und dergleichen obliegt;
3. Gemeindegerichte, insoweit denselben die Entscheidung über vermögensrechtliche Ansprüche obliegt, deren Gegenstand in Geld oder Geldeswerth die Summe von sechzig Mark nicht übersteigt, jedoch mit der Maßgabe, daß gegen die Entscheidung der Gemeindegerichte innerhalb einer gesetzlich zu bestimmenden Frist sowohl dem Kläger wie dem Beklagten die Berufung auf den ordentlichen Rechtsweg zusteht, und daß der Gerichtsbarkeit des Gemeindegerichts, als Kläger oder Beklagter, nur Personen unterworfen werden dürfen, welche in der Gemeinde den Wohnsitz, eine Niederlassung oder im Sinne der §§ 18, 21 der Civilprozeßordnung den Aufenthalt haben;
4. Gewerbegerichte.

15. Die Gerichte sind Staatsgerichte.

Die Privatgerichtsbarkeit ist aufgehoben; an ihre Stelle tritt die Gerichtsbarkeit desjenigen Bundesstaates, in welchem sie ausgeübt wurde. Präsentationen für Anstellungen bei den Gerichten finden nicht statt.

Die Ausübung einer geistlichen Gerichtsbarkeit in weltlichen Angelegenheiten ist ohne bürgerliche Wirkung. Dies gilt insbesondere bei Ehe- und Verlöbnißsachen.

16. Ausnahmegerichte sind unstatthaft. Niemand darf seinem gesetzlichen Richter entzogen werden. Die gesetzlichen Bestimmungen über Kriegsgerichte und Standrechte werden hiervon nicht berührt.

Vgl. §§ 6, 155–161 d. Militärstrafgesetzbuches v. 20. Juni 1872.

17. Die Gerichte entscheiden über die Zulässigkeit des Rechtswegs.

Die Landesgesetzgebung kann jedoch die Entscheidung von Streitigkeiten zwischen den Gerichten und den Verwaltungsbehörden oder Verwaltungsgerichten über die Zulässigkeit des Rechtswegs besonderen Behörden nach Maßgabe der folgenden Bestimmungen übertragen:

Vgl. E. G. § 17.

1. Die Mitglieder werden für die Dauer des zur Zeit ihrer Ernennung von ihnen bekleideten Amts oder, falls sie zu dieser Zeit ein Amt nicht bekleiden, auf Lebenszeit ernannt. Eine Enthebung vom Amte kann nur unter denselben Voraussetzungen wie bei den Mitgliedern des Reichsgerichts stattfinden.

Vgl. §§ 6, 128–131.

2. Mindestens die Hälfte der Mitglieder muß dem Reichsgerichte oder dem obersten Landesgerichte oder einem Oberlandesgerichte angehören. Bei Entscheidungen dürfen Mitglieder nur in der gesetzlich bestimmten Anzahl mitwirken. Diese Anzahl muß eine ungerade sein und mindestens fünf betragen.

Vgl. E. G. §§ 9 u. 10.

3. Das Verfahren ist gesetzlich zu regeln. Die Entscheidung erfolgt in öffentlicher Sitzung nach Ladung der Parteien.

Vgl. §§ 170–174.

4. Sofern die Zulässigkeit des Rechtswegs durch rechtskräftiges Urtheil des Gerichts feststeht, ohne daß zuvor auf die Entscheidnng der besonderen Behörde angetragen war, bleibt die Entscheidung des Gerichts maßgebend.

18. Die inländische Gerichtsbarkeit erstreckt sich nicht auf die Chefs und Mitglieder der bei dem Deutschen Reiche beglaubigten Missionen. Sind diese Personen Staatsangehörige eines der Bundesstaaten, so sind sie nur insofern von der inländischen Gerichtsbarkeit befreit, als der Staat, dem sie angehören, sich der Gerichtsbarkeit über sie begeben hat.

Die Chefs und Mitglieder der bei einem Bundesstaate beglaubigten Missionen sind der Gerichtsbarkeit dieses Staates nicht unterworfen. Dasselbe gilt von den Mitgliedern des Bundesraths, welche nicht von demjenigen Staate abgeordnet sind, in dessen Gebiete der Bundesrath seinen Sitz hat.

19. Auf die Familienglieder, das Geschäftspersonal

der im § 18 erwähnten Personen und auf solche Bedienstete derselben, welche nicht Deutsche sind, finden die vorstehenden Bestimmungen Anwendung.

20. Durch die Bestimmungen der §§ 18, 19 werden die Vorschriften über den ausschließlich dinglichen Gerichtsstand in bürgerlichen Rechtsstreitigkeiten nicht berührt.

21. Die im Deutschen Reiche angestellten Konsuln sind der inländischen Gerichtsbarkeit unterworfen, sofern nicht in Verträgen des Deutschen Reichs mit anderen Mächten Vereinbarungen über die Befreiung der Konsuln von der inländischen Gerichtsbarkeit getroffen sind.

Dritter Titel.

Amtsgerichte.

22. Den Amtsgerichten stehen Einzelrichter vor.

Ist ein Amtsgericht mit mehreren Richtern besetzt, so wird einem derselben von der Landesjustizverwaltung die allgemeine Dienstaufsicht übertragen. Jeder Amtsrichter erledigt die ihm obliegenden Geschäfte als Einzelrichter.

Unter Dienstaufsicht soll die Aufsicht über die Subalternen und die Besorgung der Geschäftsleitung, nicht aber eine Aufsicht über die übrigen Richter, welche als Einzelrichter selbständig sind, verstanden werden [Prot.*) S. 152].

Geschäftsvertheilung nach Gattungen oder Bezirken, insbesondere auch Uebertragung der durch §§ 39 ff. zugewiesenen Funktionen, sowie die Stellvertretung ist der Regelung der Landesjustizverwaltung vorbehalten (Prot. S. 153.)

Vgl. auch Str. Pr. O. § 15.

---

*) Unter dem Allegat. „Prot." sind die Protokolle der Kommission des Reichstages verstanden.

23. Die Zuständigkeit der Amtsgerichte umfaßt in bürgerlichen Rechtsstreitigkeiten, soweit dieselben nicht ohne Rücksicht auf den Werth des Streitgegenstandes den Landgerichten zugewiesen sind:

Vgl. § 70.

1. Streitigkeiten über vermögensrechtliche Ansprüche, deren Gegenstand an Geld oder Geldeswerth die Summe von dreihundert Mark nicht übersteigt;
2. ohne Rücksicht auf den Werth des Streitgegenstandes:

Streitigkeiten zwischen Vermiethern und Miethern von Wohnungs- und anderen Räumen wegen Ueberlassung, Benutzung und Räumung derselben, sowie wegen Zurückhaltung der vom Miether in die Miethsräume eingebrachten Sachen;

Streitigkeiten zwischen Dienstherrschaft und Gesinde, zwischen Arbeitgebern und Arbeitern hinsichtlich des Dienst- und Arbeitsverhältnisses, sowie die im § 108 der Gewerbe-Ordnung bezeichneten Streitigkeiten, insofern dieselben während der Dauer des Dienst-, Arbeits- oder Lehrverhältnisses entstehen;

Streitigkeiten zwischen Reisenden und Wirthen, Fuhrleuten, Schiffern, Flößern oder Auswanderungsexpedienten in den Einschiffungshäfen, welche über Wirthszechen, Fuhrlohn, Ueberfahrtsgelder, Beförderung der Reisenden und ihrer Habe und über Verlust und Beschädigung der letzteren, sowie Streitigkeiten zwischen Reisenden und Handwerkern, welche aus Anlaß der Reise entstanden sind;

Streitigkeiten wegen Viehmängel;

Streitigkeiten wegen Wildschadens;
Ansprüche aus einem außerehelichen Beischlaf;
das Aufgebotsverfahren.

24. Im Uebrigen wird die Zuständigkeit und der Geschäftskreis der Amtsgerichte durch die Vorschriften dieses Gesetzes und der Prozeßordnungen bestimmt.

Vgl. § 110, E. G. § 4, Str. Pr. O. §§ 128, 160, 183, 222, 232, 483 No. 2.

Vierter Titel.

Schöffengerichte.

25. Für die Verhandlung und Entscheidung von Strafsachen werden bei den Amtsgerichten Schöffengerichte gebildet.

Vgl. Str. Pr. O. § 211.

26. Die Schöffengerichte bestehen aus dem Amtsrichter als Vorsitzenden und zwei Schöffen.

27. Die Schöffengerichte sind zuständig:

1. für alle Uebertretungen;

   Vgl. Str. Ges. Buch § 1. Absatz 3.

2. für diejenigen Vergehen, welche nur mit Gefängniß von höchstens drei Monaten, oder Geldstrafe von höchstens sechshundert Mark, allein oder neben Haft, oder in Verbindung mit einander, oder in Verbindung mit Einziehung bedroht sind, mit Ausnahme der im § 320 des Strafgesetzbuchs und der im § 74 dieses Gesetzes bezeichneten Vergehen;

   Vgl. Str. Ges. Buch §§ 123 Abs. 1, 148, 276, 292, 299, 337.

3. für die nur auf Antrag zu verfolgenden Beleidigungen und Körperverletzungen, wenn die Verfolgung im Wege der Privatklage geschieht;

Vgl. Str. Ges. Buch §§ 185–187, 189, 223, Str. Pr. O. §§ 414, 416 u. Einf. Ges. zur Str. Pr. O. § 11.

4. für das Vergehen des Diebstahls im Falle des § 242 des Strafgesetzbuchs, wenn der Werth des Gestohlenen fünfundzwanzig Mark nicht übersteigt;

5. für das Vergehen der Unterschlagung im Falle des § 246 des Strafgesetzbuchs, wenn der Werth des Unterschlagenen fünfundzwanzig Mark nicht übersteigt;

6. für das Vergehen des Betruges im Falle des § 263 des Strafgesetzbuchs, wenn der Schaden fünfundzwanzig Mark nicht übersteigt;

7. für das Vergehen der Sachbeschädigung im Falle des § 303 des Strafgesetzbuchs, wenn der Schaden fünfundzwanzig Mark nicht übersteigt;

8. für das Vergehen der Begünstigung und für das Vergehen der Hehlerei in den Fällen des § 258 Nr. 1 und des § 259 des Strafgesetzbuchs, wenn die Handlung, auf welche sich die Begünstigung oder die Hehlerei bezieht, zur Zuständigkeit der Schöffengerichte gehört.

28. Ist die Zuständigkeit des Schöffengerichts durch den Werth einer Sache oder den Betrag eines Schadens bedingt und stellt sich in der Hauptverhandlung heraus, daß der Werth oder Schaden mehr als fünfundzwanzig Mark beträgt, so hat das Gericht seine Unzuständigkeit nur

dann auszusprechen, wenn aus anderen Gründen die Aussetzung der Verhandlung geboten erscheint.

Unter den anderen Gründen sind die in den §§ **227**, **245** Str. Pr. O. gedachten gemeint. Es soll also eine **Unzuständigkeitserklärung** deshalb allein, weil der Werth oder Schaden 25 M. übersteigt, nicht erfolgen. Eine höhere Strafe als die in den §§ 27 No. 2 u. 75 dieses Gesetzes erwähnte ist mithin zulässig. (Prot. S. 215, 601–608).

29. Vor die Schöffengerichte gehören auch diejenigen Strafsachen, deren Verhandlung und Entscheidung ihnen nach den Bestimmungen des fünften Titels von den Strafkammern der Landgerichte überwiesen wird.

Vgl. § 75.

30. Insoweit das Gesetz nicht Ausnahmen bestimmt, üben die Schöffen während der Hauptverhandlung das Richteramt im vollen Umfange und mit gleichem Stimmrechte wie die Amtsrichter aus und nehmen auch an denjenigen, im Laufe einer Hauptverhandlung zu erlassenden Entscheidungen Theil, welche in keiner Beziehung zu der Urtheilsfällung stehen, und welche auch ohne vorgängige mündliche Verhandlung erlassen werden können.

Die außerhalb der Hauptverhandlung erforderlichen Entscheidungen werden von dem Amtsrichter erlassen.

Vgl. §§ 178–181 u. Str. Pr. O. §§ 50, 69, 77.

31. Das Amt eines Schöffen ist ein Ehrenamt. Dasselbe kann nur von einem Deutschen versehen werden.

Vgl. § 11 u. Str. Ges. B. §§ 31, 33–35.

32. Unfähig zu dem Amte eines Schöffen sind:

1. Personen, welche die Befähigung in Folge strafgerichtlicher Verurtheilung verloren haben;
   Vgl. Str. G. B. §§ 31, 33–35.
2. Personen, gegen welche das Hauptverfahren wegen eines Verbrechens oder Vergehens eröffnet ist, das die Aberkennung der bürgerlichen Ehrenrechte oder der Fähigkeit zur Bekleidung öffentlicher Aemter zur Folge haben kann;
   Vgl. Str. Pr. O. § 201.
3. Personen, welche in Folge gerichtlicher Anordnung in der Verfügung über ihr Vermögen beschränkt sind.

33. Zu dem Amte eines Schöffen sollen nicht berufen werden:

1. Personen, welche zur Zeit der Aufstellung der Urliste das dreißigste Lebensjahr noch nicht vollendet haben;
2. Personen, welche zur Zeit der Aufstellung der Urliste den Wohnsitz in der Gemeinde noch nicht zwei volle Jahre haben;
3. Personen, welche für sich oder ihre Familie Armenunterstützung aus öffentlichen Mitteln empfangen oder in den drei letzten Jahren, von Aufstellung der Urliste zurückgerechnet, empfangen haben;
4. Personen, welche wegen geistiger oder körperlicher Gebrechen zu dem Amte nicht geeignet sind;
5. Dienstboten.

34. Zu dem Amte eines Schöffen sollen ferner nicht berufen werden:

1. Minister;
2. Mitglieder der Senate der freien Hansestädte;

3. Reichsbeamte, welche jederzeit einstweilig in den Ruhestand versetzt werden können;

Vgl. § 25 des Reichsgesetzes v. 30. März 1873 betreffend die Dienstverhältnisse der Reichsbeamten.

4. Staatsbeamte, welche auf Grund der Landesgesetze jederzeit einstweilig in den Ruhestand versetzt werden können;

5. richterliche Beamte und Beamte der Staatsanwaltschaft;

Vgl. §§ 7, 12, 143.

6. gerichtliche und polizeiliche Vollstreckungsbeamte;

Vgl. § 155.

7. Religionsdiener;

8. Volksschullehrer;

9. dem aktiven Heere oder der aktiven Marine angehörende Militärpersonen.

Die Landesgesetze können außer den vorbezeichneten Beamten höhere Verwaltungsbeamte bezeichnen, welche zu dem Amte eines Schöffen nicht berufen werden sollen.

35. Die Berufung zum Amte eines Schöffen dürfen ablehnen:

1. Mitglieder einer deutschen gesetzgebenden Versammlung;

2. Personen, welche im letzten Geschäftsjahre die Verpflichtung eines Geschworenen, oder an wenigstens fünf Sitzungstagen die Verpflichtung eines Schöffen erfüllt haben;

Vgl. § 43.

3. Aerzte;

4. Apotheker, welche keine Gehülfen haben;

5. Personen, welche das fünfundsechszigste Lebensjahr zur

Zeit der Aufstellung der Urliste vollendet haben oder dasselbe bis zum Ablaufe des Geschäftsjahrs vollenden würden;

6. Personen, welche glaubhaft machen, daß sie den mit der Ausübung des Amts verbundenen Aufwand zu tragen nicht vermögen.

36. Der Vorsteher einer jeden Gemeinde oder eines landesgesetzlich der Gemeinde gleichstehenden Verbandes hat alljährlich ein Verzeichniß der in der Gemeinde wohnhaften Personen, welche zu dem Schöffenamte berufen werden können, aufzustellen (Urliste).

Die Urliste ist in der Gemeinde eine Woche lang zu Jedermanns Einsicht auszulegen. Der Zeitpunkt der Auslegung ist vorher öffentlich bekannt zu machen.

37. Gegen die Richtigkeit oder Vollständigkeit der Urliste kann innerhalb der einwöchigen Frist schriftlich oder zu Protokoll Einsprache erhoben werden.

38. Der Gemeindevorsteher sendet die Urliste nebst den erhobenen Einsprachen und den ihm erforderlich erscheinenden Bemerkungen an den Amtsrichter des Bezirks.

Wird nach Absendung der Urliste die Berichtigung derselben erforderlich, so hat der Gemeindevorsteher hiervon dem Amtsrichter Anzeige zu machen.

Vgl. § 22.

39. Der Amtsrichter stellt die Urlisten des Bezirks zusammen und bereitet den Beschluß über die Einsprachen gegen dieselben vor. Er hat die Beachtung der Vorschriften des § 36. Abs. 2. zu prüfen und die Abstellung etwaiger Mängel zu veranlassen.

40. Bei dem Amtsgerichte tritt alljährlich ein Ausschuß zusammen.

Der Ausschuß besteht aus dem Amtsrichter als Vorsitzenden und einem von der Landesregierung zu bestimmenden Staatsverwaltungsbeamten, sowie sieben Vertrauensmännern als Beisitzern.

Die Vertrauensmänner werden aus den Einwohnern des Amtsgerichtsbezirks gewählt.

Vgl § 56.

Die Wahl erfolgt nach näherer Bestimmung der Landesgesetze durch die Vertretungen der Kreise, Aemter, Gemeinden oder dergleichen Verbände; wenn solche Vertretungen nicht vorhanden sind, durch den Amtsrichter. Letzterer hat die Vertrauensmänner vornehmlich aus den Vorstehern der vorbezeichneten Verbände zu wählen.

Zur Beschlußfähigkeit des Ausschusses genügt die Anwesenheit des Vorsitzenden, des Staatsverwaltungsbeamten und dreier Vertrauensmänner. Der Ausschuß faßt seine Beschlüsse nach der absoluten Mehrheit der Stimmen. Bei Stimmengleichheit entscheidet die Stimme des Vorsitzenden.

41. Der Ausschuß entscheidet über die gegen die Urliste erhobenen Einsprachen. Die Entscheidungen sind zu Protokoll zu vermerken. Beschwerde findet nicht statt.

42. Aus der berichtigten Urliste wählt der Ausschuß für das nächste Geschäftsjahr:

1. die erforderliche Zahl von Schöffen,

2. die erforderliche Zahl derjenigen Personen, welche in der von dem Ausschusse festzusetzenden Reihenfolge an die Stelle wegfallender Schöffen treten (Hülfsschöffen). Die Wahl ist auf Personen zu richten, welche am Sitze des Amtsgerichts oder in dessen nächster Umgebung wohnen.

43. Die für jedes Amtsgericht erforderliche Zahl von Hauptschöffen und Hülfsschöffen wird durch die Landesjustizverwaltung bestimmt.

Die Bestimmung der Zahl der Hauptschöffen erfolgt in der Art, daß voraussichtlich Jeder höchstens zu fünf ordentlichen Sitzungstagen im Jahre herangezogen wird.

Vgl. § 35 No. 2.

44. Die Namen der erwählten Hauptschöffen und Hülfsschöffen werden bei jedem Amtsgerichte in gesonderte Verzeichnisse aufgenommen (Jahreslisten).

Vgl. Einf. Ges. z. Str. Pr. O. § 2.

45. Die Tage der ordentlichen Sitzungen des Schöffengerichts werden für das ganze Jahr im voraus festgestellt.

Die Reihenfolge, in welcher die Hauptschöffen an den einzelnen ordentlichen Sitzungen des Jahres Theil nehmen, wird durch Ausloosung in öffentlicher Sitzung des Amtsgerichts bestimmt. Das Loos zieht der Amtsrichter.

Ueber die Ausloosung wird von dem Gerichtsschreiber ein Protokoll aufgenommen.

Vgl. Str. Pr. O. §§ 166, 185.

46. Der Amtsrichter setzt die Schöffen von ihrer Ausloosung und von den Sitzungstagen, an welchen sie in Thätigkeit zu treten haben, unter Hinweis auf die gesetzlichen Folgen des Ausbleibens in Kenntniß.

In gleicher Weise werden die im Laufe des Geschäftsjahrs einzuberufenden Schöffen benachrichtigt.

Vgl. § 56.

47. Eine Aenderung in der bestimmten Reihenfolge kann auf übereinstimmenden Antrag der betheiligten Schöffen von dem Amtsrichter bewilligt werden, sofern die in den betreffenden Sitzungen zu verhandelnden Sachen noch nicht bestimmt sind. Der Antrag und die Bewilligung sind aktenkundig zu machen.

48. Wenn die Geschäfte die Anberaumung außerordentlicher Sitzungen erforderlich machen, so werden die einzuberufenden Schöffen vor dem Sitzungstage in Gemäßheit des § 45 ausgeloost.

Erscheint dies wegen Dringlichkeit unthunlich, so erfolgt die Ausloosung durch den Amtsrichter lediglich aus der Zahl der am Sitze des Gerichts wohnenden Hülfsschöffen. Die Umstände, welche den Amtsrichter hierzu veranlaßt haben, sind aktenkundig zu machen.

49. Wird zu einzelnen Sitzungen die Zuziehung anderer als der zunächst berufenen Schöffen erforderlich, so erfolgt dieselbe aus der Zahl der Hülfsschöffen nach der Reihenfolge der Jahresliste.

Vgl. §§ 22 ff. 81, 56 u. Str. Pr. O. § 194.

Würde durch die Berufung der letzteren eine Vertagung der Verhandlung oder eine erhebliche Verzögerung ihres

Beginns nothwendig, so sind die nicht am Sitze des Gerichts wohnenden Hülfsschöffen zu übergehen.

Vgl. § 42 No. 2.

50. Erstreckt sich die Dauer einer Sitzung über die Zeit hinaus, für welche der Schöffe zunächst einberufen ist, so hat er bis zur Beendigung der Sitzung seine Amtsthätigkeit fortzusetzen.

Vgl. Str. Pr. O. § 228.

51. Die Beeidigung der Schöffen erfolgt bei ihrer ersten Dienstleistung in öffentlicher Sitzung. Sie gilt für die Dauer des Geschäftsjahrs.

Der Vorsitzende richtet an die zu Beeidigenden die Worte:

„Sie schwören bei Gott dem Allmächtigen und Allwissenden, die Pflichten eines Schöffen getreulich zu erfüllen und Ihre Stimmen nach bestem Wissen und Gewissen abzugeben."

Die Schöffen leisten den Eid, indem Jeder einzeln die Worte spricht:

„ich schwöre es, so wahr mir Gott helfe."

Der Schwörende soll bei der Eidesleistung die rechte Hand erheben.

Ist ein Schöffe Mitglied einer Religionsgesellschaft, welcher das Gesetz den Gebrauch gewisser Betheuerungsformeln an Stelle des Eides gestattet, so wird die Abgabe einer Erklärung unter der Betheuerungsformel dieser Religionsgesellschaft der Eidesleistung gleich geachtet.

Ueber die Beeidigung wird von dem Gerichtsschreiber ein Protokoll aufgenommen.

Vgl. § 170.

52. Wenn die Unfähigkeit einer als Schöffe in die Jahresliste aufgenommenen Person eintritt oder bekannt wird, so ist der Name derselben von der Liste zu streichen.

Ein Schöffe, hinsichtlich dessen nach seiner Aufnahme in die Jahresliste andere Umstände eintreten oder bekannt werden, bei deren Vorhandensein eine Berufung zum Schöffenamte nicht erfolgen soll, ist zur Dienstleistung ferner nicht heranzuziehen.

Die Entscheidung erfolgt durch den Amtsrichter nach Anhörung der Staatsanwaltschaft und des betheiligten Schöffen.

Beschwerde findet nicht statt.

Vgl. § 32–34.

53. Ablehnungsgründe sind nur zu berücksichtigen, wenn sie innerhalb einer Woche, nachdem der betheiligte Schöffe von seiner Einberufung in Kenntniß gesetzt worden ist, von demselben geltend gemacht werden. Fällt ihre Entstehung oder Bekanntwerdung in eine spätere Zeit, so ist die Frist erst von diesem Zeitpunkte zu berechnen.

Der Amtsrichter entscheidet über das Gesuch nach Anhörung der Staatsanwaltschaft. Beschwerde findet nicht statt.

Vgl. § 35.

54. Der Amtsrichter kann einen Schöffen auf dessen Antrag wegen eingetretener Hinderungsgründe von der Dienstleistung an bestimmten Sitzungstagen entbinden.

Die Entbindung des Schöffen von der Dienstleistung kann davon abhängig gemacht werden, daß ein anderer für das Dienstjahr bestimmter Schöffe für ihn eintritt.

Der Antrag und die Bewilligung sind aktenkundig zu machen.

55. Die Schöffen und die Vertrauensmänner des Ausschusses erhalten Vergütung der Reisekosten.

Vgl. § 40.

56. Schöffen und Vertrauensmänner des Ausschusses, welche ohne genügende Entschuldigung zu den Sitzungen nicht rechtzeitig sich einfinden oder ihren Obliegenheiten in anderer Weise sich entziehen, sind zu einer Ordnungsstrafe von fünf bis zu eintausend Mark, sowie in die verursachten Kosten zu verurtheilen.

Die Verurtheilung wird durch den Amtsrichter nach Anhörung der Staatsanwaltschaft ausgesprochen. Erfolgt nachträglich genügende Entschuldigung, so kann die Verurtheilung ganz oder theilweise zurückgenommen werden. Gegen die Entscheidungen findet Beschwerde von Seiten des Verurtheilten nach den Vorschriften der Strafprozeßordnung statt.

Vgl. § 72, Str. Pr. O. § 346–352.

57. Bis zu welchem Tage die Urlisten aufzustellen und dem Amtsrichter einzureichen sind, der Ausschuß zu berufen und die Ausloosung der Schöffen zu bewirken ist, wird durch die Landesjustizverwaltung bestimmt.

Vgl. §§ 36, 42, 45.

Fünfter Titel.

Landgerichte.

58. Die Landgerichte werden mit einem Präsidenten und der erforderlichen Anzahl von Direktoren und Mitgliedern besetzt.

59. Bei den Landgerichten werden Civil- und Strafkammern gebildet.

Vgl. §§ 70–75.

60. Bei den Landgerichten sind Untersuchungsrichter nach Bedürfniß zu bestellen.

Vgl. Str. Pr. O. §§ 182,183.

Die Bestellung erfolgt durch die Landesjustizverwaltung auf die Dauer eines Geschäftsjahrs.

61. Den Vorsitz im Plenum führt der Präsident, den Vorsitz in den Kammern führen der Präsident und die Direktoren. Vor Beginn des Geschäftsjahrs bestimmt der Präsident die Kammer, welcher er sich anschließt. Ueber die Vertheilung des Vorsitzes in den übrigen Kammern entscheiden der Präsident und die Direktoren nach Stimmenmehrheit; im Falle der Stimmengleichheit giebt die Stimme des Präsidenten den Ausschlag.

Vgl. E. G. § 20.

62. Vor Beginn des Geschäftsjahrs werden auf die Dauer desselben die Geschäfte unter die Kammern derselben Art vertheilt und die ständigen Mitglieder der einzelnen Kammern sowie für den Fall ihrer Verhinderung die regelmäßigen Vertreter bestimmt. Jeder Richter kann zum Mitgliede mehrerer Kammern bestimmt werden.

Die getroffene Anordnung kann im Laufe des Geschäftsjahrs nur geändert werden, wenn dies wegen eingetretener Ueberlastung einer Kammer oder in Folge Wechsels oder dauernder Verhinderung einzelner Mitglieder des Gerichts erforderlich wird.

63. Die im vorstehenden Paragraphen bezeichneten Anordnungen erfolgen durch das Präsidium.

Das Präsidium wird durch den Präsidenten als Vorsitzenden, die Direktoren und das dem Dienstalter nach, bei gleichem Dienstalter das der Geburt nach älteste Mitglied gebildet. Das Präsidium entscheidet nach Stimmenmehrheit; im Falle der Stimmengleichheit giebt die Stimme des Präsidenten den Ausschlag.

Vgl. E. G. § 20.

64. Der Präsident kann bestimmen, daß einzelne Untersuchungen von dem Untersuchungsrichter, dessen Bestellung mit dem Ablaufe des Geschäftsjahrs erlischt, zu Ende geführt werden, sowie das in einzelnen Sachen, in welchen während des Geschäftsjahrs eine Verhandlung bereits stattgefunden hat, die Kammer in ihrer früheren Zusammensetzung auch nach Ablauf des Geschäftsjahrs verhandle und entscheide.

65. Im Falle der Verhinderung des ordentlichen Vorsitzenden führt den Vorsitz in der Kammer dasjenige Mitglied der Kammer, welches dem Dienstalter nach und bei gleichem Dienstalter der Geburt nach das älteste ist.

Der Präsident wird in seinen übrigen durch dieses Gesetz bestimmten Geschäften durch denjenigen Direktor vertreten, welcher dem Dienstalter nach und bei gleichem Dienstalter der Geburt nach der älteste ist.

66. Im Falle der Verhinderung des regelmäßigen Vertreters eines Mitglieds wird ein zeitweiliger Vertreter durch den Präsidenten bestimmt.

67. Die Bestimmungen der §§ 61—66 finden auf die Kammern für Handelssachen keine Anwendung.

Vgl. §§ 109 u. 110.

68. Innerhalb der Kammer vertheilt der Vorsitzende die Geschäfte auf die Mitglieder.

69. Soweit die Vertretung eines Mitglieds nicht durch ein Mitglied desselben Gerichts möglich ist, erfolgt die Anordnung derselben auf den Antrag des Präsidiums durch die Landesjustizverwaltung.

Die Beiordnung eines nicht ständigen Richters darf, wenn sie auf eine bestimmte Zeit erfolgte, vor Ablauf dieser Zeit, wenn sie auf unbestimmte Zeit erfolgte, so lange das Bedürfniß, durch welches sie veranlaßt wurde, fortdauert, nicht widerrufen werden. Ist mit der Vertretung eine Entschädigung verbunden, so ist diese für die ganze Dauer im Voraus festzustellen.

Unberührt bleiben diejenigen landesgesetzlichen Bestimmungen, nach welchen richterliche Geschäfte nur von ständig angestellten Richtern wahrgenommen werden können, sowie diejenigen, welche die Vertretung durch ständig angestellte Richter regeln.

Vgl. § 62.

70. Vor die Civilkammern, einschließlich der Kammern für Handelssachen, gehören alle bürgerlichen Rechtsstreitigkeiten, welche nicht den Amtsgerichten zugewiesen sind.

Die Landgerichte sind ohne Rücksicht auf den Werth des Streitgegenstandes ausschließlich zuständig:

1. für die Ansprüche, welche auf Grund des Gesetzes

vom 1. Juni 1870 über die Abgaben von der Flößerei oder auf Grund des Gesetzes über die Rechtsverhältnisse der Reichsbeamten vom 31. März 1873 gegen den Reichsfiskus erhoben werden;

2. für die Ansprüche gegen Reichsbeamte wegen Ueberschreitung ihrer amtlichen Befugnisse oder wegen pflichtwidriger Unterlassung von Amtshandlungen.

Der Landesgesetzgebung bleibt überlassen, Ansprüche der Staatsbeamten gegen den Staat aus ihrem Dienstverhältnisse, Ansprüche gegen den Staat wegen Verfügungen der Verwaltungsbehörden, wegen Verschuldung von Staatsbeamten und wegen Aufhebung von Privilegien, Ansprüche gegen Beamte wegen Ueberschreitung ihrer amtlichen Befugnisse oder wegen pflichtwidriger Unterlassung von Amtshandlungen, sowie Ansprüche in Betreff öffentlicher Abgaben ohne Rücksicht auf den Werth des Streitgegenstandes den Landgerichten ausschließlich zuzuweisen.

Vgl. E. G. § 11 u. 18.

71. Die Civilkammern sind die Berufungs- und Beschwerdegerichte in den vor den Amtsgerichten verhandelten bürgerlichen Rechtsstreitigkeiten.

72. Die Strafkammern sind zuständig für diejenigen die Voruntersuchung und deren Ergebnisse betreffenden Entscheidungen, welche nach den Vorschriften der Strafprozeßordnung von dem Gerichte zu erlassen sind; sie entscheiden über Beschwerden gegen Verfügungen des Untersuchungsrichters und des Amtsrichters, sowie gegen Entscheidungen der Schöffengerichte. Die Bestimmungen über die

Zuständigkeit des Reichsgerichts werden hierdurch nicht berührt.

Vgl. §§ 30, 178–181 u. Str. Pr. O. §§ 23, 50, 69, 77, 124, 125, 195.

Die Strafkammern erledigen außerdem die in der Strafprozeßordnung den Landgerichten zugewiesenen Geschäfte.

Vgl. Str. Pr. O. §§ 199–209.

73. Die Strafkammern sind als erkennende Gerichte zuständig:

1. für die Vergehen, welche nicht zur Zuständigkeit der Schöffengerichte gehören;
2. für diejenigen Verbrechen, welche mit Zuchthaus von höchstens fünf Jahren, allein oder in Verbindung mit anderen Strafen, bedroht sind. Diese Bestimmung findet nicht Anwendung in den Fällen der §§ 86, 100 und 106 des Strafgesetzbuchs;

   Vgl. Str. Ges. B. §§ 159, 171, 173, 174, 179, 181, 218 224, 227, 254, 258, 321, 332, 336, 338, 343, 346, 347.
3. für die Verbrechen der Personen, welche zur Zeit der That das achtzehnte Lebensjahr noch nicht vollendet hatten;

   Vgl. Str. Ges. B. § 57.
4. für das Verbrechen der Unzucht im Falle des § 176 Nr. 3 des Strafgesetzbuchs;
5. für die Verbrechen des Diebstahls in den Fällen der §§ 243 und 244 des Strafgesetzbuchs;
6. für das Verbrechen der Hehlerei in den Fällen der §§ 260 und 261 des Strafgesetzbuchs;
7. für das Verbrechen des Betruges im Falle des § 264 des Strafgesetzbuchs.

74. Die Strafkammern sind als erkennende Gerichte ausschließlich zuständig:

1. für Zuwiderhandlungen gegen das Gesetz vom 25. Oktober 1867, betreffend die Nationalität der Kauffahrteischiffe ꝛc.;
2. für die nach Artikel 206, 249 und 249a des Gesetzes vom 11. Juni 1870, betreffend die Kommanditgesellschaften auf Aktien und die Aktiengesellschaften, strafbaren Handlungen;
3. für Zuwiderhandlungen gegen die Bestimmungen der §§ 1, 2 und 3 des Gesetzes vom 8. Juni 1871, betreffend die Inhaberpapiere mit Prämien;
4. für die nach § 67 und § 69 des Gesetzes vom 6. Febr. 1875, betreffend die Beurkundung des Personenstandes ꝛc., strafbaren Handlungen;
5. für die nach § 59 des Bankgesetzes vom 14. März 1875 strafbaren Handlungen.

75. Die Strafkammer kann bei Eröffnung des Hauptverfahrens wegen der Vergehen:

1. des Widerstandes gegen die Staatsgewalt in den Fällen der §§ 113, 114, 117 Abs. 1. und des § 120 des Strafgesetzbuchs;
2. wider die öffentliche Ordnung in den Fällen des § 123 Abs. 3 und des § 137 des Strafgesetzbuchs;
3. wider die Sittlichkeit im Falle des § 183 des Strafgesetzbuchs;
4. der Beleidigung und der Körperverletzung in den Fällen der nur auf Antrag eintretenden Verfolgung;
   Vgl. Str. Ges. B. §§ 185–189, 223.

5. der Körperverletzung im Falle des § 223a des Strafgesetzbuchs;
6. des Diebstahls im Falle des § 242 des Strafgesetzbuchs;
7. der Unterschlagung im Falle des § 246 des Strafgesetzbuchs;
8. der Begünstigung;
9. der Hehlerei in den Fällen des § 258 Nr. 1 und des § 259 des Strafgesetzbuchs;
10. des Betruges im Falle des § 263 des Strafgesetzbuchs;
11. des strafbaren Eigennutzes in den Fällen der §§ 288 und 298 des Strafgesetzbuchs;
12. der Sachbeschädigung in den Fällen der §§ 303 und 304 des Strafgesetzbuchs

und

13. wegen der gemeingefährlichen Vergehen in den Fällen des § 327 Abs. 1 und des § 328 Abs. 1 des Strafgesetzbuchs;

ferner

14. wegen derjenigen Vergehen, welche nur mit Gefängnißstrafe von höchstens sechs Monaten oder Geldstrafe von höchstens eintausend fünfhundert Mark, allein oder in Verbindung mit einander oder in Verbindung mit Einziehung bedroht sind, mit Ausnahme der in den §§ 128, 271, 296a, 301, 331 und 347 des Strafgesetzbuchs und der im § 74 dieses Gesetzes bezeichneten Vergehen;

Vgl. Str. Ges. B. §§ 116, 134, 136, 145, 160 (Verleitung zur falschen eidesstattlichen Versicherung), 172, 184, 241, 285, 293, 296, 300, 320.

sowie

15. wegen solcher Zuwiderhandlungen gegen die Vorschriften über die Erhebung öffentlicher Abgaben und Gefälle, deren Strafe in dem mehrfachen Betrage einer hinterzogenen Abgabe oder einer anderen Leistung besteht;

auf Antrag der Staatsanwaltschaft die Verhandlung und Entscheidung dem Schöffengerichte, soweit dieses nicht schon zuständig ist, überweisen, wenn nach den Umständen des Falles anzunehmen ist, daß wegen des Vergehens auf keine andere und höhere Strafe, als auf die im § 27 Nr. 2 bezeichnete und auf keine höhere Buße als sechshundert Mark zu erkennen sein werde.

Findet das Schöffengericht bei der Urtheilsfällung hiernächst eine höhere Strafe als 3 Monat Gef. oder 600 Mark für angemessen, so kann es trotzdem auf diese höhere Strafe erkennen (Vgl. Prot. S. 601–608 u. Kommissionsbericht S. 35.)

Beschwerde findet nicht statt.

Hat im Falle der Nr. 15 die Verwaltungsbehörde die öffentliche Klage erhoben, so steht ihr der Antrag auf Ueberweisung an das Schöffengericht in gleicher Weise wie der Staatsanwaltschaft zu.

76. Die Strafkammern sind als erkennende Gerichte ferner zuständig für die Verhandlung und Entscheidung über das Rechtsmittel der Berufung gegen die Urtheile der Schöffengerichte.

Vgl. E. G. § 18 u. Str. Pr. O. § 354.

77. Die Kammern entscheiden in der Besetzung von drei Mitgliedern mit Einschluß des Vorsitzenden. Die

Strafkammern sind in der Hauptverhandlung mit fünf Mitgliedern, in der Berufungsinstanz bei Uebertretungen und in den Fällen der Privatklage aber mit drei Mitgliedern, einschließlich des Vorsitzenden, zu besetzen.

Vgl. Str. Pr. O. § 23.

78. Durch Anordnung der Landesjustizverwaltung kann wegen großer Entfernung des Landgerichtssitzes bei einem Amtsgerichte für den Bezirk eines oder mehrerer Amtsgerichte eine Strafkammer gebildet und derselben für diesen Bezirk die gesammte Thätigkeit der Strafkammer des Landgerichts oder ein Theil dieser Thätigkeit zugewiesen werden.

Die Besetzung einer solchen Strafkammer erfolgt aus Mitgliedern des Landgerichts oder Amtsrichtern des Bezirks, für welchen die Kammer gebildet wird. Der Vorsitzende wird ständig, die Amtsrichter werden auf die Dauer des Geschäftsjahrs durch die Landesjustizverwaltung berufen, die übrigen Mitglieder werden nach Maßgabe des § 62 durch das Präsidium des Landgerichts bezeichnet.

Sechster Titel.

Schwurgerichte.

79. Für die Verhandlung und Entscheidung von Strafsachen treten bei den Landgerichten periodisch Schwurgerichte zusammen.

Daß der Beginn der Schwurgerichtssitzungen nicht nach § 212 Str. Pr. O. sondern durch die Justizverwaltung bestimmt werden soll, wurde in der Kommissionsberathung allseitig anerkannt, deutet auch das Wort „periodisch" an. (Prot. S. 652.)

80. Die Schwurgerichte sind zuständig für die Verbrechen, welche nicht zur Zuständigkeit der Strafkammern oder des Reichsgerichts gehören.

Vgl. §§ 73, 75, 136.

81. Die Schwurgerichte bestehen aus drei richterlichen Mitgliedern mit Einschluß des Vorsitzenden und aus zwölf zur Entscheidung der Schuldfrage berufenen Geschworenen.

Vgl. Str. Pr. O. §§ 262, 295, 298.

82. Die Entscheidungen, welche nach den Vorschriften dieses Gesetzes oder der Strafprozeßordnung von dem erkennenden Gerichte zu erlassen sind, erfolgen in den bei den Schwurgerichten anhängigen Sachen durch die richterlichen Mitglieder des Schwurgerichts. Werden diese Entscheidungen außerhalb der Dauer der Sitzungsperiode erforderlich, so erfolgen sie durch die Strafkammern der Landgerichte.

Vgl. §§ 56, 96, 178—181 u. Str. Pr. O. §§ 50, 69, 77, 227, 230, 237. 241, 243—246, 250.

Vgl. Str. Pr. O. §§ 222, 224.

83. Der Vorsitzende des Schwurgerichts wird für jede Sitzungsperiode von dem Präsidenten des Oberlandesgerichts ernannt. Die Ernennung erfolgt aus der Zahl der Mitglieder des Oberlandesgerichts oder der zu dem Bezirke des Oberlandesgerichts gehörigen Landgerichte.

Vgl. §§ 58, 119.

Der Stellvertreter des Vorsitzenden und die übrigen richterlichen Mitglieder werden von dem Präsidenten des Landgerichts aus der Zahl der Mitglieder des Landgerichts bestimmt.

So lange die Ernennung des Vorsitzenden nicht erfolgt ist, erledigt der Vorsitzende der Strafkammer des Landgerichts die in der Strafprozeßordnung dem Vorsitzenden des Gerichts zugewiesenen Geschäfte.

Vgl. Str. Pr. O. §§ 199, 212, 218—220.

84. Das Amt eines Geschworenen ist ein Ehrenamt. Dasselbe kann nur von einem Deutschen versehen werden.

Vgl. § 11 u. Str. Ges. B. §§ 31, 33—35.

85. Die Urliste für die Auswahl der Schöffen dient zugleich als Urliste für die Auswahl der Geschworenen.

Die Vorschriften der §§ 32—35 über die Berufung zum Schöffenamte finden auch auf das Geschworenenamt Anwendung.

Vgl. § 36.

86. Die Zahl der für jedes Schwurgericht erforderlichen Geschworenen und die Vertheilung dieser Zahl auf die einzelnen Amtsgerichtsbezirke wird durch die Landesjustizverwaltung bestimmt.

87. Der alljährlich bei dem Amtsgerichte für die Wahl der Schöffen zusammentretende Ausschuß (§ 40) hat gleichzeitig diejenigen Personen aus der Urliste auszuwählen, welche er zu Geschworenen für das nächste Geschäftsjahr vorschlägt. Die Vorschläge sind nach dem dreifachen Betrage der auf den Amtsgerichtsbezirk vertheilten Zahl der Geschworenen zu bemessen.

Vgl. §§ 35, No. 2, 97 u. Einf. Ges. z. Str. Pr. O. § 2.

88. Die Namen der zu Geschworenen vorgeschlagenen Personen werden in ein Verzeichniß aufgenommen (Vorschlagsliste).

89. Die Vorschlagsliste wird nebst den Einsprachen, welche sich auf die in dieselbe aufgenommenen Personen beziehen, dem Präsidenten des Landgerichts übersendet.

Der Präsident bestimmt eine Sitzung des Landgerichts, an welcher fünf Mitglieder mit Einschluß des Präsidenten und der Direktoren Theil nehmen. Das Landgericht entscheidet endgültig über die Einsprachen und wählt sodann aus der Vorschlagsliste die für das Schwurgericht bestimmte Zahl von Hauptgeschworenen und Hülfsgeschworenen.

Als Hülfsgeschworene sind solche Personen zu wählen, welche an dem Sitzungsorte des Schwurgerichts oder in dessen nächster Umgebung wohnen.

Vgl. Str. Pr. O. § 280.

90. Die Namen der Haupt- und der Hülfsgeschworenen werden in gesonderte Jahreslisten aufgenommen.

91. Spätestens zwei Wochen vor Beginn der Sitzungen des Schwurgerichts werden in öffentlicher Sitzung des Landgerichts, an welcher der Präsident und zwei Mitglieder Theil nehmen, in Gegenwart der Staatsanwaltschaft dreißig Hauptgeschworene ausgeloost. Das Loos wird von dem Präsidenten gezogen.

Auf Geschworene, welche in einer früheren Sitzungsperiode desselben Geschäftsjahrs ihre Verpflichtung erfüllt haben, erstreckt die Auslosung sich nur dann, wenn dies von ihnen beantragt wird.

Ueber die Auslosung wird von dem Gerichtsschreiber ein Protokoll aufgenommen.

92. Das Landgericht übersendet das Verzeichniß der

ausgeloosten Hauptgeschworenen (Spruchliste) dem ernannten Vorsitzenden des Schwurgerichts.

Vgl. Str. Pr. O. § 277.

93. Die in der Spruchliste verzeichneten Geschworenen werden auf Anordnung des für das Schwurgericht ernannten Vorsitzenden zur Eröffnungssitzung des Schwurgerichts unter Hinweis auf die gesetzlichen Folgen des Ausbleibens geladen.

Zwischen der Zustellung der Ladung und der Eröffnungssitzung soll thunlichst die Frist von einer Woche, jedoch mindestens von drei Tagen liegen.

Die gesetzlichen Folgen sind die in den §§ 56, 96 gedachten.

94. Ueber die von Geschworenen geltend gemachten Ablehnungs- und Hinderungsgründe erfolgt die Entscheidung nach Anhörung der Staatsanwaltschaft durch die richterlichen Mitglieder und, so lange das Schwurgericht nicht zusammengetreten ist, durch den ernannten Vorsitzenden des Schwurgerichts. Beschwerde findet nicht statt.

Vgl. § 35 u. Str. Pr. O. §§ 22, 32.

An Stelle der wegfallenden Geschworenen hat der Vorsitzende, wenn es noch geschehen kann, aus der Jahresliste durch Auslosung andere Geschworene auf die Spruchliste zu bringen und deren Ladung anzuordnen. Ueber die Auslosung wird von dem Gerichtsschreiber ein Protokoll aufgenommen.

Vgl. § 90.

95. Erstreckt sich eine Sitzungsperiode des Schwurgerichts über den Endtermin des Geschäftsjahrs hinaus, so bleiben die Geschworenen, welche zu derselben einberufen sind, bis zum Schlusse der Sitzungen zur Mitwirkung verpflichtet.

96. Die Bestimmungen der §§ 55, 56 finden auch auf Geschworene Anwendung.

Die im § 56 bezeichneten Entscheidungen werden in Bezug auf Geschworene von den richterlichen Mitgliedern des Schwurgerichts erlassen.

97. Niemand soll für dasselbe Geschäftsjahr als Geschworener und als Schöffe bestimmt werden.

Ist dies dennoch geschehen, oder ist Jemand für dasselbe Geschäftsjahr in mehreren Bezirken zu diesen Aemtern bestimmt worden, so hat der Einberufene dasjenige Amt zu übernehmen, zu welchem er zuerst einberufen wird.

Vgl. § 35 No. 2 u. § 87.

98. Die Strafkammer des Landgerichts kann bestimmen, daß einzelne Sitzungen des Schwurgerichts nicht am Sitze des Landgerichts, sondern an einem anderen Orte innerhalb des Schwurgerichtsbezirks abzuhalten seien.

In diesem Falle wird für diese Sitzungen von dem Landgerichte eine besondere Liste von Hülfsgeschworenen gebildet.

Vgl. Str. Pr. O. § 280.

99. Die Landesjustizverwaltung kann bestimmen, daß die Bezirke mehrerer Landgerichte zu einem Schwurgerichtsbezirke zusammengelegt und die Sitzungen des Schwurgerichts bei einem der Landgerichte abgehalten werden.

In diesem Falle hat das Landgericht, bei welchem die Sitzungen des Schwurgerichts abgehalten werden, und der Präsident desselben die ihnen in den §§ 82—98 zugewiesenen Geschäfte für den Umfang des Schwurgerichtsbezirks wahrzunehmen.

Die Mitglieder des Schwurgerichts mit Einschluß des Stellvertreters des Vorsitzenden können aus der Zahl der Mitglieder der im Bezirke des Schwurgerichts belegenen Landgerichte bestimmt werden.

Siebenter Titel.

Kammern für Handelssachen.

100. Soweit die Landesjustizverwaltung ein Bedürfniß als vorhanden annimmt, können bei den Landgerichten für deren Bezirke oder für örtlich abgegrenzte Theile derselben Kammern für Handelssachen gebildet werden.

Solche Kammern können ihren Sitz innerhalb des Landgerichtsbezirkes auch an Orten haben, an welchen das Landgericht seinen Sitz nicht hat.

Vgl. § 110.

101. Vor die Kammern für Handelssachen gehören nach Maßgabe der folgenden Vorschriften diejenigen den Landgerichten in erster Instanz zugewiesenen bürgerlichen Rechtsstreitigkeiten, in welchen durch die Klage ein Anspruch:

Vgl. § 70.

1) gegen einen Kaufmann (Art. 4 des Handelsgesetzbuchs) aus Geschäften, welche auf Seiten beider Kontrahenten Handelsgeschäfte (Art. 271—276 des Handelsgesetzbuchs) sind;
2) aus einem Wechsel im Sinne der Wechselordnung;

3) aus einem der nachstehend bezeichneten Rechtsverhältnisse geltend gemacht wird:

a) aus dem Rechtsverhältnisse zwischen den Mitgliedern einer Handelsgesellschaft, zwischen dem stillen Gesellschafter und dem Inhaber eines Handelsgewerbes, zwischen den Theilnehmern einer Vereinigung zu einzelnen Handelsgeschäften oder einer Vereinigung zum Handelsbetriebe (Art. 10 des Handelsgesetzbuchs), sowohl während des Bestehens als nach Auflösung des geschäftlichen Verhältnisses, sowie aus dem Rechtsverhältnisse zwischen den Liquidatoren oder den Vorstehern einer Handelsgesellschaft und der Gesellschaft oder den Mitgliedern der Gesellschaft;

b) aus dem Rechtsverhältnisse, welches das Recht zum Gebrauche der Handelsfirma betrifft;

c) aus den Rechtsverhältnissen, welche sich auf den Schutz der Marken, Muster und Modelle beziehen;

d) aus dem Rechtsverhältnisse, welches durch die Veräußerung eines bestehenden Handelsgeschäfts zwischen den Kontrahenten entsteht;

e) aus dem Rechtsverhältnisse zwischen dem Prokuristen, dem Handlungsbevollmächtigten oder Handlungsgehülfen und dem Eigenthümer der Handelsniederlassung, sowie aus dem Rechtsverhältnisse zwischen einer dritten Person und demjenigen, welcher ihr als Prokurist oder Handlungsbevollmächtigter aus einem Handelsgeschäfte haftet (Art. 55 des Handelsgesetzbuchs);

f) aus dem Rechtsverhältnisse, welches aus den Berufsgeschäften des Handelsmäklers im Sinne des Handelsgesetzbuchs zwischen diesem und den Parteien entsteht;

g) aus den Rechtsverhältnissen des Seerechts, insbesondere aus denjenigen, welche auf die Rhederei, die Rechte und Pflichten des Rheders, des Korrespondentrheders und der Schiffsbesatzung, auf die Bodmerei und die Haverei, auf den Schadensersatz im Falle des Zusammenstoßens von Schiffen, auf die Bergung und Hülfeleistung in Seenoth und auf die Ansprüche der Schiffsgläubiger sich beziehen.

102. Die Verhandlung des Rechtsstreits erfolgt vor der Kammer für Handelssachen, wenn der Kläger dies in der Klageschrift beantragt hat. Die Einlassungsfrist (§ 234 Satz 1 der Civilprozeßordnung) beträgt mindestens zwei Wochen.

In den Fällen der §§ 466, 467 der Civilprozeßordnung hat der Kläger den Antrag auf Verhandlung vor der Kammer für Handelssachen in der mündlichen Verhandlung vor dem Amtsgerichte zu stellen.

103. Wird vor der Kammer für Handelssachen eine vor dieselbe nicht gehörige Klage zur Verhandlung gebracht, so ist der Rechtsstreit auf Antrag des Beklagten an die Civilkammer zu verweisen.

Gehört die Klage oder die im Falle des § 467 der Civilprozeßordnung erhobene Widerklage als Klage nicht vor die Kammer für Handelssachen, so ist diese auch von Amtswegen befugt, den Rechtsstreit an die Civilkammer zu verweisen, so lange nicht eine Verhandlung zur Hauptsache erfolgt und auf dieselbe ein Beschluß verkündet ist. Die Verweisung von Amtswegen kann nicht aus dem Grunde erfolgen, daß der Beklagte nicht Kaufmann ist.

Vgl. § 101 No. 1.

104. Wird vor der Civilkammer eine vor die Kammer für Handelssachen gehörige Klage zur Verhandlung gebracht, so ist der Rechtsstreit auf Antrag des Beklagten an die Kammer für Handelssachen zu verweisen. Ein Beklagter, welcher nicht in das Handelsregister eingetragen ist, kann den Antrag nicht darauf stützen, daß er Kaufmann ist.

Der Antrag ist zurückzuweisen, wenn die im Falle des § 467 der Civilprozeßordnung erhobene Widerklage als Klage vor die Kammer für Handelssachen nicht gehören würde.

Zu einer Verweisung von Amtswegen ist die Civilkammer nicht befugt.

Die Civilkammer ist zur Verwerfung des Antrags auch dann befugt, wenn der Kläger demselben zugestimmt hat.

Vgl. Handelsgesetzbuch Art. 12, 19, 86, 151, 176, 210.

105. Wird in einem bei der Kammer für Handelssachen anhängigen Rechtsstreite die Klage in Gemäßheit des § 253 der Civilprozeßordnung durch den Antrag auf Feststellung eines Rechtsverhältnisses erweitert oder eine Widerklage erhoben und gehört die erweiterte Klage oder die Widerklage als Klage nicht vor die Kammer für Handelssachen, so ist der Rechtsstreit auf Antrag des Gegners an die Civilkammer zu verweisen.

Unter der Beschränkung des § 103 Abs. 2 ist die Kammer zu der Verweisung auch von Amtswegen befugt. Diese Befugniß tritt auch dann ein, wenn durch eine Klagänderung ein Anspruch geltend gemacht wird, welcher nicht vor die Kammer für Handelssachen gehört.

106. Der Antrag auf Verweisung des Rechtsstreits an eine andere Kammer ist nur vor der Verhandlung des Antragstellers zur Sache zulässig.

Ueber den Antrag ist vorab zu verhandeln und zu entscheiden.

107. Gegen die Entscheidung über Verweisung eines Rechtsstreits an die Civilkammer oder an die Kammer für Handelssachen findet kein Rechtsmittel statt. Erfolgt die Verweisung an eine andere Kammer, so ist diese Entscheidung für die Kammer, an welche der Rechtsstreit verwiesen wird, bindend. Der Termin zur weiteren mündlichen Verhandlung wird von Amtswegen bestimmt und den Parteien bekannt gemacht.

108. Bei der Kammer für Handelssachen kann ein Anspruch in Gemäßheit des § 61 der Civilprozeßordnung nur dann geltend gemacht werden, wenn der Rechtsstreit nach den Bestimmungen des § 101 vor die Kammer für Handelssachen gehört.

109. Die Kammern für Handelssachen entscheiden in der Besetzung mit einem Mitgliede des Landgerichts als Vorsitzenden und zwei Handelsrichtern.

Sämmtliche Mitglieder der Kammer für Handelssachen haben gleiches Stimmrecht.

In Streitigkeiten, welche sich auf das Rechtsverhältniß zwischen Rheder oder Schiffer und Schiffsmannschaft beziehen, kann die Entscheidung durch den Vorsitzenden allein erfolgen.

110. Im Fall des § 100 Abs. 2 kann ein Amtsrichter Vorsitzender der Kammer für Handelssachen sein.

111. Das Amt der Handelsrichter ist ein Ehrenamt.

Vgl. § 11 u. Str. G. B. §§ 31, 33–35.

112. Die Handelsrichter werden auf gutachtlichen Vorschlag des zur Vertretung des Handelsstandes berufenen Organs für die Dauer von drei Jahren ernannt; eine wiederholte Ernennung ist nicht ausgeschlossen.

113. Zum Handelsrichter kann jeder Deutsche ernannt werden, welcher als Kaufmann oder als Vorstand einer Aktiengesellschaft in das Handelsregister eingetragen oder eingetragen gewesen ist, das dreißigste Lebensjahr vollendet hat und in dem Bezirke der Kammer für Handelssachen wohnt.

Personen, welche in Folge gerichtlicher Anordnung in der Verfügung über ihr Vermögen beschränkt sind, können nicht zu Handelsrichtern ernannt werden.

Vgl. Handelsgesetzbuch Art. 19, 86 No. 1, 151 No. 2, 176 No. 2 u. 209 No. 7.

114. An Seeplätzen können Handelsrichter auch aus dem Kreise der Schifffahrtskundigen ernannt werden.

115. Die Handelsrichter sind vor ihrem Amtsantritt auf die Erfüllung der Obliegenheiten des ihnen übertragenen Amts eidlich zu verpflichten.

116. Die Handelsrichter haben während der Dauer ihres Amts in Beziehung auf dasselbe alle Rechte und Pflichten richterlicher Beamten.

Vgl. §§ 197—200.

117. Ein Handelsrichter ist seines Amts zu entheben, wenn er eine der für die Ernennung erforderlichen Eigenschaften nachträglich verliert.

Die Enthebung erfolgt durch den ersten Civilsenat des Oberlandesgerichts nach Anhörung des Betheiligten.

Vgl. §§ 111, 113, 120.

118. Ueber Gegenstände, zu deren Beurtheilung eine kaufmännische Begutachtung genügt, sowie über das Bestehen von Handelsgebräuchen kann die Kammer für Handelssachen auf Grund eigener Sachkunde und Wissenschaft entscheiden.

Achter Titel.

Oberlandesgerichte.

119. Die Oberlandesgerichte werden mit einem Präsidenten und der erforderlichen Anzahl von Senatspräsidenten und Räthen besetzt.

Vgl. hinsichtlich des Präsidenten § 83.

120. Bei den Oberlandesgerichten werden Civil- und Strafsenate gebildet.

121. Die Bestimmungen der §§ 61—68 finden mit der Maßgabe Anwendung, daß zu dem Präsidium stets die beiden ältesten Mitglieder des Gerichts zuzuziehen sind.

122. Zu Hülfsrichtern dürfen nur ständig angestellte Richter berufen werden.

Vgl. § 6.

123. Die Oberlandesgerichte sind zuständig für die Verhandlung und Entscheidung über die Rechtsmittel:

Vgl. hinsichtlich der sonstigen Zuständigkeit § 117, ferner E. G. §§ 8 u. 9. u. Str. Pr. O. § 170.

1) der Berufung gegen die Endurtheile der Landgerichte in bürgerlichen Rechtsstreitigkeiten;

2) der Revision gegen Urtheile der Strafkammern in der Berufungsinstanz;

Vgl. Str. Pr. O. §§ 354, 374.

3) der Revision gegen Urtheile der Strafkammern in erster Instanz, sofern die Revision ausschließlich auf die Verletzung einer in den Landesgesetzen enthaltenen Rechtsnorm gestützt wird;

Vgl. § 136 No. 2.

4) der Beschwerde gegen Entscheidungen der Landgerichte in bürgerlichen Rechtsstreitigkeiten;

5) der Beschwerde gegen strafrichterliche Entscheidungen erster Instanz, soweit nicht die Zuständigkeit der Strafkammer begründet ist, und gegen Entscheidungen der Strafkammern in der Beschwerdeinstanz und Berufungsinstanz.

Vgl. §§ 72, 76, 183 u. Str. Pr. O. §§ 346, 347.

124. Die Senate der Oberlandesgerichte entscheiden in der Besetzung von fünf Mitgliedern mit Einschluß des Vorsitzenden.

Neunter Titel.

Reichsgericht.

125. Der Sitz des Reichsgerichts wird durch Gesetz bestimmt.

126. Das Reichsgericht wird mit einem Präsidenten und der erforderlichen Anzahl von Senatspräsidenten und Räthen besetzt.

127. Der Präsident, die Senatspräsidenten und Räthe werden auf Vorschlag des Bundesraths von dem Kaiser ernannt.

Zum Mitgliede des Reichsgerichts kann nur ernannt werden, wer die Fähigkeit zum Richteramte in einem Bundesstaate erlangt und das fünfunddreißigste Lebensjahr vollendet hat.

Vgl. §§ 5 u. 6.

128. Ist ein Mitglied zu einer Strafe wegen einer entehrenden Handlung oder zu einer Freiheitsstrafe von längerer als einjähriger Dauer rechtskräftig verurtheilt, so kann dasselbe durch Plenarbeschluß des Reichsgerichts seines Amts und seines Gehalts für verlustig erklärt werden.

Vor der Beschlußfassung sind das Mitglied und der Oberreichsanwalt zu hören.

129. Ist wegen eines Verbrechens oder Vergehens das Hauptverfahren gegen ein Mitglied eröffnet, so kann die vorläufige Enthebung desselben von seinem Amte nach Anhörung des Oberreichsanwalts durch Plenarbeschluß des Reichsgerichts ausgesprochen werden.

Wird gegen ein Mitglied die Untersuchungshaft verhängt, so tritt für die Dauer derselben die vorläufige Enthebung von Rechtswegen ein.

Durch die vorläufige Enthebung wird das Recht auf den Genuß des Gehalts nicht berührt.

130. Wenn ein Mitglied durch ein körperliches Gebrechen oder durch Schwäche seiner körperlichen oder geistigen Kräfte zur Erfüllung seiner Amtspflichten dauernd unfähig wird, so tritt seine Versetzung in den Ruhestand gegen Gewährung eines Ruhegehalts ein.

Das jährliche Ruhegehalt beträgt bis zur Vollendung des zehnten Dienstjahrs $^{20}/_{60}$ des Gehalts; es erhöht sich mit der Vollendung eines jeden folgenden Dienstjahrs und bis zur Vollendung des fünfzigsten Dienstjahrs um je $^{1}/_{60}$ des Gehalts.

Bei Berechnung der Dienstzeit wird die Zeit mitgerechnet, während welcher das Mitglied sich im Dienste des Reichs oder im Staats- oder Gemeindedienste eines Bundesstaates befunden oder in einem Bundesstaate als Anwalt, Advokat, Notar, Patrimonialrichter oder als öffentlicher Lehrer des Rechts an einer deutschen Universität fungirt hat.

131. Wird die Versetzung eines Mitgliedes in den Ruhestand nicht beantragt, obgleich die Voraussetzungen derselben vorliegen, so hat der Präsident die Aufforderung zu erlassen, binnen einer bestimmten Frist den Antrag zu stellen. Wird dieser Aufforderung nicht Folge geleistet, so ist die Versetzung in den Ruhestand durch Plenarbeschluß des Reichsgerichts auszusprechen.

Vor der Beschlußfassung sind das Mitglied und der Oberreichsanwalt zu hören.

132. Bei dem Reichsgerichte werden Civil- und Strafsenate gebildet. Die Zahl derselben bestimmt der Reichskanzler.

133. Die Bestimmungen der §§ 61—68 finden mit der Maßgabe Anwendung, daß zu dem Präsidium die vier ältesten Mitglieder des Gerichts zuzuziehen sind.

Vgl. E. G. § 20 Abs. 2.

134. Die Zuziehung von Hülfsrichtern ist unzulässig.

135. In bürgerlichen Rechtsstreitigkeiten ist das Reichsgericht zuständig für die Verhandlung und Entscheidung über die Rechtsmittel:

1) der Revision gegen die Endurtheile der Oberlandesgerichte;
2) der Beschwerde gegen Entscheidungen der Oberlandesgerichte.

Vgl. E. G. § 8.

136. In Strafsachen ist das Reichsgericht zuständig:

1) für die Untersuchung und Entscheidung in erster und letzter Instanz in den Fällen des Hochverraths und des Landesverraths, insofern diese Verbrechen gegen den Kaiser oder das Reich gerichtet sind;

   Vgl. Str. Ges. B. §§ 80—93 u. Str. Pr. O. § 184.

2) für die Verhandlung und Entscheidung über die Rechtsmittel der Revision gegen Urtheile der Strafkammern in erster Instanz, insoweit nicht die Zu-

ständigkeit der Oberlandesgerichte begründet ist, und gegen Urtheile der Schwurgerichte.

Vgl. § 123 No. 3, E. G. § 9 u. Str. Pr. O. § 374.

In Strafsachen wegen Zuwiderhandlungen gegen die Vorschriften über die Erhebung öffentlicher in die Reichskasse fließender Abgaben und Gefälle ist das Reichsgericht auch für die Verhandlung und Entscheidung über das Rechtsmittel der Revision gegen Urtheile der Strafkammern in der Berufungsinstanz zuständig, sofern die Entscheidung des Reichsgerichts von der Staatsanwaltschaft bei der Einsendung der Akten an das Revisionsgericht beantragt wird.

137. Will ein Civilsenat in einer Rechtsfrage von einer früheren Entscheidung eines anderen Civilsenats oder der vereinigten Civilsenate abweichen, so hat derselbe die Verhandlung und Entscheidung der Sache vor die vereinigten Civilsenate zu verweisen.

Die Verweisung erfolgt an die vereinigten Strafsenate, wenn ein Strafsenat in einer Rechtsfrage von einer früheren Entscheidung eines anderen Strafsenats oder der vereinigten Strafsenate abweichen will.

138. Der erste Strafsenat des Reichsgerichts hat bei den im § 136 Nr. 1 bezeichneten Verbrechen diejenigen Geschäfte zu erledigen, welche im § 72 Abs. 1 der Strafkammer des Landgerichts zugewiesen sind.

Das Hauptverfahren findet vor dem vereinigten zweiten und dritten Strafsenate statt.

139. Zur Fassung von Plenarentscheidungen und von Entscheidungen der vereinigten Civil- oder Strafsenate, sowie der beiden vereinigten Strafsenate ist die Theilnahm von mindestens zwei Dritttheilen aller Mitglieder mit Einschluß des Vorsitzenden erforderlich.

Die Zahl der Mitglieder, welche eine entscheidende Stimme führen, muß eine ungerade sein. Ist die Zahl der anwesenden Mitglieder eine gerade, so hat derjenige Rath, welcher zuletzt ernannt ist, und bei gleichem Dienstalter derjenige, welcher der Geburt nach der jüngere ist, oder, wenn dieser Berichterstatter ist, der nächst ältere kein Stimmrecht.

Vgl. §§ 128, 129, 131, 137, 138.

140. Die Senate des Reichsgerichts entscheiden in der Besetzung von sieben Mitgliedern mit Einschluß des Vorsitzenden.

141. Der Geschäftsgang wird durch eine Geschäftsordnung geregelt, welche das Plenum auszuarbeiten und dem Bundesrathe zur Bestätigung vorzulegen hat.

Zehnter Titel.

Staatsanwaltschaft.

142. Bei jedem Gerichte soll eine Staatsanwaltschaft bestehen.

143. Das Amt der Staatsanwaltschaft wird ausgeübt:

1) bei dem Reichsgerichte durch einen Oberreichsanwalt und durch einen oder mehrere Reichsanwälte;
2) bei den Oberlandesgerichten, den Landgerichten und den Schwurgerichten durch einen oder mehrere Staatsanwälte;

Vgl. Str. Pr. O. § 160.

3) bei den Amtsgerichten und den Schöffengerichten durch einen oder mehrere Amtsanwälte.

Die Zuständigkeit der Amtsanwälte erstreckt sich nicht auf das amtsrichterliche Verfahren zur Vorbereitung der öffentlichen Klage in denjenigen Strafsachen, welche zur Zuständigkeit anderer Gerichte als der Schöffengerichte gehören.

144. Die örtliche Zuständigkeit der Beamten der Staatsanwaltschaft wird durch die örtliche Zuständigkeit des Gerichts bestimmt, für welches sie bestellt sind.

Vgl. Str. Pr. O. §§ 7–12.

Ein unzuständiger Beamter der Staatsanwaltschaft hat sich denjenigen innerhalb seines Bezirks vorzunehmenden Amtshandlungen zu unterziehen, in Ansehung welcher Gefahr im Verzuge obwaltet.

Können die Beamten der Staatsanwaltschaft verschiedener Bundesstaaten sich nicht darüber einigen, wer von ihnen die Verfolgung zu übernehmen hat, so entscheidet der ihnen gemeinsam vorgesetzte Beamte der Staatsanwaltschaft und in Ermangelung eines solchen der Oberreichsanwalt.

Vgl. Str. Pr. O. § 13.

145. Besteht die Staatsanwaltschaft eines Gerichts aus mehreren Beamten, so handeln die dem ersten Beamten beigeordneten Personen als dessen Vertreter; sie sind, wenn sie für ihn auftreten, zu allen Amtsverrichtungen desselben ohne den Nachweis eines besonderen Auftrags berechtigt.

Diese Bestimmung berührt nur die Legitimation zur selbständigen Vertretung dem Gericht gegenüber, nicht aber die dienstliche Stellung der Beigeordneten zu dem ersten Beamten. (Prot. S. 420.)

146. Die ersten Beamten der Staatsanwaltschaft bei den Oberlandesgerichten und den Landgerichten sind befugt, bei allen Gerichten ihres Bezirks die Amtsverrichtungen der Staatsanwaltschaft selbst zu übernehmen oder mit Wahrnehmung derselben einen anderen als den zunächst zuständigen Beamten zu beauftragen.

Amtsanwälte können das Amt der Staatsanwaltschaft nur bei den Amtsgerichten und den Schöffengerichten versehen.

147. Die Beamten der Staatsanwaltschaft haben den dienstlichen Anweisungen ihres Vorgesetzten nachzukommen.

Aus der schließlichen Beseitigung eines Kommissionsbeschlusses, wonach die fungirenden Staatsanwaltsbeamten bei ihren Schlußanträgen nach der Beweisaufnahme der Hauptverhandlung von den Weisungen der Vorgesetzten unabhängig sein sollten, ist zu folgern, daß sie in jedem Stadium der Untersuchung an die Anweisungen des Vorgesetzten gebunden sind. (Prot. S. 421, 655.)

In denjenigen Sachen, für welche das Reichsgericht in erster und letzter Instanz zuständig ist, haben alle Beamte der Staatsanwaltschaft den Anweisungen des Oberreichsanwalts Folge zu leisten.

148. Das Recht der Aufsicht und Leitung steht zu:

1) dem Reichskanzler hinsichtlich des Oberreichsanwalts und der Reichsanwälte;
2) der Landesjustizverwaltung hinsichtlich aller staatsanwaltlichen Beamten des betreffenden Bundesstaates;
3) den ersten Beamten der Staatsanwaltschaft bei den Oberlandesgerichten und den Landgerichten hinsichtlich aller Beamten der Staatsanwaltschaft ihres Bezirks.

149. Der Oberreichsanwalt und die Reichsanwälte sind nicht richterliche Beamte.

Zu diesen Aemtern sowie den Aemtern der Staatsanwaltschaft bei dem Oberlandesgerichte und den Landgerichten können nur zum Richteramte befähigte Beamte ernannt werden.

150. Der Oberreichsanwalt und die Reichsanwälte werden auf Vorschlag des Bundesraths vom Kaiser ernannt.

Dieselben können durch Kaiserliche Verfügung jederzeit mit Gewährung des gesetzlichen Wartegeldes einstweilig in den Ruhestand versetzt werden.

151. Die Staatsanwaltschaft ist in ihren Amtsverrichtungen von den Gerichten unabhängig.

Vgl. Str. Pr. O. § 173.

152. Die Staatsanwälte dürfen richterliche Geschäfte nicht wahrnehmen. Auch darf ihnen eine Dienstaufsicht über die Richter nicht übertragen werden.

153. Die Beamten des Polizei- und Sicherheitsdienstes sind Hülfsbeamte der Staatsanwaltschaft und sind in dieser Eigenschaft verpflichtet, den Anordnungen der Staatsanwälte bei dem Landgerichte ihres Bezirks und der diesen vorgesetzten Beamten Folge zu leisten.

Die nähere Bezeichnung derjenigen Beamtenklassen, auf welche diese Bestimmung Anwendung findet, erfolgt durch die Landesregierungen.

Vgl. Str. Pr. O. § 159.

Eilfter Titel.

Gerichtsschreiber.

154. Bei jedem Gerichte wird eine Gerichtsschreiberei eingerichtet. Die Geschäftseinrichtung bei dem Reichsgerichte wird durch den Reichskanzler, bei den Landesgerichten durch die Landesjustizverwaltung bestimmt.

Zwölfter Titel.

Zustellungs- und Vollstreckungsbeamte.

155. Die Dienst- und Geschäftsverhältnisse der mit den Zustellungen, Ladungen und Vollstreckungen zu betrauenden Beamten (Gerichtsvollzieher) werden bei dem Reichsgerichte durch den Reichskanzler, bei den Landesgerichten durch die Landesjustizverwaltung bestimmt.

156. Der Gerichtsvollzieher ist von der Ausübung seines Amts kraft Gesetzes ausgeschlossen:

I. in bürgerlichen Rechtsstreitigkeiten,

1) wenn er selbst Partei oder gesetzlicher Vertreter einer Partei ist, oder zu einer Partei in dem Verhältnisse eines Mitberechtigten, Mitverpflichteten oder Schadensersatzpflichtigen steht;

2) wenn seine Ehefrau Partei ist, auch wenn die Ehe nicht mehr besteht;

3) wenn eine Person Partei ist, mit welcher er in gerader Linie verwandt, verschwägert oder durch Adoption verbunden, in der Seitenlinie bis zum dritten Grade verwandt oder bis zum zweiten Grade verschwäger

ist, auch wenn die Ehe, durch welche die Schwägerschaft begründet ist, nicht mehr besteht;

II. in Strafsachen,

1) wenn er selbst durch die strafbare Handlung verletzt ist;
2) wenn er der Ehemann der Beschuldigten oder Verletzten ist oder gewesen ist;
3) wenn er mit dem Beschuldigten oder Verletzten in dem vorstehend unter Nr. I. 3 bezeichneten Verwandtschafts- oder Schwägerschaftsverhältnisse steht.

Dreizehnter Titel.
Rechtshülfe.

157. Die Gerichte haben sich in bürgerlichen Rechtsstreitigkeiten und in Strafsachen Rechtshülfe zu leisten.

158. Das Ersuchen um Rechtshülfe ist an das Amtsgericht zu richten, in dessen Bezirke die Amtshandlung vorgenommen werden soll.

159. Das Ersuchen darf nicht abgelehnt werden.

Das Ersuchen eines nicht im Instanzenzuge vorgesetzten Gerichts ist jedoch abzulehnen, wenn dem ersuchten Gericht die örtliche Zuständigkeit mangelt, oder die vorzunehmende Handlung nach dem Rechte des ersuchten Gerichts verboten ist.

160. Wird das Ersuchen abgelehnt, oder wird der Vorschrift des § 159 Abs. 2 zuwider dem Ersuchen stattgegeben, so entscheidet das Oberlandesgericht, zu dessen Bezirke das ersuchte Gericht gehört. Eine Anfechtung dieser Entscheidung findet nur statt, wenn dieselbe die

Rechtshülfe für unzulässig erklärt, und das ersuchende und das ersuchte Gericht den Bezirken verschiedener Oberlandesgerichte angehören. Ueber die Beschwerde entscheidet das Reichsgericht.

Die Entscheidungen erfolgen auf Antrag der Betheiligten oder des ersuchenden Gerichts ohne vorgängige mündliche Verhandlung.

161. Die Herbeiführung der zum Zwecke von Vollstreckungen, Ladungen und Zustellungen erforderlichen Handlungen erfolgt nach Vorschrift der Prozeßordnungen ohne Rücksicht darauf, ob die Handlungen in dem Bundesstaate, welchem das Prozeßgericht angehört, oder in einem anderen Bundesstaate vorzunehmen sind.

Vgl. § 155.

162. Gerichte, Staatsanwaltschaften und Gerichtsschreiber können wegen Ertheilung eines Auftrags an einen Gerichtsvollzieher die Mitwirkung des Gerichtsschreibers des Amtsgerichts in Anspruch nehmen, in dessen Bezirke der Auftrag ausgeführt werden soll. Der von dem Gerichtsschreiber beauftragte Gerichtsvollzieher gilt als unmittelbar beauftragt.

Vgl. §§ 154, 155.

163. Eine Freiheitsstrafe, welche die Dauer von sechs Wochen nicht übersteigt, ist in demjenigen Bundesstaate zu vollstrecken, in welchem der Verurtheilte sich befindet.

164. Soll eine Freiheitsstrafe in dem Bezirk eines anderen Gerichts vollstreckt oder ein in dem Bezirk eines anderen Gerichts befindlicher Verurtheilter zum Zwecke der Strafverbüßung ergriffen und abgeliefert werden, so ist die Staatsanwaltschaft bei dem Landgerichte des Bezirks um die Ausführung zu ersuchen.

Vgl. Str. Pr. O. § 483.

165. Im Falle der Rechtshülfe unter den Behörden verschiedener Bundesstaaten sind die baaren Auslagen, welche durch eine Ablieferung oder Strafvollstreckung entstehen, der ersuchten Behörde von der ersuchenden zu erstatten.

Im Uebrigen werden Kosten der Rechtshülfe von der ersuchenden Behörde nicht erstattet.

Ist eine zahlungspflichtige Partei vorhanden, so sind die Kosten von derselben durch die ersuchende Behörde einzuziehen und der eingezogene Betrag der ersuchten Behörde zu übersenden.

Stempel-, Einregistrirungsgebühren oder andere öffentliche Abgaben, welchen die von der ersuchenden Behörde übersendeten Schriftstücke (Urkunden, Protokolle) nach dem Rechte der ersuchten Behörde unterliegen, bleiben außer Ansatz.

166. Für die Höhe der den geladenen Zeugen und Sachverständigen gebührenden Beträge sind die Bestimmungen maßgebend, welche bei dem Gerichte gelten, vor welches die Ladung erfolgt.

Sind die Beträge nach dem Rechte des Aufenthaltsorts der geladenen Personen höher, so können die höheren Beträge gefordert werden.

Bei weiterer Entfernung des Aufenthaltsorts der geladenen Personen ist denselben auf Antrag ein Vorschuß zu bewilligen.

Vgl. Str. Pr. O. §§ 70, 84.

167. Ein Gericht darf Amtshandlungen außerhalb seines Bezirks ohne Zustimmung des Amtsgerichts des Orts nur vornehmen, wenn Gefahr im Verzuge obwaltet. In diesem Falle ist dem Amtsgerichte des Orts Anzeige zu machen.

Vgl. Str. Pr. O. §§ 162, 163.

168. Die Sicherheitsbeamten eines Bundesstaates sind ermächtigt, die Verfolgung eines Flüchtigen auf das Gebiet eines anderen Bundesstaates fortzusetzen und den Flüchtigen daselbst zu ergreifen.

Vgl. Str. Pr. O. §§ 123, 161.

Der Ergriffene ist unverzüglich an das nächste Gericht oder die nächste Polizeibehörde des Bundesstaates, in welchem er ergriffen wurde, abzuführen.

Vgl. Str. Pr. O. § 128.

169. Die in einem Bundesstaate bestehenden Vorschriften über die Mittheilung von Akten einer öffentlichen Behörde an ein Gericht dieses Bundesstaates kommen auch dann zur Anwendung, wenn das ersuchende Gericht einem anderen Bundesstaate angehört.

Vgl. Str. Pr. O. § 96.

Vierzehnter Titel.

Oeffentlichkeit und Sitzungspolizei.

170. Die Verhandlung vor dem erkennenden Gerichte, einschließlich der Verkündung der Urtheile und Beschlüsse desselben, erfolgt öffentlich.

171. In Ehesachen ist die Oeffentlichkeit auszuschließen, wenn eine der Parteien es beantragt.

172. In dem auf die Klage wegen Anfechtung oder Wiederaufhebung der Entmündigung einer Person wegen Geisteskrankheit eingeleiteten Verfahren (§§ 605, 620 der Civilprozeßordnung) ist die Oeffentlichkeit während der Vernehmung des Entmündigten auszuschließen, auch kann auf Antrag einer der Parteien die Oeffentlichkeit der Verhandlung überhaupt ausgeschlossen werden.

Das Verfahren wegen Entmündigung oder Wiederaufhebung der Entmündigung (§§ 593—604, 616—619 der Civilprozeßordnung) ist nicht öffentlich.

173. In allen Sachen kann durch das Gericht für die Verhandlung oder für einen Theil derselben die Oeffentlichkeit ausgeschlossen werden, wenn sie eine Gefährdung der öffentlichen Ordnung oder der Sittlichkeit besorgen läßt.

174. Die Verkündung des Urtheils erfolgt in jedem Falle öffentlich.

175. Ueber die Ausschließung der Oeffentlichkeit wird in nicht öffentlicher Sitzung verhandelt.

Der Beschluß, welcher die Oeffentlichkeit ausschließt, muß öffentlich verkündet werden.

176. Der Zutritt zu öffentlichen Verhandlungen kann unerwachsenen und solchen Personen versagt werden, welche sich nicht im Besitze der bürgerlichen Ehrenrechte befinden, oder welche in einer der Würde des Gerichts nicht entsprechenden Weise erscheinen.

Zu nicht öffentlichen Verhandlungen kann der Zutritt einzelnen Personen von dem Vorsitzenden gestattet werden.

Vgl. Str. Ges. B. § 33.

177. Die Aufrechthaltung der Ordnung in der Sitzung liegt dem Vorsitzenden ob.

Auch dem Staatsanwalt gegenüber hat der Vorsitzende das Recht die Ordnung der Verhandlung aufrecht zu erhalten (Prot. S. 30 ff., 38 u. Kommissionsbericht 68.)

178. Parteien, Beschuldigte, Zeugen, Sachverständige oder bei der Verhandlung nicht betheiligte Personen, welche den zur Aufrechthaltung der Ordnung erlassenen Befehlen nicht gehorchen, können auf Beschluß des Gerichts aus dem Sitzungszimmer entfernt, auch zur Haft abgeführt und während einer in dem Beschlusse zu bestimmenden Zeit, welche vierundzwanzig Stunden nicht übersteigen darf, festgehalten werden.

Dem Rechte des Angeklagten gemäß § 246, Absatz 2 der Str. Pr. O. der Hauptverhandlung vollständig beizuwohnen, soll durch diese Bestimmung nicht präjudizirt werden. (Prot. S. 684.)

179. Das Gericht kann gegen Parteien, Beschuldigte, Zeugen, Sachverständige oder bei der Verhandlung nicht betheiligte Personen, welche sich in der Sitzung einer Ungebühr schuldig machen, vorbehaltlich der strafgerichtlichen Verfolgung, eine Ordnungsstrafe bis zu einhundert Mark oder bis zu drei Tagen Haft festsetzen und sofort vollstrecken lassen.

180. Das Gericht kann gegen einen bei der Verhandlung betheiligten Rechtsanwalt oder Vertheidiger, der sich in der Sitzung einer Ungebühr schuldig macht, vorbehaltlich der strafgerichtlichen oder disziplinaren Verfolgung eine Ordnungsstrafe bis zu einhundert Mark festsetzen.

181. Die Vollstreckung der vorstehend bezeichneten Ordnungsstrafen hat der Vorsitzende unmittelbar zu veranlassen.

182. Die in den §§ 177—181 bezeichneten Befugnisse stehen auch einem einzelnen Richter bei der Vornahme von Amtshandlungen außerhalb der Sitzung zu.

183. Ist in den Fällen der §§ 179, 180, 182 eine Ordnungsstrafe festgesetzt, so findet binnen der Frist von einer Woche nach der Bekanntmachung der Entscheidung Beschwerde statt, sofern die Entscheidung nicht von dem Reichsgericht oder einem Oberlandesgericht getroffen ist.

Vgl. Str. Pr. O. § 349.

Die Beschwerde hat in dem Falle des § 179 keine aufschiebende Wirkung, in den Fällen des § 180 und des § 182 aufschiebende Wirkung.

Ueber die Beschwerde entscheidet das Oberlandesgericht.

Die Beschwerde gegen amtsrichterliche Ordnungsstraf-Verfügungen oder schöffengerichtliche Beschlüsse dieser Art folgt hier also nicht dem Instanzenzuge nach § 72.

184. Ist eine Ordnungsstrafe wegen Ungebühr festgesetzt, oder eine Person zur Haft abgeführt, oder eine bei der Verhandlung betheiligte Person entfernt worden, so ist der Beschluß des Gerichts und dessen Veranlassung in das Protokoll aufzunehmen.

185. Wird eine strafbare Handlung in der Sitzung begangen, so hat das Gericht den Thatbestand festzustellen und der zuständigen Behörde das darüber aufgenommene Protokoll mitzutheilen. In geeigneten Fällen ist die vorläufige Festnahme des Thäters zu verfügen.

Vgl. Str. Pr. O. §§ 127 u. 158.

Fünfzehnter Titel.

Gerichtssprache.

186. Die Gerichtssprache ist die deutsche.

187. Wird unter Betheiligung von Personen verhandelt, welche der deutschen Sprache nicht mächtig sind, so ist ein Dolmetscher zuzuziehen. Die Führung eines Nebenprotokolls in der fremden Sprache findet nicht statt; jedoch sollen Aussagen und Erklärungen in fremder Sprache, wenn und soweit der Richter dies mit Rücksicht auf die Wichtigkeit der Sache für erforderlich erachtet, auch in der fremden Sprache in das Protokoll oder in eine Anlage niedergeschrieben werden. In den dazu geeigneten Fällen soll dem Protokolle eine durch den Dolmetscher zu beglaubigende Uebersetzung beigefügt werden.

Die Zuziehung eines Dolmetschers kann unterbleiben, wenn die betheiligten Personen sämmtlich der fremden Sprache mächtig sind.

188. Zur Verhandlung mit tauben oder stummen Personen ist, sofern nicht eine schriftliche Verständigung erfolgt, eine Person als Dolmetscher zuzuziehen, mit deren Hülfe die Verständigung in anderer Weise erfolgen kann.

189. Ob einer Partei, welche taub ist, bei der mündlichen Verhandlung der Vortrag zu gestatten sei, bleibt dem Ermessen des Gerichts überlassen.

Dasselbe gilt in Anwaltsprozessen von einer Partei die der deutschen Sprache nicht mächtig ist.

190. Personen, welche der deutschen Sprache nicht mächtig sind, leisten Eide in der ihnen geläufigen Sprache.

Vgl. Str. Pr. O. §§ 61, 62, 79.

191. Der Dolmetscher hat einen Eid dahin zu leisten:

daß er treu und gewissenhaft übertragen werde.

Ist der Dolmetscher für Uebertragungen der betreffenden Art im Allgemeinen beeidigt, so genügt die Berufung auf den geleisteten Eid.

192. Der Dienst des Dolmetschers kann von dem Gerichtsschreiber wahrgenommen werden. Einer besonderen Beeidigung bedarf es nicht.

Vgl. § 154.

193. Auf den Dolmetscher finden die Bestimmungen über Ausschließung und Ablehnung der Sachverständigen entsprechende Anwendung. Die Entscheidung erfolgt durch das Gericht oder den Richter, von welchem der Dolmetscher zugezogen ist.

Vgl. Str. Pr. O. §§ 24—30, 74.

Sechszehnter Titel.

Berathung und Abstimmung.

194. Bei Entscheidungen dürfen Richter nur in der gesetzlich bestimmten Anzahl mitwirken.

Vgl. §§ 26, 77, 81, 109, 124, 139, 140.

Bei Verhandlungen von längerer Dauer kann der Vorsitzende die Zuziehung von Ergänzungsrichtern anordnen, welche der Verhandlung beizuwohnen und im Falle der Verhinderung eines Richters für denselben einzutreten haben.

Die vorstehenden Bestimmungen finden auch auf Schöffen und Geschworene Anwendung.

Vgl. § 49 u. Str. Pr. O. § 285.

195. Die Berathung und Abstimmung des Gerichts erfolgt nicht öffentlich.

Diese Vorschrift steht der Zulassung der bei dem Gerichte zu ihrer juristischen Ausbildung beschäftigten Personen nicht entgegen.

1. Der Gerichtsschreiber soll bei der Berathung und Abstimmung nicht zugezogen werden.
2. Auch die Anwesenheit anderer, als der im Absatz 2 gedachten Personen, namentlich von Gerichtsmitgliedern, soll untersagt sein, ohne indessen Nichtigkeit nach sich zu ziehen. Vgl. auch Str. Pr. O. § 377.
3. Der Fall, daß die Richter sofort nach Schluß der Verhandlung im Sitzungssaale sich berathen und sogleich die Entscheidung verkündet wird, hat als unzulässig nicht bezeichnet werden sollen. (Prot. S. 691—693.)

196. Der Vorsitzende leitet die Berathung, stellt die Fragen und sammelt die Stimmen.

Meinungsverschiedenheiten über den Gegenstand, die Fassung und die Reihenfolge der Fragen oder über das Ergebniß der Abstimmung entscheidet das Gericht.

Vgl. Str. Pr. O. § 306.

197. Kein Richter, Schöffe oder Geschworener darf die Abstimmung über eine Frage verweigern, weil er bei der Abstimmung über eine vorhergegangene Frage in der Minderheit geblieben ist.

198. Die Entscheidungen erfolgen, soweit das Gesetz nicht ein Anderes bestimmt, nach der absoluten Mehrheit der Stimmen.

Vgl. Str. Pr. O. §§ 262, 297. 307,

Bilden sich in Beziehung auf Summen, über welche zu entscheiden ist, mehr als zwei Meinungen, deren keine die Mehrheit für sich hat, so werden die für die größte Summe abgegebenen Stimmen den für die zunächst geringere abgegebenen so lange hinzugerechnet, bis sich eine Mehrheit ergiebt.

Bilden sich in einer Strafsache, von der Schuldfrage abgesehen, mehr als zwei Meinungen, deren keine die Mehrheit für sich hat, so werden die dem Beschuldigten nachtheiligsten Stimmen den zunächst minder nachtheiligen so lange hinzugerechnet, bis sich eine Mehrheit ergiebt.

199. Die Reihenfolge bei der Abstimmung richtet sich nach dem Dienstalter, bei den Schöffengerichten und den Kammern für Handelssachen nach dem Lebensalter; der Jüngste stimmt zuerst, der Vorsitzende zuletzt. Wenn ein Berichterstatter ernannt ist, so giebt dieser seine Stimme zuerst ab.

Bei der Abstimmung der Geschworenen richtet sich die Reihenfolge nach der Ausloosung. Der Obmann stimmt zuletzt.

200. Schöffen und Geschworene sind verpflichtet, über den Hergang bei der Berathung und Abstimmung Stillschweigen zu beobachten.

Siebenzehnter Titel.
Gerichtsferien.

201. Die Gerichtsferien beginnen am 15. Juli und endigen am 15. September.

202. Während der Ferien werden nur in Feriensachen Termine abgehalten und Entscheidungen erlassen.

Feriensachen sind:

1) Strafsachen;

Vgl. § 13.

2) Arrestsachen und die eine einstweilige Verfügung betreffenden Sachen;
3) Meß- und Marktsachen;
4) Streitigkeiten zwischen Vermiethern und Miethern von Wohnungs- und anderen Räumen wegen Ueberlassung, Benutzung und Räumung derselben, sowie wegen Zurückhaltung der vom Miether in die Miethsräume eingebrachten Sachen;
5) Wechselsachen;
6) Bausachen, wenn über Fortsetzung eines angefangenen Baues gestritten wird.

Das Gericht kann auf Antrag auch andere Sachen, soweit sie besonderer Beschleunigung bedürfen, als Feriensachen bezeichnen. Die gleiche Befugniß hat vorbehaltlich der Entscheidung des Gerichts der Vorsitzende.

203. Zur Erledigung der Feriensachen können bei den Landgerichten Ferienkammern, bei den Oberlandesgerichten und dem Reichsgerichte Feriensenate gebildet werden.

Vgl. §§ 62, 63, 121, 133.

204. Auf das Mahnverfahren, das Zwangsvollstreckungsverfahren und das Konkursverfahren sind die Ferien ohne Einfluß.

Druck der Berliner Bürger-Zeitung (D. Collin).
Schützen-Straße 68.

Deutsche Reichsgesetzgebung.
Text-Ausgabe.

Strafprozeßordnung

für

das Deutsche Reich.

Text-Ausgabe mit Register.

Berlin.
Verlag von J. Guttentag (D. Collin.)
1877.

II.

Strafprozeßordnung

mit

Einführungsgesetz.

Einführungs-Gesetz
zur
Strafprozeßordnung.

Vom 1. Februar 1877.

(R. G. Bl. 1877. Nr. 8 S. 346).

(Gesetzeskraft spätestens mit dem 1. Oktober 1879.)

(Vgl. §. 1. des Einf.-Gesetzes zum Gerichtsverfassungsgesetz.)

---

1. Die Strafprozeßordnung tritt im ganzen Umfange des Reichs gleichzeitig mit dem Gerichtsverfassungsgesetze in Kraft.

2. Die erforderlichen Anordnungen, um die Jahreslisten der Schöffen und der Geschworenen bis zum Tage des Inkrafttretens der Strafprozeßordnung nach den Vorschriften des Gerichtsverfassungsgesetzes herzustellen, insbesondere die Bezeichnung der Behörden, welche hierbei die den Amtsrichtern und den Landgerichten zugewiesenen Geschäfte wahrzunehmen haben, erfolgen durch die Landesjustizverwaltung. Dieselbe kann den Zeitraum, für welchen die in dieser Weise hergestellten Listen Geltung haben sollen, abweichend von dem Gerichtsverfassungsgesetze, jedoch nicht über das zweite Geschäftsjahr, bestimmen.

Vgl. Ger.-Verf.-Ges. §. 44.

3. Die Strafprozeßordnung findet auf alle Strafsachen Anwendung, welche vor die ordentlichen Gerichte gehören.

Insoweit die Gerichtsbarkeit in Strafsachen, für welche besondere Gerichte zugelassen sind, durch die Landesgesetzgebung den ordentlichen Gerichten übertragen wird, kann diese ein abweichendes Verfahren gestatten.

Die Landesgesetze können anordnen, daß Forst- und Feldrügesachen durch die Amtsgerichte in einem besonderen Verfahren, sowie ohne Zuziehung von Schöffen verhandelt und entschieden werden.

Vgl. Ger.-Verf.-Ges. §§. 13. 14. 22. 25.

4. In Ansehung der Landesherren und der Mitglieder der landesherrlichen Familien sowie der Mitglieder der Fürstlichen Familie Hohenzollern finden die Bestimmungen der Strafprozeßordnung nur insoweit Anwendung, als nicht besondere Vorschriften der Hausverfassungen oder der Landesgesetze abweichende Bestimmungen enthalten.

5. Die prozeßrechtlichen Vorschriften der Reichsgesetze werden durch die Strafprozeßordnung nicht berührt.

Wird in den Fällen des §. 101. der Seemannsordnung gegen den Bescheid des Seemannsamtes auf gerichtliche Entscheidung angetragen, so finden auf das weitere Verfahren die §§. 455—458. der Strafprozeßordnung entsprechende Anwendung.

6. Die prozeßrechtlichen Vorschriften der Landesgesetze treten für alle Strafsachen, deren Entscheidung in Gemäßheit des §. 3. nach den Vorschriften der Strafprozeßordnung zu erfolgen hat, außer Kraft, insoweit nicht in der Strafprozeßordnung auf sie verwiesen ist.

Unberührt bleiben die landesgesetzlichen Bestimmungen:

1) über die Voraussetzungen, unter welchen gegen Mitglieder einer gesetzgebenden Versammlung während der Dauer einer Sitzungsperiode eine Strafverfolgung eingeleitet oder fortgesetzt werden kann;
2) über das Verfahren bei Zuwiderhandlungen gegen die Gesetze über das Vereins- und Versammlungsrecht;
3) über das Verfahren im Verwaltungswege bei Uebertretungen, wegen deren die Polizeibehörden zum Erlaß einer Strafverfügung befugt sind, und bei Zuwiderhandlungen gegen die Vorschriften über die Erhebung öffentlicher Abgaben und Gefälle, insoweit nicht die §§. 453., 454., 455. und 459.—463. der Strafprozeßordnung abändernde Bestimmungen treffen.

7. Gesetz im Sinne der Strafprozeßordnung und dieses Gesetzes ist jede Rechtsnorm.

Vgl. Anmerk. zu §. 376 Str.-Proz.-Ord.

8. In den am Tage des Inkrafttretens der Strafprozeßordnung anhängigen Strafsachen sind für das weitere Verfahren die Vorschriften der Strafprozeßordnung maßgebend. Die Landesgesetzgebung kann die zur Ueberleitung des Verfahrens erforderlichen Bestimmungen treffen.

War jedoch vor dem Tage des Inkrafttretens der Strafprozeßordnung ein Endurtheil erster Instanz ergangen, so finden auf die Erledigung der Sache bis zur rechtskräftigen Entscheidung die bisherigen Prozeßgesetze Anwendung.

9. Wird ein vor dem Tage des Inkrafttretens der Strafprozeßordnung ergangenes Endurtheil erster Instanz in der höheren Instanz aufgehoben und die Sache zur nochmaligen Verhandlung in die erste Instanz zurückgewiesen, so regelt sich das weitere Verfahren nach den Vorschriften der Strafprozeßordnung.

Vgl. §§. 369. 394 Str.-Proz.-Ord.

10. Für die Wiederaufnahme eines durch rechtskräftiges Urtheil geschlossenen Verfahrens sind die Vorschriften der Strafprozeßordnung auch dann maßgebend, wenn das Urtheil vor dem Tage des Inkrafttretens der Strafprozeßordnung erlassen oder rechtskräftig geworden war.

Vgl. §§. 399 ff. Str.-Proz.-Ord.

11. Die Verfolgung von Beleidigungen und Körperverletzungen findet nur nach den Vorschriften der Strafprozeßordnung statt.

Insoweit diese Verfolgung nach der Gesetzgebung eines Bundesstaates im Wege des Civilprozesses stattfand, richtet sich die Erledigung eines anhängigen Verfahrens nach den Vorschriften des Einführungsgesetzes zur Civilprozeßordnung.

Vgl. §§. 414. 416 Str.-Proz.-Ord.

12. Auf die Strafvollstreckung finden die Vorschriften der Strafprozeßordnung Anwendung, auch wenn die Strafe nach den bisherigen Vorschriften über das Strafverfahren erkannt ist.

Vgl. §§. 481—495 Str.-Proz.-Ord.

Strafprozeßordnung.

Vom 1. Februar 1877.

(R. G. Bl. 1877. Nr. 8 S. 253).

Gesetzeskraft spätestens mit dem 1. Oktober 1879.

(Vgl. §. 1. des Einf.-Gesetzes zum Gerichtsverfassungsgesetz.)

Erstes Buch.
Allgemeine Bestimmungen.

Erster Abschnitt.
Sachliche Zuständigkeit der Gerichte.

1. Die sachliche Zuständigkeit der Gerichte wird durch das Gesetz über die Gerichtsverfassung bestimmt.

Vgl. §§. 27. 29. 73—76. 80. 123 2 u. 3. 136 2. Gerichts-Verf.-Gesetz.

2. Zusammenhängende Strafsachen, welche einzeln zur Zuständigkeit von Gerichten verschiedener Ordnung gehören würden, können verbunden bei demjenigen Gerichte anhängig gemacht werden, welchem die höhere Zuständigkeit beiwohnt.

Aus Gründen der Zweckmäßigkeit kann durch Beschluß dieses Gerichts die Trennung der verbundenen Strafsachen angeordnet werden.

3. Ein Zusammenhang ist vorhanden, wenn eine Person mehrerer strafbarer Handlungen beschuldigt wird, oder wenn bei einer strafbaren Handlung mehrere Per-

sonen als Thäter, Theilnehmer, Begünstiger oder Hehler beschuldigt werden.

Vgl. §§. 47—49. 257—259 Str.-Ges.-Buch.

4. Eine Verbindung zusammenhängender oder eine Trennung verbundener Strafsachen kann auch nach Eröffnung der Untersuchung auf Antrag der Staatsanwaltschaft oder des Angeschuldigten oder von Amtswegen durch gerichtlichen Beschluß angeordnet werden.

Zuständig für den Beschluß ist dasjenige Gericht, zu dessen Bezirk die übrigen Gerichte gehören. In Ermangelung eines hiernach zuständigen Gerichts erfolgt die Beschlußfassung durch das gemeinschaftliche obere Gericht.

5. Für die Dauer der Verbindung ist der Straffall, welcher zur Zuständigkeit des Gerichts höherer Ordnung gehört, für das Verfahren maßgebend.

6. Das Gericht hat seine sachliche Zuständigkeit in jeder Lage des Verfahrens von Amtswegen zu prüfen.

Zweiter Abschnitt.

Gerichtsstand.

7. Der Gerichtsstand ist bei demjenigen Gerichte begründet, in dessen Bezirk die strafbare Handlung begangen ist.

8. Der Gerichtsstand ist auch bei demjenigen Gerichte begründet, in dessen Bezirk der Angeschuldigte zur Zeit der Erhebung der Klage seinen Wohnsitz hat.

Hat der Angeschuldigte einen Wohnsitz im Deutschen

Reiche nicht, so wird der Gerichtsstand auch durch den gewöhnlichen Aufenthaltsort und, wenn ein solcher nicht bekannt ist, durch den letzten Wohnsitz bestimmt.

9. Wenn die strafbare Handlung im Auslande begangen und ein Gerichtsstand in Gemäßheit des §. 8. nicht begründet ist, so ist dasjenige Gericht zuständig, in dessen Bezirk die Ergreifung erfolgt. Hat eine Ergreifung nicht stattgefunden, so wird das zuständige Gericht vom Reichsgerichte bestimmt.

Gleiches gilt, wenn eine strafbare Handlung im Inlande begangen ist, jedoch weder der Gerichtsstand der begangenen That noch der Gerichtsstand des Wohnsitzes ermittelt ist.

Vgl. §§. 4—9 des Str.=Ges.=Buch.

10. Ist die strafbare Handlung auf einem deutschen Schiffe im Auslande oder in offener See begangen, so ist dasjenige Gericht zuständig, in dessen Bezirk der Heimathshafen oder derjenige deutsche Hafen liegt, welchen das Schiff nach der That zuerst erreicht.

Vgl. über den Begriff des Heimathshafens §. 5 des Gesetzes betreffend die Nationalität der Kauffarteischiffe v. 25. October 1867 u. §. 101 der Seemannsordnung vom 27. December 1872.

11. Deutsche, welche das Recht der Exterritorialität genießen, sowie die im Ausland angestellten Beamten des Reichs oder eines Bundesstaates behalten in Ansehung des Gerichtsstandes den Wohnsitz, welchen sie in dem Heimathsstaate hatten. In Ermangelung eines solchen Wohnsitzes gilt die Hauptstadt des Heimathsstaates als ihr Wohnsitz. Ist die Hauptstadt in mehrere

Gerichtsbezirke getheilt, so wird der als Wohnsitz geltende Bezirk im Wege der Justizverwaltung durch allgemeine Anordnung bestimmt.

Auf Wahlkonsuln finden diese Bestimmungen keine Anwendung.

Vgl. d. Ges. betreffend die Organisation der Bundeskonsulate v. 8. Nov. 1867.

12. Unter mehreren nach den Vorschriften der §§. 7.—11. zuständigen Gerichten gebührt demjenigen der Vorzug, welches die Untersuchung zuerst eröffnet hat.

Jedoch kann die Untersuchung und Entscheidung einem anderen der zuständigen Gerichte durch das gemeinschaftliche obere Gericht übertragen werden.

13. Für zusammenhängende Strafsachen, welche einzeln nach den Vorschriften der §§. 7.—11. zur Zuständigkeit verschiedener Gerichte gehören würden, ist ein Gerichtsstand bei jedem Gerichte begründet, welches für eine derselben zuständig ist.

Sind mehrere zusammenhängende Strafsachen bei verschiedenen Gerichten anhängig gemacht worden, so können dieselben sämmtlich oder zum Theil durch eine den Anträgen der Staatsanwaltschaft entsprechende Vereinbarung dieser Gerichte bei einem unter ihnen verbunden werden. Kommt eine solche Vereinbarung nicht zu Stande, so entscheidet, wenn die Staatsanwaltschaft oder ein Angeschuldigter hierauf anträgt, das gemeinschaftliche obere Gericht darüber, ob und bei welchem der Gerichte die Verbindung einzutreten habe.

In gleicher Weise kann die Verbindung wieder aufgehoben werden.

Vgl. §§. 3 u. 4.

Auch die durch vorläufige Straffestsetzungen anhängig gewordenen Sachen (§§. 456 u. 462) können verbunden werden. Da ein Zeitpunkt nicht bestimmt, bis zu welchem die Vereinigung erfolgen beziehungsweise beantragt werden kann, so muß konsequent die Rechtskraft des Erkenntnisses die Grenze bilden. Andrerseits ist als Zeitpunkt, von welchem ab die Vereinigung zulässig ist, die Eröffnung der Voruntersuchung oder des Hauptverfahrens anzunehmen (Prot. S. 11)*).

Die Wiederaufhebung kann sowohl von demjenigen, auf dessen Antrag sie erfolgte, als auch vom Gegentheil beantragt werden (Prot. S. 786).

14. Besteht zwischen mehreren Gerichten Streit über die Zuständigkeit, so bestimmt das gemeinschaftliche obere Gericht dasjenige Gericht, welches sich der Untersuchung und Entscheidung zu unterziehen hat.

15. Ist das an sich zuständige Gericht in einem einzelnen Falle an der Ausübung des Richteramts rechtlich oder thatsächlich verhindert, oder ist von der Verhandlung vor diesem Gerichte eine Gefährdung der öffentlichen Sicherheit zu besorgen, so hat das zunächst obere Gericht die Untersuchung und Entscheidung dem gleichstehenden Gericht eines anderen Bezirks zu übertragen.

Vgl. §§. 22 und ferner Ger.=Verf.=Ges. 98.

16. Der Angeschuldigte muß den Einwand der Unzuständigkeit bei Verlust desselben bis zum Schlusse der Voruntersuchung, falls aber eine solche nicht stattgefunden

*) Unter dem Allegat „Prot." sind die Protokolle der Reichsjustizkommission verstanden.

hat, in der Hauptverhandlung bis zur Verlesung des Beschlusses über die Eröffnung des Hauptverfahrens geltend machen.

Nur die örtliche Zuständigkeit ist gemeint (Prot. S. 12 u. 789).

17. Durch eine Entscheidung, welche die Zuständigkeit für die Voruntersuchung feststellt, wird die Zuständigkeit auch für das Hauptverfahren festgestellt.

Die Entscheidung der Strafkammer, nicht des Untersuchungsrichters ist maßgebend (Prot. S. 789).

18. Nach Eröffnung des Hauptverfahrens darf das Gericht seine Unzuständigkeit nur auf Einwand des Angeklagten aussprechen.

19. Haben mehrere Gerichte, von denen eines das zuständige ist, durch Entscheidungen, welche nicht mehr anfechtbar sind, ihre Unzuständigkeit ausgesprochen, so bezeichnet das gemeinschaftliche obere Gericht das zuständige Gericht.

20. Die einzelnen Untersuchungshandlungen eines unzuständigen Gerichts sind nicht schon dieser Unzuständigkeit wegen ungültig.

21. Ein unzuständiges Gericht hat sich denjenigen innerhalb seines Bezirks vorzunehmenden Untersuchungshandlungen zu unterziehen, in Ansehung deren Gefahr im Verzuge obwaltet.

Dritter Abschnitt.

Ausschließung und Ablehnung der Gerichtspersonen.

22. Ein Richter ist von der Ausübung des Richteramts kraft Gesetzes ausgeschlossen:

1) wenn er selbst durch die strafbare Handlung verletzt ist;

2) wenn er Ehemann oder Vormund der beschuldigten oder der verletzten Person ist oder gewesen ist;

3) wenn er mit dem Beschuldigten oder mit dem Verletzten in gerader Linie verwandt, verschwägert oder durch Adoption verbunden, in der Seitenlinie bis zum dritten Grade verwandt oder bis zum zweiten Grade verschwägert ist, auch wenn die Ehe, durch welche die Schwägerschaft begründet ist, nicht mehr besteht;

Es ist Verwandtschaft bis zum dritten Grade einschließlich gemeint (Prot. S. 13).

4) wenn er in der Sache als Beamter der Staatsanwaltschaft, als Polizeibeamter, als Anwalt des Verletzten oder als Vertheidiger thätig gewesen ist;

5) wenn er in der Sache als Zeuge oder Sachverständiger vernommen ist.

23. Ein Richter, welcher bei einer durch ein Rechtsmittel angefochtenen Entscheidung mitgewirkt hat, ist von der Mitwirkung bei der Entscheidung in höherer Instanz kraft Gesetzes ausgeschlossen.

Der Untersuchungsrichter darf in denjenigen Sachen, in welchen er die Voruntersuchung geführt hat, nicht Mitglied des erkennenden Gerichts sein, auch nicht bei einer außerhalb der Hauptverhandlung erfolgenden Entscheidung der Strafkammer mitwirken.

An dem Hauptverfahren vor der Strafkammer dürfen mehr als zwei von denjenigen Richtern, welche bei der Entscheidung über die Eröffnung des Hauptverfahrens mitgewirkt haben, und namentlich der Richter, welcher Bericht über den Antrag der Staatsanwaltschaft erstattet hatte, nicht theilnehmen.

Vgl. §§. 60 u. 77 Ger.-Verf.Ges. u. §§. 179. 201 dieses Gesetzes.

24. Ein Richter kann sowohl in den Fällen, in denen er von der Ausübung des Richteramts kraft Gesetzes ausgeschlossen ist, als auch wegen Besorgniß der Befangenheit abgelehnt werden.

Wegen Besorgniß der Befangenheit findet die Ablehnung statt, wenn ein Grund vorliegt, welcher geeignet ist, Mißtrauen gegen die Unparteilichkeit eines Richters zu rechtfertigen.

Das Ablehnungsrecht steht der Staatsanwaltschaft, dem Privatkläger und dem Beschuldigten zu. Den zur Ablehnung Berechtigten sind auf Verlangen die zur Mitwirkung bei der Entscheidung berufenen Gerichtspersonen namhaft zu machen.

25. Die Ablehnung eines Richters wegen Besorgniß der Befangenheit ist in der Hauptverhandlung erster Instanz nur bis zur Verlesung des Beschlusses über die Eröffnung des Hauptverfahrens, in der Hauptverhandlung über die Berufung und die Revision nur bis zum Beginne der Berichterstattung zulässig.

26. Das Ablehnungsgesuch ist bei dem Gerichte,

welchem der Richter angehört, anzubringen; es kann vor dem Gerichtsschreiber zu Protokoll erklärt werden.

Der Ablehnungsgrund ist glaubhaft zu machen; der Eid ist als Mittel der Glaubhaftmachung ausgeschlossen. Zur Glaubhaftmachung kann auf das Zeugniß des abgelehnten Richters Bezug genommen werden.

Der abgelehnte Richter hat sich über den Ablehnungsgrund dienstlich zu äußern.

27. Ueber das Ablehnungsgesuch entscheidet das Gericht, welchem der Abgelehnte angehört; wenn dasselbe durch Ausscheiden des abgelehnten Mitgliedes beschlußunfähig wird, das zunächst obere Gericht.

Wird ein Untersuchungsrichter oder ein Amtsrichter abgelehnt, so entscheidet das Landgericht. Einer Entscheidung bedarf es nicht, wenn der Abgelehnte das Ablehnungsgesuch für begründet hält.

28. Gegen den Beschluß, durch welchen das Ablehnungsgesuch für begründet erklärt wird, findet kein Rechtsmittel, gegen den Beschluß, durch welchen das Gesuch für unbegründet erklärt wird, findet sofortige Beschwerde statt.

Der Beschluß, durch welchen ein gegen einen erkennenden Richter angebrachtes Ablehnungsgesuch für unbegründet erklärt wird, kann nicht für sich allein, sondern nur mit dem Urtheil angefochten werden.

29. Ein abgelehnter Richter hat vor Erledigung des Ablehnungsgesuchs nur solche Handlungen vorzunehmen, welche keinen Aufschub gestatten.

30. Das für die Erledigung eines Ablehnungs=

gesuchs zuständige Gericht hat auch dann zu entscheiden, wenn ein solches Gesuch nicht angebracht ist, ein Richter aber von einem Verhältnisse Anzeige macht, welches seine Ablehnung rechtfertigen könnte, oder wenn aus anderer Veranlassung Zweifel darüber entstehen, ob ein Richter kraft Gesetzes ausgeschlossen sei.

31. Die Bestimmungen dieses Abschnitts finden auf Schöffen und Gerichtsschreiber entsprechende Anwendung.

Die Entscheidung über eine Ausschließung oder Ablehnung von Schöffen erfolgt durch den Amtsrichter. Ueber die Ausschließung oder Ablehnung eines Gerichtsschreibers entscheidet das Gericht oder der Richter, welchem derselbe beigegeben ist.

Vgl. Ger.=Verf.=Ges. §§. 31—35 u. 154.

32. Die Bestimmungen des §. 22. finden auch auf Geschworene Anwendung.

Vierter Abschnitt.

Gerichtliche Entscheidungen und deren Bekanntmachung.

33. Die Entscheidungen des Gerichts werden, wenn sie im Laufe einer Hauptverhandlung ergehen, nach Anhörung der Betheiligten, wenn sie außerhalb einer Hauptverhandlung ergehen, nach erfolgter schriftlicher oder mündlicher Erklärung der Staatsanwaltschaft erlassen.

Mit den außerhalb einer Hauptverhandlung ergehenden Entscheidungen sind nur Kollegialbeschlüsse gemeint, gleichviel ob sie auf Antrag oder von Amtswegen erfolgen (Prot. S. 802).

34. Die durch ein Rechtsmittel anfechtbaren Ent=

scheidungen sowie diejenigen, durch welche ein Antrag abgelehnt wird, sind mit Gründen zu versehen.

35. Entscheidungen, welche in Anwesenheit der davon betroffenen Person ergehen, werden derselben durch Verkündung bekannt gemacht. Auf Verlangen ist ihr eine Abschrift zu ertheilen.

Die Bekanntmachung anderer Entscheidungen erfolgt durch Zustellung.

Dem nicht auf freiem Fuße Befindlichen ist das zugestellte Schriftstück auf Verlangen vorzulesen.

36. Entscheidungen, die einer Zustellung oder Vollstreckung bedürfen, sind der Staatsanwaltschaft zu übergeben, welche das Erforderliche zu veranlassen hat. Auf Entscheidungen, die lediglich den inneren Dienst der Gerichte oder die Ordnung in den Sitzungen betreffen, findet diese Bestimmung keine Anwendung.

Der Untersuchungsrichter und der Amtsrichter können Zustellungen aller Art sowie die Vollstreckung von Beschlüssen und Verfügungen unmittelbar veranlassen.

37. Auf das Verfahren bei Zustellungen finden die Vorschriften der Civilprozeßordnung über Zustellungen entsprechende Anwendung.

Zustellungen können an jeden Angeschuldigten erfolgen, der das 12. Lebensjahr zurückgelegt hat (Prot. S. 804).

38. Die bei dem Strafverfahren betheiligten Personen, denen die Befugniß beigelegt ist, Zeugen und Sachverständige unmittelbar zu laden, haben mit der Zustellung der Ladung den Gerichtsvollzieher zu beauftragen.

Vgl. §. 219.

39. Für das die öffentliche Klage vorbereitende Verfahren, für die Voruntersuchung und für das Verfahren bei der Strafvollstreckung können durch Anordnung der Landesjustizverwaltung einfachere Formen für den Nachweis der Zustellung zugelassen werden.

Vgl. §§. 156 ff. 176 ff. 483.

40. Kann eine Zustellung an einen Beschuldigten, welchem eine Ladung zur Hauptverhandlung noch nicht zugestellt war, nicht in der vorgeschriebenen Weise im Deutschen Reich bewirkt werden, und erscheint die Befolgung der für Zustellungen im Auslande bestehenden Vorschriften unausführbar oder voraussichtlich erfolglos, so gilt die Zustellung als erfolgt, wenn der Inhalt des zuzustellenden Schriftstücks durch ein deutsches oder ausländisches Blatt bekannt gemacht worden ist und seit dem Erscheinen dieses Blattes zwei Wochen verflossen sind. Die Auswahl des Blattes steht dem die Zustellung veranlassenden Beamten zu.

War die Ladung zur Hauptverhandlung dem Angeklagten schon vorher zugestellt, so gilt eine weitere Zustellung an denselben, wenn sie nicht in der vorgeschriebenen Weise im Deutschen Reich bewirkt werden kann, als erfolgt, sobald das zuzustellende Schriftstück zwei Wochen an der Gerichtstafel des Gerichts erster Instanz angeheftet gewesen ist. Von Urtheilen und Beschlüssen wird nur der entscheidende Theil angeheftet.

Vgl. §. 215.

41. Zustellungen an die Staatsanwaltschaft erfolgen durch Vorlegung der Urschrift des zuzustellenden Schriftstücks. Wenn mit der Zustellung der Lauf einer Frist beginnt, so ist der Tag der Vorlegung von der Staatsanwaltschaft auf der Urschrift zu vermerken.

Fünfter Abschnitt.

Fristen und Wiedereinsetzung in den vorigen Stand.

42. Bei der Berechnung einer Frist, welche nach Tagen bestimmt ist, wird der Tag nicht mitgerechnet, auf welchen der Zeitpunkt oder das Ereigniß fällt, nach welchem der Anfang der Frist sich richten soll.

43. Eine Frist, welche nach Wochen oder Monaten bestimmt ist, endigt mit Ablauf desjenigen Tages der letzten Woche oder des letzten Monats, welcher durch seine Benennung oder Zahl dem Tage entspricht, an welchem die Frist begonnen hat; fehlt dieser Tag in dem letzten Monate, so endigt die Frist mit Ablauf des letzten Tages dieses Monats.

Fällt das Ende einer Frist auf einen Sonntag oder allgemeinen Feiertag, so endigt die Frist mit Ablauf des nächstfolgenden Werktages.

44. Gegen die Versäumung einer Frist kann die Wiedereinsetzung in den vorigen Stand beansprucht werden, wenn der Antragsteller durch Naturereignisse oder andere unabwendbare Zufälle an der Einhaltung der Frist verhindert worden ist. Als unabwendbarer Zufall ist es anzusehen, wenn der Antragsteller von einer Zustellung ohne sein Verschulden keine Kenntniß erlangt hat.

45. Das Gesuch um Wiedereinsetzung in den vorigen Stand muß binnen einer Woche nach Beseitigung des Hindernisses bei demjenigen Gerichte, bei welchem die Frist wahrzunehmen gewesen wäre, unter Angabe und Glaubhaftmachung der Versäumungsgründe angebracht werden.

Mit dem Gesuch ist zugleich die versäumte Handlung selbst nachzuholen.

46. Ueber das Gesuch entscheidet dasjenige Gericht, welches bei rechtzeitig erfolgter Handlung zur Entscheidung in der Sache selbst berufen gewesen wäre.

Die dem Gesuche stattgebende Entscheidung unterliegt keiner Anfechtung.

Gegen die das Gesuch verwerfende Entscheidung findet sofortige Beschwerde statt.

Vgl. §. 353.

47. Durch das Gesuch um Wiedereinsetzung in den vorigen Stand wird die Vollstreckung einer gerichtlichen Entscheidung nicht gehemmt.

Das Gericht kann jedoch einen Aufschub der Vollstreckung anordnen.

Sechster Abschnitt.

Zeugen.

48. Die Ladung der Zeugen geschieht unter Hinweis auf die gesetzlichen Folgen des Ausbleibens.

Die Ladung einer dem aktiven Heere oder der aktiven Marine angehörenden Person des Soldatenstandes als Zeugen erfolgt durch Ersuchen der Militärbehörde.

49. Der Reichskanzler, die Minister eines Bundesstaates, die Mitglieder der Senate der freien Hansestädte, die Vorstände der obersten Reichsbehörden und die Vorstände der Ministerien sind an ihrem Amtssitze oder, wenn sie sich außerhalb desselben aufhalten, an ihrem Aufenthaltsorte zu vernehmen.

Die Mitglieder des Bundesraths sind während ihres Aufenthalts am Sitze des Bundesraths an diesem Sitze, und die Mitglieder einer deutschen gesetzgebenden Versammlung während der Sitzungsperiode und ihres Aufenthalts am Orte der Versammlung an diesem Orte zu vernehmen.

Zu einer Abweichung von den vorstehenden Bestimmungen bedarf es:

in Betreff des Reichskanzlers der Genehmigung des Kaisers,

in Betreff der Minister und der Mitglieder des Bundesraths der Genehmigung des Landesherrn,

in Betreff der Mitglieder der Senate der freien Hansestädte der Genehmigung des Senats,

in Betreff der übrigen vorbezeichneten Beamten der Genehmigung ihres unmittelbaren Vorgesetzten,

in Betreff der Mitglieder einer gesetzgebenden Versammlung der Genehmigung der letzteren.

50. Ein ordnungsmäßig geladener Zeuge, welcher nicht erscheint, ist in die durch das Ausbleiben verursachten Kosten, sowie zu einer Geldstrafe bis zu dreihundert Mark, und für den Fall, daß diese nicht bei-

getrieben werden kann, zur Strafe der Haft bis zu sechs Wochen zu verurtheilen. Auch ist die zwangsweise Vorführung des Zeugen zulässig. Im Falle wiederholten Ausbleibens kann die Strafe noch einmal erkannt werden.

Die Verurtheilung in Strafe und Kosten unterbleibt, wenn das Ausbleiben des Zeugen genügend entschuldigt ist. Erfolgt nachträglich genügende Entschuldigung, so werden die gegen den Zeugen getroffenen Anordnungen wieder aufgehoben.

Die Befugniß zu diesen Maßregeln steht auch dem Untersuchungsrichter, dem Amtsrichter im Vorverfahren, sowie dem beauftragten und ersuchten Richter zu.

Die Festsetzung und die Vollstreckung der Strafe gegen eine dem aktiven Heere oder der aktiven Marine angehörende Militärperson erfolgt auf Ersuchen durch das Militärgericht, die Vorführung einer solchen Person durch Ersuchen der Militärbehörde.

Vgl. §§. 160. 184. 185. 222.

51. Zur Verweigerung des Zeugnisses sind berechtigt:

1. der Verlobte des Beschuldigten;
2. der Ehegatte des Beschuldigten, auch wenn die Ehe nicht mehr besteht;
3. diejenigen, welche mit dem Beschuldigten in gerader Linie verwandt, verschwägert oder durch Adoption verbunden, oder in der Seitenlinie bis zum dritten Grade verwandt oder bis zum zweiten Grade verschwägert sind, auch wenn die Ehe, durch welche die Schwägerschaft begründet ist, nicht mehr besteht.

Die bezeichneten Personen sind vor jeder Vernehmung über ihr Recht zur Verweigerung des Zeugnisses zu belehren. Sie können den Verzicht auf dieses Recht auch während der Vernehmung widerrufen.

52. Zur Verweigerung des Zeugnisses sind ferner berechtigt:

1. Geistliche in Ansehung desjenigen, was ihnen bei Ausübung der Seelsorge anvertraut ist;
2. Vertheidiger des Beschuldigten in Ansehung desjenigen, was ihnen in dieser ihrer Eigenschaft anvertraut ist;
3. Rechtsanwälte und Aerzte in Ansehung desjenigen, was ihnen bei Ausübung ihres Berufs anvertraut ist.

Die unter Nr. 2, 3 bezeichneten Personen dürfen das Zeugniß nicht verweigern, wenn sie von der Verpflichtung zur Verschwiegenheit entbunden sind.

53. Oeffentliche Beamte, auch wenn sie nicht mehr im Dienste sind, dürfen über Umstände, auf welche sich ihre Pflicht zur Amtsverschwiegenheit bezieht, als Zeugen nur mit Genehmigung ihrer vorgesetzten Dienstbehörde oder der ihnen zuletzt vorgesetzt gewesenen Dienstbehörde vernommen werden. Für den Reichskanzler bedarf es der Genehmigung des Kaisers, für die Minister der Genehmigung des Landesherrn, für die Mitglieder der Senate der freien Hansestädte der Genehmigung des Senats.

Die Genehmigung darf nur versagt werden, wenn die Ablegung des Zeugnisses dem Wohle des Reichs oder eines Bundesstaates Nachtheil bereiten würde.

54. Jeder Zeuge kann die Auskunft auf solche Fragen verweigern, deren Beantwortung ihm selbst oder einem der im §. 51. Nr. 1—3 bezeichneten Angehörigen die Gefahr strafgerichtlicher Verfolgung zuziehen würde.

55. Die Thatsache, auf welche der Zeuge die Verweigerung des Zeugnisses in den Fällen der §§. 51., 52., 54. stützt, ist auf Verlangen glaubhaft zu machen. Es genügt die eidliche Versicherung des Zeugen.

56. Unbeeidigt sind zu vernehmen:

1. Personen, welche zur Zeit der Vernehmung das sechzehnte Lebensjahr noch nicht vollendet oder wegen mangelnder Verstandesreife oder wegen Verstandesschwäche von dem Wesen und der Bedeutung des Eides keine genügende Vorstellung haben;
2. Personen, welche nach den Bestimmungen der Strafgesetze unfähig sind, als Zeugen eidlich vernommen zu werden;
3. Personen, welche hinsichtlich der den Gegenstand der Untersuchung bildenden That als Theilnehmer, Begünstiger oder Hehler verdächtig oder bereits verurtheilt sind.

57. Stehen Personen zu dem Beschuldigten in einem Verhältnisse, welches sie nach §. 51. zur Verweigerung des Zeugnisses berechtigt, so hängt es von dem richterlichen Ermessen ab, ob sie unbeeidigt zu vernehmen oder zu beeidigen sind.

Dieselben können auch nach der Vernehmung die

Beeidigung des Zeugnisses verweigern und sind über dieses Recht zu belehren.

58. Jeder Zeuge ist einzeln und in Abwesenheit der später abzuhörenden Zeugen zu vernehmen.

Eine Gegenüberstellung mit anderen Zeugen oder mit dem Beschuldigten findet im Vorverfahren nur dann statt, wenn sie ohne Nachtheil für die Sache nicht bis zur Hauptverhandlung ausgesetzt bleiben kann.

Eine Gegenüberstellung zum Zweck der Rekognition soll nicht untersagt sein (Prot. S. 55).

59. Vor der Leistung des Eides hat der Richter den Zeugen in angemessener Weise auf die Bedeutung des Eides hinzuweisen.

60. Jeder Zeuge ist einzeln und vor seiner Vernehmung zu beeidigen. Die Beeidigung kann jedoch aus besonderen Gründen, namentlich wenn Bedenken gegen ihre Zulässigkeit obwalten, bis nach Abschluß der Vernehmung ausgesetzt werden.

61. Der vor der Vernehmung zu leistende Eid lautet:

daß Zeuge nach bestem Wissen die reine Wahrheit sagen, nichts verschweigen und nichts hinzusetzen werde;

der nach der Vernehmung zu leistende Eid lautet:

daß Zeuge nach bestem Wissen die reine Wahrheit gesagt, nichts verschwiegen und nichts hinzugesetzt habe.

62. Der Eid beginnt mit den Worten:

„Ich schwöre bei Gott dem Allmächtigen und Allwissenden"

und schließt mit den Worten:

„So wahr mir Gott helfe."

63. Der Eid wird mittels Nachsprechens oder Ablesens der die Eidesnorm enthaltenden Eidesformel geleistet. Der Schwörende soll bei der Eidesleistung die rechte Hand erheben.

Stumme, welche schreiben können, leisten den Eid mittels Abschreibens und Unterschreibens der die Eidesnorm enthaltenden Eidesformel.

Stumme, welche nicht schreiben können, leisten den Eid mit Hülfe eines Dolmetschers durch Zeichen.

64. Der Eidesleistung wird gleichgeachtet, wenn ein Mitglied einer Religions-Gesellschaft, welcher das Gesetz den Gebrauch gewisser Betheuerungsformeln an Stelle des Eides gestattet, eine Erklärung unter der Betheuerungsformel dieser Religions-Gesellschaft abgiebt.

65. Die Beeidigung der Zeugen erfolgt, vorbehaltlich der Bestimmungen des §. 222., in der Hauptverhandlung.

Sie kann schon in der Voruntersuchung erfolgen, wenn voraussichtlich der Zeuge am Erscheinen in der Hauptverhandlung verhindert oder sein Erscheinen wegen großer Entfernung besonders erschwert sein wird, oder wenn die Beeidigung als Mittel zur Herbeiführung einer wahrheitsgemäßen Aussage erforderlich erscheint.

In dem vorbereitenden Verfahren ist die Beeidigung nur zuläſsig, wenn Gefahr im Verzuge obwaltet, oder wenn die Beeidigung als Mittel zur Herbeiführung einer wahrheitsgemäßen Aussage über eine Thatsache, von der die Erhebung der öffentlichen Klage abhängig ist, erforderlich erscheint.

Erfolgt die Beeidigung im Vorverfahren, so ist der Grund in dem Protokolle anzugeben.

Vgl. §. 160.

66. Wird der Zeuge, nachdem er eidlich vernommen worden ist, in demselben Vorverfahren oder in demselben Hauptverfahren nochmals vernommen, so kann der Richter statt der nochmaligen Beeidigung den Zeugen die Richtigkeit seiner Aussage unter Berufung auf den früher geleisteten Eid versichern lassen.

67. Die Vernehmung beginnt damit, daß der Zeuge über Vornamen und Zunamen, Alter, Religionsbekenntniß, Stand oder Gewerbe und Wohnort befragt wird. Erforderlichen Falls sind dem Zeugen Fragen über solche Umstände, welche seine Glaubwürdigkeit in der vorliegenden Sache betreffen, insbesondere über seine Beziehungen zu dem Beschuldigten oder dem Verletzten, vorzulegen.

68. Der Zeuge ist zu veranlassen, dasjenige, was ihm von dem Gegenstande seiner Vernehmung bekannt ist, im Zusammenhange anzugeben. Vor seiner Vernehmung ist dem Zeugen der Gegenstand der Untersuchung und die Person des Beschuldigten, sofern ein solcher vorhanden ist, zu bezeichnen.

Zur Aufklärung und zur Vervollständigung der Aussage sowie zur Erforschung des Grundes, auf welchem die Wissenschaft des Zeugen beruht, sind nöthigen Falls weitere Fragen zu stellen.

69. **Wird das Zeugniß oder die Eidesleistung ohne gesetzlichen Grund verweigert, so ist der Zeuge in die durch die Weigerung verursachten Kosten sowie zu einer Geldstrafe bis zu dreihundert Mark und für den Fall, daß diese nicht beigetrieben werden kann, zur Strafe der Haft bis zu sechs Wochen zu verurtheilen.**

Auch kann zur Erzwingung des Zeugnisses die Haft angeordnet werden, jedoch nicht über die Zeit der Beendigung des Verfahrens in der Instanz, auch nicht über die Zeit von sechs Monaten, und bei Uebertretungen nicht über die Zeit von sechs Wochen hinaus.

Die Befugniß zu diesen Maßregeln steht auch dem Untersuchungsrichter, dem Amtsrichter im Vorverfahren, sowie dem beauftragten und ersuchten Richter zu.

Sind die Maßregeln erschöpft, so können sie in demselben oder in einem anderen Verfahren, welches dieselbe That zum Gegenstande hat, nicht wiederholt werden.

Die Festsetzung und die Vollstreckung der Strafe gegen eine dem aktiven Heere oder der aktiven Marine angehörende Militärperson erfolgt auf Ersuchen durch das Militärgericht.

70. Jeder von dem Richter oder der Staatsanwaltschaft geladene Zeuge hat nach Maßgabe der Gebührenordnung Anspruch auf Entschädigung aus der Staatskasse für Zeitversäumniß und, wenn sein Erscheinen eine Reise erforderlich macht, auf Erstattung der Kosten, welche durch die Reise und den Aufenthalt am Orte der Vernehmung verursacht werden.

71. Die Landesherren und die Mitglieder der landesherrlichen Familien, sowie die Mitglieder der Fürstlichen Familie Hohenzollern sind in ihrer Wohnung zu vernehmen.

Den Eid leisten dieselben mittels Unterschreibens der die Eidesnorm enthaltenden Eidesformel.

Zur Hauptverhandlung werden sie nicht geladen. Das Protokoll über ihre gerichtliche Vernehmung ist in der Hauptverhandlung zu verlesen.

Siebenter Abschnitt.

Sachverständige und Augenschein.

72. Auf Sachverständige finden die Vorschriften des sechsten Abschnitts über Zeugen entsprechende Anwendung, insoweit nicht in den nachfolgenden Paragraphen abweichende Bestimmungen getroffen sind.

73. Die Auswahl der zuzuziehenden Sachverständigen und die Bestimmung ihrer Anzahl erfolgt durch den Richter.

Sind für gewisse Arten von Gutachten Sachverständige öffentlich bestellt, so sollen andere Personen nur dann gewählt werden, wenn besondere Umstände es erfordern.

Nur im Vorverfahren und in der Voruntersuchung (§. 193) erfolgt die Auswahl durch den Richter, für das Hauptverfahren ist zunächst §. 218 u. ferner §§. 243. 244 maßgebend (Prot. S. 60).

74. Ein Sachverständiger kann aus denselben Gründen, welche zur Ablehnung eines Richters berechtigen, abgelehnt werden. Ein Ablehnungsgrund kann jedoch nicht daraus entnommen werden, daß der Sachverständige als Zeuge vernommen worden ist.

Vgl §§. 24—30.

Das Ablehnungsrecht steht der Staatsanwaltschaft, dem Privatkläger und dem Beschuldigten zu. Die ernannten Sachverständigen sind den zur Ablehnung Berechtigten namhaft zu machen, wenn nicht besondere Umstände entgegenstehen.

Der Ablehnungsgrund ist glaubhaft zu machen; der Eid ist als Mittel der Glaubhaftmachung ausgeschlossen.

75. Der zum Sachverständigen Ernannte hat der Ernennung Folge zu leisten, wenn er zur Erstattung von Gutachten der erforderten Art öffentlich bestellt ist, oder wenn er die Wissenschaft, die Kunst oder das Gewerbe, deren Kenntniß Voraussetzung der Begutachtung ist, öffentlich zum Erwerbe ausübt, oder wenn er zur Ausübung derselben öffentlich bestellt oder ermächtigt ist.

Zur Erstattung des Gutachtens ist auch derjenige verpflichtet, welcher sich zu derselben vor Gericht bereit erklärt hat.

76. Dieselben Gründe, welche einen Zeugen berechtigen, das Zeugniß zu verweigern, berechtigen einen Sachverständigen zur Verweigerung des Gutachtens. Auch aus anderen Gründen kann ein Sachverständiger von der Verpflichtung zur Erstattung des Gutachtens entbunden werden.

Die Vernehmung eines öffentlichen Beamten als Sachverständigen findet nicht statt, wenn die vorgesetzte Behörde des Beamten erklärt, daß die Vernehmung den dienstlichen Interessen Nachtheil bereiten würde.

Vgl. §§. 51—54.

77. Im Falle des Nichterscheinens oder der Weigerung eines zur Erstattung des Gutachtens verpflichteten Sachverständigen wird dieser zum Ersatze der Kosten und zu einer Geldstrafe bis zu dreihundert Mark verurtheilt. Im Falle wiederholten Ungehorsams kann noch einmal eine Geldstrafe bis zu sechshundert Mark erkannt werden.

Die Festsetzung und die Vollstreckung der Strafe gegen eine dem aktiven Heere oder der aktiven Marine angehörende Militärperson erfolgt auf Ersuchen durch das Militärgericht.

78. Der Richter hat, soweit ihm dies erforderlich erscheint, die Thätigkeit der Sachverständigen zu leiten.

79. Der Sachverständige hat vor Erstattung des Gutachtens einen Eid dahin zu leisten:

> daß er das von ihm erforderte Gutachten unparteiisch und nach bestem Wissen und Gewissen erstatten werde.

Ist der Sachverständige für die Erstattung von Gutachten der betreffenden Art im Allgemeinen beeidigt, so genügt die Berufung auf den geleisteten Eid.

80. Dem Sachverständigen kann auf sein Verlangen zur Vorbereitung des Gutachtens durch Ver-

nehmung von Zeugen oder des Beschuldigten weitere Aufklärung verschafft werden.

Zu demselben Zweck kann ihm gestattet werden, die Akten einzusehen, der Vernehmung von Zeugen oder des Beschuldigten beizuwohnen und an dieselben unmittelbar Fragen zu stellen.

Diese Vorschrift ist nur instruktioneller Natur (Prot. S. 84).

81. Zur Vorbereitung eines Gutachtens über den Geisteszustand des Angeschuldigten kann das Gericht auf Antrag eines Sachverständigen nach Anhörung des Vertheidigers anordnen, daß der Angeschuldigte in eine öffentliche Irrenanstalt gebracht und dort beobachtet werde.

Dem Angeschuldigten, welcher einen Vertheidiger nicht hat, ist ein solcher zu bestellen.

Gegen den Beschluß findet sofortige Beschwerde statt. Dieselbe hat aufschiebende Wirkung.

Die Verwahrung in der Anstalt darf die Dauer von sechs Wochen nicht übersteigen.

82. Im Vorverfahren hängt es von der Anordnung des Richters ab, ob die Sachverständigen ihr Gutachten schriftlich oder mündlich zu erstatten haben.

Vgl. §§. 349. 353.

83. Der Richter kann eine neue Begutachtung durch dieselben oder durch andere Sachverständige anordnen, wenn er das Gutachten für ungenügend erachtet.

Der Richter kann die Begutachtung durch einen anderen Sachverständigen anordnen, wenn ein Sachverständiger nach Erstattung des Gutachtens mit Erfolg abgelehnt ist.

In wichtigeren Fällen kann das Gutachten einer Fachbehörde eingeholt werden.

Vgl. §. 255.

84. Der Sachverständige hat nach Maßgabe der Gebührenordnung Anspruch auf Entschädigung für Zeitversäumniß, auf Erstattung der ihm verursachten Kosten und außerdem auf angemessene Vergütung für seine Mühewaltung.

85. Insoweit zum Beweise vergangener Thatsachen oder Zustände, zu deren Wahrnehmung eine besondere Sachkunde erforderlich war, sachkundige Personen zu vernehmen sind, kommen die Vorschriften über den Zeugenbeweis zur Anwendung.

86. Findet die Einnahme eines richterlichen Augenscheins statt, so ist im Protokolle der vorgefundene Sachbestand festzustellen und darüber Auskunft zu geben, welche Spuren oder Merkmale, deren Vorhandensein nach der besonderen Beschaffenheit des Falles vermuthet werden konnte, gefehlt haben.

87. Die richterliche Leichenschau wird unter Zuziehung eines Arztes, die Leichenöffnung im Beisein des Richters von zwei Aerzten, unter welchen sich ein Gerichtsarzt befinden muß, vorgenommen. Demjenigen Arzte, welcher den Verstorbenen in der dem Tode unmittelbar vorausgegangenen Krankheit behandelt hat, ist die Leichenöffnung nicht zu übertragen. Derselbe kann jedoch aufgefordert werden, der Leichenöffnung anzuwohnen, um aus der Krankheitsgeschichte Aufschlüsse zu geben.

Die Zuziehung eines Arztes kann bei der Leichenschau unterbleiben, wenn sie nach dem Ermessen des Richters entbehrlich ist.

Behufs der Besichtigung oder Oeffnung einer schon beerdigten Leiche ist ihre Ausgrabung statthaft.

Vgl. §. 157.

88. Vor der Leichenöffnung ist, wenn nicht besondere Hindernisse entgegenstehen, die Persönlichkeit des Verstorbenen, insbesondere durch Befragung von Personen, welche den Verstorbenen gekannt haben, festzustellen. Ist ein Beschuldigter vorhanden, so ist ihm die Leiche zur Anerkennung vorzuzeigen.

Vgl. §. 133.

89. Die Leichenöffnung muß sich, soweit der Zustand der Leiche dies gestattet, stets auf die Oeffnung der Kopf-, Brust- und Bauchhöhle erstrecken.

90. Bei Oeffnung der Leiche eines neugeborenen Kindes ist die Untersuchung insbesondere auch darauf zu richten, ob dasselbe nach oder während der Geburt gelebt habe, und ob es reif oder wenigstens fähig gewesen sei, das Leben außerhalb des Mutterleibes fortzusetzen.

91. Liegt der Verdacht einer Vergiftung vor, so ist die Untersuchung der in der Leiche oder sonst gefundenen verdächtigen Stoffe durch einen Chemiker oder durch eine für solche Untersuchungen bestehende Fachbehörde vorzunehmen.

Der Richter kann anordnen, daß diese Untersuchung unter Mitwirkung oder Leitung eines Arztes stattzufinden habe.

Vgl. §§. 83 u. 255.

92. Bei Münzverbrechen und Münzvergehen sind

die Münzen oder Papiere erforderlichen Falls derjenigen Behörde vorzulegen, von welcher echte Münzen oder Papiere dieser Art in Umlauf gesetzt werden. Das Gutachten dieser Behörde ist über die Unechtheit oder Verfälschung sowie darüber einzuholen, in welcher Art die Fälschung muthmaßlich begangen worden sei.

Handelt es sich um ausländische Münzen oder Papiere, so kann an Stelle des Gutachtens der ausländischen Behörde dasjenige einer deutschen erfordert werden.

Vgl. §§. 146—152 Str.=Ges.=Buch.

93. Zur Ermittelung der Echtheit oder Unechtheit eines Schriftstücks, sowie zur Ermittelung des Urhebers desselben kann eine Schriftvergleichung unter Zuziehung von Sachverständigen vorgenommen werden.

Achter Abschnitt.

Beschlagnahme und Durchsuchung.

94. Gegenstände, welche als Beweismittel für die Untersuchung von Bedeutung sein können oder der Einziehung unterliegen, sind in Verwahrung zu nehmen oder in anderer Weise sicher zu stellen.

Befinden sich die Gegenstände in dem Gewahrsam einer Person und werden dieselben nicht freiwillig herausgegeben, so bedarf es der Beschlagnahme.

95. Wer einen Gegenstand der vorbezeichneten Art in seinem Gewahrsam hat, ist verpflichtet, denselben auf Erfordern vorzulegen und auszuliefern.

Er kann im Falle der Weigerung durch die im §. 69.

bestimmten Zwangsmittel hierzu angehalten werden. Gegen Personen, welche zur Verweigerung des Zeugnisses berechtigt sind, finden diese Zwangsmittel keine Anwendung.

Vgl. §§. 51—54. Nicht auch der Beschuldigte oder Verdächtige kann hierzu gezwungen werden, was schon aus §. 54 folgt (Prot. S. 91).

96. Die Vorlegung oder Auslieferung von Akten oder anderen in amtlicher Verwahrung befindlichen Schriftstücken durch Behörden und öffentliche Beamte darf nicht gefordert werden, wenn deren oberste Dienstbehörde erklärt, daß das Bekanntwerden des Inhalts dieser Akten oder Schriftstücke dem Wohle des Reichs oder eines Bundesstaates Nachtheil bereiten würde.

97. Schriftliche Mittheilungen zwischen dem Beschuldigten und denjenigen Personen, die wegen ihres Verhältnisses zu ihm nach §§. 51., 52. zur Verweigerung des Zeugnisses berechtigt sind, unterliegen der Beschlagnahme nicht, falls sie sich in den Händen der letzteren Personen befinden und diese nicht einer Theilnahme, Begünstigung oder Hehlerei verdächtig sind.

Auch Mittheilungen zwischen dem blos Verdächtigen und Anderen sind hier gemeint (Prot. S. 92).

98. Die Anordnung von Beschlagnahmen steht dem Richter, bei Gefahr im Verzug auch der Staatsanwaltschaft und denjenigen Polizei- und Sicherheitsbeamten zu, welche als Hülfsbeamte der Staatsanwaltschaft den Anordnungen derselben Folge zu leisten haben.

Ist die Beschlagnahme ohne richterliche Anordnung erfolgt, so soll der Beamte, welcher die Beschlagnahme angeordnet hat, binnen drei Tagen die richterliche Bestätigung nachsuchen, wenn bei der Beschlagnahme weder der davon Betroffene noch ein erwachsener Angehöriger anwesend war, oder wenn der Betroffene und im Falle seiner Abwesenheit ein erwachsener Angehöriger desselben gegen die Beschlagnahme ausdrücklichen Widerspruch erhoben hat. Der Betroffene kann jederzeit die richterliche Entscheidung nachsuchen. So lange die öffentliche Klage noch nicht erhoben ist, erfolgt die Entscheidung durch den Amtsrichter, in dessen Bezirk die Beschlagnahme stattgefunden hat.

Ist nach erhobener öffentlicher Klage die Beschlagnahme durch die Staatsanwaltschaft oder einen Polizei- oder Sicherheitsbeamten erfolgt, so ist binnen drei Tagen dem Richter von der Beschlagnahme Anzeige zu machen und sind demselben die in Beschlag genommenen Gegenstände zur Verfügung zu stellen.

Beschlagnahmen in militärischen Dienstgebäuden, zu welchen auch Kriegsfahrzeuge gehören, erfolgen durch Ersuchen der Militärbehörde, und auf Verlangen der Civilbehörde (Richter, Staatsanwaltschaft) unter deren Mitwirkung. Des Ersuchens der Militärbehörde bedarf es jedoch nicht, wenn die Beschlagnahme in Räumen vorzunehmen ist, welche in militärischen Dienstgebäuden ausschließlich von Civilpersonen bewohnt werden.

Vgl. §. 150, ferner Ger.-Verf.-Ges. §. 153.

99. Zulässig ist die Beschlagnahme der an den Beschuldigten gerichteten Briefe und Sendungen auf der Post sowie der an ihn gerichteten Telegramme auf den Telegraphenanstalten; desgleichen ist zulässig an den bezeichneten Orten die Beschlagnahme solcher Briefe, Sendungen und Telegramme, in Betreff derer Thatsachen vorliegen, aus welchen zu schließen ist, daß sie von dem Beschuldigten herrühren oder für ihn bestimmt sind und daß ihr Inhalt für die Untersuchung Bedeutung habe.

100. Zu der Beschlagnahme (§. 99.) ist nur der Richter, bei Gefahr im Verzug und, wenn die Untersuchung nicht blos eine Uebertretung betrifft, auch die Staatsanwaltschaft befugt. Die letztere muß jedoch den ihr ausgelieferten Gegenstand sofort, und zwar Briefe und andere Postsendungen uneröffnet, dem Richter vorlegen.

Die von der Staatsanwaltschaft verfügte Beschlagnahme tritt, auch wenn sie eine Auslieferung noch nicht zur Folge gehabt hat, außer Kraft, wenn sie nicht binnen drei Tagen von dem Richter bestätigt wird.

Die Entscheidung über eine von der Staatsanwaltschaft verfügte Beschlagnahme sowie über die Eröffnung eines ausgelieferten Briefes oder einer anderen Postsendung erfolgt durch den zuständigen Richter (§. 98.).

101. Von den getroffenen Maßregeln (§§. 99., 100.) sind die Betheiligten zu benachrichtigen, sobald dies ohne Gefährdung des Untersuchungszweckes geschehen kann.

Sendungen, deren Eröffnung nicht angeordnet worden, sind den Betheiligten sofort auszuantworten. Dasselbe gilt, soweit nach der Eröffnung die Zurückbehaltung nicht erforderlich ist.

Derjenige Theil eines zurückbehaltenen Briefes, dessen

Vorenthaltung nicht durch die Rücksicht auf die Untersuchung geboten erscheint, ist dem Empfangsberechtigten abschriftlich mitzutheilen.

Bezieht sich auch auf expedirte, aber noch nicht abgelieferte Telegramme (Prot. S. 109).

102. Bei demjenigen, welcher als Thäter oder Theilnehmer einer strafbaren Handlung oder als Begünstiger oder Hehler verdächtig ist, kann eine Durchsuchung der Wohnung und anderer Räume, sowie seiner Person und der ihm gehörigen Sachen, sowohl zum Zwecke seiner Ergreifung, als auch dann vorgenommen werden, wenn zu vermuthen ist, daß die Durchsuchung zur Auffindung von Beweismitteln führen werde.

Diese Vorschrift ist auch anwendbar, wenn der objektive Thatbestand noch nicht klar vorliegt (Prot. S. 110).

103. Bei anderen Personen sind Durchsuchungen nur behufs der Ergreifung des Beschuldigten oder behufs der Verfolgung von Spuren einer strafbaren Handlung oder behufs der Beschlagnahme bestimmter Gegenstände und nur dann zulässig, wenn Thatsachen vorliegen, aus denen zu schließen ist, daß die gesuchte Person, Spur oder Sache sich in den zu durchsuchenden Räumen befinde.

Diese Beschränkung findet keine Anwendung auf die Räume, in welchen der Beschuldigte ergriffen worden ist, oder welche er während der Verfolgung betreten hat, oder in welchen eine unter Polizeiaufsicht stehende Person wohnt oder sich aufhält.

Vgl. §§. 38. 39. Str.-Ges.-Buch.

104. Zur Nachtzeit dürfen die Wohnung, die Geschäftsräume und das befriedete Besitzthum nur bei Verfolgung auf frischer That, oder bei Gefahr im Verzug oder dann durchsucht werden, wenn es sich um die Wiederergreifung eines entwichenen Gefangenen handelt.

Diese Beschränkung findet keine Anwendung auf Wohnungen von Personen, welche unter Polizeiaufsicht stehen, sowie auf Räume, welche zur Nachtzeit Jedermann zugänglich oder welche der Polizei als Herbergen oder Versammlungsorte bestrafter Personen, als Niederlagen von Sachen, welche mittels strafbarer Handlungen erlangt sind, oder als Schlupfwinkel des Glückspiels oder gewerbsmäßiger Unzucht bekannt sind.

Die Nachtzeit umfaßt in dem Zeitraume vom ersten April bis dreißigsten September die Stunden von neun Uhr Abends bis vier Uhr Morgens und in dem Zeitraume vom ersten Oktober bis einunddreißigsten März die Stunden von neun Uhr Abends bis sechs Uhr Morgens.

105. Die Anordnung von Durchsuchungen steht dem Richter, bei Gefahr im Verzug auch der Staatsanwaltschaft und denjenigen Polizei- und Sicherheitsbeamten zu, welche als Hülfsbeamte der Staatsanwaltschaft den Anordnungen derselben Folge zu leisten haben.

Wenn eine Durchsuchung der Wohnung, der Geschäftsräume oder des befriedeten Besitzthums ohne Beisein des Richters oder des Staatsanwalts stattfindet, so sind, wenn dies möglich, ein Gemeindebeamter oder zwei Mitglieder der Gemeinde, in deren Bezirk die Durchsuchung erfolgt, zuzuziehen. Die als Gemeindemitglieder zugezogenen Personen dürfen nicht Polizei- oder Sicherheitsbeamte sein.

Die in den vorstehenden Absätzen angeordneten Beschränkungen der Durchsuchung finden keine Anwendung auf die im §. 104. Abs. 2. bezeichneten Wohnungen und Räume.

Durchsuchungen in militärischen Dienstgebäuden erfolgen durch Ersuchen der Militärbehörde, und auf Verlangen der Civilbehörde (Richter, Staatsanwaltschaft) unter deren Mitwirkung. Des Ersuchens der Militärbehörde bedarf es jedoch nicht, wenn die Durchsuchung von Räumen vorzunehmen ist, welche in militärischen Dienstgebäuden ausschließlich von Civilpersonen bewohnt werden.

106. Der Inhaber der zu durchsuchenden Räume oder Gegenstände darf der Durchsuchung beiwohnen. Ist er abwesend, so ist, wenn dies möglich, sein Vertreter oder ein erwachsener Angehöriger, Hausgenosse oder Nachbar zuzuziehen.

Dem Inhaber oder der in dessen Abwesenheit zugezogenen Person ist in den Fällen des §. 103. Abs. 1. der Zweck der Durchsuchung vor deren Beginn bekannt zu machen. Diese Vorschrift findet keine Anwendung auf die Inhaber der im §. 104. Abs. 2. bezeichneten Räume.

107. Dem von der Durchsuchung Betroffenen ist nach deren Beendigung auf Verlangen eine schriftliche Mittheilung zu machen, welche den Grund der Durchsuchung (§§. 102., 103.) sowie im Falle des §. 102. die strafbare Handlung bezeichnen muß. Auch ist demselben auf Verlangen ein Verzeichniß der in Verwahrung oder

in Beschlag genommenen Gegenstände, falls aber nichts Verdächtiges gefunden wird, eine Bescheinigung hierüber zu geben.

108. Werden bei Gelegenheit einer Durchsuchung Gegenstände gefunden, welche zwar in keiner Beziehung zu der Untersuchung stehen, aber auf die erfolgte Verübung einer anderen strafbaren Handlung hindeuten, so sind dieselben einstweilen in Beschlag zu nehmen. Der Staatsanwaltschaft ist hiervon Kenntniß zu geben.

Vgl. §. 189.

109. Die in Verwahrung oder in Beschlag genommenen Gegenstände sind genau zu verzeichnen und zur Verhütung von Verwechselungen durch amtliche Siegel oder in sonst geeigneter Weise kenntlich zu machen.

110. Eine Durchsicht der Papiere des von der Durchsuchung Betroffenen steht nur dem Richter zu.

Andere Beamte sind zur Durchsicht der aufgefundenen Papiere nur dann befugt, wenn der Inhaber derselben die Durchsicht genehmigt. Anderenfalls haben sie die Papiere, deren Durchsicht sie für geboten erachten, in einem Umschlage, welcher in Gegenwart des Inhabers mit dem Amtssiegel zu verschließen ist, an den Richter abzuliefern.

Dem Inhaber der Papiere oder dessen Vertreter ist die Beidrückung seines Siegels gestattet; auch ist er, falls demnächst die Entsiegelung und Durchsicht der Papiere angeordnet wird, wenn dies möglich, aufzufordern, derselben beizuwohnen.

Der Richter hat die zu einer strafbaren Handlung in Beziehung stehenden Papiere der Staatsanwaltschaft mitzutheilen.

111. Gegenstände, welche durch die strafbare Handlung dem Verletzten entzogen wurden, sind, falls nicht Ansprüche Dritter entgegenstehen, nach Beendigung der Untersuchung und geeigneten Falls schon vorher von Amtswegen dem Verletzten zurückzugeben, ohne daß es eines Urtheils hierüber bedarf.

Dem Betheiligten bleibt die Geltendmachung seiner Rechte im Civilverfahren vorbehalten.

Neunter Abschnitt.

Verhaftung und vorläufige Festnahme.

112. Der Angeschuldigte darf nur dann in Untersuchungshaft genommen werden, wenn dringende Verdachtsgründe gegen ihn vorhanden sind und entweder er der Flucht verdächtig ist oder Thatsachen vorliegen, aus denen zu schließen ist, daß er Spuren der That vernichten oder daß er Zeugen oder Mitschuldige zu einer falschen Aussage oder Zeugen dazu verleiten werde, sich der Zeugnißpflicht zu entziehen. Diese Thatsachen sind aktenkundig zu machen.

Der Verdacht der Flucht bedarf keiner weiteren Begründung:

1. wenn ein Verbrechen den Gegenstand der Untersuchung bildet;

2. wenn der Angeschuldigte ein Heimathloser oder Landstreicher oder nicht im Stande ist, sich über seine Person auszuweisen;
3. wenn der Angeschuldigte ein Ausländer ist und gegründeter Zweifel besteht, daß er sich auf Ladung vor Gericht stellen und dem Urtheile Folge leisten werde.

Vgl. §. 362 Str.=Ges.=Buch.

113. Ist die That nur mit Haft oder mit Geldstrafe bedroht, so darf die Untersuchungshaft nur wegen Verdachts der Flucht und nur dann verhängt werden, wenn der Angeschuldigte zu den im §. 112. Nr. 2. oder 3. bezeichneten Personen gehört, oder wenn derselbe unter Polizeiaufsicht steht, oder wenn es sich um eine Uebertretung handelt, wegen deren die Ueberweisung an die Landespolizeibehörde erkannt werden kann.

114. Die Verhaftung erfolgt auf Grund eines schriftlichen Haftbefehls des Richters.

In dem Haftbefehl ist der Angeschuldigte genau zu bezeichnen und die ihm zur Last gelegte strafbare Handlung sowie der Grund der Verhaftung anzugeben.

Dem Angeschuldigten ist der Haftbefehl bei der Verhaftung und, wenn dies nicht thunlich ist, spätestens am Tage nach seiner Einlieferung in das Gefängniß, nach Vorschrift des §. 35. bekannt zu machen und zu eröffnen, daß ihm das Rechtsmittel der Beschwerde zustehe.

Vgl. §. 349.

115. Der Verhaftete muß spätestens am Tage nach

seiner Einlieferung in das Gefängniß durch einen Richter über den Gegenstand der Beschuldigung gehört werden.

116. Der Verhaftete soll, soweit möglich, von Anderen gesondert und nicht in demselben Raume mit Strafgefangenen verwahrt werden. Mit seiner Zustimmung kann von dieser Vorschrift abgesehen werden.

Dem Verhafteten dürfen nur solche Beschränkungen auferlegt werden, welche zur Sicherung des Zweckes der Haft oder zur Aufrechthaltung der Ordnung im Gefängnisse nothwendig sind.

Bequemlichkeiten und Beschäftigungen, die dem Stande und den Vermögensverhältnissen des Verhafteten entsprechen, darf er sich auf seine Kosten verschaffen, soweit sie mit dem Zwecke der Haft vereinbar sind und weder die Ordnung im Gefängnisse stören, noch die Sicherheit gefährden.

Fesseln dürfen im Gefängnisse dem Verhafteten nur dann angelegt werden, wenn es wegen besonderer Gefährlichkeit seiner Person, namentlich zur Sicherung Anderer erforderlich erscheint, oder wenn er einen Selbstentleibungs- oder Entweichungsversuch gemacht oder vorbereitet hat. Bei der Hauptverhandlung soll er ungefesselt sein.

Die nach Maßgabe vorstehender Bestimmungen erforderlichen Verfügungen hat der Richter zu treffen. Die in dringenden Fällen von anderen Beamten getroffenen Anordnungen unterliegen der Genehmigung des Richters.

Vgl. §. 124.

117. Ein Angeschuldigter, dessen Verhaftung lediglich wegen des Verdachts der Flucht angeordnet ist, kann gegen Sicherheitsleistung mit der Untersuchungshaft verschont werden.

118. Die Sicherheitsleistung ist durch Hinterlegung in baarem Gelde oder in Werthpapieren oder durch Pfandbestellung oder mittels Bürgschaft geeigneter Personen zu bewirken.

Die Höhe und die Art der zu leistenden Sicherheit wird von dem Richter nach freiem Ermessen festgesetzt.

Vgl. §. 124.

119. Der Angeschuldigte, welcher seine Freilassung gegen Sicherheitsleistung beantragt, ist, wenn er nicht im Deutschen Reich wohnt, verpflichtet, eine im Bezirk des zuständigen Gerichts wohnhafte Person zur Empfangnahme von Zustellungen zu bevollmächtigen.

Vgl. §§. 35. 37.

120. Der Sicherheitsleistung ungeachtet ist der Angeschuldigte zur Haft zu bringen, wenn er Anstalten zur Flucht trifft, wenn er auf ergangene Ladung ohne genügende Entschuldigung ausbleibt, oder wenn neu hervorgetretene Umstände seine Verhaftung erforderlich machen.

Vgl. §. 134.

121. Eine noch nicht verfallene Sicherheit wird frei, wenn der Angeschuldigte zur Haft gebracht, oder wenn der Haftbefehl aufgehoben worden ist, oder wenn der Antritt der erkannten Freiheitsstrafe erfolgt.

Diejenigen, welche für den Angeschuldigten Sicherheit geleistet haben, können ihre Befreiung dadurch herbeiführen, daß sie entweder binnen einer vom Gericht zu bestimmenden Frist die Gestellung des Angeschuldigten bewirken, oder von den Thatsachen, welche den Verdacht einer vom Angeschuldigten beabsichtigten Flucht begründen, rechtzeitig dergestalt Anzeige machen, daß die Verhaftung bewirkt werden kann.

Vgl. §§. 205. 488.

122. Eine noch nicht frei gewordene Sicherheit verfällt der Staatskasse, wenn der Angeschuldigte sich der Untersuchung oder dem Antritt der erkannten Freiheitsstrafe entzieht.

Vor der Entscheidung sind der Angeschuldigte sowie Diejenigen, welche für den Angeschuldigten Sicherheit geleistet haben, zu einer Erklärung aufzufordern. Gegen die Entscheidung steht ihnen nur die sofortige Beschwerde zu. Vor der Entscheidung über die Beschwerde ist den Betheiligten und der Staatsanwaltschaft Gelegenheit zur mündlichen Begründung ihrer Anträge sowie zur Erörterung über stattgehabte Ermittelungen zu geben.

Die den Verfall aussprechende Entscheidung hat gegen Diejenigen, welche für den Angeschuldigten Sicherheit geleistet haben, die Wirkungen eines von dem Civilrichter erlassenen, für vorläufig vollstreckbar erklärten Endurtheils, und nach Ablauf der Beschwerdefrist die Wirkungen eines rechtskräftigen Civilendurtheils.

123. Der Haftbefehl ist aufzuheben, wenn der in demselben angegebene Grund der Verhaftung weggefallen ist, oder wenn der Angeschuldigte freigesprochen oder außer Verfolgung gesetzt wird.

Durch Einlegung eines Rechtsmittels darf die Freilassung des Angeschuldigten nicht verzögert werden.

124. Die auf die Untersuchungshaft, einschließlich der Sicherheitsleistung, bezüglichen Entscheidungen werden von dem zuständigen Gericht erlassen.

In der Voruntersuchung ist der Untersuchungsrichter zur Erlassung des Haftbefehls und mit Zustimmung der Staatsanwaltschaft auch zur Aufhebung eines solchen sowie zur Freilassung des Angeschuldigten gegen Sicherheitsleistung befugt. Versagt die Staatsanwaltschaft diese Zustimmung, so hat der Untersuchungsrichter, wenn er die beanstandete Maßregel anordnen will, unverzüglich, spätestens binnen vierundzwanzig Stunden, die Entscheidung des Gerichts nachzusuchen.

Die gleiche Befugniß hat nach Eröffnung des Hauptverfahrens in dringenden Fällen der Vorsitzende des erkennenden Gerichts.

125. Auch vor Erhebung der öffentlichen Klage kann, wenn ein zur Erlassung eines Haftbefehls berechtigender Grund vorhanden ist, vom Amtsrichter auf Antrag der Staatsanwaltschaft oder, bei Gefahr im Verzuge, von Amtswegen ein Haftbefehl erlassen werden.

Zur Erlassung dieses Haftbefehls und der auf die Untersuchungshaft, einschließlich der Sicherheitsleistung, bezüglichen Entscheidungen ist jeder Amtsrichter befugt, in dessen Bezirk ein Gerichtsstand für die Sache begründet ist oder der zu Verhaftende betroffen wird.

Die Bestimmungen der §§. 114—123. finden entsprechende Anwendung.

126. Der vor Erhebung der öffentlichen Klage erlassene Haftbefehl ist aufzuheben, wenn die Staatsanwaltschaft es beantragt, oder wenn nicht binnen einer Woche nach Vollstreckung des Haftbefehls die öffentliche Klage erhoben und die Fortdauer der Haft von dem zuständigen Richter angeordnet, auch diese Anordnung zur Kenntniß des Amtsrichters gelangt ist.

Wenn zur Vorbereitung und Erhebung der öffentlichen Klage die Frist von einer Woche nicht genügt, so kann dieselbe auf Antrag der Staatsanwaltschaft vom Amtsrichter um eine Woche und, wenn es sich um ein Verbrechen oder Vergehen handelt, auf erneuten Antrag der Staatsanwaltschaft um fernere zwei Wochen verlängert werden.

127. Wird Jemand auf frischer That betroffen oder verfolgt, so ist, wenn er der Flucht verdächtig ist oder seine Persönlichkeit nicht sofort festgestellt werden kann, Jedermann befugt, ihn auch ohne richterlichen Befehl vorläufig festzunehmen.

Die Staatsanwaltschaft und die Polizei- und Sicherheitsbeamten sind auch dann zur vorläufigen Festnahme befugt, wenn die Voraussetzungen eines Haftbefehls vorliegen und Gefahr im Verzug obwaltet.

Bei strafbaren Handlungen, deren Verfolgung nur auf Antrag eintritt, ist die vorläufige Festnahme von der Stellung eines solchen Antrags nicht abhängig.

Vgl. §§. 112. 113.

128. Der Festgenommene ist unverzüglich, sofern er nicht wieder in Freiheit gesetzt wird, dem Amtsrichter

des Bezirks, in welchem die Festnahme erfolgt ist, vorzuführen. Der Amtsrichter hat ihn spätestens am Tage nach der Vorführung zu vernehmen.

Hält der Amtsrichter die Festnahme nicht für gerechtfertigt oder die Gründe derselben für beseitigt, so verordnet er die Freilassung. Anderenfalls erläßt er einen Haftbefehl, auf welchen die Bestimmungen des §. 126. Anwendung finden.

129. Ist gegen den Festgenommenen bereits die öffentliche Klage erhoben, so ist derselbe entweder sofort, oder auf Verfügung des Amtsrichters, welchem derselbe zunächst vorgeführt worden, dem zuständigen Gericht oder Untersuchungsrichter vorzuführen, und haben diese spätestens am Tage nach der Vorführung über Freilassung oder Verhaftung des Festgenommenen zu entscheiden.

130. Wird wegen Verdachts einer strafbaren Handlung, deren Verfolgung nur auf Antrag eintritt, ein Haftbefehl erlassen, bevor der Antrag gestellt ist, so ist der Antragsberechtigte, von mehreren wenigstens einer derselben, sofort von dem Erlaß des Haftbefehls in Kenntniß zu setzen. Auf den Haftbefehl finden die Bestimmungen des §. 126. gleichfalls Anwendung.

131. Auf Grund eines Haftbefehls können von dem Richter sowie von der Staatsanwaltschaft Steckbriefe erlassen werden, wenn der zu Verhaftende flüchtig ist oder sich verborgen hält.

Ohne vorgängigen Haftbefehl ist eine steckbriefliche Verfolgung nur dann statthaft, wenn ein Festgenommener aus dem Gefängnisse entweicht oder sonst sich der Bewachung entzieht. In diesem Falle sind auch die Polizeibehörden zur Erlassung des Steckbriefs befugt.

Der Steckbrief soll, soweit dies möglich, eine Beschreibung des zu Verhaftenden enthalten und die demselben zur Last gelegte strafbare Handlung sowie das Gefängniß bezeichnen, in welches die Ablieferung zu erfolgen hat.

132. Ist Jemand auf Grund eines Haftbefehls oder eines Steckbriefs ergriffen worden, und kann er nicht spätestens am Tage nach der Ergreifung vor den zuständigen Richter gestellt werden, so ist er auf sein Verlangen sofort dem nächsten Amtsrichter vorzuführen.

Seine Vernehmung ist spätestens am Tage nach der Ergreifung zu bewirken. Weist er bei der Vernehmung nach, daß er nicht die verfolgte Person, oder daß die Verfolgung durch die zuständige Behörde wieder aufgehoben sei, so hat der Amtsrichter seine Freilassung zu verfügen.

Zehnter Abschnitt.

Vernehmung des Beschuldigten.

133. Der Beschuldigte ist zur Vernehmung schriftlich zu laden.

Die Ladung kann unter der Androhung geschehen, daß im Falle des Ausbleibens seine Vorführung erfolgen werde.

Die Androhung bezieht sich nur auf die richterliche Ladung im

Vorverfahren, der Voruntersuchung oder für das Hauptverfahren, nicht auch auf Ladungen des Staatsanwalts nach §. 159 (Prot. S. 186).

134. Die sofortige Vorführung des Beschuldigten kann verfügt werden, wenn Gründe vorliegen, welche die Erlassung eines Haftbefehls rechtfertigen würden.

In dem Vorführungsbefehle ist der Beschuldigte genau zu bezeichnen und die ihm zur Last gelegte strafbare Handlung sowie der Grund der Vorführung anzugeben.

135. Der Vorgeführte ist sofort von dem Richter zu vernehmen. Ist dies nicht ausführbar, so kann er bis zu seiner Vernehmung, jedoch nicht über den nächstfolgenden Tag hinaus, festgehalten werden.

136. Bei Beginn der ersten Vernehmung ist dem Beschuldigten zu eröffnen, welche strafbare Handlung ihm zur Last gelegt wird. Der Beschuldigte ist zu befragen, ob er etwas auf die Beschuldigung erwidern wolle.

Die Vernehmung soll dem Beschuldigten Gelegenheit zur Beseitigung der gegen ihn vorliegenden Verdachtsgründe und zur Geltendmachung der zu seinen Gunsten sprechenden Thatsachen geben.

Bei der ersten Vernehmung des Beschuldigten ist zugleich auf die Ermittelung seiner persönlichen Verhältnisse Bedacht zu nehmen.

Elfter Abschnitt.

Vertheidigung.

137. Der Beschuldigte kann sich in jeder Lage des Verfahrens des Beistandes eines Vertheidigers bedienen.

Hat der Beschuldigte einen gesetzlichen Vertreter, so kann auch dieser selbstständig einen Vertheidiger wählen.

138. Zu Vertheidigern können die bei einem deutschen Gerichte zugelassenen Rechtsanwälte, sowie die Rechtslehrer an deutschen Hochschulen gewählt werden.

Andere Personen können nur mit Genehmigung des Gerichts und, wenn der Fall einer nothwendigen Vertheidigung vorliegt und der Gewählte nicht zu den Personen gehört, welche zu Vertheidigern bestellt werden dürfen, nur in Gemeinschaft mit einer solchen als Wahlvertheidiger zugelassen werden.

139. Der als Vertheidiger gewählte Rechtsanwalt kann mit Zustimmung des Angeklagten die Vertheidigung einem Rechtskundigen, welcher die erste Prüfung für den Justizdienst bestanden hat und in demselben seit mindestens zwei Jahren beschäftigt ist, übertragen.

Assessoren und Referendare, welche als sogen. General-Substituten eines Rechtsanwalts fungiren, sind den Anwalten gleichzuachten (Prot. S. 507).

140. Die Vertheidigung ist nothwendig in den Sachen, welche vor dem Reichsgerichte in erster Instanz oder vor dem Schwurgerichte zu verhandeln sind.

In Sachen, welche vor dem Landgerichte in erster Instanz zu verhandeln sind, ist die Vertheidigung nothwendig:

1. wenn der Angeschuldigte taub oder stumm ist, oder das sechszehnte Lebensjahr noch nicht vollendet hat;
2. wenn ein Verbrechen den Gegenstand der

Untersuchung bildet und der Beschuldigte oder sein gesetzlicher Vertreter die Bestellung eines Vertheidigers beantragt.

Diese Bestimmung findet nicht Anwenwendung, wenn die strafbare Handlung nur deshalb als ein Verbrechen sich darstellt, weil sie im Rückfall begangen ist.

In den Fällen des Abs. 1 und des Abs. 2 Nr. 1 ist dem Angeschuldigten, welcher einen Vertheidiger noch nicht gewählt hat, ein solcher von Amtswegen zu bestellen, sobald die im §. 199 vorgeschriebene Aufforderung stattgefunden hat. In dem Falle des Abs. 2 Nr. 2 ist der Antrag binnen einer Frist von drei Tagen nach der Aufforderung zu stellen.

141. In anderen als den im §. 140. bezeichneten Fällen kann das Gericht und bei vorhandener Dringlichkeit der Vorsitzende desselben auf Antrag oder von Amtswegen einen Vertheidiger bestellen.

142. Die Bestellung des Vertheidigers kann schon während des Vorverfahrens erfolgen.

Vgl. §§. 160. 167.

143. Die Bestellung ist zurückzunehmen, wenn demnächst ein anderer Vertheidiger gewählt wird und dieser die Wahl annimmt.

144. Die Auswahl des zu bestellenden Vertheidigers erfolgt durch den Vorsitzenden des Gerichts aus der Zahl der am Sitze dieses Gerichts wohnhaften Rechtsanwälte. Für das vorbereitende Verfahren erfolgt die Bestellung durch den Amtsrichter.

Auch Justizbeamte, welche nicht als Richter angestellt sind, sowie solche Rechtskundige, welche die vorgeschriebene erste Prüfung für den Justizdienst bestanden haben, können als Vertheidiger bestellt werden.

145. Wenn in einem Falle, in welchem die Vertheidigung eine nothwendige oder die Bestellung eines Vertheidigers in Gemäßheit des §. 141 erfolgt ist, der Vertheidiger in der Hauptverhandlung ausbleibt, sich unzeitig entfernt, oder sich weigert, die Vertheidigung zu führen, so hat der Vorsitzende dem Angeklagten sogleich einen anderen Vertheidiger zu bestellen. Das Gericht kann jedoch auch eine Aussetzung der Verhandlung beschließen.

Erklärt der neu bestellte Vertheidiger, daß ihm die zur Vorbereitung der Vertheidigung erforderliche Zeit nicht verbleiben würde, so ist die Verhandlung zu unterbrechen oder auszusetzen.

Wird durch die Schuld des Vertheidigers eine Aussetzung erforderlich, so sind demselben, vorbehaltlich dienstlicher Ahndung, die hierdurch verursachten Kosten aufzuerlegen.

146. Die Vertheidigung mehrerer Beschuldigter kann, insofern dies der Aufgabe der Vertheidigung nicht widerstreitet, durch einen gemeinschaftlichen Vertheidiger geführt werden.

147. Der Vertheidiger ist nach dem Schlusse der Voruntersuchung und, wenn eine solche nicht stattgefunden hat, nach Einreichung der Anklageschrift bei dem Gerichte zur Einsicht der dem Gerichte vorliegenden Akten befugt.

Schon vor diesem Zeitpunkte ist ihm die Einsicht der gerichtlichen Untersuchungsakten insoweit zu gestatten, als dies ohne Gefährdung des Untersuchungszweckes geschehen kann.

Die Einsicht der Protokolle über die Vernehmung des Beschuldigten, der Gutachten der Sachverständigen und der Protokolle über diejenigen gerichtlichen Handlungen, denen der Vertheidiger beizuwohnen befugt ist, darf ihm keinenfalls verweigert werden.

Nach dem Ermessen des Vorsitzenden können die Akten mit Ausnahme der Ueberführungsstücke dem Vertheidiger in seine Wohnung verabfolgt werden.

Vgl. §§. 167. 191.

148. Dem verhafteten Beschuldigten ist schriftlicher und mündlicher Verkehr mit dem Vertheidiger gestattet.

So lange das Hauptverfahren nicht eröffnet ist, kann der Richter schriftliche Mittheilungen zurückweisen, falls deren Einsicht ihm nicht gestattet wird.

Bis zu demselben Zeitpunkte kann der Richter, sofern die Verhaftung nicht lediglich wegen Verdachts der Flucht gerechtfertigt ist, anordnen, daß den Unterredungen mit dem Vertheidiger eine Gerichtsperson beiwohne.

149. Der Ehemann einer Angeklagten ist in der Hauptverhandlung als Beistand derselben zuzulassen und auf sein Verlangen zu hören.

Dasselbe gilt von dem Vater, Adoptivvater oder Vormund eines minderjährigen Angeklagten.

In dem Vorverfahren unterliegt die Zulassung solcher Beistände dem richterlichen Ermessen.

Der Beistand hat jedoch nicht die Rechte eines Vertheidigers (Prot. S. 518). Ausnahme §. 322.

150. Dem zum Vertheidiger bestellten Rechtsanwalte sind für die geführte Vertheidigung die Gebühren nach Maßgabe der Gebührenordnung aus der Staatskasse zu bezahlen.

Der Rückgriff an den in die Kosten verurtheilten Angeklagten bleibt vorbehalten.

Zweites Buch.

Verfahren in erster Instanz.

Erster Abschnitt.

Oeffentliche Klage.

151. Die Eröffnung einer gerichtlichen Untersuchung ist durch die Erhebung einer Klage bedingt.

152. Zur Erhebung der öffentlichen Klage ist die Staatsanwaltschaft berufen.

Dieselbe ist, soweit nicht gesetzlich ein Anderes bestimmt ist, verpflichtet, wegen aller gerichtlich strafbaren und verfolgbaren Handlungen einzuschreiten, sofern zureichende thatsächliche Anhaltspunkte vorliegen.

Ob mit dieser Bestimmung das absolute Legalitätsprinzip anerkannt sein soll, welches den Staatsanwalt verpflichtet, auch die geringfügigste Strafthat zu verfolgen, ist in der Reichstagskommission unentschieden gelassen (Prot. S. 198. 328). Vgl. übrigens §. 170.

153. Die Untersuchung und Entscheidung erstreckt sich nur auf die in der Klage bezeichnete That und auf die durch die Klage beschuldigten Personen.

Innerhalb dieser Grenzen sind die Gerichte zu einer selbstständigen Thätigkeit berechtigt und verpflichtet; insbesondere sind sie bei Anwendung des Strafgesetzes an die gestellten Anträge nicht gebunden.

Vgl. §. 265.

154. Die öffentliche Klage kann nach Eröffnung der Untersuchung nicht zurückgenommen werden.

155. Im Sinne dieses Gesetzes ist:

Angeschuldigter der Beschuldigte, gegen welchen die öffentliche Klage erhoben ist,

Angeklagter der Beschuldigte oder Angeschuldigte, gegen welchen die Eröffnung des Hauptverfahrens beschlossen ist.

Zweiter Abschnitt.

Vorbereitung der öffentlichen Klage.

156. Anzeigen strafbarer Handlungen oder Anträge auf Strafverfolgung können bei der Staatsanwaltschaft, den Behörden und Beamten des Polizei- und Sicherheitsdienstes und den Amtsgerichten mündlich oder schriftlich angebracht werden. Die mündliche Anzeige ist zu beurkunden.

Bei strafbaren Handlungen, deren Verfolgung nur auf Antrag eintritt, muß der Antrag bei einem Gericht oder der Staatsanwaltschaft, schriftlich oder zu

Protokoll, bei einer anderen Behörde schriftlich angebracht werden.

Das Protokoll kann auch vom Gerichtsschreiber aufgenommen werden (Prot. S. 200).

157. Sind Anhaltspunkte dafür vorhanden, daß Jemand eines nicht natürlichen Todes gestorben ist, oder wird der Leichnam eines Unbekannten gefunden, so sind die Polizei- und Gemeindebehörden zur sofortigen Anzeige an die Staatsanwaltschaft oder an den Amtsrichter verpflichtet.

Die Beerdigung darf nur auf Grund einer schriftlichen Genehmigung der Staatsanwaltschaft oder des Amtsrichters erfolgen.

158. Sobald die Staatsanwaltschaft durch eine Anzeige oder auf anderem Wege von dem Verdachte einer strafbaren Handlung Kenntniß erhält, hat sie behufs ihrer Entschließung darüber, ob die öffentliche Klage zu erheben sei, den Sachverhalt zu erforschen.

Die Staatsanwaltschaft hat nicht blos die zur Belastung, sondern auch die zur Entlastung dienenden Umstände zu ermitteln und für die Erhebung derjenigen Beweise Sorge zu tragen, deren Verlust zu besorgen steht.

159. Zu dem im vorstehenden Paragraphen bezeichneten Zwecke kann die Staatsanwaltschaft von allen öffentlichen Behörden Auskunft verlangen und Ermittelungen jeder Art, mit Ausschluß eidlicher Vernehmungen, entweder selbst vornehmen oder durch die Behörden und Beamten des Polizei- und Sicherheitsdienstes vornehmen lassen. Die Behörden und Beamten des Polizei- und Sicherheitsdienstes sind verpflichtet, dem Ersuchen oder Auftrage der Staatsanwaltschaft zu genügen.

Vgl. Ger.-Verf.-Ges. §. 153.

160. Erachtet die Staatsanwaltschaft die Vornahme einer richterlichen Untersuchungshandlung für erforderlich, so stellt sie ihre Anträge bei dem Amtsrichter des Bezirks, in welchem diese Handlung vorzunehmen ist.

Der Amtsrichter hat zu prüfen, ob die beantragte Handlung nach den Umständen des Falles gesetzlich zulässig ist.

161. Die Behörden und Beamten des Polizei- und Sicherheitsdienstes haben strafbare Handlungen zu erforschen und alle keinen Aufschub gestattenden Anordnungen zu treffen, um die Verdunkelung der Sache zu verhüten.

Sie übersenden ihre Verhandlungen ohne Verzug der Staatsanwaltschaft. Erscheint die schleunige Vornahme richterlicher Untersuchungshandlungen erforderlich, so kann die Uebersendung unmittelbar an den Amtsrichter erfolgen.

162. Bei Amtshandlungen an Ort und Stelle ist der Beamte, welcher dieselben leitet, befugt, Personen, welche seine amtliche Thätigkeit vorsätzlich stören oder sich den von ihm innerhalb seiner Zuständigkeit getroffenen Anordnungen widersetzen, festnehmen und bis zur Beendigung seiner Amtsverrichtungen, jedoch nicht über den nächstfolgenden Tag hinaus, festhalten zu lassen.

Vgl. Ger.-Verf.-Ges. §. 182.

163. Wenn Gefahr im Verzuge obwaltet, hat der Amtsrichter die erforderlichen Untersuchungshandlungen von Amtswegen vorzunehmen.

164. Wird der Beschuldigte von dem Amtsrichter vernommen und beantragt er bei dieser Vernehmung zu seiner Entlastung einzelne Beweiserhebungen, so hat der Amtsrichter dieselben, soweit er sie für erheblich erachtet, vorzunehmen, wenn der Verlust der Beweise zu besorgen steht oder die Beweiserhebung die Freilassung des Beschuldigten begründen kann.

Der Richter kann, wenn die Beweiserhebung in einem anderen Amtsbezirke vorzunehmen ist, den Amtsrichter des letzteren um Vornahme derselben ersuchen.

165. In den Fällen der §§. 163., 164. gebührt der Staatsanwaltschaft die weitere Verfügung.

166. Die Beurkundung der von dem Amtsrichter vorzunehmenden Untersuchungshandlungen und die Zuziehung eines Gerichtsschreibers erfolgt nach den für die Voruntersuchung geltenden Vorschriften.

Vgl. §§. 185. 186.

167. Für die Theilnahme der Staatsanwaltschaft an den richterlichen Verhandlungen kommen die für die Voruntersuchung geltenden Vorschriften zur Anwendung.

Das Gleiche gilt hinsichtlich des Beschuldigten, seines Vertheidigers und der von ihm benannten Sachverständigen, wenn der Beschuldigte als solcher vom Richter vernommen ist oder sich in Untersuchungshaft befindet.

Vgl. §. 191.

168. Bieten die angestellten Ermittelungen genügenden Anlaß zur Erhebung der öffentlichen Klage, so erhebt die Staatsanwaltschaft dieselbe entweder durch einen Antrag auf gerichtliche Voruntersuchung oder durch Einreichung einer Anklageschrift bei dem Gerichte.

Anderenfalls verfügt die Staatsanwaltschaft die Einstellung des Verfahrens und setzt hiervon den Beschuldigten in Kenntniß, wenn er als solcher vom Richter vernommen oder ein Haftbefehl gegen ihn erlassen war.

Vgl. §§. 177. 197.

169. Giebt die Staatsanwaltschaft einem bei ihr angebrachten Antrage auf Erhebung der öffentlichen Klage keine Folge, oder verfügt sie nach dem Abschlusse der Ermittelungen die Einstellung des Verfahrens, so hat sie den Antragsteller unter Angabe der Gründe zu bescheiden.

170. Ist der Antragsteller zugleich der Verletzte, so steht ihm gegen diesen Bescheid binnen zwei Wochen nach der Bekanntmachung die Beschwerde an den vorgesetzten Beamten der Staatsanwaltschaft und gegen dessen ablehnenden Bescheid binnen einem Monate nach der Bekanntmachung der Antrag auf gerichtliche Entscheidung zu.

Der Antrag muß die Thatsachen, welche die Erhebung der öffentlichen Klage begründen sollen, und die Beweismittel angeben, auch von einem Rechtsanwalte unterzeichnet sein. Der Antrag ist bei dem für die Entscheidung zuständigen Gericht einzureichen.

Zur Entscheidung ist in den vor das Reichsgericht

gehörigen Sachen das Reichsgericht, in anderen Sachen das Oberlandesgericht zuständig.

Vgl. Ger.-Verf.-Ges. §§. 148. 136. Unter dem Verletzten ist nicht blos der Antragsberechtigte verstanden (Prot. S. 208).

171. Auf Verlangen des Gerichts hat demselben die Staatsanwaltschaft die bisher von ihr geführten Verhandlungen vorzulegen.

Das Gericht kann den Antrag unter Bestimmung einer Frist dem Beschuldigten zur Erklärung mittheilen.

Das Gericht kann zur Vorbereitung seiner Entscheidung Ermittelungen anordnen und mit deren Vornahme eines seiner Mitglieder, den Untersuchungsrichter oder den Amtsrichter beauftragen.

172. Ergiebt sich kein genügender Anlaß zur Erhebung der öffentlichen Klage, so verwirft das Gericht den Antrag und setzt den Antragsteller, die Staatsanwaltschaft und den Beschuldigten von der Verwerfung in Kenntniß.

Ist der Antrag verworfen, so kann die öffentliche Klage nur auf Grund neuer Thatsachen oder Beweismittel erhoben werden.

173. Erachtet dagegen das Gericht den Antrag für begründet, so beschließt es die Erhebung der öffentlichen Klage. Die Durchführung dieses Beschlusses liegt der Staatsanwaltschaft ob.

Vgl. §. 504.

174. Dem Antragsteller kann vor der Entscheidung über den Antrag die Leistung einer Sicherheit für die durch das Verfahren über den Antrag und durch die

Untersuchung der Staatskasse und dem Beschuldigten voraussichtlich erwachsenden Kosten durch Beschluß des Gerichts auferlegt werden. Die Sicherheitsleistung ist durch Hinterlegung in baarem Gelde oder in Werthpapieren zu bewirken. Die Höhe der zu leistenden Sicherheit wird von dem Gerichte nach freiem Ermessen festgesetzt. Dasselbe hat zugleich eine Frist zu bestimmen, binnen welcher die Sicherheit zu leisten ist.

Wird die Sicherheit binnen der bestimmten Frist nicht geleistet, so hat das Gericht den Antrag für zurückgenommen zu erklären.

175. Die durch das Verfahren über den Antrag veranlaßten Kosten sind in dem Falle des §. 172. und des §. 174 Abs. 2 dem Antragsteller aufzuerlegen.

Dritter Abschnitt.

Gerichtliche Voruntersuchung.

176. Die Voruntersuchung findet in denjenigen Strafsachen statt, welche zur Zuständigkeit des Reichsgerichts oder der Schwurgerichte gehören.

In denjenigen Strafsachen, welche zur Zuständigkeit der Landgerichte gehören, findet die Voruntersuchung statt:

1. wenn die Staatsanwaltschaft dieselbe beantragt;
2. wenn der Angeschuldigte dieselbe in Gemäßheit des §. 199. beantragt und erhebliche Gründe geltend macht, aus denen eine Vor-

untersuchung zur Vorbereitung seiner Vertheidigung erforderlich erscheint.

In den zur Zuständigkeit der Schöffengerichte gehörigen Sachen ist, außer dem Falle der Verbindung in Folge eines Zusammenhanges, (§. 5.) die Voruntersuchung unzulässig.

177. Der Antrag der Staatsanwaltschaft auf Eröffnung der Voruntersuchung muß dem Beschuldigten und die ihm zur Last gelegte That bezeichnen.

178. Der Antrag kann nur wegen Unzuständigkeit des Gerichts oder wegen Unzulässigkeit der Strafverfolgung oder der Voruntersuchung (§. 176.), oder weil die in dem Antrage bezeichnete That unter kein Strafgesetz fällt, abgelehnt werden. Hierzu bedarf es eines Beschlusses des Gerichts.

Der Angeschuldigte kann vor der Beschlußfassung gehört werden.

Außer dem Falle des Abs. 3. §. 176 liegt Unzulässigkeit dann vor, wenn prozessualisch die Verfolgung wegen Verjährung, Mangel des Strafantrags, bereits erfolgter rechtskräftiger Aburtheilung derselben Sache ausgeschlossen ist (Prot. S. 267).

179. Gegen die Verfügung, durch welche auf Antrag der Staatsanwaltschaft die Voruntersuchung eröffnet worden ist, kann der Angeschuldigte aus einem der im §. 178. Abs. 1. bezeichneten Gründe Einwand erheben. Ueber den Einwand entscheidet das Gericht.

Diese Bestimmung findet nicht Anwendung, wenn die Voruntersuchung in Folge des Beschlusses des Gerichts eröffnet und der Angeschuldigte vorher gehört worden ist.

Vgl. §. 200.

180. Gegen den Beschluß des Gerichts, durch welchen der von dem Angeschuldigten in dem Falle des §. 178. Abs. 2. und in dem Falle des §. 179. Abs. 1. erhobene Einwand der Unzuständigkeit (§. 16.) verworfen wird, steht dem Angeschuldigten die sofortige Beschwerde zu.

Im Uebrigen kann der Beschluß des Gerichts, durch welchen der Einwand des Angeschuldigten verworfen oder die Eröffnung der Voruntersuchung angeordnet ist, nicht angefochten werden.

181. Gegen den Beschluß des Gerichts, durch welchen der Antrag der Staatsanwaltschaft oder des Angeschuldigten auf Eröffnung der Voruntersuchung abgelehnt worden ist, findet sofortige Beschwerde statt.

182. Die Voruntersuchung wird von dem Untersuchungsrichter eröffnet und geführt.

183. Durch Beschluß des Landgerichts kann auf Antrag der Staatsanwaltschaft die Führung der Voruntersuchung einem Amtsrichter übertragen werden. Um die Vornahme einzelner Untersuchungshandlungen kann der Untersuchungsrichter die Amtsrichter ersuchen. Auf Amtsrichter, welche mit dem Untersuchungsrichter denselben Amtssitz haben, finden diese Bestimmungen keine Anwendung.

184. Bei dem Reichsgerichte wird der Untersuchungsrichter für jede Strafsache aus der Zahl der Mitglieder durch den Präsidenten bestellt.

Der Präsident kann auch jedes Mitglied eines anderen deutschen Gerichts und jeden Amtsrichter zum Untersuchungsrichter, oder für einen Theil der Geschäfte des Untersuchungsrichters zum Vertreter desselben bestellen.

Der Untersuchungsrichter und dessen Vertreter können um die Vornahme einzelner Untersuchungshandlungen die Amtsrichter ersuchen.

185. Bei der Vernehmung des Angeschuldigten, der Zeugen und Sachverständigen, sowie bei der Einnahme des Augenscheins hat der Untersuchungsrichter einen Gerichtsschreiber zuzuziehen. In dringenden Fällen kann der Untersuchungsrichter eine von ihm zu beeidigende Person als Gerichtsschreiber zuziehen.

186. Ueber jede Untersuchungshandlung ist ein Protokoll aufzunehmen. Dasselbe ist von dem Untersuchungsrichter und dem zugezogenen Gerichtsschreiber zu unterschreiben.

Das Protokoll muß Ort und Tag der Verhandlung, sowie die Namen der mitwirkenden oder betheiligten Personen angeben und ersehen lassen, ob die wesentlichen Förmlichkeiten des Verfahrens beobachtet sind.

Das Protokoll ist den bei der Verhandlung betheiligten Personen, soweit es dieselben betrifft, behufs der Genehmigung vorzulesen oder zur eigenen Durchlesung vorzulegen. Die erfolgte Genehmigung ist zu vermerken, und das Protokoll von den Betheiligten entweder zu unterschreiben, oder in demselben anzugeben, weshalb die Unterschrift unterblieben ist.

187. Die Behörden und Beamten des Polizei- und Sicherheitsdienstes sind verpflichtet, Ersuchen oder Aufträgen des Untersuchungsrichters um Ausführung einzelner Maßregeln oder um Vornahme von Ermittelungen zu genügen.

188. Die Voruntersuchung ist nicht weiter auszudehnen, als erforderlich ist, um eine Entscheidung darüber zu begründen, ob das Hauptverfahren zu eröffnen oder der Angeschuldigte außer Verfolgung zu setzen sei.

Auch sind Beweise, deren Verlust für die Hauptverhandlung zu besorgen steht, oder deren Aufnahme zur Vorbereitung der Vertheidigung des Angeschuldigten erforderlich erscheint, in der Voruntersuchung zu erheben.

189. Ergiebt sich im Laufe der Voruntersuchung Anlaß zur Ausdehnung derselben auf eine in dem Antrage der Staatsanwaltschaft nicht bezeichnete Person oder That, so hat der Untersuchungsrichter in dringenden Fällen die in dieser Beziehung erforderlichen Untersuchungshandlungen von Amtswegen vorzunehmen.

Die weitere Verfügung gebührt auch in solchen Fällen der Staatsanwaltschaft.

Vgl. §. 123. Nur derjenige Theil der Verfügung, welcher den zu vernehmenden Angeschuldigten betrifft, nicht auch die Verfügung in Betreff Mitbeschuldigter wird in der Regel bekannt zu machen sein (Prot. S. 279. 280).

190. Der Angeschuldigte ist in der Voruntersuchung zu vernehmen, auch wenn er schon vor deren Eröffnung vernommen worden ist. Demselben ist hierbei die Verfügung, durch welche die Voruntersuchung eröffnet worden, bekannt zu machen.

Die Vernehmung erfolgt in Abwesenheit der Staatsanwaltschaft und des Vertheidigers.

191. Findet die Einnahme eines Augenscheins statt, so ist der Staatsanwaltschaft, dem Angeschuldigten und dem Vertheidiger die Anwesenheit bei der Verhandlung zu gestatten.

Dasselbe gilt, wenn ein Zeuge oder Sachverständiger vernommen werden soll, welcher voraussichtlich am Erscheinen in der Hauptverhandlung verhindert, oder dessen Erscheinen wegen großer Entfernung besonders erschwert sein wird.

Von den Terminen sind die zur Anwesenheit Berechtigten vorher zu benachrichtigen, soweit dies ohne Aufenthalt für die Sache geschehen kann.

Einen Anspruch auf Anwesenheit hat der nicht auf freiem Fuße befindliche Angeschuldigte nur bei solchen Terminen, welche an der Gerichtsstelle des Orts abgehalten werden, wo er sich in Haft befindet.

Auf die Verlegung eines Termins wegen Verhinderung haben die zur Anwesenheit Berechtigten keinen Anspruch.

Vgl. §§. 86. 65.

192. Der Richter kann einen Angeschuldigten von der Anwesenheit bei der Verhandlung ausschließen, wenn zu befürchten ist, daß ein Zeuge in seiner Gegenwart die Wahrheit nicht sagen werde.

193. Findet die Einnahme eines Augenscheins unter Zuziehung von Sachverständigen statt, so kann der Angeschuldigte beantragen, daß die von ihm für die Hauptverhandlung in Vorschlag zu bringenden Sachverständigen zu dem Termine geladen werden und, wenn der Richter den Antrag ablehnt, sie selbst laden lassen.

Den von dem Angeschuldigten benannten Sachverständigen ist die Theilnahme am Augenschein und an den erforderlichen Untersuchungen insoweit zu gestatten, als dadurch die Thätigkeit der vom Richter bestellten Sachverständigen nicht behindert wird.

Vgl. §§. 73. 218. 243. 244.

194. Die Staatsanwaltschaft kann stets, ohne daß jedoch das Verfahren dadurch aufgehalten werden darf, von dem Stande der Voruntersuchung durch Einsicht der Akten Kenntniß nehmen und die ihr geeignet scheinenden Anträge stellen.

Vgl. §. 189.

195. Erachtet der Untersuchungsrichter den Zweck der Voruntersuchung für erreicht, so übersendet er die Akten der Staatsanwaltschaft zur Stellung ihrer Anträge.

Beantragt die Staatsanwaltschaft eine Ergänzung der Voruntersuchung, so hat der Untersuchungsrichter wenn er dem Antrage nicht stattgeben will, die Entscheidung des Gerichts einzuholen.

Von dem Schlusse der Voruntersuchung ist der Angeschuldigte in Kenntniß zu setzen.

Vierter Abschnitt.

Entscheidung über die Eröffnung des Hauptverfahrens.

196. Hat eine Voruntersuchung stattgefunden, so entscheidet das Gericht, ob das Hauptverfahren zu eröffnen oder der Angeschuldigte außer Verfolgung zu setzen oder das Verfahren vorläufig einzustellen sei.

Die Staatsanwaltschaft legt zu diesem Zwecke die Akten mit ihrem Antrage dem Gerichte vor. Der Antrag auf Eröffnung des Hauptverfahrens erfolgt durch Einreichung einer Anklageschrift.

197. Erhebt die Staatsanwaltschaft, ohne daß eine Voruntersuchung stattgefunden, die Anklage, so ist die Anklageschrift mit den Akten, wenn die Sache zur Zuständigkeit des Schöffengerichts gehört, bei dem Amtsrichter, anderenfalls bei dem Landgerichte einzureichen.

198. Die Anklageschrift hat die dem Angeschuldigten zur Last gelegte That unter Hervorhebung ihrer gesetzlichen Merkmale und des anzuwendenden Strafgesetzes zu bezeichnen, sowie die Beweismittel und das Gericht, vor welchem die Hauptverhandlung stattfinden soll, anzugeben.

In den vor dem Reichsgerichte, den Schwurgerichten oder den Landgerichten zu verhandelnden Strafsachen sind außerdem die wesentlichen Ergebnisse der stattgehabten Ermittelungen in die Anklageschrift aufzunehmen.

199. Der Vorsitzende des Gerichts hat die Anklageschrift dem Angeschuldigten mitzutheilen und ihn zugleich aufzufordern, sich innerhalb einer zu bestimmenden Frist zu erklären, ob er eine Voruntersuchung oder die Vornahme einzelner Beweiserhebungen vor der Hauptverhandlung beantragen, oder Einwendungen gegen die Eröffnung des Hauptverfahrens vorbringen wolle.

Hat eine Voruntersuchung stattgefunden, so ist die Aufforderung entsprechend zu beschränken.

Ueber die Anträge und Einwendungen beschließt das

Gericht. Eine Anfechtung des Beschlusses findet nur nach Maßgabe der Bestimmungen im §. 180. Abs. 1 und §. 181. statt.

Auf die vor den Schöffengerichten zu verhandelnden Sachen finden die Bestimmungen dieses Paragraphen keine Anwendung.

Vgl. hinsichtlich der Akteneinsicht durch den Vertheidiger §. 147.

200. Zur besseren Aufklärung der Sache kann das Gericht eine Ergänzung der Voruntersuchung oder, falls eine Voruntersuchung nicht stattgefunden hat, die Eröffnung einer solchen oder einzelne Beweiserhebungen anordnen. Die Anordnung einzelner Beweiserhebungen steht auch dem Amtsrichter zu.

Eine Anfechtung des Beschlusses findet nicht statt.

Vgl. §. 179.

201. Das Gericht beschließt die Eröffnung des Hauptverfahrens, wenn nach den Ergebnissen der Voruntersuchung oder, falls eine solche nicht stattgefunden hat, nach den Ergebnissen des vorbereitenden Verfahrens der Angeschuldigte einer strafbaren Handlung hinreichend verdächtig erscheint.

202. Beschließt das Gericht, das Hauptverfahren nicht zu eröffnen, so muß aus dem Beschlusse hervorgehen, ob derselbe auf thatsächlichen oder auf Rechtsgründen beruht.

Hat eine Voruntersuchung stattgefunden, so ist auszusprechen, daß der Angeschuldigte außer Verfolgung zu setzen sei.

Der Beschluß ist dem Angeschuldigten bekannt zu machen.

203. Vorläufige Einstellung des Verfahrens kann beschlossen werden, wenn dem weiteren Verfahren Abwesenheit des Angeschuldigten oder der Umstand entgegensteht, daß derselbe nach der That in Geisteskrankheit verfallen ist.

204. Das Gericht ist bei der Beschlußfassung an die Anträge der Staatsanwaltschaft nicht gebunden.

205. In dem Beschlusse, durch welchen das Hauptverfahren eröffnet wird, ist die dem Angeklagten zur Last gelegte That unter Hervorhebung ihrer gesetzlichen Merkmale und des anzuwendenden Strafgesetzes, sowie das Gericht zu bezeichnen, vor welchem die Hauptverhandlung stattfinden soll.

Das Gericht hat zugleich von Amtswegen über die Anordnung oder Fortdauer der Untersuchungshaft zu beschließen.

Vgl. §§. 124—126.

206. Wenn von der Staatsanwaltschaft beantragt ist, den Angeschuldigten außer Verfolgung zu setzen, von dem Gerichte aber die Eröffnung des Hauptverfahrens beschlossen wird, so hat die Staatsanwaltschaft eine dem Beschlusse entsprechende Anklageschrift einzureichen.

Die Bestimmungen des §. 199. finden hier gleichfalls Anwendung; es ist jedoch die Aufforderung auf die Erklärung zu beschränken, ob der Angeklagte die Vornahme einzelner Beweiserhebungen vor der Hauptverhandlung beantragen wolle.

Vgl. §§. 198. 202. 205.

207. Das Landgericht kann das Hauptverfahren

vor den erkennenden Gerichten jeder Ordnung, nicht aber vor dem Reichsgericht eröffnen. Erachtet das Landgericht die Zuständigkeit des Reichsgerichts für begründet, so legt es die Akten durch Vermittelung der Staatsanwaltschaft diesem Gerichte zur Entscheidung vor.

Ebenso hat der Amtsrichter, wenn er findet, daß eine bei ihm eingereichte Sache die Zuständigkeit des Schöffengerichts übersteige, die Akten durch Vermittelung der Staatsanwaltschaft dem Landgerichte zur Entscheidung vorzulegen.

Vgl. Ger.=Verf.=Ges. §. 136.

208. Betraf das Vorverfahren mehrere derselben Person zur Last gelegte strafbare Handlungen, und erscheint für die Strafzumessung die Feststellung des einen oder des anderen Straffalles unwesentlich, so kann das Gericht auf Antrag der Staatsanwaltschaft beschließen, daß in Ansehung eines solchen das Verfahren vorläufig einzustellen sei.

Die Aufhebung des Einstellungsbeschlusses kann binnen einer Frist von drei Monaten nach Rechtskraft des Urtheils von der Staatsanwaltschaft beantragt werden, wenn nicht Verjährung eingetreten ist.

Ein solcher Beschluß unterbricht die Verjährung der Strafverfolgung (Prot. S. 329).

209. Der Beschluß, durch welchen das Hauptverfahren eröffnet worden ist, kann von dem Angeklagten nicht angefochten werden.

Gegen den Beschluß, durch welchen die Eröffnung

des Hauptverfahrens abgelehnt oder abweichend von dem Antrage der Staatsanwaltschaft die Verweisung an ein Gericht niederer Ordnung ausgesprochen worden ist, steht der Staatsanwaltschaft die sofortige Beschwerde zu.

Vgl. Ger.-Verf.-Ges. §§. 75. 27.

210. Ist die Eröffnung des Hauptverfahrens durch einen nicht mehr anfechtbaren Beschluß abgelehnt, so kann die Klage nur auf Grund neuer Thatsachen oder Beweismittel wieder aufgenommen werden.

Unter neuen Thatsachen und Beweismitteln sind solche zu verstehen, welche nach Lage der Akten zur Zeit des Ablehnungsbeschlusses unbekannt waren, gleichviel, ob sie früher oder später zur Entstehung gekommen sind (Prot. S. 329).

211. Vor dem Schöffengerichte kann ohne schriftlich erhobene Anklage und ohne eine Entscheidung über die Eröffnung des Hauptverfahrens zur Hauptverhandlung geschritten werden, wenn der Beschuldigte entweder sich freiwillig stellt oder in Folge einer vorläufigen Festnahme dem Gerichte vorgeführt oder nur wegen Uebertretung verfolgt wird. Der wesentliche Inhalt der Anklage ist in den Fällen der freiwilligen Stellung oder der Vorführung in das Sitzungsprotokoll, anderenfalls in die Ladung des Beschuldigten aufzunehmen.

Auch kann der Amtsrichter in dem Falle der Vorführung des Beschuldigten mit Zustimmung der Staatsanwaltschaft ohne Zuziehung von Schöffen zur Hauptverhandlung schreiten, wenn der Beschuldigte nur wegen Uebertretung verfolgt wird und die ihm zur Last gelegte That eingesteht. Gegen die im Laufe der Hauptverhandlung ergehenden Entscheidungen und Urtheile des

Amtsrichters finden dieselben Rechtsmittel statt, wie gegen die Entscheidungen und Urtheile des Schöffengerichts.

Vgl. §§. 27. 354.

Fünfter Abschnitt.

Vorbereitung der Hauptverhandlung.

212. Der Termin zur Hauptverhandlung wird von dem Vorsitzenden des Gerichts anberaumt.

213. Die zur Hauptverhandlung erforderlichen Ladungen und die Herbeischaffung der als Beweismittel dienenden Gegenstände bewirkt die Staatsanwaltschaft.

214. Der Beschluß über die Eröffnung des Hauptverfahrens ist dem Angeklagten spätestens mit der Ladung zuzustellen.

Vgl. §. 205.

215. Die Ladung eines auf freiem Fuße befindlichen Angeklagten geschieht schriftlich unter der Warnung, daß im Falle seines unentschuldigten Ausbleibens seine Verhaftung oder Vorführung erfolgen werde. Die Warnung kann in den Fällen des §. 231. unterbleiben.

Die Ladung des nicht auf freiem Fuße befindlichen Angeklagten erfolgt durch Bekanntmachung des Termins zur Hauptverhandlung in Gemäßheit des §. 35. Dabei ist der Angeklagte zu befragen, ob und welche Anträge er in Bezug auf seine Vertheidigung für die Hauptverhandlung zu stellen habe.

Im Gegensatz zu §. 133 ist hier die Androhung obligatorisch, wenn nicht §. 231 Platz greift (Prot. S. 333).

216. Zwischen der Zustellung der Ladung (§. 215.) und dem Tage der Hauptverhandlung muß eine Frist von mindestens einer Woche liegen.

Ist diese Frist nicht eingehalten worden, so kann der Angeklagte die Aussetzung der Verhandlung verlangen, so lange mit der Verlesung des Beschlusses über die Eröffnung des Hauptverfahrens nicht begonnen ist.

Ein stillschweigender Verzicht auf die Frist liegt vor, wenn Angeklagter die Aussetzung nicht verlangt, obschon er nach §. 227 mit seiner Befugniß hierzu bekannt gemacht ist (Prot. S. 334).

217. Neben dem Angeklagten ist der bestellte Vertheidiger stets, der gewählte Vertheidiger dann zu laden, wenn die erfolgte Wahl dem Gerichte angezeigt worden ist.

218. Verlangt der Angeklagte die Ladung von Zeugen oder Sachverständigen oder die Herbeischaffung anderer Beweismittel zur Hauptverhandlung, so hat er unter Angabe der Thatsachen, über welche der Beweis erhoben werden soll, seine Anträge bei dem Vorsitzenden des Gerichts zu stellen. Die hierauf ergehende Verfügung ist ihm bekannt zu machen.

Beweisanträge des Angeklagten sind, soweit ihnen stattgegeben ist, der Staatsanwaltschaft mitzutheilen.

In Schwurgerichtssachen sind vor Beginn der Schwurgerichtsperiode derartige Anträge bei dem Vorsitzenden der Strafkammer zu stellen. Vgl. Ger.-Verf.-Ges. §. 83. Abs. 3.

219. Lehnt der Vorsitzende den Antrag auf Ladung einer Person ab, so kann der Angeklagte die letztere unmittelbar laden lassen. Hierzu ist er auch ohne vorgängigen Antrag befugt.

Eine unmittelbar geladene Person ist nur dann zum Erscheinen verpflichtet, wenn ihr bei der Ladung die gesetzliche Entschädigung für Reisekosten und Versäumniß baar dargeboten oder deren Hinterlegung bei dem Gerichtsschreiber nachgewiesen wird.

Ergiebt sich in der Hauptverhandlung, daß die Vernehmung einer unmittelbar geladenen Person zur Aufklärung der Sache dienlich war, so hat das Gericht auf Antrag anzuordnen, daß derselben die gesetzliche Entschädigung aus der Staatskasse zu gewähren sei.

Der Angeklagte kann die Zeugen auch ohne Ladung mit zur Stelle bringen (Prot. S. 337).

220. Der Vorsitzende des Gerichts kann auch von Amtswegen die Ladung von Zeugen und Sachverständigen, sowie die Herbeischaffung anderer Beweismittel anordnen.

221. Der Angeklagte hat die von ihm unmittelbar geladenen oder zur Hauptverhandlung zu stellenden Zeugen und Sachverständigen rechtzeitig der Staatsanwaltschaft namhaft zu machen und ihren Wohn- oder Aufenthaltsort anzugeben.

Dieselbe Verpflichtung hat die Staatsanwaltschaft gegenüber dem Angeklagten, wenn sie außer den in der Anklageschrift benannten oder auf Antrag des Angeklagten geladenen Zeugen oder Sachverständigen die Ladung noch anderer Personen, sei es auf Anordnung des Vorsitzenden (§. 220.) oder aus eigener Entschließung, bewirkt.

Für den Fall einer verspäteten Mittheilung vgl. §. 245 Abs. 2.

222. Wenn dem Erscheinen eines Zeugen oder Sachverständigen in der Hauptverhandlung für eine längere oder ungewisse Zeit Krankheit oder Gebrechlichkeit oder andere nicht zu beseitigende Hindernisse entgegenstehen, so kann das Gericht die Vernehmung desselben durch einen beauftragten oder ersuchten Richter anordnen. Die Vernehmung erfolgt, soweit die Beeidigung zulässig ist, eidlich.

Dasselbe gilt, wenn ein Zeuge oder Sachverständiger vernommen werden soll, dessen Erscheinen wegen großer Entfernung besonders erschwert sein wird.

223. Von den zum Zwecke dieser Vernehmung anberaumten Terminen sind die Staatsanwaltschaft, der Angeklagte und der Vertheidiger vorher zu benachrichtigen, insoweit dies nicht wegen Gefahr im Verzuge unthunlich ist; ihrer Anwesenheit bei der Vernehmung bedarf es nicht. Das aufgenommene Protokoll ist der Staatsanwaltschaft und dem Vertheidiger vorzulegen.

Der nicht auf freiem Fuße befindliche Angeklagte hat einen Anspruch auf Anwesenheit nur bei solchen Terminen, welche an der Gerichtsstelle des Orts abgehalten werden, wo er sich in Haft befindet.

224. Ist zur Vorbereitung der Hauptverhandlung noch ein richterlicher Augenschein einzunehmen, so finden die Bestimmungen des vorhergehenden Paragraphen gleichfalls Anwendung.

Sechster Abschnitt.

Hauptverhandlung.

225. Die Hauptverhandlung erfolgt in ununterbrochener Gegenwart der zur Urtheilsfindung berufenen Personen sowie der Staatsanwaltschaft und eines Gerichtsschreibers.

226. Es können mehrere Beamte der Staatsanwaltschaft und mehrere Vertheidiger in der Hauptverhandlung mitwirken und ihre Verrichtungen unter sich theilen.

227. Ueber Anträge auf Aussetzung einer Hauptverhandlung entscheidet das Gericht. Kürzere Unterbrechungen ordnet der Vorsitzende an.

Eine Verhinderung des Vertheidigers giebt, unbeschadet der Bestimmung des §. 145., dem Angeklagten kein Recht, die Aussetzung der Verhandlung zu verlangen.

Ist die Frist des §. 216. Abs. 1 nicht eingehalten worden, so soll der Vorsitzende den Angeklagten mit der Befugniß, Aussetzung der Verhandlung zu verlangen, bekannt machen.

Unter den Begriff der Aussetzung fällt hier auch der Aufschub einer noch nicht begonnenen Hauptverhandlung. Vgl. Prot. S. 59.

228. Eine unterbrochene Hauptverhandlung muß spätestens am vierten Tage nach der Unterbrechung fortgesetzt werden, widrigenfalls mit dem Verfahren von Neuem zu beginnen ist.

229. Gegen einen ausgebliebenen Angeklagten findet eine Hauptverhandlung nicht statt.

Ist das Ausbleiben des Angeklagten nicht genügend entschuldigt, so ist die Vorführung anzuordnen oder ein Haftbefehl zu erlassen.

230. Der erschienene Angeklagte darf sich aus der Verhandlung nicht entfernen. Der Vorsitzende kann die geeigneten Maßregeln treffen, um die Entfernung desselben zu verhindern; auch kann er ihn während einer Unterbrechung der Verhandlung in Gewahrsam halten lassen.

Entfernt der Angeklagte sich dennoch, oder bleibt er bei der Fortsetzung einer unterbrochenen Hauptverhandlung aus, so kann diese in seiner Abwesenheit zu Ende geführt werden, wenn seine Vernehmung über die Anklage schon erfolgt war, und das Gericht seine fernere Anwesenheit nicht für erforderlich erachtet.

Bei der Fortsetzung der Hauptverhandlung in Abwesenheit des Angeklagten ist ein Vertheidiger desselben zuzulassen. Prot. S. 345. Vgl. §. 233.

231. Beim Ausbleiben des Angeklagten kann zur Hauptverhandlung geschritten werden, wenn die den Gegenstand der Untersuchung bildende That nur mit Geldstrafe, Haft oder Einziehung, allein oder in Verbindung mit einander, bedroht ist.

In solchen Fällen muß der Angeklagte in der Ladung auf die Zulässigkeit dieses Verfahrens ausdrücklich hingewiesen werden.

Vgl. §. 215.

232. Der Angeklagte kann auf seinen Antrag wegen großer Entfernung seines Aufenthaltsorts von der Verpflichtung zum Erscheinen in der Hauptverhandlung entbunden werden, wenn nach dem Ermessen des Gerichts voraussichtlich keine andere Strafe als Freiheitsstrafe bis zu sechs Wochen oder Geldstrafe oder Einziehung, allein oder in Verbindung mit einander, zu erwarten steht.

In diesem Falle muß der Angeklagte, wenn seine richterliche Vernehmung nicht schon im Vorverfahren erfolgt ist, durch einen beauftragten oder ersuchten Richter über die Anklage vernommen werden.

Von dem zum Zwecke der Vernehmung anberaumten Termine sind die Staatsanwaltschaft und der Vertheidiger vorher zu benachrichtigen; ihrer Anwesenheit bei der Vernehmung bedarf es nicht. Das Protokoll über die Vernehmung ist in der Hauptverhandlung zu verlesen.

233. Insoweit die Hauptverhandlung ohne Anwesenheit des Angeklagten stattfinden kann, ist letzterer befugt, sich durch einen mit schriftlicher Vollmacht versehenen Vertheidiger vertreten zu lassen.

Die Vertretung durch den Vertheidiger ist mithin zulässig 1. wenn der Angeklagte vom Erscheinen entbunden ist (§. 232), 2. wenn eine Hauptverhandlung in seiner Abwesenheit begonnen (§. 231) und 3. fortgesetzt werden kann (§. 230) (Prot. S. 344).

234. Hat die Hauptverhandlung ohne Anwesenheit des Angeklagten stattgefunden, so kann derselbe gegen das Urtheil binnen einer Woche nach der Zustellung die

Wiedereinsetzung in den vorigen Stand unter gleichen Voraussetzungen wie gegen die Versäumung einer Frist nachsuchen.

War jedoch der Angeklagte auf seinen Antrag von der Verpflichtung zum Erscheinen in der Hauptverhandlung entbunden worden, oder hatte derselbe von der Befugniß, sich vertreten zu lassen, Gebrauch gemacht, so findet eine Wiedereinsetzung in den vorigen Stand nicht statt.

Vgl. §. 44.

235. Das Gericht ist stets befugt, das persönliche Erscheinen des Angeklagten anzuordnen und dasselbe durch einen Vorführungsbefehl oder Haftbefehl zu erzwingen.

236. Das Gericht kann im Falle eines Zusammenhangs zwischen mehreren bei ihm anhängigen Strafsachen die Verbindung derselben zum Zwecke gleichzeitiger Verhandlung anordnen, auch wenn dieser Zusammenhang nicht der im §. 3 bezeichnete ist.

237. Die Leitung der Verhandlung, die Vernehmung des Angeklagten und die Aufnahme des Beweises erfolgt durch den Vorsitzenden.

Wird eine auf die Sachleitung bezügliche Anordnung des Vorsitzenden von einer bei der Verhandlung betheiligten Person als unzulässig beanstandet, so entscheidet das Gericht.

238. Die Vernehmung der von der Staatsanwaltschaft und dem Angeklagten benannten Zeugen und Sachverständigen ist der Staatsanwaltschaft und dem

Vertheidiger auf deren übereinstimmenden Antrag von dem Vorsitzenden zu überlassen. Bei den von der Staatsanwaltschaft benannten Zeugen und Sachverständigen hat diese, bei den von dem Angeklagten benannten der Vertheidiger in erster Reihe das Recht zur Vernehmung.

Der Vorsitzende hat auch nach dieser Vernehmung die ihm zur weiteren Aufklärung der Sache erforderlich scheinenden Fragen an die Zeugen und Sachverständigen zu richten.

239. Der Vorsitzende hat den beisitzenden Richtern auf Verlangen zu gestatten, Fragen an die Zeugen und Sachverständigen zu stellen.

Dasselbe hat der Vorsitzende der Staatsanwaltschaft, dem Angeklagten und dem Vertheidiger sowie den Geschworenen und den Schöffen zu gestatten.

240. Demjenigen, welcher im Falle des §. 238. Abs. 1 die Befugniß der Vernehmung mißbraucht, kann dieselbe von dem Vorsitzenden entzogen werden.

In den Fällen des §. 238. Abs. 1 und des §. 239. Abs. 2 kann der Vorsitzende ungeeignete oder nicht zur Sache gehörige Fragen zurückweisen.

241. Zweifel über die Zulässigkeit einer Frage entscheidet in allen Fällen das Gericht.

242. Die Hauptverhandlung beginnt mit dem Aufrufe der Zeugen und Sachverständigen.

Hieran schließt sich die Vernehmung des Angeklagten über seine persönlichen Verhältnisse und die Verlesung des Beschlusses über die Eröffnung des Hauptverfahrens.

Sodann erfolgt die weitere Vernehmung des Angeklagten nach Maßgabe des §. 136.

Die Verlesung des Beschlusses und die Vernehmung des Angeklagten geschieht in Abwesenheit der zu vernehmenden Zeugen.

243. Nach der Vernehmung des Angeklagten folgt die Beweisaufnahme.

Es bedarf eines Gerichtsbeschlusses, wenn ein Beweisantrag abgelehnt werden soll, oder wenn die Vornahme einer Beweishandlung eine Aussetzung der Hauptverhandlung erforderlich macht.

Das Gericht kann auf Antrag und von Amtswegen die Ladung von Zeugen und Sachverständigen, sowie die Herbeischaffung anderer Beweismittel anordnen.

Vgl. zu §. 245 Absatz 3.

244. Die Beweisaufnahme ist auf die sämmtlichen vorgeladenen Zeugen und Sachverständigen sowie auf die anderen herbeigeschafften Beweismittel zu erstrecken. Von der Erhebung einzelner Beweise kann jedoch abgesehen werden, wenn die Staatsanwaltschaft und der Angeklagte hiermit einverstanden sind.

In den Verhandlungen vor den Schöffengerichten und vor den Landgerichten in der Berufungsinstanz, sofern die Verhandlung vor letzteren eine Uebertretung betrifft oder auf erhobene Privatklage erfolgt, bestimmt das Gericht den Umfang der Beweisaufnahme, ohne hierbei durch Anträge, Verzichte oder frühere Beschlüsse gebunden zu sein.

Vgl. Ger.-Verf.-Ges. §§. 27 u. 76.

245. Eine Beweiserhebung darf nicht deshalb abgelehnt werden, weil das Beweismittel oder die zu beweisende Thatsache zu spät vorgebracht worden sei.

Ist jedoch ein zu vernehmender Zeuge oder Sachverständiger dem Gegner des Antragstellers so spät namhaft gemacht oder eine zu beweisende Thatsache so spät vorgebracht worden, daß es dem Gegner an der zur Einziehung von Erkundigungen erforderlichen Zeit gefehlt hat, so kann derselbe bis zum Schlusse der Beweisaufnahme die Aussetzung der Hauptverhandlung zum Zwecke der Erkundigung beantragen.

Dieselbe Befugniß haben die Staatsanwaltschaft und der Angeklagte in Betreff der auf Anordnung des Vorsitzenden oder des Gerichts geladenen Zeugen oder Sachverständigen.

Ueber die Anträge entscheidet das Gericht nach freiem Ermessen.

Die Zurückweisung eines solchen Antrages soll keine Nichtigkeit begründen (Prot. S. 378).

246. Das Gericht kann den Angeklagten, wenn zu befürchten ist, daß ein Mitangeklagter oder ein Zeuge bei seiner Vernehmung in Gegenwart des Angeklagten die Wahrheit nicht sagen werde, während dieser Vernehmung aus dem Sitzungszimmer abtreten lassen. Der Vorsitzende hat jedoch den Angeklagten, sobald dieser wieder vorgelassen worden, von dem wesentlichen Inhalt desjenigen zu unterrichten, was während seiner Abwesenheit ausgesagt oder sonst verhandelt worden ist.

In gleicher Weise ist zu verfahren, wenn das Gericht wegen ordnungswidrigen Benehmens des Angeklagten zeitweise dessen Entfernung aus dem Sitzungszimmer angeordnet hat.

247. Die vernommenen Zeugen und Sachverständigen dürfen sich nur mit Genehmigung oder auf Anweisung des Vorsitzenden von der Gerichtsstelle entfernen. Die Staatsanwaltschaft und der Angeklagte sind vorher zu hören.

248. Urkunden und andere als Beweismittel dienende Schriftstücke werden in der Hauptverhandlung verlesen. Dies gilt insbesondere von früher ergangenen Strafurtheilen, von Strafliften und von Auszügen aus Kirchenbüchern und Personenstands-Registern und findet auch Anwendung auf Protokolle über die Einnahme des richterlichen Augenscheins.

249. Beruht der Beweis einer Thatsache auf der Wahrnehmung einer Person, so ist die letztere in der Hauptverhandlung zu vernehmen. Die Vernehmung darf nicht durch Verlesung des über eine frühere Vernehmung aufgenommenen Protokolls oder einer schriftlichen Erklärung ersetzt werden.

Die Verlesung soll die Vernehmung nicht ersetzen, sofern kein Fall des §. 250 vorliegt (Prot. S. 38).

250. Ist ein Zeuge, Sachverständiger oder Mitbeschuldigter verstorben oder in Geisteskrankheit verfallen, oder ist sein Aufenthalt nicht zu ermitteln gewesen, so kann das Protokoll über seine frühere richterliche Vernehmung verlesen werden. Dasselbe gilt von dem bereits verurtheilten Mitschuldigen.

In den im §. 222. bezeichneten Fällen ist die Verlesung des Protokolls über die frühere Vernehmung statthaft, wenn letztere nach Eröffnung des Hauptverfahrens, oder wenn sie in dem Vorverfahren unter Beobachtung der Vorschriften des §. 191. erfolgt ist.

Die Verlesung kann nur durch Gerichtsbeschluß angeordnet, auch muß der Grund derselben verkündet und bemerkt werden, ob die Beeidigung der vernommenen Personen stattgefunden hat. An den Bestimmungen über die Nothwendigkeit der Beeidigung wird hierdurch für diejenigen Fälle, in denen die nochmalige Vernehmung ausführbar ist, nichts geändert.

251. Die Aussage eines vor der Hauptverhandlung vernommenen Zeugen, welcher erst in der Hauptverhandlung von seinem Rechte, das Zeugniß zu verweigern, Gebrauch macht, darf nicht verlesen werden.

252. Erklärt ein Zeuge oder Sachverständiger, daß er sich einer Thatsache nicht mehr erinnert, so kann der hierauf bezügliche Theil des Protokolls über seine frühere Vernehmung zur Unterstützung seines Gedächtnisses verlesen werden.

Dasselbe kann geschehen, wenn ein in der Vernehmung hervortretender Widerspruch mit der früheren Aussage nicht auf andere Weise ohne Unterbrechung der Hauptverhandlung festgestellt oder gehoben werden kann.

Zunächst ist jedoch §. 68 maßgebend (Prot. S. 385. 386).

253. Erklärungen des Angeklagten, welche in einem richterlichen Protokolle enthalten sind, können zum

Zwecke der Beweisaufnahme über ein Geständniß verlesen werden.

Dasselbe kann geschehen, wenn ein in der Vernehmung hervortretender Widerspruch mit der früheren Aussage nicht auf andere Weise ohne Unterbrechung der Hauptverhandlung festgestellt oder gehoben werden kann.

254. In den Fällen der §§. 252. 253. ist die Verlesung und der Grund derselben auf Antrag der Staatsanwaltschaft oder des Angeklagten im Protokolle zu erwähnen.

255. Die ein Zeugniß oder ein Gutachten enthaltenden Erklärungen öffentlicher Behörden, mit Ausschluß von Leumundszeugnissen, desgleichen ärztliche Atteste über Körperverletzungen, welche nicht zu den schweren gehören, können verlesen werden.

Ist das Gutachten einer kollegialen Fachbehörde eingeholt worden, so kann das Gericht die Behörde ersuchen, eines ihrer Mitglieder mit der Vertretung des Gutachtens in der Hauptverhandlung zu beauftragen und dem Gerichte zu bezeichnen.

Vgl. §§. 91 u. 92.

256. Nach der Vernehmung eines jeden Zeugen, Sachverständigen oder Mitangeklagten, sowie nach der Verlesung eines jeden Schriftstücks soll der Angeklagte befragt werden, ob er etwas zu erklären habe.

Die Vorschrift ist ausdrücklich nur als instruktionell bezeichnet (Prot. S. 392).

257. Nach dem Schlusse der Beweisaufnahme erhalten die Staatsanwaltschaft und sodann der Angeklagte zu ihren Ausführungen und Anträgen das Wort.

Der Staatsanwaltschaft steht das Recht der Erwiderung zu; dem Angeklagten gebührt das letzte Wort.

Der Angeklagte ist, auch wenn ein Vertheidiger für ihn gesprochen hat, zu befragen, ob er selbst noch etwas zu seiner Vertheidigung anzuführen habe.

Ein in der Reichsjustizkommission gestellter Antrag, wonach der Staatsanwalt nicht befugt sein sollte, in Beziehung auf das Strafmaaß bestimmte Anträge zu stellen, wurde abgelehnt und dabei nur anerkannt, daß der Staatsanwalt zur ausnahmslosen Stellung eines bestimmten Strafantrages gesetzlich nicht verpflichtet sei (Prot. S. 399).

258. Einem der Gerichtssprache nicht mächtigen Angeklagten müssen aus den Schlußvorträgen mindestens die Anträge der Staatsanwaltschaft und des Vertheidigers durch den Dolmetscher bekannt gemacht werden.

Dasselbe gilt von einem tauben Angeklagten, sofern nicht eine schriftliche Verständigung erfolgt.

Vgl. Ger.-Verf.-Ges. §§. 187 ff.

259. Die Hauptverhandlung schließt mit der Erlassung des Urtheils. Das Urtheil kann nur auf Freisprechung, Verurtheilung oder Einstellung des Verfahrens lauten.

Die Einstellung des Verfahrens ist auszusprechen, wenn bei einer nur auf Antrag zu verfolgenden strafbaren Handlung sich ergiebt, daß der erforderliche Antrag nicht vorliegt, oder wenn der Antrag rechtzeitig zurückgenommen ist.

260. Ueber das Ergebniß der Beweisaufnahme entscheidet das Gericht nach seiner freien, aus dem Inbegriffe der Verhandlung geschöpften Ueberzeugung.

Vgl. Ger.-Verf.-Ges. §§. 194 ff.

261. Hängt die Strafbarkeit einer Handlung von der Beurtheilung eines bürgerlichen Rechtsverhältnisses ab, so entscheidet das Strafgericht auch über dieses nach den für das Verfahren und den Beweis in Strafsachen geltenden Vorschriften.

Das Gericht ist jedoch befugt, die Untersuchung auszusetzen und einem der Betheiligten zur Erhebung der Civilklage eine Frist zu bestimmen oder das Urtheil des Civilgerichts abzuwarten.

262. Zu einer jeden dem Angeklagten nachtheiligen Entscheidung, welche die Schuldfrage betrifft, ist eine Mehrheit von zwei Drittheilen der Stimmen erforderlich.

Die Schuldfrage begreift auch solche von dem Strafgesetze besonders vorgesehene Umstände, welche die Strafbarkeit ausschließen, vermindern oder erhöhen.

Auch der Fall des §. 20 des Str.-Ges.-Buchs fällt unter diese Vorschrift (Prot. S. 459).

Zur Verneinung der Frage nach mildernden Umständen ist durch §. 297 nur einfache Stimmenmehrheit erfordert; in Strafkammersachen erster Instanz können deshalb 3 gegen 2 Stimmen entscheiden. Vgl. Ger.-Verf.-Ges. §§. 77. 198. u. Prot. S. 754.

Die Schuldfrage begreift nicht die Voraussetzungen des Rückfalls und der Verjährung.

263. Gegenstand der Urtheilsfindung ist die in der Anklage bezeichnete That, wie sich dieselbe nach dem Ergebnisse der Verhandlung darstellt.

Das Gericht ist an diejenige Beurtheilung der That, welche dem Beschlusse über die Eröffnung des Hauptverfahrens zu Grunde liegt, nicht gebunden.

264. Eine Verurtheilung des Angeklagten auf Grund eines anderen, als des in dem Beschlusse über die Eröffnung des Hauptverfahrens angeführten Strafgesetzes, darf nicht erfolgen, ohne daß der Angeklagte zuvor auf die Veränderung des rechtlichen Gesichtspunkts besonders hingewiesen und ihm Gelegenheit zur Vertheidigung gegeben worden ist.

In gleicher Weise ist zu verfahren, wenn erst in der Verhandlung solche vom Strafgesetze besonders vorgesehene Umstände behauptet werden, welche die Strafbarkeit erhöhen.

Bestreitet der Angeklagte, unter der Behauptung, auf die Vertheidigung nicht genügend vorbereitet zu sein, neu hervorgetretene Umstände, welche die Anwendung eines schwereren Strafgesetzes gegen den Angeklagten zulassen, als des in dem Beschlusse über die Eröffnung des Hauptverfahrens angeführten, oder welche zu den im zweiten Absatze bezeichneten gehören, so ist auf seinen Antrag die Hauptverhandlung auszusetzen.

Bestreitet der Angeklagte nur die Erheblichkeit der neu hervorgetretenen Thatumstände, so findet eine Aussetzung nicht statt (Prot. S. 71).

Auch sonst hat das Gericht auf Antrag oder von Amtswegen die Hauptverhandlung auszusetzen, falls dies in Folge der veränderten Sachlage zur genügenden Vorbereitung der Anklage oder der Vertheidigung angemessen erscheint.

Eine veränderte Sachlage ist nicht blos im Falle einer Aenderung des faktischen Materials anzunehmen (Prot. S. 403).

Auf die in §. 244. Abs. 2 bezeichneten Verhandlungen findet die Vorschrift des dritten Absatzes nicht Anwendung.

265. Wird der Angeklagte im Laufe der Hauptverhandlung noch einer anderen That beschuldigt, als wegen welcher das Hauptverfahren wider ihn eröffnet worden, so kann dieselbe auf Antrag der Staatsanwaltschaft und mit Zustimmung des Angeklagten zum Gegenstande derselben Aburtheilung gemacht werden.

Diese Bestimmung findet nicht Anwendung, wenn die That als ein Verbrechen sich darstellt oder die Aburtheilung derselben die Zuständigkeit des Gerichts überschreitet.

266. Wird der Angeklagte verurtheilt, so müssen die Urtheilsgründe die für erwiesen erachteten Thatsachen angeben, in welchen die gesetzlichen Merkmale der strafbaren Handlung gefunden werden. Insoweit der Beweis aus anderen Thatsachen gefolgert wird, sollen auch diese Thatsachen angegeben werden.

Waren in der Verhandlung solche vom Strafgesetze besonders vorgesehene Umstände behauptet worden, welche die Strafbarkeit ausschließen, vermindern oder erhöhen, so müssen die Urtheilsgründe sich darüber aussprechen, ob diese Umstände für festgestellt oder für nicht festgestellt erachtet werden.

Die Gründe des Strafurtheils müssen ferner das zur Anwendung gebrachte Strafgesetz bezeichnen und sollen die Umstände anführen, welche für die Zumessung der Strafe bestimmend gewesen sind. Macht das Strafgesetz die Anwendung einer geringeren Strafe von dem

Vorhandensein mildernder Umstände im Allgemeinen abhängig, so müssen die Urtheilsgründe die hierüber getroffene Entscheidung ergeben, sofern das Vorhandensein solcher Umstände angenommen, oder einem in der Verhandlung gestellten Antrag entgegen verneint wird.

Wird der Angeklagte freigesprochen, so müssen die Urtheilsgründe ergeben, ob der Angeklagte für nicht überführt, oder ob und aus welchen Gründen die für erwiesen angenommene That für nicht strafbar erachtet worden ist.

267. Die Verkündung des Urtheils erfolgt durch Verlesung der Urtheilsformel und Eröffnung der Urtheilsgründe am Schlusse der Verhandlung oder spätestens mit Ablauf einer Woche nach dem Schlusse der Verhandlung. Die Eröffnung der Urtheilsgründe geschieht durch Verlesung oder durch mündliche Mittheilung ihres wesentlichen Inhalts.

War die Verkündung des Urtheils ausgesetzt, so sind die Urtheilsgründe vor derselben schriftlich festzustellen.

268. Urtheile, durch welche die Unterbringung des Angeklagten in eine Erziehungs- oder Besserungsanstalt angeordnet wird, sind auch dessen gesetzlichem Vertreter zuzustellen, sofern nicht der letztere in der Hauptverhandlung als Beistand des Angeklagten aufgetreten und bei der Verkündung des Urtheils gegenwärtig gewesen ist.

269. Das Gericht darf sich nicht für unzuständig erklären, weil die Sache vor ein Gericht niederer Ordnung gehöre.

270. Stellt sich nach dem Ergebnisse der Verhandlung die dem Angeklagten zur Last gelegte That als eine solche dar, welche die Zuständigkeit des Gerichts überschreitet, so spricht es durch Beschluß seine Unzuständigkeit aus und verweist die Sache an das zuständige Gericht.

Dieser Beschluß hat die Wirkung eines das Hauptverfahren eröffnenden Beschlusses und muß den Erfordernissen eines solchen entsprechen.

Die Anfechtbarkeit des Beschlusses bestimmt sich nach den Vorschriften des §. 209.

Ist der Beschluß von einem Schöffengericht ergangen, so kann der Angeklagte innerhalb einer bei der Bekanntmachung des Beschlusses zu bestimmenden Frist die Vornahme einzelner Beweiserhebungen vor der Hauptverhandlung beantragen. Ueber den Antrag entscheidet der Vorsitzende des Gerichts, an welches die Sache verwiesen ist.

271. Ueber die Hauptverhandlung ist ein Protokoll aufzunehmen und von dem Vorsitzenden und dem Gerichtsschreiber zu unterschreiben.

Ist der Vorsitzende verhindert, so unterschreibt für ihn der älteste beisitzende Richter. Im Falle der Verhinderung des Amtsrichters genügt die Unterschrift des Gerichtsschreibers.

272. Das Protokoll über die Hauptverhandlung enthält:

1. den Ort und den Tag der Verhandlung;

2. die Namen der Richter, Geschworenen und Schöffen, des Beamten der Staatsanwaltschaft, des Gerichtsschreibers und des zugezogenen Dolmetschers;
3. die Bezeichnung der strafbaren Handlung nach der Anklage;
4. die Namen der Angeklagten, ihrer Vertheidiger, der Privatkläger, Nebenkläger, gesetzlichen Vertreter, Bevollmächtigten und Beistände;
5. die Angabe, daß öffentlich verhandelt oder die Oeffentlichkeit ausgeschlossen ist.

273. Das Protokoll muß den Gang und die Ergebnisse der Hauptverhandlung im Wesentlichen wiedergeben und die Beobachtung aller wesentlichen Förmlichkeiten ersichtlich machen, auch die Bezeichnung der verlesenen Schriftstücke, sowie die im Laufe der Verhandlung gestellten Anträge, die ergangenen Entscheidungen und die Urtheilsformel enthalten.

Vgl. §. 34. Auch die Gründe für solche Entscheidungen, durch welche Beweisanträge abgelehnt würden, sollen angegeben werden.

Aus der Hauptverhandlung vor dem Schöffengerichte sind außerdem die wesentlichen Ergebnisse der Vernehmungen in das Protokoll aufzunehmen.

Auch der Inhalt der Zeugenaussagen muß ersichtlich sein (Prot. S. 420).

Kommt es auf die Feststellung eines Vorgangs in der Hauptverhandlung oder des Wortlauts einer Aussage oder einer Aeußerung an, so hat der Vorsitzende die vollständige Niederschreibung und Verlesung anzuordnen. In dem Protokolle ist zu bemerken, daß die Verlesung geschehen und die Genehmigung erfolgt ist, oder welche Einwendungen erhoben sind.

274. Die Beobachtung der für die Hauptverhandlung vorgeschriebenen Förmlichkeiten kann nur durch das Protokoll bewiesen werden. Gegen den diese Förmlichkeiten betreffenden Inhalt desselben ist nur der Nachweis der Fälschung zulässig.

275. Das Urtheil mit den Gründen ist binnen drei Tagen nach der Verkündung zu den Akten zu bringen, falls es nicht bereits vollständig in das Protokoll aufgenommen worden ist.

Es ist von den Richtern, welche bei der Entscheidung mitgewirkt haben, zu unterschreiben. Ist ein Richter verhindert, seine Unterschrift beizufügen, so wird dies unter Angabe des Verhinderungsgrundes von dem Vorsitzenden und bei dessen Verhinderung von dem ältesten beisitzenden Richter unter dem Urtheile bemerkt. Der Unterschrift der Schöffen bedarf es nicht.

Die Bezeichnung des Tages der Sitzung, sowie die Namen der Richter, der Schöffen, des Beamten der Staatsanwaltschaft und des Gerichtsschreibers, welche an der Sitzung Theil genommen haben, sind in das Urtheil aufzunehmen.

Die Ausfertigungen und Auszüge der Urtheile sind von dem Gerichtsschreiber zu unterschreiben und mit dem Gerichtssiegel zu versehen.

Siebenter Abschnitt.

Hauptverhandlung vor den Schwurgerichten.

276. Die Bestimmungen der beiden vorhergehenden Abschnitte finden auf das Verfahren vor den Schwurgerichten insoweit Anwendung, als nicht in diesem Abschnitt ein Anderes bestimmt ist.

277. Vor dem Tage, an welchem die Hauptverhandlung beginnen soll, muß die Spruchliste der Geschworenen dem Angeklagten, wenn er sich nicht auf freiem Fuße befindet, zugestellt, für den auf freiem Fuße befindlichen Angeklagten auf der Gerichtsschreiberei zur Einsicht niedergelegt werden.

Die Namen später auf die Spruchliste gebrachter Geschworener sind dem Angeklagten bis zum Beginne der Hauptverhandlung mitzutheilen.

Vgl. §. 92 des Ger.-Verf.-Ges.

278. Die Hauptverhandlung beginnt mit der Bildung der Geschworenenbank durch Auslossung der Geschworenen.

279. Vor der Auslossung sind, außer den zum Geschworenenamte Unfähigen, solche Geschworene auszuscheiden, welche von der Ausübung des Amts in der zu verhandelnden Sache kraft Gesetzes ausgeschlossen sind. Die erschienenen Geschworenen sind zur Anzeige etwaiger Ausschließungsgründe aufzufordern.

Die Entscheidung über das Ausscheiden eines Geschworenen erfolgt nach Anhörung desselben durch das

Gericht. Beschwerde findet nicht statt. Ein für unfähig Erklärter ist in der Spruchliste zu streichen.

Vgl. §§. 32. 22. u. Ger.=Verf.=Ges. §. 94.

280. Zur Bildung der Geschworenenbank kann geschritten werden, wenn die Zahl der Geschworenen, welche erschienen und nicht in Gemäßheit des vorhergehenden Paragraphen ausgeschieden worden sind, mindestens vierundzwanzig beträgt. Anderenfalls ist die Zahl aus der Liste der Hülfsgeschworenen auf dreißig zu ergänzen.

Die Ergänzung geschieht mittels Loosziehung durch den Vorsitzenden in öffentlicher Sitzung. Sie gilt für alle in der Sitzungsperiode noch zu verhandelnden Sachen.

Die ausgeloosten Hülfsgeschworenen werden unter Hinweis auf die gesetzlichen Folgen des Ausbleibens geladen. Ihre Namen sind in die Spruchliste aufzunehmen.

Es kann zur Bildung der Geschworenenbank schon dann geschritten werden, wenn in Folge des Erscheinens von Hülfsgeschworenen die Zahl von vierundzwanzig Geschworenen erfüllt ist.

Erscheinen zu einer späteren Hauptverhandlung mehr als dreißig Geschworene, so treten die überzähligen Hülfsgeschworenen in der umgekehrten Reihenfolge ihrer Auslosung zurück.

Vgl. Ger.=Verf.=Ges. §. 89.

281. Die Bildung der Geschworenenbank erfolgt in öffentlicher Sitzung. Das Loos wird von dem Vorsitzenden gezogen.

Vgl. Ger.=Verf. §§. 170 ff.

282. Von den ausgelooften Geschworenen können so viele abgelehnt werden, als Namen über zwölf in der Urne sich befinden.

Die eine Hälfte der Ablehnungen steht der Staatsanwaltschaft, die andere dem Angeklagten zu. Dem Angeklagten gebührt eine Ablehnung mehr, wenn die Gesammtzahl der Ablehnungen eine ungrade ist.

283. Sobald ein Name gezogen und aufgerufen ist, hat die Staatsanwaltschaft und sodann der Angeklagte durch die Worte „angenommen" oder „abgelehnt" die Annahme oder Ablehnung zu erklären. Die Angabe von Gründen ist unzulässig.

Wird eine Erklärung nicht abgegeben, so gilt dies als Annahme.

Die Erklärung kann nicht zurückgenommen werden, sobald ein fernerer Name gezogen, oder die gesammte Ziehung für beendet erklärt ist.

284. Sind bei einer Hauptverhandlung mehrere Angeklagte betheiligt, so haben sie das Ablehnungsrecht gemeinschaftlich auszuüben.

Insoweit eine Vereinigung nicht zu Stande kommt, werden die Ablehnungen gleichmäßig vertheilt; über die Ausübung derjenigen Ablehnungen, welche sich nicht gleichmäßig vertheilen lassen, sowie über die Reihenfolge der Erklärungen entscheidet das Loos.

285. Ist die Zuziehung von Ergänzungsgeschworenen angeordnet worden, so vermindert sich die Zahl der zulässigen Ablehnungen um die Zahl der Ergänzungsgeschworenen.

Sind mehrere Ergänzungsgeschworene zugezogen worden, so treten sie in der Reihenfolge der Ausloosung ein.

286. Stehen an demselben Tage mehrere Verhandlungen an, so verbleibt die für eine derselben gebildete Geschworenenbank für die folgende Verhandlung oder für mehrere folgende Verhandlungen, wenn die dabei betheiligten Angeklagten und die Staatsanwaltschaft sich damit vor der Beeidigung der Geschworenen einverstanden erklärt haben.

287. Muß nach Unterbrechung einer Hauptverhandlung mit dem Verfahren von Neuem begonnen werden, so ist auch die Geschworenenbank von Neuem zu bilden.

Vgl. §§. 227 228.

288. Nach Bildung der Geschworenenbank werden die Geschworenen in Gegenwart der Angeklagten, über welche sie richten sollen, beeidigt.

Die Beeidigung erfolgt in öffentlicher Sitzung.

Der Vorsitzende richtet an die zu Beeidigenden die Worte:

> „Sie schwören bei Gott, dem Allmächtigen und Allwissenden, in der Anklagesache (den Anklagesachen) wider N. N. die Pflichten eines Geschworenen getreulich zu erfüllen und ihre Stimme nach bestem Wissen und Gewissen abzugeben."

Die Geschworenen leisten den Eid, indem jeder einzeln die Worte spricht:

> „ich schwöre es, so wahr mir Gott helfe."

Der Schwörende soll bei der Eidesleistung die rechte Hand erheben.

Ist ein Geschworener Mitglied einer Religionsgesellschaft, welcher das Gesetz den Gebrauch gewisser Betheuerungsformeln an Stelle des Eides gestattet, so wird die Abgabe einer Erklärung unter der Betheuerungsformel dieser Religionsgesellschaft der Eidesleistung gleich geachtet.

289. Nach der Beeidigung der Geschworenen erfolgt die Verhandlung in der Sache selbst.

290. Die den Geschworenen zur Beantwortung vorzulegenden Fragen werden von dem Vorsitzenden entworfen.

Nach dem Schlusse der Beweisaufnahme werden die entworfenen Fragen verlesen. Der Vorsitzende kann sie den Geschworenen, der Staatsanwaltschaft und dem Angeklagten in Abschrift mittheilen und soll einem hierauf gerichteten Antrage entsprechen.

Auf Verlangen der Staatsanwaltschaft oder des Angeklagten oder eines der Geschworenen ist behufs Prüfung der Fragen die Verhandlung auf kurze Zeit zu unterbrechen.

291. Die Staatsanwaltschaft und der Angeklagte, sowie jeder Geschworene ist befugt, auf Mängel in der Fragestellung aufmerksam zu machen, sowie auf Abänderung und Ergänzung der Fragen anzutragen.

Das Gericht stellt, wenn Einwendungen erhoben oder Anträge angebracht werden, oder wenn einer der Richter es verlangt, die Fragen fest. Die festgestellten Fragen sind zu verlesen.

292. Die Fragen sind so zu stellen, daß sie mit Ja oder mit Nein sich beantworten lassen.

Wenn eine nachfolgende Frage nur für den Fall zu beantworten ist, daß eine vorausgehende in einem gewissen Sinne erledigt werde, so ist dies bemerklich zu machen.

Bei einer Mehrzahl von Angeklagten oder von strafbaren Handlungen müssen die Fragen für jeden Angeklagten und für jede strafbare Handlung besonders gestellt werden.

293. Die Hauptfrage beginnt mit den Worten: „Ist der Angeklagte schuldig?" Sie muß die dem Angeklagten zur Last gelegte That nach ihren gesetzlichen Merkmalen und unter Hervorhebung der zu ihrer Unterscheidung erforderlichen Umstände bezeichnen.

Die Unterscheidung zwischen Rechtsfrage und Thatfrage ist ausdrücklich für den Wahrspruch der Geschworenen als unhaltbar bezeichnet (Prot. S. 449. 450—452).

294. Hat die Verhandlung Umstände ergeben, nach welchen eine, von dem Beschlusse über die Eröffnung des Hauptverfahrens abweichende Beurtheilung der dem Angeklagten zur Last gelegten That in Betracht kommt, so ist eine hierauf gerichtete Frage zu stellen (Hülfsfrage).

Diese ist der dem Beschluß entsprechenden Frage voranzustellen, wenn die abweichende Beurtheilung eine erhöhte Strafbarkeit begründet.

295. Ueber solche, vom Strafgesetze besonders vorgesehene Umstände, welche die Strafbarkeit vermindern oder erhöhen, sind geeigneten Falls den Geschworenen besondere Fragen vorzulegen (Nebenfragen).

Eine Nebenfrage kann auch auf solche vom Strafgesetze besonders vorgesehene Umstände gerichtet werden, durch welche die Strafbarkeit wieder aufgehoben wird.

Auch §. 20 des Str.-Ges.-B. fällt hierunter (Prot. S. 459).

296. Wird die Vorlegung von Hülfs- oder Nebenfragen beantragt, so kann sie nur aus Rechtsgründen abgelehnt werden.

Nach §. 291 ist auch über die von Geschworenen beantragte Fragstellung zu befinden (Prot. S. 464).

297. Wenn das Gesetz beim Vorhandensein mildernder Umstände eine geringere Strafe androht, so ist eine darauf gerichtete Nebenfrage zu stellen, wenn es von der Staatsanwaltschaft oder dem Angeklagten beantragt oder von Amtswegen für angemessen erachtet wird.

Zur Verneinung der Frage nach dem Vorhandensein mildernder Umstände bedarf es einer Mehrheit von mindestens sieben Stimmen.

298. Hatte ein Angeklagter zur Zeit der That noch nicht das achtzehnte Lebensjahr vollendet, so muß die Nebenfrage gestellt werden, ob er bei Begehung der That die zur Erkenntniß ihrer Strafbarkeit erforderliche Einsicht besessen habe.

Dasselbe gilt, wenn ein Angeklagter taubstumm ist.

299. An die Fragestellung schließen sich die Ausführungen und Anträge der Staatsanwaltschaft und des Angeklagten zur Schuldfrage.

300. Der Vorsitzende belehrt, ohne in eine Würdigung der Beweise einzugehen, die Geschworenen über die rechtlichen Gesichtspunkte, welche sie bei Lösung der ihnen gestellten Aufgabe in Betracht zu ziehen haben.

Die Belehrung des Vorsitzenden darf von keiner Seite einer Erörterung unterzogen werden.

Eine hypothetische Berücksichtigung von Thatsachen ist nicht ausgeschlossen (Prot. S. 469).

Die Belehrung soll die Bedeutung einer autoritativen Meinungsäußerung haben, ohne deshalb absolut bindend für die Geschworenen zu sein. Stenograph. Bericht der Reichstags-Verhdl. v. 1. Dec. 1876

301. Die Fragen werden vom Vorsitzenden unterzeichnet und den Geschworenen übergeben. Die Geschworenen ziehen sich in das Berathungszimmer zurück. Der Angeklagte wird aus dem Sitzungszimmer entfernt.

302. Gegenstände, welche in der Verhandlung den Geschworenen zur Besichtigung vorgelegt wurden, können ihnen in das Berathungszimmer verabfolgt werden.

Die Mitnahme von Gesetzbüchern ist nicht verwehrt (Prot. S. 470).

303. Zwischen den im Berathungszimmer versammelten Geschworenen und anderen Personen darf keinerlei Verkehr stattfinden.

Der Vorsitzende sorgt dafür, daß ohne seine Erlaubniß kein Geschworener das Berathungszimmer verlasse und keine dritte Person in dasselbe eintrete.

304. Die Geschworenen wählen ihren Obmann mittels schriftlicher Abstimmung nach Mehrheit der Stimmen. Bei Stimmengleichheit entscheidet das höhere Lebensalter.

Der Obmann leitet die Berathung und Abstimmung.

305. Die Geschworenen haben die ihnen vorgelegten Fragen mit Ja oder mit Nein zu beantworten.

Sie sind berechtigt, eine Frage theilweise zu bejahen und theilweise zu verneinen.

306. Glauben die Geschworenen vor Abgabe ihres Spruchs einer weiteren Belehrung zu bedürfen, so wird diese auf ihren Antrag durch den Vorsitzenden ertheilt, nachdem sie zu dem Zweck in das Sitzungszimmer zurückgekehrt sind.

Ergiebt sich Anlaß zur Aenderung oder Ergänzung der Fragen, so muß der Angeklagte zur Verhandlung zugezogen werden.

In diesem Falle werden die §§. 296 u. 300 wieder anwendbar; auch eine weitere Beweisaufnahme ist nicht unstatthaft (Prot. S. 477).

307. Der Spruch ist von dem Obmann neben den Fragen niederzuschreiben und von ihm zu unterzeichnen.

Bei jeder dem Angeklagten nachtheiligen Entscheidung ist anzugeben, daß dieselbe mit mehr als sieben Stimmen, bei Verneinung der mildernden Umstände, daß dieselbe mit mehr als sechs Stimmen gefaßt worden ist. Im Uebrigen darf das Stimmenverhältniß nicht ausgedrückt werden.

308. Der Spruch ist im Sitzungszimmer von dem Obmann kund zu geben. Der Obmann spricht die Worte: „Auf Ehre und Gewissen bezeuge ich als den Spruch der Geschworenen" und verliest die gestellten Fragen mit den darauf abgegebenen Antworten.

Der verlesene Spruch ist von dem Vorsitzenden und dem Gerichtsschreiber zu unterzeichnen.

309. Erachtet das Gericht, daß der Spruch in der Form nicht vorschriftsmäßig oder in der Sache undeutlich, unvollständig oder sich widersprechend sei, so werden die Geschworenen von dem Vorsitzenden aufgefordert, sich in das Berathungszimmer zurückzubegeben, um dem gerügten Mangel abzuhelfen.

Diese Anordnung ist zulässig, so lange das Gericht noch nicht auf Grund des Spruchs das Urtheil verkündet hat.

Es kann mithin bis zur Verkündung des Urtheils von einem Betheiligten auf ein Mißverständniß aufmerksam gemacht und die Zurücksendung der Geschworenen in Anregung gebracht werden (Prot. S. 479).

310. Sind nur Mängel in der Form des Spruchs zu berichtigen, so darf eine sachliche Aenderung nicht vorgenommen werden.

311. Sind sachliche Mängel des Spruchs zu berichtigen, so sind die Geschworenen bei ihrer erneuten Berathung an keinen Theil ihres früheren Spruchs gebunden.

Ergiebt sich bei der Erörterung solcher Mängel Anlaß zur Aenderung oder Ergänzung der Fragen, so muß der Angeklagte zur Verhandlung zugezogen werden.

312. Der berichtigte Spruch ist in der Weise niederzuschreiben, daß der frühere erkennbar bleibt.

313. Der Spruch der Geschworenen wird dem Angeklagten, nachdem er in das Sitzungszimmer wieder eingetreten ist, durch Verlesung verkündet.

314. Ist der Angeklagte von den Geschworenen für

nicht schuldig erklärt worden, so spricht das Gericht ihn frei.

Anderenfalls müssen, bevor das Urtheil erlassen wird, die Staatsanwaltschaft und der Angeklagte mit ihren Ausführungen und Anträgen gehört werden.

315. Die Verkündung des Urtheils erfolgt am Schlusse der Verhandlung.

316. In den Gründen des Urtheils ist auf den Spruch der Geschworenen Bezug zu nehmen. Die Urschrift des Spruchs ist dem niedergeschriebenen Urtheil anzufügen.

317. Ist das Gericht einstimmig der Ansicht, daß die Geschworenen sich in der Hauptsache zum Nachtheil des Angeklagten geirrt haben, so verweist es durch Beschluß ohne Begründung seiner Ansicht die Sache zur neuen Verhandlung vor das Schwurgericht der nächsten Sitzungsperiode. Die Verweisung ist nur von Amtswegen und bis zur Verkündung des Urtheils zulässig.

Betrifft das Verfahren mehrere selbständige strafbare Handlungen oder mehrere Angeklagte, so erfolgt die Verweisung nur in Ansehung derjenigen Handlung oder Person, in Bezug auf welche die Geschworenen sich nach Ansicht des Gerichts geirrt haben.

An der neuen Verhandlung darf kein Geschworener Theil nehmen, welcher bei dem früheren Spruche mitgewirkt hat.

Auf Grund des neuen Spruchs ist stets das Urtheil zu erlassen.

Achter Abschnitt.

Verfahren gegen Abwesende.

318. Ein Beschuldigter gilt als abwesend, wenn sein Aufenthalt unbekannt ist, oder wenn er sich im Auslande aufhält und seine Gestellung vor das zuständige Gericht nicht ausführbar oder nicht angemessen erscheint.

319. Gegen einen Abwesenden kann eine Hauptverhandlung nur dann stattfinden, wenn die den Gegenstand der Untersuchung bildende That nur mit Geldstrafe oder Einziehung, allein oder in Verbindung mit einander, bedroht ist.

Für das Verfahren kommen die Vorschriften der §§. 320—326. zur Anwendung.

320. Die Ladung des Angeklagten zur Hauptverhandlung ist im Falle, daß sein Aufenthalt unbekannt ist oder die Befolgung der für Zustellungen im Auslande bestehenden Vorschriften unausführbar oder voraussichtlich erfolglos erscheint, in einer beglaubigten Abschrift an die Gerichtstafel bis zum Tage der Hauptverhandlung anzuheften. Außerdem ist ein Auszug der Ladung in das für amtliche Bekanntmachungen des betreffenden Bezirks bestimmte Blatt und nach Ermessen des Gerichts auch in ein anderes Blatt dreimal einzurücken. Zwischen dem Tage der letzten Bekanntmachung und dem Tage der Hauptverhandlung muß eine Frist von mindestens einem Monate liegen.

321. Die Ladung muß enthalten:

die Angabe des Namens und, soweit dies bekannt, des Vornamens, Alters, Standes, Gewerbes und Wohnorts oder Aufenthaltsorts des Angeklagten, die Bezeichnung der dem Angeklagten zur Last gelegten strafbaren Handlung, sowie die Angabe des Tages und der Stunde der Hauptverhandlung.

Zugleich ist die Warnung hinzuzufügen, daß bei unentschuldigtem Ausbleiben des Angeklagten zur Hauptverhandlung werde geschritten werden.

322. In der Hauptverhandlung kann für den Angeklagten ein Vertheidiger auftreten. Auch Angehörige des ersteren sind, ohne daß sie einer Vollmacht bedürfen, als Vertreter zuzulassen.

Vgl. §. 149.

323. Die Zustellung des Urtheils erfolgt nach Maßgabe der Bestimmungen des §. 40. Abs. 2.

324. Die im §. 322. bezeichneten Personen können von den dem Beschuldigten zustehenden Rechtsmitteln Gebrauch machen.

325. Insoweit es nach dem Ermessen des Richters zur Deckung der den Angeschuldigten möglicherweise treffenden höchsten Geldstrafe und der Kosten des Verfahrens erforderlich ist, können einzelne zum Vermögen des Angeschuldigten gehörige Gegenstände mit Beschlag belegt werden. Auf diese Beschlagnahme finden die Bestimmungen der Civilprozeßordnung über die Vollziehung und die Wirkungen des dinglichen Arrestes entsprechende Anwendung. Die Beschlagnahme ist aufzuheben, wenn der Grund derselben weggefallen ist.

326. Insoweit eine Deckung in Gemäßheit der vorstehenden Bestimmung nicht ausführbar erscheint, kann durch Beschluß des Gerichts das im Deutschen Reiche befindliche Vermögen des Angeschuldigten mit Beschlag belegt werden. Der Beschluß ist durch den Deutschen Reichsanzeiger und nach Ermessen des Gerichts auch durch andere Blätter zu veröffentlichen.

Verfügungen, welche der Angeschuldigte über sein mit Beschlag belegtes Vermögen nach der ersten durch den Deutschen Reichsanzeiger bewirkten Veröffentlichung des Beschlusses vornimmt, sind der Staatskasse gegenüber nichtig.

Die Beschlagnahme des Vermögens ist aufzuheben, sobald der Grund derselben weggefallen oder die Deckung der Staatskasse durch eine Beschlagnahme in Gemäßheit des §. 325. bewirkt ist.

Die Aufhebung der Beschlagnahme ist durch dieselben Blätter bekannt zu machen, durch welche die Beschlagnahme veröffentlicht worden ist.

327. In anderen, als den im §. 319. bezeichneten Fällen findet gegen einen Abwesenden eine Hauptverhandlung nicht statt. Das gegen den Abwesenden eingeleitete Verfahren hat die Aufgabe, für den Fall seiner künftigen Gestellung die Beweise zu sichern.

Für dieses Verfahren gelten die Bestimmungen der §§. 328—336.

328. Die Zulassung eines Vertheidigers wird durch

die Abwesenheit des Beschuldigten nicht ausgeschlossen. Zur Wahl eines Vertheidigers sind auch Angehörige des Beschuldigten befugt.

Zeugen und Sachverständige sind eidlich zu vernehmen.

Vgl. §. 149.

329. Dem abwesenden Beschuldigten steht ein Anspruch auf Benachrichtigung über den Fortgang des Verfahrens nicht zu.

Der Richter ist jedoch befugt, einem Abwesenden, dessen Aufenthalt bekannt ist, Benachrichtigungen zugehen zu lassen.

330. Der Abwesende, dessen Aufenthalt unbekannt ist, kann in öffentlichen Blättern zum Erscheinen vor Gericht oder zur Anzeige seines Aufenthaltsorts aufgefordert werden.

331. Stellt sich erst nach Eröffnung des Hauptverfahrens die Abwesenheit des Angeklagten heraus, so erfolgen die noch erforderlichen Beweisaufnahmen durch einen beauftragten oder ersuchten Richter.

332. Liegen gegen den Abwesenden, gegen welchen die öffentliche Klage erhoben ist, Verdachtsgründe vor, welche die Erlassung eines Haftbefehls rechtfertigen würden, so kann sein im Deutschen Reiche befindliches Vermögen durch Beschluß des Gerichts mit Beschlag belegt werden.

Die im vorstehenden Absatze bezeichnete Beschlagnahme findet in Sachen, welche zur Zuständigkeit der Schöffengerichte gehören, nicht statt.

333. Der die Beschlagnahme verhängende Beschluß ist durch den Deutschen Reichsanzeiger bekannt zu machen und kann nach dem Ermessen des Gerichts auch durch andere Blätter veröffentlicht werden.

334. Mit dem Zeitpunkte der ersten Bekanntmachung in dem Deutschen Reichsanzeiger verliert der Angeschuldigte das Recht, über das in Beschlag genommene Vermögen unter Lebenden zu verfügen.

Der die Beschlagnahme verhängende Beschluß ist derjenigen Behörde mitzutheilen, welche für die Einleitung einer Vormundschaft über Abwesende zuständig ist. Diese Behörde hat eine Güterpflege einzuleiten.

335. Die Beschlagnahme ist aufzuheben, wenn die Gründe derselben weggefallen sind.

Die Aufhebung der Beschlagnahme ist durch dieselben Blätter bekannt zu machen, durch welche die Beschlagnahme selbst veröffentlicht worden war.

336. Auf das nach Erhebung der öffentlichen Klage eintretende Verfahren finden im Uebrigen die Vorschriften über die Voruntersuchung entsprechende Anwendung.

In dem nach Beendigung dieses Verfahrens ergehenden Beschlusse (§. 196.) ist zugleich über die Fortdauer oder Aufhebung der Beschlagnahme zu entscheiden.

337. Das Gericht kann einem abwesenden Beschuldigten sicheres Geleit ertheilen; es kann diese Ertheilung an Bedingungen knüpfen.

Das sichere Geleit gewährt Befreiung von der Untersuchungshaft, jedoch nur in Ansehung derjenigen strafbaren Handlung, für welche dasselbe ertheilt ist.

Es erlischt, wenn ein auf Freiheitsstrafe lautendes Urtheil ergeht, wenn der Beschuldigte Anstalten zur Flucht trifft, oder wenn er die Bedingungen nicht erfüllt, unter welchen ihm das sichere Geleit ertheilt worden ist.

Drittes Buch.

Rechtsmittel.

Erster Abschnitt.

Allgemeine Bestimmungen.

338. Die zulässigen Rechtsmittel gegen gerichtliche Entscheidungen stehen sowohl der Staatsanwaltschaft als dem Beschuldigten zu.

Die Staatsanwaltschaft kann von denselben auch zu Gunsten des Beschuldigten Gebrauch machen.

339. Für den Beschuldigten kann der Vertheidiger, jedoch nicht gegen dessen ausdrücklichen Willen, Rechtsmittel einlegen.

Der Vertheidiger hat präsumtive Vollmacht zur Einlegung des Rechtsmittels (Prot. S. 529).

340. Der gesetzliche Vertreter eines Beschuldigten, desgleichen der Ehemann einer beschuldigten Frau können binnen der für den Beschuldigten laufenden Frist selbständig von den zulässigen Rechtsmitteln Gebrauch machen.

Auf ein solches Rechtsmittel und auf das Verfahren finden die über die Rechtsmittel des Beschuldigten geltenden Vorschriften entsprechende Anwendung.

Vgl. §. 137.

341. Der nicht auf freiem Fuße befindliche Beschuldigte kann die Erklärungen, welche sich auf Rechtsmittel beziehen, zu Protokoll des Gerichtsschreibers desjenigen Gerichts geben, in dessen Gefängnisse er sich befindet, und falls das Gefängniß kein gerichtliches ist, desjenigen Amtsgerichts, in dessen Bezirk das Gefängniß liegt.

Zur Wahrung einer Frist genügt es, wenn innerhalb derselben das Protokoll aufgenommen wird.

342. Ein Irrthum in der Bezeichnung des zulässigen Rechtsmittels ist unschädlich.

343. Jedes von der Staatsanwaltschaft eingelegte Rechtsmittel hat die Wirkung, daß die angefochtene Entscheidung auch zu Gunsten des Beschuldigten abgeändert oder aufgehoben werden kann.

344. Die Zurücknahme eines Rechtsmittels, sowie der Verzicht auf die Einlegung eines Rechtsmittels kann auch vor Ablauf der Frist zur Einlegung desselben wirksam erfolgen. Ein von der Staatsanwaltschaft zu Gunsten des Beschuldigten eingelegtes Rechtsmittel kann jedoch ohne dessen Zustimmung nicht zurückgenommen werden.

Der Vertheidiger bedarf zur Zurücknahme einer ausdrücklichen Ermächtigung.

Vgl. hinsichtlich der Wirkungen des Verzichts §§. 482 u. 481, wonach ein sofortiger Strafantritt stattfindet (Prot. S. 531).

345. Wenn die Entscheidung über das Rechtsmittel auf Grund mündlicher Verhandlung stattzufinden hat, so kann die Zurücknahme nach Beginn der Hauptverhandlung nur mit Zustimmung des Gegners erfolgen.

Zweiter Abschnitt.

Beschwerde.

346. Die Beschwerde ist gegen alle von den Gerichten in erster Instanz oder in der Berufungsinstanz erlassenen Beschlüsse und gegen die Verfügungen des Vorsitzenden, des Untersuchungsrichters, des Amtsrichters und eines beauftragten oder ersuchten Richters zulässig, soweit das Gesetz dieselben nicht ausdrücklich einer Anfechtung entzieht.

Auch Zeugen, Sachverständige und andere Personen können gegen Beschlüsse und Verfügungen, durch welche sie betroffen werden, Beschwerde erheben.

Gegen Beschlüsse und Verfügungen der Oberlandesgerichte und des Reichsgerichts findet eine Beschwerde nicht statt.

Unter den „anderen" Personen ist auch der Vertheidiger eingeschlossen (Prot. S. 533).

347. Entscheidungen der erkennenden Gerichte, welche der Urtheilsfällung vorausgehen, unterliegen nicht der Beschwerde. Ausgenommen sind Entscheidungen über Verhaftungen, Beschlagnahmen oder Straffestsetzungen, sowie alle Entscheidungen, durch welche dritte Personen betroffen werden.

Vgl. z. B. §§. 209. 242. 245 hinsichtlich des ersten Satzes und §§. 94. 95. 124. 145 hinsichtlich der Ausnahmen.

348. Die Beschwerde wird bei demjenigen Gerichte, von welchem oder von dessen Vorsitzenden die angefochtene Entscheidung erlassen ist, zu Protokoll des Gerichtsschreibers oder schriftlich eingelegt. Sie kann in dringenden Fällen auch bei dem Beschwerdegericht eingelegt werden.

Erachtet das Gericht oder der Vorsitzende, dessen Entscheidung angefochten wird, die Beschwerde für begründet, so haben sie derselben abzuhelfen; anderenfalls ist die Beschwerde sofort, spätestens vor Ablauf von drei Tagen, dem Beschwerdegericht vorzulegen.

Die vorstehenden Bestimmungen finden auch auf die Entscheidungen des Amtsrichters im Vorverfahren, des beauftragten oder ersuchten Richters und des Untersuchungsrichters Anwendung.

Vgl. §§. 126. 160—164. 185, Ger.-Verf.-Ges. §. 72.

349. Durch Einlegung der Beschwerde wird der Vollzug der angefochtenen Entscheidung nicht gehemmt.

Jedoch kann das Gericht, der Vorsitzende oder der Richter, dessen Entscheidung angefochten wird, sowie auch das Beschwerdegericht anordnen, daß die Vollziehung der angefochtenen Entscheidung auszusetzen sei.

350. Das Beschwerdegericht kann dem Gegner des Beschwerdeführers die Beschwerde zur schriftlichen Gegenerklärung mittheilen; es kann etwa erforderliche Ermittelungen anordnen oder selbst vornehmen.

351. Die Entscheidung über die Beschwerde erfolgt ohne vorgängige mündliche Verhandlung, in geeigneten Fällen nach Anhörung der Staatsanwaltschaft.

Wird die Beschwerde für begründet erachtet, so erläßt das Beschwerdegericht zugleich die in der Sache erforderliche Entscheidung.

352. Beschlüsse, welche von dem Landgerichte in der Beschwerdeinstanz erlassen sind, können, insofern sie Verhaftungen betreffen, durch weitere Beschwerde angefochten werden.

Im Uebrigen findet eine weitere Anfechtung der in der Beschwerdeinstanz ergangenen Entscheidungen nicht statt.

Vgl. Ger.-Verf.-Ges. §. 123. Nr. 5.

353. Für die Fälle der sofortigen Beschwerde gelten die nachfolgenden besonderen Bestimmungen.

Die Beschwerde ist binnen der Frist von einer Woche, welche mit der Bekanntmachung (§. 35.) der Entscheidung beginnt, einzulegen. Die Einlegung bei dem Beschwerdegerichte genügt zur Wahrung der Frist, auch wenn der Fall für dringlich nicht erachtet wird.

Das Gericht ist zu einer Abänderung seiner durch Beschwerde angefochtenen Entscheidung nicht befugt.

Dritter Abschnitt.

Berufung.

354. Die Berufung findet statt gegen die Urtheile der Schöffengerichte.

Vgl. Ger.-Verf.-Ges. §. 76.

355. Die Berufung muß bei dem Gerichte erster Instanz binnen einer Woche nach Verkündung des Urtheils zu Protokoll des Gerichtsschreibers oder schriftlich eingelegt werden.

Hat die Verkündung des Urtheils nicht in Anwesenheit des Angeklagten stattgefunden, so beginnt für diesen die Frist mit der Zustellung.

356. Der Beginn der Frist zur Einlegung der Berufung wird dadurch nicht ausgeschlossen, daß gegen ein auf Ausbleiben des Angeklagten ergangenes Urtheil eine Wiedereinsetzung in den vorigen Stand nachgesucht werden kann.

Stellt der Angeklagte ein Gesuch um Wiedereinsetzung in den vorigen Stand, so wird die Berufung dadurch gewahrt, daß sie sofort für den Fall der Verwerfung jenes Gesuchs rechtzeitig eingelegt wird. Die weitere Verfügung in Bezug auf die Berufung bleibt dann bis zur Erledigung des Gesuchs um Wiedereinsetzung in den vorigen Stand ausgesetzt.

Die Einlegung der Berufung ohne Verbindung mit dem Gesuche um Wiedereinsetzung in den vorigen Stand gilt als Verzicht auf die letztere.

Vgl. §. 231.

357. Durch rechtzeitige Einlegung der Berufung wird die Rechtskraft des Urtheils, soweit dasselbe angefochten ist, gehemmt.

Dem Beschwerdeführer, welchem das Urtheil mit den Gründen noch nicht zugestellt war, ist dasselbe nach Einlegung der Berufung sofort zuzustellen.

Vgl. §. 481.

358. Die Berufung kann binnen einer weiteren

Woche nach Ablauf der Frist zur Einlegung des Rechtsmittels oder, wenn zu dieser Zeit das Urtheil noch nicht zugestellt war, nach dessen Zustellung bei dem Gerichte erster Instanz zu Protokoll des Gerichtsschreibers oder in einer Beschwerdeschrift gerechtfertigt werden.

359. Die Berufung kann auf bestimmte Beschwerdepunkte beschränkt werden. Ist dies nicht geschehen oder eine Rechtfertigung überhaupt nicht erfolgt, so gilt der ganze Inhalt des Urtheils als angefochten.

360. Ist die Berufung verspätet eingelegt, so hat das Gericht erster Instanz das Rechtsmittel als unzulässig zu verwerfen.

Der Beschwerdeführer kann binnen einer Woche nach Zustellung des Beschlusses auf die Entscheidung des Berufungsgerichts antragen. In diesem Falle sind die Akten an das Berufungsgericht einzusenden; die Vollstreckung des Urtheils wird jedoch hierdurch nicht gehemmt.

361. Ist die Berufung rechtzeitig eingelegt, so hat nach Ablauf der Frist zur Rechtfertigung der Gerichtsschreiber ohne Rücksicht darauf, ob eine Rechtfertigung stattgefunden hat oder nicht, die Akten der Staatsanwaltschaft vorzulegen. Diese stellt, wenn die Berufung von ihr eingelegt ist, dem Angeklagten die Schriftstücke über Einlegung und Rechtfertigung der Berufung zu.

362. Die Staatsanwaltschaft übersendet die Akten an die Staatsanwaltschaft bei dem Berufungsgerichte. Diese übergiebt die Akten binnen einer Woche dem Vorsitzenden des Gerichts.

363. Erachtet das Berufungsgericht die Bestimmungen über die Einlegung der Berufung nicht für beobachtet, so kann es das Rechtsmittel durch Beschluß als unzulässig verwerfen. Anderenfalls entscheidet es über dasselbe durch Urtheil.

Der Beschluß kann durch sofortige Beschwerde angefochten werden.

364. Auf die Vorbereitung der Hauptverhandlung finden die Vorschriften der §§. 213., 215.—224. Anwendung. In der Ladung ist der Angeklagte auf die Folgen des Ausbleibens ausdrücklich hinzuweisen.

Die Ladung der in erster Instanz vernommenen Zeugen und Sachverständigen kann nur dann unterbleiben, wenn deren wiederholte Vernehmung zur Aufklärung der Sache nicht erforderlich erscheint.

Neue Beweismittel sind zulässig.

Bei der Auswahl der zu ladenden Zeugen und Sachverständigen ist auf die von dem Angeklagten zur Rechtfertigung der Berufung benannten Personen Rücksicht zu nehmen.

365. Nachdem die Hauptverhandlung nach Vorschrift des §. 242. Abs. 1 begonnen hat, hält ein Berichterstatter in Abwesenheit der Zeugen einen Vortrag über die Ergebnisse des bisherigen Verfahrens. Das Urtheil erster Instanz ist stets zu verlesen.

Sodann erfolgt die Vernehmung des Angeklagten und die Beweisaufnahme.

366. Bei der Berichterstattung und der Beweisaufnahme können Schriftstücke verlesen werden; Protokolle über Aussagen der in der Hauptverhandlung erster Instanz vernommenen Zeugen und Sachverständigen dürfen, abgesehen von den Fällen der §§. 250., 252., ohne die Zustimmung der Staatsanwaltschaft und des Angeklagten nicht verlesen werden, wenn die wiederholte Vorladung der Zeugen oder Sachverständigen erfolgt ist oder von dem Angeklagten rechtzeitig vor der Hauptverhandlung beantragt worden war.

367. Nach dem Schlusse der Beweisaufnahme werden die Staatsanwaltschaft sowie der Angeklagte und sein Vertheidiger mit ihren Ausführungen und Anträgen, und zwar der Beschwerdeführer zuerst, gehört. Dem Angeklagten gebührt das letzte Wort.

368. Der Prüfung des Gerichts unterliegt das Urtheil nur, soweit dasselbe angefochten ist.

369. Insoweit die Berufung für begründet befunden wird, hat das Berufungsgericht unter Aufhebung des Urtheils in der Sache selbst zu erkennen.

Leidet das Urtheil an einem Mangel, welcher die Revision wegen Verletzung einer Rechtsnorm über das Verfahren begründen würde, so kann das Berufungsgericht unter Aufhebung des Urtheils die Sache, wenn die Umstände des Falles es erfordern, zur Entscheidung an die erste Instanz zurückverweisen.

Hat das Gericht erster Instanz mit Unrecht seine Zuständigkeit angenommen, so hat das Berufungsgericht unter Aufhebung des Urtheils die Sache an das zuständige Gericht zu verweisen oder, wenn es selbst in erster Instanz zuständig ist, zu erkennen.

Vgl. §. 377 u. §§. 1—6.

370. Ist bei dem Beginne der Hauptverhandlung weder der Angeklagte, noch in den Fällen, wo solches zulässig, ein Vertreter desselben erschienen und das Ausbleiben nicht genügend entschuldigt, so ist, insoweit der Angeklagte die Berufung eingelegt hat, dieselbe sofort zu verwerfen, insoweit die Staatsanwaltschaft die Berufung eingelegt hat, über diese zu verhandeln oder die Vorführung oder Verhaftung des Angeklagten anzuordnen.

Der Angeklagte kann binnen einer Woche nach der Zustellung des Urtheils die Wiedereinsetzung in den vorigen Stand unter den in den §§. 44., 45. bezeichneten Voraussetzungen beanspruchen.

371. Ist von einer der im §. 340. bezeichneten Personen die Berufung eingelegt worden, so hat das Gericht auch den Angeklagten zu der Hauptverhandlung vorzuladen und kann ihn bei seinem Ausbleiben zu derselben zwangsweise vorführen lassen.

372. War das Urtheil nur von dem Angeklagten oder zu Gunsten desselben von der Staatsanwaltschaft oder von einer der im §. 340. bezeichneten Personen angefochten worden, so darf das Urtheil nicht zum Nachtheile des Angeklagten abgeändert werden.

373. Im Uebrigen finden die im sechsten Abschnitte des zweiten Buchs über die Hauptverhandlung gegebenen Vorschriften Anwendung.

Vierter Abschnitt.

Revision.

374. Die Revision findet statt gegen die Urtheile der Landgerichte und der Schwurgerichte.

Vgl. Ger.=Verf=Ges. §§. 123 u. 136 2.

375. Der Beurtheilung des Revisionsgerichts unterliegen auch diejenigen Entscheidungen, welche dem Urtheile vorausgegangen sind, sofern dasselbe auf ihnen beruht.

376. Die Revision kann nur darauf gestützt werden, daß das Urtheil auf einer Verletzung des Gesetzes beruhe.

Das Gesetz ist verletzt, wenn eine Rechtsnorm nicht oder nicht richtig angewendet worden ist.

Der Begriff „Rechtsnorm" umfaßt nach den Motiven zum Reg.=Entwurf alle diejenigen Grundsätze, welche sich aus dem Sinn und Zusammenhang der gesetzlichen Vorschriften ergeben. (Vgl. Motive S. 218. Prot. S. 584). Vergl. Einf.=G. §. 7.

377. Ein Urtheil ist stets als auf einer Verletzung des Gesetzes beruhend anzusehen:

1. wenn das erkennende Gericht oder die Geschworenenbank nicht vorschriftsmäßig besetzt war;

   Vgl. §§. 211. 282., Ger.=Verf.=Ges. §§. 27. 29. 76.

2. wenn bei dem Urtheile ein Richter, Geschworener oder Schöffe mitgewirkt hat, welcher von der Ausübung des Richteramts kraft des Gesetzes ausgeschlossen war;

   Vgl. §. 22.

3. wenn bei dem Urtheile ein Richter oder Schöffe mitgewirkt hat, nachdem derselbe wegen Besorgniß der Befangenheit abgelehnt war, und das Ablehnungsgesuch entweder für begründet erklärt war oder mit Unrecht verworfen worden ist;

Vgl. §. 25.

4. wenn das Gericht seine Zuständigkeit mit Unrecht angenommen hat;

Vgl. §§. 1—13 u. Ger.-Verf.-Ges. §§. 27. 29. 73 bis 76. 80.

5. wenn die Hauptverhandlung in Abwesenheit der Staatsanwaltschaft oder einer Person, deren Anwesenheit das Gesetz vorschreibt, stattgefunden hat;

Vgl. §§. 225—231.

6. wenn das Urtheil auf Grund einer mündlichen Verhandlung ergangen ist, bei welcher die Vorschriften über die Oeffentlichkeit des Verfahrens verletzt sind;

Vgl. Ger.-Verf.-Ges. §. 170.

7. wenn das Urtheil keine Entscheidungsgründe enthält;

Vgl. §§. 34. 266.

8. wenn die Vertheidigung in einem für die Entscheidung wesentlichen Punkte durch einen Beschluß des Gerichts unzulässig beschränkt worden ist.

378. Die Verletzung von Rechtsnormen, welche lediglich zu Gunsten des Angeklagten gegeben sind,

kann von der Staatsanwaltschaft nicht zu dem Zwecke geltend gemacht werden, um eine Aufhebung des Urtheils zum Nachtheile des Angeklagten herbeizuführen.

379. Wenn der Angeklagte von den Geschworenen für nichtschuldig erklärt worden ist, so steht der Staatsanwaltschaft die Revision nur in den Fällen zu, in welchen dieselbe durch die Bestimmungen des §. 377. Nr. 1., 2., 3., 5. oder durch die Stellung oder Nichtstellung von Fragen begründet wird.

380. Gegen die in der Berufungsinstanz erlassenen Urtheile der Landgerichte kann die Revision wegen Verletzung einer Rechtsnorm über das Verfahren nur auf Verletzung der Vorschrift des §. 398. gestützt werden.

Vgl. §. 398 u. Ger.-Verf.-Ges. §. 76.

381. Die Revision muß bei dem Gerichte, dessen Urtheil angefochten wird, binnen einer Woche nach Verkündung des Urtheils zu Protokoll des Gerichtsschreibers oder schriftlich eingelegt werden.

Hat die Verkündung des Urtheils nicht in Anwesenheit des Angeklagten stattgefunden, so beginnt für diesen die Frist mit der Zustellung.

382. Der Beginn der Frist zur Einlegung der Revision wird dadurch nicht ausgeschlossen, daß gegen ein auf Ausbleiben des Angeklagten ergangenes Urtheil eine Wiedereinsetzung in den vorigen Stand nachgesucht werden kann.

Stellt der Angeklagte ein Gesuch um Wiedereinsetzung in den vorigen Stand, so wird die Revision dadurch gewahrt, daß sie sofort für den Fall der Verwerfung jenes Gesuchs rechtzeitig eingelegt und begründet wird. Die weitere Verfügung in Bezug auf die Revision bleibt dann bis zur Erledigung des Gesuchs um Wiedereinsetzung in den vorigen Stand ausgesetzt.

Die Einlegung der Revision ohne Verbindung mit dem Gesuch um Wiedereinsetzung in den vorigen Stand gilt als Verzicht auf die letztere.

Vgl. §. 44.

383. Durch rechtzeitige Einlegung der Revision wird die Rechtskraft des Urtheils, soweit dasselbe angefochten ist, gehemmt.

Dem Beschwerdeführer, welchem das Urtheil mit den Gründen noch nicht zugestellt war, ist dasselbe nach Einlegung der Revision zuzustellen.

Vgl. §. 275.

384. Der Beschwerdeführer hat die Erklärung abzugeben, inwieweit er das Urtheil anfechte und dessen Aufhebung beantrage (Revisionsanträge), und die Anträge zu begründen.

Aus der Begründung muß hervorgehen, ob das Urtheil wegen Verletzung einer Rechtsnorm über das Verfahren oder wegen Verletzung einer andeten Rechtsnorm angefochten wird. Ersterenfalls müssen die den Mangel enthaltenden Thatsachen angegeben werden.

385. Die Revisionsanträge und deren Begründung sind spätestens binnen einer weiteren Woche nach Ablauf der Frist zur Einlegung des Rechtsmittels oder, wenn zu dieser Zeit das Urtheil noch nicht zugestellt war, nach dessen Zustellung bei dem Gericht, dessen Urtheil angefochten wird, anzubringen.

Seitens des Angeklagten kann dies nur in einer von dem Vertheidiger oder einem Rechtsanwalt unterzeichneten Schrift oder zu Protokoll des Gerichtsschreibers geschehen.

Vgl. §§. 138 ff.

386. Ist die Revision verspätet eingelegt, oder sind die Revisionsanträge nicht rechtzeitig oder nicht in der im §. 385. Abs. 2 vorgeschriebenen Form angebracht worden, so hat das Gericht, dessen Urtheil angefochten wird, das Rechtsmittel durch Beschluß als unzulässig zu verwerfen.

Der Beschwerdeführer kann binnen einer Woche nach Zustellung des Beschlusses auf die Entscheidung des Revisionsgerichts antragen. In diesem Falle sind die Akten an das Revisionsgericht einzusenden; die Vollstreckung des Urtheils wird jedoch hierdurch nicht gehemmt.

Vgl. §§. 383. 481.

387. Ist die Revision rechtzeitig eingelegt, und sind die Revisionsanträge rechtzeitig und in der vorgeschriebenen Form angebracht, so ist die Revisionsschrift dem Gegner des Beschwerdeführers zuzustellen. Diesem steht frei, binnen einer Woche eine schriftliche Gegenerklärung einzureichen. Der Angeklagte kann letztere auch zu Protokoll des Gerichtsschreibers abgeben.

Nach Eingang der Gegenerklärung oder nach Ablauf der Frist erfolgt durch die Staatsanwaltschaft die Einsendung der Akten an das Revisionsgericht.

388. Findet das Gericht, an welches die Einsendung der Akten erfolgt ist, daß die Verhandlung und Entscheidung über das Rechtsmittel zur Zuständigkeit eines anderen Gerichts gehöre, so hat es durch Beschluß seine Unzuständigkeit auszusprechen.

Dieser Beschluß, in welchem das zuständige Revisionsgericht zu bezeichnen ist, unterliegt einer Anfechtung nicht und ist für das in demselben bezeichnete Gericht bindend.

Die Abgabe der Akten erfolgt durch die Staatsanwaltschaft.

389. Erachtet das Revisionsgericht die Bestimmungen über die Einlegung der Revision oder diejenigen über die Anbringung der Revisionsanträge nicht für beobachtet, so kann es das Rechtsmittel durch Beschluß als unzulässig verwerfen.

Anderenfalls entscheidet es über dasselbe durch Urtheil.

390. Der Angeklagte oder auf dessen Verlangen der Vertheidiger ist von dem Tage der Hauptverhandlung zu benachrichtigen. Der Angeklagte kann in dieser erscheinen oder sich durch einen mit schriftlicher Vollmacht versehenen Vertheidiger vertreten lassen.

Der nicht auf freiem Fuße befindliche Angeklagte hat keinen Anspruch auf Anwesenheit.

391. Die Hauptverhandlung beginnt mit dem Vortrage eines Berichterstatters.

Hierauf werden die Staatsanwaltschaft sowie der Angeklagte und sein Vertheidiger mit ihren Ausführungen und Anträgen, und zwar der Beschwerdeführer zuerst, gehört. Dem Angeklagten gebührt das letzte Wort.

392. Der Prüfung des Revisionsgerichts unterliegen nur die gestellten Revisionsanträge und, insoweit die Revision auf Mängel des Verfahrens gestützt wird, nur diejenigen Thatsachen, welche bei Anbringung der Revisionsanträge bezeichnet worden sind.

Eine weitere Begründung der Revisionsanträge, als die im §. 384. Abs. 2 vorgeschriebene, ist nicht erforderlich und, wenn sie unrichtig ist, unschädlich.

393. Insoweit die Revision für begründet erachtet wird, ist das angefochtene Urtheil aufzuheben.

Gleichzeitig sind die dem Urtheil zu Grunde liegenden Feststellungen aufzuheben, sofern sie durch die Gesetzesverletzung betroffen werden, wegen deren die Aufhebung des Urtheils erfolgt.

394. Erfolgt die Aufhebung des Urtheils nur wegen Gesetzesverletzung bei Anwendung des Gesetzes auf die dem Urtheil zu Grunde liegenden Feststellungen, so hat das Revisionsgericht in der Sache selbst zu entscheiden, sofern ohne weitere thatsächliche Erörterungen nur auf Freisprechung oder auf Einstellung, oder auf eine absolut bestimmte Strafe zu erkennen ist, oder das Revisionsgericht in Uebereinstimmung mit dem Antrage der Staatsanwaltschaft die gesetzlich niedrigste Strafe für angemessen erachtet.

In anderen Fällen ist die Sache zur anderweiten Verhandlung und Entscheidung an das Gericht, dessen Urtheil aufgehoben ist, oder an ein demselben Bundesstaate angehöriges benachbartes Gericht gleicher Ordnung zurückzuverweisen.

Die Zurückverweisung kann an ein Gericht niederer Ordnung erfolgen, wenn die noch in Frage kommende strafbare Handlung zu dessen Zuständigkeit gehört.

395. Wird ein Urtheil aufgehoben, weil das Gericht der vorigen Instanz sich mit Unrecht für zuständig erachtet hat, so verweist das Revisionsgericht gleichzeitig die Sache an das zuständige Gericht.

396. Die Verkündung des Urtheils erfolgt nach Maßgabe des §. 267.

397. Erfolgt zu Gunsten eines Angeklagten die Aufhebung des Urtheils wegen Gesetzesverletzung bei Anwendung des Strafgesetzes, und erstreckt sich das Urtheil, soweit es aufgehoben wird, noch auf andere Angeklagte, welche die Revision nicht eingelegt haben, so ist zu erkennen, als ob sie gleichfalls die Revision eingelegt hätten.

398. Das Gericht, an welches die Sache zur anderweiten Verhandlung und Entscheidung verwiesen ist, hat die rechtliche Beurtheilung, welche der Aufhebung des Urtheils zu Grunde gelegt ist, auch seiner Entscheidung zu Grunde zu legen.

War das Urtheil nur von dem Angeklagten oder zu Gunsten desselben von der Staatsanwaltschaft oder von einer der im §. 340. bezeichneten Personen angefochten worden, so darf das neue Urtheil eine härtere Strafe, als die in dem ersteren erkannte, nicht verhängen.

Vgl. §. 380.

Viertes Buch.

Wiederaufnahme eines durch rechtskräftiges Urtheil geschlossenen Verfahrens.

---

399. Die Wiederaufnahme eines durch rechtskräftiges Urtheil geschlossenen Verfahrens zu Gunsten des Verurtheilten findet statt:

1. wenn eine in der Hauptverhandlung zu seinen Ungunsten als echt vorgebrachte Urkunde fälschlich angefertigt oder verfälscht war;
2. wenn durch Beeidigung eines zu seinen Ungunsten abgelegten Zeugnisses oder abgegebenen Gutachtens der Zeuge oder Sachverständige sich einer vorsätzlichen oder fahrlässigen Verletzung der Eidespflicht schuldig gemacht hat;
3. wenn bei dem Urtheile ein Richter, Geschworener oder Schöffe mitgewirkt hat, welcher sich in Beziehung auf die Sache einer Verletzung seiner Amtspflichten schuldig gemacht hat, sofern diese Verletzung mit einer im Wege des gerichtlichen Strafverfahrens zu verhängenden öffentlichen Strafe bedroht und nicht vom Verurtheilten selbst veranlaßt ist;
4. wenn ein civilgerichtliches Urtheil, auf wel-

ches das Strafurtheil gegründet ist, durch ein anderes rechtskräftig gewordenes Urtheil aufgehoben ist;

5. wenn neue Thatsachen oder Beweismittel beigebracht sind, welche allein oder in Verbindung mit den früher erhobenen Beweisen die Freisprechung des Angeklagten oder in Anwendung eines milderen Strafgesetzes eine geringere Bestrafung zu begründen geeignet sind. In den vor den Schöffengerichten verhandelten Sachen können nur solche Thatsachen oder Beweismittel beigebracht werden, welche der Verurtheilte in dem früheren Verfahren, einschließlich der Berufungsinstanz, nicht gekannt hatte oder ohne Verschulden nicht geltend machen konnte.

400. Durch den Antrag auf Wiederaufnahme des Verfahrens wird die Vollstreckung des Urtheils nicht gehemmt.

Das Gericht kann jedoch einen Aufschub sowie eine Unterbrechung der Vollstreckung anordnen.

Vgl. §. 481.

401. Der Antrag auf Wiederaufnahme des Verfahrens wird weder durch die erfolgte Strafvollstreckung noch durch den Tod des Verurtheilten ausgeschlossen.

Im Falle des Todes sind der Ehegatte, die Verwandten auf- und absteigender Linie sowie die Geschwister des Verstorbenen zu dem Antrage befugt.

402. Die Wiederaufnahme eines durch rechtskräftiges Urtheil geschlossenen Verfahrens zu Ungunsten des Angeklagten findet statt:

1. wenn eine in der Hauptverhandlung zu seinen Gunsten als echt vorgebrachte Urkunde fälschlich angefertigt oder verfälscht war;
2. wenn durch Beeidigung eines zu seinen Gunsten abgelegten Zeugnisses oder abgegebenen Gutachtens der Zeuge oder Sachverständige sich einer vorsätzlichen oder fahrlässigen Verletzung der Eidespflicht schuldig gemacht hat;
3. wenn bei dem Urtheile ein Richter, Geschworener oder Schöffe mitgewirkt hat, welcher sich in Beziehung auf die Sache einer Verletzung seiner Amtspflichten schuldig gemacht hat, sofern diese Verletzung mit einer im Wege des gerichtlichen Strafverfahrens zu verhängenden öffentlichen Strafe bedroht ist;
4. wenn von dem Freigesprochenen vor Gericht oder außergerichtlich ein glaubwürdiges Geständniß der strafbaren Handlung abgelegt wird.

Vorausgesetzt wird hier, daß das Geständniß nach der Freisprechung abgelegt ist (Prot. S. 624).

403. Eine Wiederaufnahme des Verfahrens zum Zwecke der Aenderung der Strafe innerhalb des durch dasselbe Gesetz bestimmten Strafmaßes findet nicht statt.

404. Ein Antrag auf Wiederaufnahme des Verfahrens, welcher auf die Behauptung einer strafbaren

Handlung gegründet werden soll, ist nur dann zulässig, wenn wegen dieser Handlung eine rechtskräftige Verurtheilung ergangen ist, oder wenn die Einleitung oder Durchführung eines Strafverfahrens aus anderen Gründen als wegen Mangels an Beweis nicht erfolgen kann.

Vgl. §. 203.

405. Die allgemeinen Bestimmungen über Rechtsmittel finden auch bei dem Antrage auf Wiederaufnahme des Verfahrens Anwendung.

Vgl. §§. 338—345.

406. In dem Antrage müssen der gesetzliche Grund der Wiederaufnahme des Verfahrens sowie die Beweismittel angegeben werden.

Von dem Angeklagten und den im §. 401. Abs. 2 bezeichneten Personen kann der Antrag nur mittels einer von dem Vertheidiger oder einem Rechtsanwalt unterzeichneten Schrift oder zu Protokoll des Gerichtsschreibers angebracht werden.

407. Ueber die Zulassung des Antrags auf Wiederaufnahme des Verfahrens entscheidet das Gericht, dessen Urtheil mit dem Antrag angefochten wird. Wird ein in der Revisionsinstanz erlassenes Urtheil aus anderen Gründen als auf Grund des §. 399. Nr. 3 oder des §. 402. Nr. 3 angefochten, so entscheidet das Gericht, gegen dessen Urtheil die Revision eingelegt war.

Die Entscheidung erfolgt ohne mündliche Verhandlung.

408. Ist der Antrag nicht in der vorgeschriebenen Form angebracht, oder ist darin kein gesetzlicher Grund der Wiederaufnahme geltend gemacht oder kein geeignetes Beweismittel angeführt, so ist der Antrag als unzulässig zu verwerfen.

Anderenfalls ist derselbe dem Gegner des Antragstellers unter Bestimmung einer Frist zur Erklärung zuzustellen.

409. Wird der Antrag an sich für zulässig befunden, so beauftragt das Gericht mit Aufnahme der angetretenen Beweise, soweit diese erforderlich ist, einen Richter.

Dem Ermessen des Gerichts bleibt es überlassen, ob die Zeugen und Sachverständigen eidlich vernommen werden sollen.

Hinsichtlich der Berechtigung der Betheiligten zur Anwesenheit bei der Beweisaufnahme kommen die für die Voruntersuchung gegebenen Vorschriften zur Anwendung.

Nach Schluß der Beweisaufnahme sind die Staatsanwaltschaft und der Angeklagte unter Bestimmung einer Frist zur ferneren Erklärung aufzufordern.

Vgl. §. 191.

410. Der Antrag auf Wiederaufnahme des Verfahrens wird ohne mündliche Verhandlung als unbegründet verworfen, wenn die darin aufgestellten Behauptungen keine genügende Bestätigung gefunden haben, oder wenn in den Fällen des §. 399. Nr. 1., 2. oder des §. 402. Nr. 1., 2. nach Lage der Sache die Annahme ausgeschlossen ist, daß die in diesen Bestimmungen bezeichnete Handlung auf die Entscheidung Einfluß gehabt hat.

Anderenfalls verordnet das Gericht die Wiederaufnahme des Verfahrens und die Erneuerung der Hauptverhandlung.

411. Ist der Verurtheilte bereits verstorben, so hat ohne Erneuerung der Hauptverhandlung das Gericht nach Aufnahme des etwa noch erforderlichen Beweises entweder die Freisprechung zu erkennen oder den Antrag auf Wiederaufnahme abzulehnen.

Auch in anderen Fällen kann das Gericht, bei öffentlichen Klagen jedoch nur mit Zustimmung der Staatsanwaltschaft, den Verurtheilten sofort freisprechen, wenn dazu genügende Beweise bereits vorliegen.

Mit der Freisprechung ist die Aufhebung des früheren Urtheils zu verbinden.

Die Aufhebung ist auf Verlangen des Antragstellers durch den Deutschen Reichsanzeiger bekannt zu machen, und kann nach dem Ermessen des Gerichts auch durch andere Blätter veröffentlicht werden.

412. Alle Entscheidungen, welche aus Anlaß eines Antrages auf Wiederaufnahme des Verfahrens von dem Gericht in erster Instanz erlassen werden, können mit der sofortigen Beschwerde angefochten werden.

Vgl. §. 353.

413. In der erneuten Hauptverhandlung ist entweder das frühere Urtheil aufrecht zu erhalten oder unter Aufhebung desselben anderweit in der Sache zu erkennen.

Ist die Wiederaufnahme des Verfahrens nur von dem Verurtheilten oder zu Gunsten desselben von der

Staatsanwaltschaft, oder von einer der im §. 340. bezeichneten Personen beantragt worden, so darf das neue Urtheil eine härtere Strafe, als die in dem früheren erkannte, nicht verhängen.

Fünftes Buch.

Betheiligung des Verletzten bei dem Verfahren.

Erster Abschnitt.

Privatklage.

414. Beleidigungen und Körperverletzungen können, soweit die Verfolgung nur auf Antrag eintritt, von dem Verletzten im Wege der Privatklage verfolgt werden, ohne daß es einer vorgängigen Anrufung der Staatsanwaltschaft bedarf.

Die gleiche Befugniß steht denjenigen zu, welchen in den Strafgesetzen das Recht, selbstständig auf Bestrafung anzutragen, beigelegt ist.

Hat der Verletzte einen gesetzlichen Vertreter, so wird die Befugniß zur Erhebung der Privatklage durch diesen und, wenn Korporationen, Gesellschaften und andere Personenvereine, welche als solche in bürgerlichen Rechtsstreitigkeiten klagen können, die Verletzten sind, durch dieselben Personen wahrgenommen, durch welche sie in bürgerlichen Rechtsstreitigkeiten vertreten werden.

Vgl. §§. 185—187. 223. 232. 65. Abs. 2. 196 Str.-Ges.-B.

415. Sind wegen derselben strafbaren Handlung mehrere Personen zur Privatklage berechtigt, so ist bei Ausübung dieses Rechts ein Jeder von dem Andern unabhängig.

Hat jedoch einer der Berechtigten die Privatklage erhoben, so steht den übrigen nur der Beitritt zu dem eingeleiteten Verfahren, und zwar in der Lage zu, in welcher sich dasselbe zur Zeit der Beitrittserklärung befindet.

Jede in der Sache selbst ergangene Entscheidung äußert zu Gunsten des Beschuldigten ihre Wirkung auch gegenüber solchen Berechtigten, welche die Privatklage nicht erhoben haben.

416. Die öffentliche Klage wird wegen der im §. 414. bezeichneten strafbaren Handlungen von der Staatsanwaltschaft nur dann erhoben, wenn dies im öffentlichen Interesse liegt.

Vgl. §§. 152. 158. 170.

417. In dem Verfahren auf erhobene Privatklage ist die Staatsanwaltschaft zu einer Mitwirkung nicht verpflichtet; es ist ihr jedoch der zur Hauptverhandlung bestimmte Termin bekannt zu machen.

Auch kann die Staatsanwaltschaft in jeder Lage der Sache bis zum Eintritt der Rechtskraft des Urtheils durch eine ausdrückliche Erklärung die Verfolgung übernehmen. In der Einlegung eines Rechtsmittels ist die Uebernahme der Verfolgung enthalten.

Uebernimmt die Staatsanwaltschaft die Verfolgung, so richtet sich das weitere Verfahren nach den Bestimmungen, welche im zweiten Abschnitte dieses Buchs für den Anschluß des Verletzten als Nebenkläger gegeben sind.

Vgl. §§. 212. 338.

418. Der Privatkläger kann im Beistande eines Rechtsanwalts erscheinen oder sich durch einen mit schriftlicher Vollmacht versehenen Rechtsanwalt vertreten lassen. Im letzteren Falle können die Zustellungen an den Privatkläger mit rechtlicher Wirkung an den Anwalt erfolgen.

419. Der Privatkläger hat für die der Staatskasse und dem Beschuldigten voraussichtlich erwachsenden Kosten unter denselben Voraussetzungen Sicherheit zu leisten, unter welchen in bürgerlichen Rechtsstreitigkeiten der Kläger auf Verlangen des Beklagten Sicherheit wegen der Prozeßkosten zu leisten hat.

Die Sicherheitsleistung ist durch Hinterlegung in baarem Gelde oder in Werthpapieren zu bewirken.

Für die Höhe der Sicherheit und die Frist zur Leistung derselben, sowie für die Bewilligung des Armenrechts gelten dieselben Bestimmungen, wie in bürgerlichen Rechtsstreitigkeiten.

420. Wegen Beleidigungen ist, insofern nicht einer der im §. 196. des Strafgesetzbuchs bezeichneten Fälle vorliegt, die Erhebung der Klage erst zulässig, nachdem von einer durch die Landesjustizverwaltung zu bezeichnenden Vergleichsbehörde die Sühne erfolglos versucht worden ist. Der Kläger hat die Bescheinigung hierüber mit der Klage einzureichen.

Diese Bestimmung findet keine Anwendung, wenn die Parteien nicht in demselben Gemeindebezirke wohnen.

421. Die Erhebung der Klage geschieht zu Protokoll des Gerichtsschreibers oder durch Einreichung einer Anklageschrift. Die Klage muß den im §. 198. Abs. 1. bezeichneten Erfordernissen entsprechen. Mit der Anklageschrift sind zwei Abschriften derselben einzureichen.

422. Ist die Klage vorschriftsmäßig erhoben, so theilt das Gericht dieselbe dem Beschuldigten unter Bestimmung einer Frist zur Erklärung und der Staatsanwaltschaft zur Kenntnißnahme mit.

423. Nach Eingang der Erklärung des Beschuldigten oder Ablauf der Frist entscheidet das Gericht darüber, ob das Hauptverfahren zu eröffnen oder die Klage zurückzuweisen sei, nach Maßgabe der Bestimmungen, welche bei einer von der Staatsanwaltschaft unmittelbar erhobenen Anklage Anwendung finden.

Vgl. §§. 201, 209.

424. Das weitere Verfahren richtet sich nach den Bestimmungen, welche für das Verfahren auf erhobene öffentliche Klage gegeben sind.

Vor dem Schwurgerichte kann eine Privatklagesache nicht gleichzeitig mit einer auf öffentliche Klage anhängig gemachten Sache verhandelt werden.

425. Insoweit in dem Verfahren auf erhobene öffentliche Klage die Staatsanwaltschaft zuzuziehen und zu hören ist, wird in dem Verfahren auf erhobene

Privatklage der Privatkläger zugezogen und gehört. Desgleichen sind alle Entscheidungen, welche dort der Staatsanwaltschaft bekannt gemacht werden, hier dem Privatkläger bekannt zu machen.

Es werden jedoch die auf richterliche Anordnung ergehenden Ladungen nicht durch die Staatsanwaltschaft, sondern durch den Gerichtsschreiber bewirkt.

Zwischen der Zustellung der Ladung des Privatklägers zur Hauptverhandlung und dem Tage der letzteren muß eine Frist von mindestens einer Woche liegen.

Das Recht der Akteneinsicht kann der Privatkläger nur durch seinen Anwalt ausüben.

426. Der Vorsitzende des Gerichts bestimmt, welche Personen als Zeugen oder Sachverständige zur Hauptverhandlung geladen werden sollen.

Dem Privatkläger wie dem Angeklagten steht das Recht der unmittelbaren Ladung zu.

427. In der Hauptverhandlung kann auch der Angeklagte im Beistande eines Rechtsanwalts erscheinen oder sich auf Grund einer schriftlichen Vollmacht durch solchen vertreten lassen.

Die Bestimmung des §. 139. findet auf den Anwalt des Klägers wie auf den des Angeklagten Anwendung.

Das Gericht ist befugt, das persönliche Erscheinen des Klägers sowie des Angeklagten anzuordnen, auch den Angeklagten vorführen zu lassen.

428. Bei wechselseitigen Beleidigungen oder Körperverletzungen kann der Beschuldigte bis zur Beendigung der Schlußvorträge (§. 257.) in erster Instanz mittels einer Widerklage die Bestrafung des Klägers beantragen.

Ueber Klage und Widerklage ist gleichzeitig zu erkennen.

Die Zurücknahme der Klage ist auf das Verfahren über die Widerklage ohne Einfluß.

Vgl. §. 233 Str.-Ges.-B.

429. Findet das Gericht nach verhandelter Sache, daß die für festgestellt zu erachtenden Thatsachen eine solche strafbare Handlung darstellen, auf welche das in diesem Abschnitte vorgeschriebene Verfahren keine Anwendung erleidet, so hat es durch Urtheil, welches diese Thatsachen hervorheben muß, die Einstellung des Verfahrens auszusprechen.

Die Verhandlungen sind in diesem Falle der Staatsanwaltschaft mitzutheilen.

430. Dem Privatkläger stehen diejenigen Rechtsmittel zu, welche in dem Verfahren auf erhobene öffentliche Klage der Staatsanwaltschaft zustehen. Dasselbe gilt von dem Antrage auf Wiederaufnahme des Verfahrens in den Fällen des §. 402. Die Bestimmung des §. 343. findet auf das Rechtsmittel des Privatklägers Anwendung.

Revisionsanträge und Anträge auf Wiederaufnahme des durch ein rechtskräftiges Urtheil geschlossenen Verfahrens kann der Privatkläger nur mittels einer von einem Rechtsanwalt unterzeichneten Schrift anbringen.

Die in den §§. 361., 362., 387. angeordnete Vorlage und Einsendung der Akten erfolgt wie im Verfahren auf erhobene öffentliche Klage an und durch die Staatsanwaltschaft. Die Zustellung der Berufungs- und Revisionsschriften an den Gegner des Beschwerdeführers wird durch den Gerichtsschreiber bewirkt.

431. Die Privatklage kann bis zur Verkündung des Urtheils erster Instanz und, soweit zulässige Berufung eingelegt ist, bis zur Verkündung des Urtheils zweiter Instanz zurückgenommen werden.

Als Zurücknahme gilt es im Verfahren erster und, soweit der Angeklagte die Berufung eingelegt hat, im Verfahren zweiter Instanz, wenn der Privatkläger in der Hauptverhandlung weder erscheint noch durch einen Rechtsanwalt vertreten wird, oder in der Hauptverhandlung oder einem anderen Termine ausbleibt, obwohl das Gericht sein persönliches Erscheinen angeordnet hatte, oder eine Frist nicht einhält, welche ihm unter Androhung der Einstellung des Verfahrens gesetzt war.

Soweit der Privatkläger die Berufung eingelegt hat, ist dieselbe im Falle der vorbezeichneten Versäumungen unbeschadet der Bestimmung des §. 343. sofort zu verwerfen.

Der Privatkläger kann binnen einer Woche nach der Versäumung die Wiedereinsetzung in den vorigen Stand unter den in den §§. 44., 45. bezeichneten Voraussetzungen beanspruchen.

432. Die zurückgenommene Privatklage kann nicht von Neuem erhoben werden.

433. Der Tod des Privatklägers hat die Einstellung des Verfahrens zur Folge.

War jedoch die Privatklage darauf gestützt, daß der Beschuldigte wider besseres Wissen in Beziehung auf den Anderen eine unwahre Thatsache behauptet oder verbreitet habe, welche denselben verächtlich zu machen oder in der öffentlichen Meinung herabzuwürdigen geeignet ist, so kann die Klage nach dem Tode des Klägers von den Eltern, den Kindern oder dem Ehegatten des letzteren fortgesetzt werden.

Die Fortsetzung ist von dem Berechtigten bei Verlust des Rechts binnen zwei Monaten, vom Tode des Privatklägers an gerechnet, bei Gericht zu erklären.

434. Die Zurücknahme der Privatklage und der Tod des Privatklägers, sowie die Fortsetzung der Privatklage sind dem Beschuldigten bekannt zu machen.

Zweiter Abschnitt.

Nebenklage.

435. Wer nach Maßgabe der Bestimmung des §. 414. als Privatkläger aufzutreten berechtigt ist, kann sich der erhobenen öffentlichen Klage in jeder Lage des Verfahrens als Nebenkläger anschließen. Der Anschluß kann behufs Einlegung von Rechtsmitteln auch nach ergangenem Urtheile geschehen.

Die gleiche Befugniß steht demjenigen zu, welcher durch einen Antrag auf gerichtliche Entscheidung (§. 170.) die Erhebung der öffentlichen Klage herbeigeführt hat, wenn die strafbare Handlung gegen sein Leben, seine

Gesundheit, seine Freiheit, seinen Personenstand oder seine Vermögensrechte gerichtet war.

436. Die Anschlußerklärung ist bei dem Gerichte schriftlich einzureichen.

Das letztere hat über die Berechtigung des Nebenklägers zum Anschlusse nach Anhörung der Staatsanwaltschaft zu entscheiden.

Zu einer Sicherheitsleistung ist der Nebenkläger nicht verpflichtet.

437. Der Nebenkläger hat nach erfolgtem Anschlusse die Rechte des Privatklägers.

An den Erklärungen über Annahme oder Ablehnung der Geschworenen nimmt der Nebenkläger nicht Theil.

438. Der Fortgang des Verfahrens wird durch den Anschluß nicht aufgehalten.

Die bereits anberaumte Hauptverhandlung, sowie andere Termine finden an den bestimmten Tagen statt, auch wenn der Nebenkläger wegen Kürze der Zeit nicht mehr geladen oder benachrichtigt werden konnte.

439. Entscheidungen, welche schon vor dem Anschlusse ergangen und der Staatsanwaltschaft bekannt gemacht waren, bedürfen keiner Bekanntmachung an den Nebenkläger.

Die Anfechtung solcher Entscheidungen steht auch dem Nebenkläger nicht mehr zu, wenn für die Staatsanwaltschaft die Frist zur Anfechtung abgelaufen ist.

440. Ist in der Hauptverhandlung weder der Nebenkläger noch ein Anwalt desselben erschienen, so wird das Urtheil dem ersteren zugestellt.

441. Der Rechtsmittel kann sich der Nebenkläger unabhängig von der Staatsanwaltschaft bedienen.

Wird auf ein nur von dem Nebenkläger eingelegtes Rechtsmittel die angefochtene Entscheidung aufgehoben, so liegt der Betrieb der Sache wiederum der Staatsanwaltschaft ob.

442. Die Anschlußerklärung verliert durch Widerruf sowie durch den Tod des Nebenklägers ihre Wirkung.

443. Die Befugniß, sich einer öffentlichen Klage nach den Bestimmungen der §§. 435—442. als Nebenkläger anzuschließen, steht auch demjenigen zu, welcher berechtigt ist, die Zuerkennung einer Buße zu verlangen.

Wer die Zuerkennung einer Buße in einem auf erhobene öffentliche Klage anhängigen Verfahren beantragen will, muß sich zu diesem Zwecke der Klage als Nebenkläger anschließen.

Vgl. §§. 188. 231 Str.-Ges.-B.

444. Der Antrag auf Zuerkennung einer Buße kann bis zur Verkündung des Urtheils erster Instanz gestellt werden.

Der Antrag kann bis zur Verkündung des Urtheils zurückgenommen, ein zurückgenommener Antrag nicht erneuert werden.

Wird der Angeklagte freigesprochen oder das Verfahren eingestellt, oder die Sache ohne Urtheil erledigt, so gilt auch der Antrag ohne weitere Entscheidung für erledigt.

Der Anspruch auf Buße kann von den Erben des Verletzten nicht erhoben oder fortgesetzt werden.

445. Der Nebenkläger hat den Betrag, welchen er als Buße verlangt, anzugeben.

Auf einen höheren Betrag der Buße als den beantragten darf nicht erkannt werden.

446. Die Bestimmungen der §§. 444., 445. finden auf den Fall entsprechende Anwendung, daß von dem die Buße Beanspruchenden die Privatklage erhoben wird.

Sechstes Buch.

Besondere Arten des Verfahrens.

Erster Abschnitt.

Verfahren bei amtsrichterlichen Strafbefehlen.

447. In den zur Zuständigkeit der Schöffengerichte gehörigen Sachen, mit Ausnahme der im §. 27. Nr. 3—8. des Gerichtsverfassungsgesetzes bezeichneten Vergehen, kann durch schriftlichen Strafbefehl des Amtsrichters ohne vorgängige Verhandlung eine Strafe festgesetzt werden, wenn die Staatsanwaltschaft schriftlich hierauf anträgt.

Durch einen Strafbefehl darf jedoch keine andere Strafe als Geldstrafe von höchstens einhundertfünfzig Mark oder Freiheitsstrafe von höchstens sechs Wochen, sowie eine etwa verwirkte Einziehung festgesetzt werden.

Die Ueberweisung des Beschuldigten an die Landespolizeibehörde darf in einem Strafbefehle nicht ausgesprochen werden.

Vgl. §. 362 Str.=Ges.=B.

448. Der Antrag ist auf eine bestimmte Strafe zu richten. Der Amtsrichter hat demselben zu entsprechen, wenn der Erlassung des Strafbefehls Bedenken nicht entgegenstehen.

Findet der Amtsrichter Bedenken, die Strafe ohne Hauptverhandlung festzusetzen, so ist die Sache zur Hauptverhandlung zu bringen. Dasselbe gilt, wenn der Amtsrichter eine andere als die beantragte Strafe festsetzen will und die Staatsanwaltschaft bei ihrem Antrage beharrt.

Vgl. §. 211.

449. Der Strafbefehl muß außer der Festsetzung der Strafe die strafbare Handlung, das angewendete Strafgesetz und die Beweismittel bezeichnen, auch die Eröffnung enthalten, daß er vollstreckbar werde, wenn der Beschuldigte nicht binnen einer Woche nach der Zustellung bei dem Amtsgerichte schriftlich oder zu Protokoll des Gerichtsschreibers Einspruch erhebe.

Auf den Einspruch kann vor Ablauf der Frist verzichtet werden.

Ein weiterer Inhalt, namentlich die Bezeichnung der Kasse, an welche die Geldstrafe einzuzahlen, ist nicht ausgeschlossen (Prot. S. 696).

450. Ein Strafbefehl, gegen welchen nicht rechtzeitig Einspruch erhoben worden ist, erlangt die Wirkung eines rechtskräftigen Urtheils.

451. Bei rechtzeitigem Einspruche wird zur Hauptverhandlung vor dem Schöffengerichte geschritten, sofern nicht bis zum Beginn derselben die Staatsanwaltschaft die Klage fallen läßt oder der Einspruch zurückgenommen wird.

Der Angeklagte kann sich in der Hauptverhandlung durch einen mit schriftlicher Vollmacht versehenen Vertheidiger vertreten lassen.

Bei der Urtheilsfällung ist das Schöffengericht an den in dem Strafbefehle enthaltenen Ausspruch nicht gebunden.

452. Bleibt der Angeklagte ohne genügende Entschuldigung in der Hauptverhandlung aus, und wird er auch nicht durch einen Vertheidiger vertreten, so wird der Einspruch ohne Beweisaufnahme durch Urtheil verworfen.

Ein Angeklagter, welchem gegen den Ablauf der Einspruchsfrist Wiedereinsetzung in den vorigen Stand gewährt worden war, kann die letztere nicht mehr gegen das Urtheil beanspruchen.

Zweiter Abschnitt.

Verfahren nach vorangegangener polizeilicher Strafverfügung.

453. Wo nach den Bestimmungen der Landesgesetze die Polizeibehörden befugt sind, eine in den Strafgesetzen angedrohte Strafe durch Verfügung festzusetzen, erstreckt sich diese Befugniß nur auf Uebertretungen.

Auch kann die Polizeibehörde keine andere Strafe als Haft bis zu vierzehn Tagen oder Geldstrafe und diejenige Haft, welche für den Fall, daß die Geldstrafe nicht beigetrieben werden kann, an die Stelle der letzteren tritt, sowie eine etwa verwirkte Einziehung verhängen.

Die Strafverfügung muß außer der Festsetzung der Strafe die strafbare Handlung, das angewendete Strafgesetz und die Beweismittel bezeichnen, auch die Eröffnung enthalten, daß der Beschuldigte, sofern er nicht eine nach den Gesetzen zugelassene Beschwerde an die höhere Polizeibehörde ergreife, gegen die Strafverfügung binnen einer Woche nach der Bekanntmachung bei der Polizeibehörde, welche diese Verfügung erlassen hat, oder bei dem zuständigen Amtsgericht auf gerichtliche Entscheidung antragen könne.

Die Strafverfügung wirkt in Betreff der Unterbrechung der Verjährung wie eine richterliche Handlung.

Wo die Landesgesetze eine geringere Strafe als Grenze der polizeilichen Strafbefugniß festsetzen, hat es dabei sein Bewenden (Prot. S. 698). Vgl. E.-G. §. 6. u. zu Absatz 4. (§. 68 Str.-Ges.-B.)

454. Der Antrag auf gerichtliche Entscheidung kann bei der Polizeibehörde schriftlich oder mündlich, bei dem Amtsgerichte schriftlich oder zu Protokoll des Gerichtsschreibers angebracht werden.

Die Polizeibehörde übersendet, falls sie nicht die Strafverfügung zurücknimmt, die Akten an die zuständige Staatsanwaltschaft, welche sie dem Amtsrichter vorlegt.

455. Gegen die Versäumung der Antragsfrist ist unter den in den §§. 44., 45. bezeichneten Voraussetzungen Wiedereinsetzung in den vorigen Stand zulässig. Das Gesuch ist bei einer der im §. 454. Abs. 1 genannten Behörden anzubringen.

Ueber das Gesuch entscheidet der Amtsrichter.

Die Bestimmungen des §. 46. Abs. 2., 3. finden hier gleichfalls Anwendung.

456. Ist der Antrag rechtzeitig angebracht, so wird zur Hauptverhandlung vor dem Schöffengerichte geschritten, ohne daß es der Einreichung einer Anklageschrift oder einer Entscheidung über die Eröffnung des Hauptverfahrens bedarf.

Bis zum Beginne der Hauptverhandlung kann der Antrag zurückgenommen werden.

Im Absatz 2 ist nur von dem Antrage des Beschuldigten auf gerichtliche Entscheidung die Rede. Die Strafverfügung verbleibt im Falle der Zurückziehung des Antrages in Kraft (Prot. S. 699).

457. Das Verfahren vor dem Schöffengericht ist dasselbe wie im Falle einer von der Staatsanwaltschaft erhobenen und zur Hauptverhandlung verwiesenen Anklage.

Der Angeklagte kann sich durch einen mit schriftlicher Vollmacht versehenen Vertheidiger vertreten lassen.

Bei der Urtheilsfällung ist das Gericht an den Ausspruch der Polizeibehörde nicht gebunden.

Vgl. §. 211.

458. Stellt sich nach dem Ergebnisse der Hauptverhandlung die That des Angeklagten als eine solche dar, bei welcher die Polizeibehörde zum Erlasse einer Strafverfügung nicht befugt war, so hat das Gericht die letztere durch Urtheil aufzuheben, ohne in der Sache selbst zu entscheiden.

Dritter Abschnitt.

Verfahren bei Zuwiderhandlungen gegen die Vorschriften über die Erhebung öffentlicher Abgaben und Gefälle.

459. Strafbescheide der Verwaltungsbehörden wegen Zuwiderhandlungen gegen die Vorschriften über die Erhebung öffentlicher Abgaben und Gefälle dürfen nur Geldstrafen sowie eine etwa verwirkte Einziehung festsetzen.

Der Strafbescheid muß außerdem die strafbare Handlung, das angewendete Strafgesetz und die Beweismittel bezeichnen, auch die Eröffnung enthalten, daß der Beschuldigte, sofern er nicht eine nach den Gesetzen zugelassene Beschwerde an die höhere Verwaltungsbehörde ergreife, gegen den Strafbescheid binnen einer Woche nach der Bekanntmachung bei der Verwaltungsbehörde, welche denselben erlassen, oder bei derjenigen, welche ihn bekannt gemacht hat, auf gerichtliche Entscheidung antragen könne.

Der Strafbescheid wirkt in Betreff der Unterbrechung der Verjährung wie eine richterliche Handlung.

460. Wird auf gerichtliche Entscheidung angetragen, so übersendet die Verwaltungsbehörde, falls sie nicht den Strafbescheid zurücknimmt, die Akten an die zuständige Staatsanwaltschaft, welche sie dem Gerichte vorlegt.

461. In Betreff der Wiedereinsetzung in den vorigen Stand finden die Bestimmungen des §. 455. entsprechende Anwendung.

462. Ist der Antrag rechtzeitig angebracht, so wird zur Hauptverhandlung vor dem zuständigen Gerichte geschritten, ohne daß es der Einreichung einer Anklageschrift oder einer Entscheidung über die Eröffnung des Hauptverfahrens bedarf.

Bis zum Beginne der Hauptverhandlung kann der Antrag zurückgenommen werden.

Die Einleitung eines Vorverfahrens zur Aufklärung kann jedoch das Gericht beschließen (Prot. S. 699).

463. Ist die in einem vollstreckbaren Strafbescheide festgesetzte Geldstrafe von dem Beschuldigten nicht beizutreiben und deshalb ihre Umwandlung in eine Freiheitsstrafe erforderlich, so ist diese Umwandlung nach Anhörung der Staatsanwaltschaft und des Beschuldigten durch gerichtliche Entscheidung auszusprechen, ohne daß der Strafbescheid einer Prüfung des Gerichts unterliegt.

Die Entscheidung über die Umwandlung erfolgt, wenn für eine Urtheilsfällung das Schöffengericht zuständig gewesen wäre, durch Verfügung des Amtsrichters, in den übrigen Fällen durch Beschluß des Landgerichts.

Gegen die Entscheidung findet sofortige Beschwerde statt.

Vgl. §. 353.

464. Hat die Verwaltungsbehörde einen Strafbescheid nicht erlassen und lehnt die Staatsanwaltschaft den an sie gerichteten Antrag auf Verfolgung ab, so ist die Verwaltungsbehörde befugt, selbst die Anklage zu erheben.

In einem solchen Falle hat sie einen Beamten ihres Verwaltungszweiges oder einen Rechtsanwalt als ihren Vertreter zu bestellen und in der Anklage namhaft zu machen.

Vgl. §. 198.

465. Die Staatsanwaltschaft ist zu einer Mitwirkung in jeder Lage des Verfahrens berechtigt.

Bei der Hauptverhandlung muß sie vertreten sein; auch hat sie die gerichtlich angeordneten Ladungen zu derselben zu bewirken.

Alle im Laufe des Verfahrens ergehenden Entscheidungen sind ihr bekannt zu machen.

466. Im Uebrigen regelt sich das Verfahren auf die von der Verwaltungsbehörde erhobene Anklage nach den für die Privatklage gegebenen Bestimmungen.

Vgl. §§. 416. 417. 422. 430.

467. Hat der Beschuldigte gegen einen Strafbescheid auf gerichtliche Untersuchung angetragen, oder hat die Staatsanwaltschaft die Anklage erhoben, so kann die Verwaltungsbehörde sich der Verfolgung anschließen, und sie hat alsdann gleichwie bei einer von ihr erhobenen Anklage einen Vertreter zu bestellen.

In diesem Falle kommen die für den Anschluß des Verletzten als Nebenkläger gegebenen Bestimmungen zur Anwendung.

Das Gericht ist an den Strafbescheid der Verwaltungsbehörde nicht gebunden (Prot. S. 700).

468. Wenn die Verwaltungsbehörde die Anklage erhoben oder sich der Verfolgung angeschlossen hat, so sind ihr das Urtheil und alle sonstigen Entscheidungen zuzustellen, auch wenn sie bei deren Verkündung vertreten gewesen ist.

469. Die Fristen zur Einlegung von Rechtsmitteln beginnen für die Verwaltungsbehörde erst mit der Zustellung.

Zur Anbringung von Revisionsanträgen und zur Gegenerklärung auf solche steht der Verwaltungsbehörde eine Frist von einem Monate zu.

Vierter Abschnitt.

Verfahren gegen Abwesende, welche sich der Wehrpflicht entzogen haben.

470. Bei Untersuchungen gegen

Wehrpflichtige, welche in der Absicht, sich dem Eintritt in den Dienst des stehenden Heeres oder der Flotte zu entziehen, ohne Erlaubniß das Bundesgebiet verlassen haben oder nach erreichtem militärpflichtigen Alter sich außerhalb des Bundesgebietes aufhalten (§. 140. Abs. 1. Nr. 1. des Strafgesetzbuchs),

Offiziere und im Offizierrange stehende Aerzte des Beurlaubtenstandes, sowie beurlaubte Reservisten und Wehrmänner der Land- oder Seewehr, welche ohne Erlaubniß ausgewandert sind (§. 140. Abs. 1 Nr. 2. und

§. 360. Nr. 3. des Strafgesetzbuchs), Ersatzreservisten erster Klasse, welche ausgewandert sind, ohne der Militärbehörde vorher Anzeige gemacht zu haben (§. 360. Nr. 3. des Strafgesetzbuchs), und

Wehrpflichtige, welche nach öffentlicher Bekanntmachung einer vom Kaiser für die Zeit eines Krieges oder einer Kriegsgefahr erlassenen besonderen Anordnung im Widerspruch mit derselben ausgewandert sind (§. 140 Abs. 1. Nr. 3. des Strafgesetzbuchs)

findet in Abwesenheit des Angeklagten eine Hauptverhandlung nach Maßgabe der folgenden Bestimmungen statt.

471. Für das Verfahren ist dasjenige Gericht zuständig, in dessen Bezirk der Angeklagte seinen letzten Wohnsitz oder gewöhnlichen Aufenthalt im Deutschen Reich gehabt hat.

Das Verfahren kann gleichzeitig gegen mehrere Personen gerichtet werden und die Verhandlung und Entscheidung ungetrennt erfolgen.

472. Die Erhebung der Anklage und die Eröffnung der Untersuchung erfolgt auf Grund einer Erklärung der mit der Kontrole der Wehrpflichtigen beauftragten Behörde.

Diese Erklärung ist in den Fällen des §. 140. Abs. 1. Nr. 1. des Strafgesetzbuchs dahin auszustellen:

daß der Wehrpflichtige sich zu den angeordneten Revisionen nicht gestellt, daß der Aufenthalt desselben im Deutschen Reich nicht ermittelt worden, und

daß der angestellten Erkundigungen ungeachtet sich keine Umstände ergeben haben, welche die Annahme ausschließen, daß der Wehrpflichtige, um sich dem Eintritt in den Dienst des stehenden Heeres oder der Flotte zu entziehen, ohne Erlaubniß entweder das Bundesgebiet verlassen habe oder nach erreichtem militärpflichtigen Alter im Auslande verblieben sei.

In den Fällen des §. 140. Abs. 1. Nr. 2. des Strafgesetzbuchs, sowie bei Untersuchungen gegen beurlaubte Reservisten und Wehrmänner wegen Auswanderns ohne Erlaubniß (§. 360. Nr. 3. des Strafgesetzbuchs) ist die Erklärung dahin zu fassen:

daß der Aufenthalt des Offiziers, des Arztes, des Reservisten oder Wehrmanns im Deutschen Reich nicht ermittelt,

daß ihm eine Erlaubniß zur Auswanderung nicht ertheilt worden, und

daß der angestellten Erkundigungen ungeachtet sich keine Umstände ergeben haben, welche die Annahme ausschließen, daß er ausgewandert sei.

Bei Untersuchungen gegen Ersatzreservisten erster Klasse wegen Auswanderns ohne Anzeige bei der Militärbehörde (§. 360. Nr. 3. des Strafgesetzbuchs) ist die Erklärung dahin zu fassen:

daß der Aufenthalt des Ersatzreservisten im Deutschen Reich nicht ermittelt worden sei,

daß er von einer bevorstehenden Auswanderung der Militärbehörde eine Anzeige nicht gemacht habe, und

daß der angestellten Erkundigungen ungeachtet sich keine Umstände ergeben haben, welche die Annahme ausschließen, daß er ausgewandert sei.

In den Fällen des §. 140. Abs. 1. Nr. 3. des Strafgesetzbuchs ist die Erklärung dahin zu fassen:

daß der Aufenthalt des Wehrpflichtigen im Deutschen Reich nicht ermittelt worden und daß der angestellten Ermittelungen ungeachtet sich keine Umstände ergeben haben, welche die Annahme ausschließen, daß er nach öffentlicher Bekanntmachung der betreffenden Kaiserlichen Anordnung ausgewandert sei.

473. Die Ladung des Angeklagten zur Hauptverhandlung erfolgt nach Vorschrift der §§. 320., 321 Abs. 1.

Die Ladung muß im Falle der öffentlichen Zustellung auch die Angabe des letzten deutschen Wohnorts oder Aufenthaltsorts des Angeklagten enthalten.

Der Ladung ist in jedem Falle die Warnung beizufügen, daß bei unentschuldigtem Ausbleiben der Angeklagte auf Grund der in §. 472. bezeichneten Erklärung werde verurtheilt werden.

474. Für die Hauptverhandlung findet die Bestimmung des §. 322. Anwendung.

475. Sind die vorgeschriebenen Förmlichkeiten beobachtet, so erfolgt die Verurtheilung des abwesenden Angeklagten auf Grund der im §. 472. bezeichneten Erklärung, wenn sich nicht Umstände ergeben, welche dieser Erklärung entgegenstehen.

Bedarf es in Ansehung eines Angeklagten einer Beweisaufnahme, so ist die Sache von den übrigen zu trennen und gesondert zum Abschlusse zu bringen.

476. Die Zustellung des Urtheils erfolgt nach Maßgabe der Bestimmungen des §. 40. Abs. 2.

Fünfter Abschnitt.

Verfahren bei Einziehungen und Vermögensbeschlagnahmen.

477. In den Fällen, in welchen nach §. 42. des Strafgesetzbuchs oder nach anderweiten gesetzlichen Bestimmungen auf Einziehung, Vernichtung oder Unbrauchbarmachung von Gegenständen selbständig erkannt werden kann, ist der Antrag, sofern die Entscheidung nicht in Verbindung mit einem Urtheil in der Hauptsache erfolgt, seitens der Staatsanwaltschaft oder des Privatklägers bei demjenigen Gerichte zu stellen, welches für den Fall der Verfolgung einer bestimmten Person zuständig sein würde.

An die Stelle des Schwurgerichts tritt die an dessen Sitzungsorte bestehende Strafkammer.

478. Die Verhandlung und Entscheidung erfolgt in einem Termine, auf welchen die Bestimmungen über die Hauptverhandlung entsprechende Anwendung finden.

Personen, welche einen rechtlichen Anspruch auf den Gegenstand der Einziehung, Vernichtung oder Unbrauchbarmachung haben, sind, soweit dies ausführbar erscheint, zu dem Termine zu laden.

Dieselben können alle Befugnisse ausüben, welche einem Angeklagten zustehen, sich auch durch einen mit schriftlicher Vollmacht versehenen Vertheidiger vertreten lassen. Durch ihr Nichterscheinen wird das Verfahren und die Urtheilsfällung nicht aufgehalten.

479. Die Rechtsmittel gegen das Urtheil stehen der Staatsanwaltschaft, dem Privatkläger und den im §. 478. bezeichneten Personen zu.

480. Auf die im §. 93. des Strafgesetzbuchs vorgesehene Beschlagnahme des Vermögens eines Angeschuldigten finden die Bestimmungen der §§. 333—335. und auf die in §. 140. des Strafgesetzbuchs vorgesehene Beschlagnahme die Bestimmungen der §§. 325., 326. entsprechende Anwendung.

Siebentes Buch.

Strafvollstreckung und Kosten des Verfahrens.

Erster Abschnitt.

Strafvollstreckung.

481. Strafurtheile sind nicht vollstreckbar, bevor sie rechtskräftig geworden sind.

Vgl. §. 344.

482. Auf die zu vollstreckende Freiheitsstrafe ist unverkürzt diejenige Untersuchungshaft anzurechnen, welche der Angeklagte erlitten hat, seit er auf Einlegung eines Rechtsmittels verzichtet oder das eingelegte Rechtsmittel zurückgenommen hat, oder seitdem die Einlegungsfrist abgelaufen ist, ohne daß er eine Erklärung abgegeben hat.

Auch wenn Zuchthaus erkannt ist, ohne Umrechnung nach den Vorschriften des Str.-Ges.-B. (Prot. S. 706).

483. Die Strafvollstreckung erfolgt durch die Staatsanwaltschaft auf Grund einer von dem Gerichtsschreiber zu ertheilenden, mit der Bescheinigung der Vollstreckbarkeit versehenen, beglaubigten Abschrift der Urtheilsformel.

Den Amtsanwälten steht die Strafvollstreckung nicht zu.

Für die zur Zuständigkeit der Schöffengerichte gehörigen Sachen kann durch Anordnung der Landesjustizverwaltung die Strafvollstreckung den Amtsrichtern übertragen werden.

Vgl. §. 275, Ger.=Verf.=Ges. §. 143. Nr. 3.

484. In Sachen, in denen das Reichsgericht in erster Instanz erkannt hat, steht das Begnadigungsrecht dem Kaiser zu.

Vgl. Ger.=Verf.=Ges. §. 136. Nr. 1.

485. Todesurtheile bedürfen zu ihrer Vollstreckung keiner Bestätigung. Die Vollstreckung ist jedoch erst zulässig, wenn die Entschließung des Staatsoberhauptes und in Sachen, in denen das Reichsgericht in erster Instanz erkannt hat, die Entschließung des Kaisers ergangen ist, von dem Begnadigungsrechte keinen Gebrauch machen zu wollen.

An schwangeren oder geisteskranken Personen darf ein Todesurtheil nicht vollstreckt werden.

Vgl. §. 13 Str.=Ges.=B.

486. Die Vollstreckung der Todesstrafe erfolgt in einem umschlossenen Raume.

Bei der Vollstreckung müssen zwei Mitglieder des Gerichts erster Instanz, ein Beamter der Staatsanwaltschaft, ein Gerichtsschreiber und ein Gefängnißbeamter zugegen sein. Der Gemeindevorstand des Orts, wo die Hinrichtung stattfindet, ist aufzufordern, zwölf Personen aus den Vertretern oder aus andern achtbaren Mitgliedern der Gemeinde abzuordnen, um der Hinrichtung beizuwohnen.

Außerdem ist einem Geistlichen von dem Religionsbekenntnisse des Verurtheilten und dem Vertheidiger und nach dem Ermessen des die Vollstreckung leitenden Beamten auch anderen Personen der Zutritt zu gestatten.

Ueber den Hergang ist ein Protokoll aufzunehmen, welches von dem Beamten der Staatsanwaltschaft und dem Gerichtsschreiber zu unterzeichnen ist.

Der Leichnam des Hingerichteten ist den Angehörigen desselben auf ihr Verlangen zur einfachen, ohne Feierlichkeiten vorzunehmenden Beerdigung zu verabfolgen.

Unter Mitgliedern des Gerichts erster Instanz sind Mitglieder des Landgerichts gemeint (Prot. S. 713).

487. Die Vollstreckung einer Freiheitsstrafe ist aufzuschieben, wenn der Verurtheilte in Geisteskrankheit verfällt.

Dasselbe gilt bei anderen Krankheiten, wenn von der Vollstreckung eine nahe Lebensgefahr für den Verurtheilten zu besorgen steht.

Die Strafvollstreckung kann auch dann aufgeschoben werden, wenn sich der Verurtheilte in einem körperlichen Zustande befindet, bei welchem eine sofortige Vollstreckung mit der Einrichtung der Strafanstalt unverträglich ist.

488. Auf Antrag des Verurtheilten kann die Vollstreckung aufgeschoben werden, sofern durch die sofortige Vollstreckung dem Verurtheilten oder der Familie desselben erhebliche außerhalb des Strafzwecks liegende Nachtheile erwachsen.

Der Strafaufschub darf den Zeitraum von vier Monaten nicht übersteigen.

Die Bewilligung desselben kann an eine Sicherheitsleistung oder andere Bedingungen geknüpft werden.

Vgl. §. 118.

489. Die Staatsanwaltschaft ist befugt, behufs Vollstreckung einer Freiheitsstrafe einen Vorführungs- oder Haftbefehl zu erlassen, wenn der Verurtheilte auf di an ihn ergangene Ladung zum Antritt der Strafe sich nicht gestellt hat oder der Flucht verdächtig ist.

Auch kann von der Staatsanwaltschaft zu demselben Zwecke ein Steckbrief erlassen werden, wenn der Verurtheilte flüchtig ist oder sich verborgen hält.

Diese Befugnisse stehen im Falle des §. 483. Abs. 3. auch dem Amtsrichter zu.

490. Wenn über die Auslegung eines Strafurtheils oder über die Berechnung der erkannten Strafe Zweifel entstehen, oder wenn Einwendungen gegen die Zulässigkeit der Strafvollstreckung erhoben werden, so ist die Entscheidung des Gerichts herbeizuführen.

Dasselbe gilt, wenn nach Maßgabe des §. 487. Einwendungen gegen die Ablehnung eines Antrags auf Aufschub der Strafvollstreckung erhoben werden.

Der Fortgang der Vollstreckung wird hierdurch nicht gehemmt; das Gericht kann jedoch einen Aufschub oder eine Unterbrechung der Vollstreckung anordnen.

491. Kann eine verhängte Geldstrafe nicht beigetrieben werden und ist die Festsetzung der für diesen Fall eintretenden Freiheitsstrafe unterlassen worden, so ist die Geldstrafe nachträglich von dem Gericht in die entsprechende Freiheitsstrafe umzuwandeln.

Vgl. §§. 28. 29 Str. Ges.-B.

492. Ist Jemand durch verschiedene rechtskräftige Urtheile zu Strafen verurtheilt worden, und sind dabei die Vorschriften über die Zuerkennung einer Gesammtstrafe (§. 79. des Strafgesetzbuchs) außer Betracht geblieben, so sind die erkannten Strafen durch eine nachträgliche gerichtliche Entscheidung auf eine Gesammtstrafe zurückzuführen.

493. Ist der Verurtheilte nach Beginn der Strafvollstreckung wegen Krankheit in eine von der Strafanstalt getrennte Krankenanstalt gebracht worden, so ist die Dauer des Aufenthalts in der Krankenanstalt in die Strafzeit einzurechnen, wenn nicht der Verurtheilte mit der Absicht, die Strafvollstreckung zu unterbrechen, die Krankheit herbeigeführt hat.

Die Staatsanwaltschaft hat im letzteren Falle eine Entscheidung des Gerichts herbeizuführen.

494. Die bei der Strafvollstreckung nothwendig werdenden gerichtlichen Entscheidungen (§§. 490.—493.) werden von dem Gericht erster Instanz ohne mündliche Verhandlung erlassen.

Vor der Entscheidung ist der Staatsanwaltschaft und dem Verurtheilten Gelegenheit zu geben, Anträge zu stellen und zu begründen.

Kommt es auf die Festsetzung einer Gesammtstrafe an (§. 492.), und waren die verschiedenen hierdurch abzuändernden Urtheile von verschiedenen Gerichten erlassen, so steht die Entscheidung demjenigen Gerichte zu, welches die schwerste Strafart oder bei Strafen gleicher Art die höchste Strafe erkannt hat, falls hiernach aber mehrere Gerichte zuständig sein würden, demjenigen, dessen Urtheil zuletzt ergangen ist. War das hiernach maßgebende Urtheil von einem Gerichte höherer Instanz erlassen, so setzt das Gericht erster Instanz, und war eines der Strafurtheile von dem Reichsgericht in erster Instanz erlassen, das Reichsgericht die Gesammtstrafe fest.

Dasjenige Gericht ist zuständig, welches das Strafurtheil erlassen hat oder auf dessen freisprechender Entscheidung in höherer Instanz ein Strafurtheil ergangen ist (Prot. S. 732).

Gegen diese Entscheidungen findet, insofern sie nicht von dem Reichsgerichte erlassen sind, sofortige Beschwerde statt.

495. Die Vollstreckung der über eine Vermögensstrafe oder eine Buße ergangenen Entscheidung erfolgt nach den Vorschriften über die Vollstreckung der Urtheile der Civilgerichte.

Zweiter Abschnitt.

Kosten des Verfahrens.

496. Jedes Urtheil, jeder Strafbefehl und jede eine Untersuchung einstellende Entscheidung muß darüber Bestimmung treffen, von wem die Kosten des Verfahrens zu tragen sind.

Wenn über die Höhe der Kosten oder über die Nothwendigkeit der unter ihnen begriffenen Auslagen

Streit entsteht, so erfolgt hierüber besondere Entscheidung.

Vgl. §§. 266. 369. 393. 394. 411. 413. 202. 170. 175.

497. Die Kosten, mit Einschluß der durch die Vorbereitung der öffentlichen Klage und die Strafvollstreckung entstandenen, hat der Angeklagte zu tragen, wenn er zu Strafe verurtheilt wird.

Stirbt ein Verurtheilter vor eingetretener Rechtskraft des Urtheils, so haftet sein Nachlaß nicht für die Kosten.

498. Wenn ein Angeklagter in einer Untersuchung, welche mehrere strafbare Handlungen umfaßt, nur in Ansehung eines Theils derselben verurtheilt wird, durch die Verhandlung der übrigen Straffälle aber besondere Kosten entstanden sind, so ist er von deren Tragung zu entbinden.

Mitangeklagte, welche in Bezug auf dieselbe That zu Strafe verurtheilt sind, haften für die Auslagen als Gesammtschuldner. Dies gilt nicht von den durch die Strafvollstreckung oder die Untersuchungshaft entstandenen Kosten.

499. Einem freigesprochenen oder außer Verfolgung gesetzten Angeschuldigten sind nur solche Kosten aufzuerlegen, welche er durch eine schuldbare Versäumniß verursacht hat.

Die dem Angeschuldigten erwachsenen nothwendigen Auslagen können der Staatskasse auferlegt werden.

500. Bei wechselseitigen Beleidigungen oder Körperverletzungen wird die Verurtheilung eines oder beider

Theile in die Kosten dadurch nicht ausgeschlossen, daß einer derselben oder beide für straffrei erklärt werden.

Vgl. §. 428.

501. Ist ein, wenn auch nur außergerichtliches Verfahren durch eine wider besseres Wissen gemachte oder auf grober Fahrlässigkeit beruhende Anzeige veranlaßt worden, so kann das Gericht dem Anzeigenden, nachdem derselbe gehört worden, die der Staatskasse und dem Beschuldigten erwachsenen Kosten auferlegen.

War noch kein Gericht mit der Sache befaßt, so erfolgt die Entscheidung auf den Antrag der Staatsanwaltschaft durch dasjenige Gericht, welches für die Eröffnung des Hauptverfahrens zuständig gewesen wäre.

Gegen die Entscheidung findet sofortige Beschwerde statt.

Vgl. §. 156.

502. Erfolgt eine Einstellung des Verfahrens wegen Zurücknahme desjenigen Antrags, durch welchen dasselbe bedingt war, so hat der Antragsteller die Kosten zu tragen.

Vgl. §. 431. u. Str.=Ges.=B. §. 64.

503. In einem Verfahren auf erhobene Privatklage hat der Verurtheilte auch die dem Privatkläger erwachsenen nothwendigen Auslagen zu erstatten.

Wird der Beschuldigte außer Verfolgung gesetzt oder freigesprochen, oder wird das Verfahren eingestellt, so fallen dem Privatkläger die Kosten des Verfahrens sowie die dem Beschuldigten erwachsenen nothwendigen Auslagen zur Last.

Ist den Anträgen des Privatklägers nur zum Theil

entsprochen worden, so kann das Gericht die Kosten angemessen vertheilen.

Mehrere Privatkläger und mehrere Angeklagte haften als Gesammtschuldner.

Unter den nach den Bestimmungen dieses Paragraphen zu erstattenden Auslagen sind, wenn sich der Gegner der erstattungspflichtigen Partei eines Rechtsanwalts bedient, die Gebühren und Auslagen des Anwalts insoweit inbegriffen, als solche nach der Bestimmung des §. 87. der Civilprozeßordnung die unterliegende Partei der obsiegenden zu erstatten hat.

504. Wird in dem Falle des §. 173. der Angeschuldigte außer Verfolgung gesetzt oder freigesprochen, oder das Verfahren eingestellt, so finden auf den Antragsteller die Bestimmungen des §. 503. Abs. 2, 3, 4, 5 entsprechende Anwendung. Das Gericht kann jedoch nach Befinden der Umstände den Antragsteller von der Tragung der Kosten ganz oder theilweise entbinden.

Vor der Entscheidung über den Kostenpunkt ist der Antragsteller zu hören, sofern er nicht als Nebenkläger aufzutreten berechtigt war.

505. Die Kosten eines zurückgenommenen oder erfolglos eingelegten Rechtsmittels treffen Denjenigen, der dasselbe eingelegt hat. War das Rechtsmittel von der Staatsanwaltschaft eingelegt, so können die dem Beschuldigten erwachsenen nothwendigen Auslagen der Staatskasse auferlegt werden. Hatte das Rechtsmittel theilweisen Erfolg, so kann das Gericht die Kosten angemessen vertheilen.

Dasselbe gilt von den Kosten, welche durch einen Antrag auf Wiederaufnahme des durch ein rechtskräftiges Urtheil geschlossenen Verfahrens verursacht worden sind.

Die Kosten der Wiedereinsetzung in den vorigen Stand fallen dem Antragsteller zur Last, soweit sie nicht durch einen unbegründeten Widerspruch des Gegners entstanden sind.

506. In den zur Zuständigkeit des Reichsgerichts in erster Instanz gehörigen Sachen sind die von der Staatskasse zu tragenden Kosten der Reichskasse aufzuerlegen.

Register.

Die mit G. bezeichneten Zahlen bezeichnen die §§. des Gerichtsverfassungsgesetzes, die mit St. bezeichneten diejenigen der Strafprozeßordnung. E. bedeutet Einführungsgesetz.

C.

H.

J.

K.

L.

T.

U.

Buchdruckerei von Gustav Schade (Otto Francke) in Berlin N.

In demselben Verlage erschien:

Strafgesetzbuch.

Strafgesetzbuch für das Deutsche Reich. Mit Einleitung u. Kommentar von Hans Rüdorff, Geh. Ober-Finanzrath. 2. Auflage. 1877. 10 Mark.

Preßgesetz.

Das Reichsgesetz über die Presse vom 7. Mai 1874. Mit Einleitung und Kommentar von Dr. H. Marquardsen, ord. Professor der Rechte in Erlangen, Mitglied des Reichstags. Octav. 1875. Cartonnirt 5 Mark.

Handelsgesetzbuch.

Das allgemeine Deutsche Handelsgesetzbuch herausgegeben mit Kommentar in Anmerkungen von H. Makower, Rechtsanwalt und Notar. 7. Aufl. 1875. 15 Mark, gebunden Mark 16,25.

Haftpflichtgesetz.

Die Haftpflicht der Eisenbahnen, Bergwerke &c. für die bei deren Betriebe herbeigeführten Tödtungen und Körperverletzungen. Erläuterungen des Reichsgesetzes vom 7. Juni 1871 von Dr. W. Endemann, ordentlicher Professor an der Universität zu Bonn. gr. 8°. 2. Aufl. 1876. 2 Mark.

Personenstandsgesetz.

Das Reichsgesetz über die Beurkundung des Personenstandes und die Eheschließung vom 6. Februar 1875. Mit Kommentar in Anmerkungen sowie sämmtlichen für das Reich und die einzelnen Bundesstaaten ergangenen Ausführungsbestimmungen herausgegeben von Dr. P. Hinschius, ord. Professor der Rechte an der Universität Berlin, Mitglied des Reichstags. 2. Auflage. 1876. Cartonnirt 7 Mark.

Landrecht.

Dr. C. F. Koch. **Allgem. Landrecht für die Preußischen Staaten** mit Kommentar in Anmerkungen. 6./5. Ausgabe. Nach des Verfassers Tode bearbeitet von Förster, Johow, Hinschius, Achilles und Dalcke. 4 Bände. 1874—1876. 78 Mark.

Stempelgesetzgebung.

Die Preußische Stempelgesetzgebung für die alten und neuen Landestheile. Kommentar für den praktischen Gebrauch von Hoyer, Regierungsrath und Provinzial-Stempelfiskal. Zweite, umgearbeitete Auflage. 1875. Preis 15 Mark.

Kirchengesetze.

Die Preußischen Kirchengesetze der Jahre 1874 und 1875 nebst dem Reichsgesetze vom 4. Mai 1874 herausgegeben mit Einleitung und Kommentar von Dr. P. Hinschius, ord. Professor des Kirchenrechts an der Universität Berlin. Preis 5 Mark.

Die Preußischen Kirchengesetze des Jahres 1873 herausgegeben mit Einleitung und Kommentar von Dr. P. Hinschius. Preis M. 5,50.

Vormundschaftsrecht.

Das Vormundschaftsrecht der Preuß. Monarchie nach der Vormundschaftsordnung vom 5. Juli 1875 von Dr. H. Dernburg, ord. Prof. der Rechte an der Universität Berlin. 2. Auflage. 6 Mark.

Die Vormundschaftsordnung vom 5. Juli 1875 für die Preußische Monarchie, bearbeitet von O. Anton, Stadtgerichts-Direktor. Oktav. Cartonnirt M. 1,60.

Das Amt des Vormundes, Gegenvormundes, Pflegers, Waisenraths. Eine populäre Darstellung der Preuß. Vormundschaftsordnung vom 5. Juli 1875 v. E. Christiani, Amtsrichter. 2. Auflage. Oktav. Cartonnirt 2 Mark.

Expropriationsgesetz.

Das Gesetz über die Enteignung von Grundeigenthum vom 11. Juni 1874. Aus den Materialien und der Rechtslehre erläutert von A. Daicke, Ober-Staatsanwalt. Octav. 1874. Cartonnirt M. 2,40.

Grundbuchrecht.

Die Preuß. Gesetze über Grundeigenthum und Hypothekenrecht vom 5. Mai 1872 herausgegeben mit Kommentar in Anmerkungen von Alex. Achilles, Stadtgerichts-Rath in Berlin. Zweite, verb. u. vermehrte Ausgabe. 1873. Lex.-Oktav. 6 M., geb. 7 M. [mit kommentirtem Einführungsgesetz für die Provinzen Hannover, Schleswig-Holstein oder den Bezirk des Appellationsgerichts zu Kassel 60 Pf. mehr.]

Erläuterungen zur Grundbuch-Ordnung vom 5. Mai 1872 für das mit Grundbuchsachen befaßte Publikum. Von W. Neubauer, Kreisgerichts-Rath. 1874. Octav. 1 M.

Sammlung von Erörterungen über das Preuß. Grundbuchrecht.

Nr. 1.: John, Kreisgerichts-Rath, Erörterung einiger praktischen Fragen. 1873. M. 1,80.

Nr. 2.: Neubauer, Kreisgerichtsrath, Controversen aus dem Preuß. Grundbuchrecht. 1874. M. 1,50.

Nr. 3.: Die Grundbuchordnung im Lichte und Dunkel der Praxis. Griesgrämliche Herzensergießungen eines alten Praktikers. 1874. M. 1,20.

Nr. 4.: Loebell, Kreisgerichts-Rath, Studien zur Grundbuch-Ordnung. 1875. 1 M.

Civilprozeßordnung

nebst den

auf den Civilprozeß bezüglichen Bestimmungen

des

Gerichtsverfassungsgesetzes u. den Einführungsgesetzen

erläutert von

J. Struckmann, und **R. Koch,**

Kgl. Preuß. Ober-Tribunals-Rath, Mitglied des Reichstags

Kaiserl. Geheimer Ober-Finanzrath, Reichsbankjustitiarius.

Erste bis dritte Lieferung 9 Mark.

Die Verfasser sind durch ihre wissenschaftliche und praktische Thätigkeit, sowie durch die Theilnahme an den Vorarbeiten für diese Aufgabe der Ausarbeitung eines Kommentars besonders befähigt. Herr Ober-Tribunalsrath Struckmann hat zudem als Mitglied der Justizkommission des Reichstags an der schließlichen Gestalt des Gesetzes erheblichen Antheil. Die Kommentatoren haben den Stoff gleichmäßig unter sich getheilt, ihre Arbeiten aber stets einander mitgetheilt und das Ganze in solcher Gemeinschaft durchgearbeitet, daß ein jeder für Alles die volle Verantwortlichkeit übernimmt.

In der Hauptsache stützt sich der Kommentar selbstverständlich auf die Materialien. Zu diesen gehören aber nicht nur die verschiedenen Entwürfe und deren Motive mit den Protokollen der Kommissionen und des Reichstags, sondern auch das bestehende Recht, an welches — unter besonderer Berücksichtigung des innerhalb Preußens geltenden — überall unter Hervorhebung wesentlicher Abweichungen angeknüpft ist. Auch die Verbindung mit der Prozeßrechts-Wissenschaft der verschiedenen Rechtsgebiete ist stets beachtet.

Der Preis des ganzen Werkes, welches im Juni 1877 vollständig vorliegen soll, wird etwa 12—15 Mark betragen.

Strafprozeßordnung

nebst dem

Gerichtsverfassungsgesetz

und den

das Strafverfahren betreffenden Bestimmungen

der

übrigen Reichsgesetze.

Mit Kommentar

von

E. Löwe,

Appellationsgerichtsrath in Frankfurt a. d. O.

Erste Lieferung 2 Mark.

Das Werk giebt in der Form von Anmerkungen zu dem Gesetzestext eine eingehende Erläuterung der Strafprozeßordnung und aller das Strafverfahren betreffenden reichsgesetzlichen Vorschriften, unter Berücksichtigung der Motive und der Verhandlungen der Reichstagskommission und des Reichstages.

Der Strafprozeßordnung vorausgeschickt wird das Gerichtsverfassungsgesetz; dasselbe wird insofern erläutert, als seine Bestimmungen eine Bedeutung für das Strafverfahren haben.

Das Werk wird in 5—6 Lieferungen à $1\frac{1}{2}$—2 Mark erscheinen und voraussichtlich schon längere Zeit vor dem Inkrafttreten der Reichsjustizgesetze zum Abschluß kommen.

Eine die Entstehungsgeschichte der Strafprozeßordnung und die Prinzipien derselben behandelnde Einleitung wird der Schlußlieferung beigefügt werden.

Der Verfasser hat an der Ausarbeitung des Entwurfs der Strafprozeßordnung Theil genommen.

In Vorbereitung befindet sich:

Konkursordnung nebst den auf das Konkursverfahren bezüglichen Bestimmungen der Civilprozeßordnung. Mit Kommentar von C. Hagens, Geh. Regierungs- und vortragendem Rathe im Reichs-Justizamt.

Civilprozeßordnung.

Deutsche Reichsgesetzgebung.
Text-Ausgaben.

Civilprozeßordnung

für

das Deutsche Reich.

Text-Ausgabe mit Register.

Berlin.
Verlag von J. Guttentag (D. Collin).
1877.

Inhalt.

Zweites Buch.

Verfahren in erster Instanz.

Drittes Buch.

Rechtsmittel.

Viertes Buch.

Fünftes Buch.

Sechstes Buch.

Ehe- und Entmündigungssachen.

Siebentes Buch.

Achtes Buch.

Zwangsvollstreckung.

Neuntes Buch.

Zehntes Buch.

Einführungs-Gesetz

zur

Civilprozeßordnung.

Gesetzeskraft spätestens mit dem 1. Oktober 1879.
(Vgl. § 1 des Einf.-Gesetzes z. Gerichtsverfassungsgesetz.)

1. Die Civilprozeßordnung tritt im ganzen Umfange des Reichs gleichzeitig mit dem Gerichtsverfassungsgesetz in Kraft.

2. Das Kostenwesen in bürgerlichen Rechtsstreitigkeiten wird für den ganzen Umfang des Reichs durch eine Gebührenordnung geregelt.

3. Die Civilprozeßordnung findet auf alle bürgerlichen Rechtsstreitigkeiten Anwendung, welche vor die ordentlichen Gerichte gehören.

Insoweit die Gerichtsbarkeit in bürgerlichen Rechtsstreitigkeiten, für welche besondere Gerichte zugelassen sind, durch die Landesgesetzgebung den ordentlichen Gerichten übertragen wird, kann dieselbe ein abweichendes Verfahren gestatten.

4. Für bürgerliche Rechtsstreitigkeiten, für welche nach dem Gegenstand oder der Art des Anspruchs der Rechts-

weg zulässig ist, darf aus dem Grunde, weil als Partei der Fiskus, eine Gemeinde oder eine andere öffentliche Korporation betheiligt ist, der Rechtsweg durch die Landesgesetzgebung nicht ausgeschlossen werden.

5. In Ansehung der Landesherren und der Mitglieder der landesherrlichen Familien sowie der Mitglieder der Fürstlichen Familie Hohenzollern finden die Bestimmungen der Civilprozeßordnung nur insoweit Anwendung, als nicht besondere Vorschriften der Hausverfassungen oder der Landesgesetze abweichende Bestimmungen enthalten. Für vermögensrechtliche Ansprüche Dritter darf jedoch die Zulässigkeit des Rechtswegs nicht von der Einwilligung des Landesherrn abhängig gemacht werden.

6. Mit Zustimmung des Bundesraths kann durch Kaiserliche Verordnung bestimmt werden:

1. daß die Verletzung von Gesetzen, obgleich deren Geltungsbereich sich über den Bezirk des Berufungsgerichts hinaus erstreckt, die Revision nicht begründe;
2. daß die Verletzung von Gesetzen, obgleich deren Geltungsbereich sich nicht über den Bezirk des Berufungsgerichts hinaus erstreckt, die Revision begründe.

Die auf Grund der vorstehenden Bestimmungen erlassenen Verordnungen sind dem Reichstage bei dessen nächstem Zusammentreten zur Genehmigung vorzulegen. Dieselben treten, soweit der Reichstag die Genehmigung versagt, für die am Tage des Reichstagsbeschlusses noch nicht anhängigen Prozesse außer Kraft. Die genehmigten

Verordnungen können nur durch Reichsgesetz geändert oder aufgehoben werden.

7. Ist in einem Bundesstaat auf Grund der Bestimmung des Einführungsgesetzes zum Gerichtsverfassungsgesetze § 8 für bürgerliche Rechtsstreitigkeiten ein oberstes Landesgericht errichtet, so wird das Rechtsmittel der Revision bei diesem Gerichte eingelegt. Die Einlegung erfolgt durch Einreichung der Revisionsschrift. Eine Abschrift derselben ist der Gegenpartei von Amtswegen zuzustellen.

Das oberste Landesgericht entscheidet ohne vorgängige mündliche Verhandlung endgültig über die Zuständigkeit für die Verhandlung und Entscheidung der Revision. Erklärt es sich für zuständig, so ist der Termin zur mündlichen Verhandlung von Amtswegen zu bestimmen und den Parteien bekannt zu machen. Erklärt es sich dagegen für unzuständig, weil das Reichsgericht zuständig sei, so sind dem letzteren die Prozeßakten zu übersenden.

Die Entscheidung des obersten Landesgerichts über die Zuständigkeit ist auch für das Reichsgericht bindend. Der Termin zur mündlichen Verhandlung vor dem Reichsgericht ist von Amtswegen zu bestimmen und den Parteien bekannt zu machen.

Die Fristbestimmungen in den §§ 517, 519 der Civilprozeßordnung bemessen sich nach dem Zeitpunkte der Bekanntmachung des Termins zur mündlichen Verhandlung an den Revisionsbeklagten.

Die vorstehenden Bestimmungen finden auf das Rechtsmittel der Beschwerde entsprechende Anwendung.

8. Der Bestellung eines bei dem obersten Landesgericht oder bei dem Reichsgerichte zugelassenen Rechtsanwaltes bedarf es erst, nachdem das oberste Landesgericht über die Zuständigkeit Entscheidung getroffen hat. Für die dieser Entscheidung vorgängigen Handlungen können die Parteien sich auch durch jeden bei einem Land- oder Oberlandesgerichte zugelassenen Rechtsanwalt vertreten lassen.

Die Zustellung der Abschrift der Revisionsschrift an den Revisionsbeklagten und die Bekanntmachung des Termins zur mündlichen Verhandlung an die Parteien erfolgt in Gemäßheit des § 164 der Civilprozeßordnung.

9. Die Bestimmung des zuständigen Gerichts erfolgt, falls es sich um die Zuständigkeit solcher Gerichte handelt, welche verschiedenen Bundesstaaten angehören und nicht im Bezirk eines gemeinschaftlichen Oberlandesgerichts ihren Sitz haben, durch das Reichsgericht auch dann, wenn in einem dieser Bundesstaaten ein oberstes Landesgericht für bürgerliche Rechtsstreitigkeiten errichtet ist.

10. Die Bestimmungen der Civilprozeßordnung über das Verfahren in Entmündigungssachen finden auf die Bestellung eines Beistandes für einen Geistesschwachen oder für einen Verschwender, insofern diese Bestellung nach den Vorschriften des bürgerlichen Rechts erforderlich ist, entsprechende Anwendung.

11. Die Landesgesetze können in anderen als in den durch ein Reichsgesetz bestimmten Fällen die Anwendung der Bestimmungen der Civilprozeßordnung über das Aufgebotsverfahren ausschließen oder diese Bestimmungen

durch andere Vorschriften ersetzen, insoweit nicht § 849 der Civilprozeßordnung entgegensteht.

12. Gesetz im Sinne der Civilprozeßordnung und dieses Gesetzes ist jede Rechtsnorm.

13. Die prozeßrechtlichen Vorschriften der Reichsgesetze werden durch die Civilprozeßordnung nicht berührt.

Aufgehoben werden:

1. § 2 des Gesetzes, betreffend die Aufhebung der Schuldhaft, vom 29. Mai 1868;
2. Artikel 34—36, 37 Satz 2, 39, 77, 78, 79 Abs. 2, 488, 494, 889 des Handelsgesetzbuchs;
3. § 6 des Gesetzes, betreffend die Verbindlichkeit zum Schadensersatze für die bei dem Betriebe von Eisenbahnen, Bergwerken u. s. w. herbeigeführten Tödtungen und Körperverletzungen, vom 7. Juni 1871;
4. § 14 des Gesetzes über das Postwesen des Deutschen Reichs vom 28. Oktober 1871, insoweit diese Vorschrift die Unterbrechung der Verjährung an die Anmeldung der Klage knüpft;
5. § 144 Abs. 4 des Gesetzes, betreffend die Rechtsverhältnisse der Reichsbeamten, vom 31. März 1873;
6. § 78 Abs. 3 des Gesetzes über Beurkundung des Personenstandes und die Eheschließung vom 6. Februar 1875.

Der Artikel 80 der Wechselordnung wird dahin abgeändert, daß die Verjährung auch nach Maßgabe der §§ 190,

254, 461 Abs. 2, 471 Abs. 2 der Civilprozeßordnung unterbrochen wird.

In den Fällen der Artikel 348, 365, 407 des Handelsgesetzbuchs ist das im § 448 der Civilprozeßordnung bezeichnete Amtsgericht zuständig; auf die Ernennung, Beeidigung und Vernehmung der Sachverständigen finden die Vorschriften der Civilprozeßordnung in dem achten Titel des ersten Abschnitts des zweiten Buchs entsprechende Anwendung.

14. Die prozeßrechtlichen Vorschriften der Landesgesetze treten für alle bürgerlichen Rechtsstreitigkeiten, deren Entscheidung in Gemäßheit des § 3 nach den Vorschriften der Civilprozeßordnung zu erfolgen hat, außer Kraft, soweit nicht in der Civilprozeßordnung auf sie verwiesen oder soweit nicht bestimmt ist, daß sie nicht berührt werden.

Außer Kraft treten insbesondere:

1. die Vorschriften über die bindende Kraft des strafgerichtlichen Urtheils für den Civilrichter;
2. die Vorschriften, welche in Ansehung gewisser Rechtsverhältnisse einzelne Arten von Beweismitteln ausschließen oder nur unter Beschränkungen zulassen;
3. die Vorschriften, nach welchen unter bestimmten Voraussetzungen eine Thatsache als mehr oder minder wahrscheinlich anzunehmen ist;
4. die Vorschriften über die Bewilligung von Moratorien, über die Urtheilsfristen und über die Befugnisse des Gerichts, dem Schuldner bei der Verurtheilung Zahlungsfristen zu gewähren;

5. die Vorschriften, nach welchen eine Nebenforderung als aberkannt gilt, wenn über dieselbe nicht entschieden ist.

15. Unberührt bleiben:

1. die landesgesetzlichen Vorschriften über die Einstellung des Verfahrens für den Fall, daß ein Kompetenzkonflikt zwischen den Gerichten und den Verwaltungsbehörden oder Verwaltungsgerichten entsteht;
2. die landesgesetzlichen Vorschriften über die Fortdauer des Gerichtsstandes einer Gesellschaft, einer Genossenschaft oder eines Vereins nach Auflösung derselben; über das Verfahren in Betreff der Sperre der Zahlung abhanden gekommener Inhaberpapiere; über das Verfahren bei Streitigkeiten, welche die Zwangsenteignung und die Entschädigung wegen derselben betreffen;
3. die landesgesetzlichen Vorschriften über das erbschaftliche Liquidationsverfahren;
4. die landesgesetzlichen Vorschriften über die Zwangsvollstreckung wegen Geldforderungen gegen den Fiskus, Gemeinden und andere Kommunalverbände (Provinzial-, Kreis-, Amtsverbände), sowie gegen solche Korporationen, deren Vermögen von Staatsbehörden verwaltet wird, insoweit nicht dingliche Rechte verfolgt werden;
5. die Vorschriften des französischen und des badischen Rechts über den erwählten Wohnsitz, soweit es sich um Zustellungen handelt, und über das Ver-

fahren bei Vermögensabsonderungen unter Eheleuten.

Entstehen in einem unter Nr. 3 bezeichneten Verfahren Rechtsstreitigkeiten, welche in einem besonderen Prozesse zu erledigen sind, so erfolgt die Erledigung nach den Bestimmungen der Civilprozeßordnung und dieses Gesetzes.

16. Unberührt bleiben:

1. die Vorschriften des bürgerlichen Rechts, nach welchen unter bestimmten Voraussetzungen eine Thatsache unter Ausschließung des Gegenbeweises oder bis zum Beweise des Gegentheils als gewiß anzusehen ist.

   Insoweit der Beweis des Gegentheils zulässig ist, kann dieser Beweis auch durch Eideszuschiebung nach Maßgabe der §§ 410 ff. der Civilprozeßordnung geführt werden.

Unberührt bleiben ferner:

2. die Vorschriften des bürgerlichen Rechts über die Beweiskraft der Beurkundung des bürgerlichen Standes in Ansehung der Erklärungen, welche über Geburten und Sterbefälle von den zur Anzeige gesetzlich verpflichteten Personen abgegeben werden;
3. die Vorschriften des bürgerlichen Rechts über die Verpflichtung zur Leistung des Offenbarungseides;
4. die Vorschriften des bürgerlichen Rechts, nach welchen in bestimmten Fällen einstweilige Verfügungen erlassen werden können;
5. die Vorschriften des bürgerlichen Rechts über das

Verfahren bei Ehescheidungen auf Grund gegenseitiger Einwilligung;

6. die Vorschriften des bürgerlichen Rechts über die auf einseitigen Antrag eines Ehegatten zu erlassenden gerichtlichen Rückkehr-, Aufnahme- und Besserungsbefehle, sowie über die als Vorbedingung einer Ehescheidung anzuordnenden Zwangsmaßregeln;
7. die Vorschriften des bürgerlichen Rechts über die Voraussetzungen der böslichen Verlassung, namentlich in Ansehung der Frist, welche seit der Entfernung des Beklagten verstrichen sein muß, sowie in Ansehung der Fälle, welche der böslichen Verlassung gleichgestellt sind;
8. die Vorschriften des bürgerlichen Rechts, nach welchen eine böswillige Verlassung nicht schon deshalb als festgestellt angenommen werden darf, weil der Beklagte die in dem bürgerlichen Rechte vorgeschriebenen Rückkehrbefehle nicht befolgt hat.

17. Die Beweiskraft eines Schuldscheins oder einer Quittung ist an den Ablauf einer Zeitfrist nicht gebunden.

Abweichende Vorschriften des bürgerlichen Rechts über die zur Eintragung in das Grund- oder Hypothekenbuch bestimmten Schuldurkunden bleiben unberührt, soweit sie die Verfolgung des dinglichen Rechts betreffen.

18. Auf die Erledigung der vor dem Inkrafttreten der Civilprozeßordnung anhängig gewordenen Prozesse finden bis zur rechtskräftigen Entscheidung die bisherigen Prozeßgesetze Anwendung.

Der Landesgesetzgebung bleibt vorbehalten, die Civilprozeßordnung auf die vor dem Inkrafttreten derselben anhängig gewordenen Prozesse für anwendbar zu erklären und zu dem Zwecke Uebergangsbestimmungen zu erlassen.

19. Rechtskräftig im Sinne dieses Gesetzes sind Endurtheile, welche mit einem ordentlichen Rechtsmittel nicht mehr angefochten werden können.

Als erforderliche Rechtsmittel im Sinne des vorstehenden Absatzes sind diejenigen Rechtsmittel anzusehen, welche an eine von dem Tage der Verkündung oder Zustellung des Urtheils laufende Nothfrist gebunden sind.

20. Gegen Endurtheile, welche vor dem Tage des Inkrafttretens der Civilprozeßordnung die Rechtskraft erlangt haben, sowie gegen Endurtheile, welche in den vor diesem Tage anhängig gewordenen Prozessen nach demselben die Rechtskraft erlangen, finden als außerordentliche Rechtsmittel nur die Nichtigkeitsklage und die Restitutionsklage nach den Bestimmungen der Civilprozeßordnung statt.

Der Landesgesetzgebung bleibt vorbehalten, zu bestimmen, in welcher Instanz die Klagen gegen solche Endurtheile zu erheben sind.

21. Eine vor dem Inkrafttreten der Civilprozeßordnung anhängig gewordene Zwangsvollstreckung ist nach den bisherigen Prozeßgesetzen zu erledigen.

Der Landesgesetzgebung bleibt vorbehalten, die Civilprozeßordnung auf die vor dem Inkrafttreten derselben anhängig gewordenen Zwangsvollstreckungen für anwendbar zu erklären und zu dem Zwecke Uebergangsbestimmungen zu erlassen

22. Aus einer vor dem Inkrafttreten der Civilprozeßordnung aufgenommenen Urkunde, aus welcher nach den bisherigen Gesetzen die Zwangsvollstreckung zulässig ist, findet dieselbe auch nach dem Inkrafttreten der Civilprozeßordnung statt, jedoch nur innerhalb des Rechtsgebietes, in welchem die ihre Zulässigkeit bedingenden Gesetze gegolten haben, sofern nicht die Urkunde den Erfordernissen der Civilprozeßordnung entspricht.

23. Insoweit Pfand- oder Vorzugsrechte, welche vor dem Inkrafttreten der Civilprozeßordnung auf Grund eines Vertrags, einer letztwilligen Anordnung oder einer richterlichen Verfügung erworben oder in Bankstatuten den Banknoteninhabern rechtsgültig zugesichert sind, gegenüber einem Pfandrechte, welches durch eine nach dem Inkrafttreten der Civilprozeßordnung bewirkte Pfändung begründet wird, zufolge des § 709 Abs. 2 der Civilprozeßordnung ihre Wirksamkeit verlieren würden, kann die Landesgesetzgebung für die Forderung des Berechtigten das bisherige Vorrecht gewähren.

Das Vorrecht kann nicht gewährt werden gegen eine zwei Jahre nach dem Inkrafttreten der Civilprozeßordnung bewirkte Pfändung, wenn nicht das Vorrecht dadurch erhalten wird, daß dasselbe bis zum Ablaufe der zwei Jahre zur Eintragung in ein öffentliches Register vorschriftsmäßig angemeldet ist. Der Erlaß von Vorschriften über die Einrichtung solcher Register, sowie über die Anmeldung und Eintragung der Forderungen bleibt der Landesgesetzgebung vorbehalten.

Die vorstehenden Bestimmungen finden auf ein gesetzliches Pfand- oder Vorzugsrecht der Ehefrau des Schuldners für Forderungen, welche vor dem Inkrafttreten der Civilprozeßordnung entstanden sind, entsprechende Anwendung.

Civilprozeßordnung.

Gesetzeskraft spätestens mit dem 1. Oktober 1879.
(Vgl. § 1 des Einf.-Gesetzes z. Gerichtsverfassungsgesetze.)

Erstes Buch.

Allgemeine Bestimmungen.

Erster Abschnitt.

Gerichte.

Erster Titel.

Sachliche Zuständigkeit der Gerichte.

1. Die sachliche Zuständigkeit der Gerichte wird durch das Gesetz über die Gerichtsverfassung bestimmt.

2. Insoweit nach dem Gesetze über die Gerichtsverfassung die Zuständigkeit der Gerichte von dem Werthe des Streitgegenstandes abhängt, kommen die nachfolgen- Vorschriften zur Anwendung.

3. Der Werth des Streitgegenstandes wird von dem Gerichte nach freiem Ermessen festgesetzt; dasselbe kann eine beantragte Beweisaufnahme sowie von Amtswegen die Einnahme des Augenscheins und die Begutachtung durch Sachverständige anordnen.

4. Für die Werthsberechnung ist der Zeitpunkt der Erhebung der Klage entscheidend; Früchte, Nutzungen, Zinsen, Schäden und Kosten bleiben unberücksichtigt, wenn sie als Nebenforderungen geltend gemacht werden.

5. Mehrere in einer Klage geltend gemachte Ansprüche werden zusammengerechnet; eine Zusammenrechnung des Gegenstandes der Klage und der Widerklage findet nicht statt.

6. Der Werth des Streitgegenstandes wird bestimmt: durch den Werth einer Sache, wenn deren Besitz, und durch den Betrag einer Forderung, wenn deren Sicherstellung oder ein Pfandrecht Gegenstand des Streits ist. Hat der Gegenstand des Pfandrechts einen geringeren Werth, so ist dieser maßgebend.

7. Der Werth einer Grunddienstbarkeit wird durch den Werth, welchen dieselbe für das herrschende Grundstück hat, und wenn der Betrag, um welchen sich der Werth des dienenden Grundstücks durch die Dienstbarkeit mindert, größer ist, durch diesen Betrag bestimmt.

8. Ist das Bestehen oder die Dauer eines Pacht- oder Miethverhältnisses streitig, so ist der Betrag des auf die gesammte streitige Zeit fallenden Zinses und, wenn der fünfundzwanzigfache Betrag des einjährigen Zinses geringer ist, dieser Betrag für die Werthsberechnung entscheidend.

9. Der Werth des Rechts auf wiederkehrende Nutzungen oder Leistungen wird nach dem Werthe des einjährigen Bezugs berechnet und zwar:

auf den zwölfundeinhalbfachen Betrag, wenn der künftige Wegfall des Bezugsrechts gewiß, die Zeit des Wegfalls aber ungewiß ist,

auf den fünfundzwanzigfachen Betrag, bei unbeschränkter oder bestimmter Dauer des Bezugsrechts. Bei bestimmter Dauer des Bezugsrechts ist der Gesammtbetrag der künftigen Bezüge maßgebend, wenn er der geringere ist.

10. Das Urtheil eines Landgerichts kann nicht aus dem Grunde angefochten werden, weil die Zuständigkeit des Amtsgerichts begründet gewesen sei.

11. Ist die Unzuständigkeit eines Gerichts auf Grund der Bestimmungen über die sachliche Zuständigkeit der Gerichte rechtskräftig ausgesprochen, so ist diese Entscheidung für das Gericht bindend, bei welchem die Sache später anhängig wird.

Zweiter Titel.

Gerichtsstand.

12. Das Gericht, bei welchem eine Person ihren allgemeinen Gerichtsstand hat, ist für alle gegen dieselbe zu erhebenden Klagen zuständig, sofern nicht für eine Klage ein ausschließlicher Gerichtsstand begründet ist.

13. Der allgemeine Gerichtsstand einer Person wird durch den Wohnsitz bestimmt.

14. Militärpersonen haben in Ansehung des Gerichtsstandes ihren Wohnsitz am Garnisonorte.

Diese Bestimmung findet auf diejenigen Militärpersonen, welche nur zur Erfüllung der Wehrpflicht dienen oder welche selbständig einen Wohnsitz nicht begründen können, keine Anwendung.

15. Als Wohnsitz der Militärpersonen, welche zu einem Truppentheile gehören, der im Deutschen Reich keinen Garnisonort hat, gilt in Ansehung des Gerichtsstandes der letzte deutsche Garnisonort des Truppentheils.

16. Deutsche, welche das Recht der Exterritorialität genießen, sowie die im Auslande angestellten Beamten des Reichs oder eines Bundesstaates behalten in Ansehung des Gerichtsstandes den Wohnsitz, welchen sie in dem Heimathstaate hatten. In Ermangelung eines solchen Wohnsitzes gilt die Hauptstadt des Heimathstaates als ihr Wohnsitz. Ist die Hauptstadt in mehrere Gerichtsbezirke getheilt, so wird der als Wohnsitz geltende Bezirk im Wege der Justizverwaltung durch allgemeine Anordnung bestimmt.

Auf Wahlkonsuln finden diese Bestimmungen keine Anwendung.

17. Die Ehefrau theilt in Ansehung des Gerichtsstandes den Wohnsitz des Ehemannes, sofern nicht auf immerwährende Trennung von Tisch und Bett erkannt ist.

Eheliche und diesen gleichgestellte Kinder theilen in Ansehung des Gerichtsstandes den Wohnsitz des Vaters, uneheliche den Wohnsitz der Mutter. Sie behalten diesen Wohnsitz, bis sie denselben in rechtsgültiger Weise aufgeben.

18. Der allgemeine Gerichtsstand einer Person, welche keinen Wohnsitz hat, wird durch den Aufenthaltsort im Deutschen Reich und, wenn ein solcher nicht bekannt ist, durch den letzten Wohnsitz bestimmt.

19. Der allgemeine Gerichtsstand der Gemeinden, der Korporationen, sowie derjenigen Gesellschaften, Genossenschaften oder anderen Personenvereine und derjenigen Stiftungen, Anstalten und Vermögensmassen, welche als solche verklagt werden können, wird durch den Sitz derselben bestimmt. Als Sitz gilt, wenn nicht ein anderes erhellt, der Ort, wo die Verwaltung geführt wird.

Gewerkschaften haben den allgemeinen Gerichtsstand bei dem Gerichte, in dessen Bezirke das Bergwerk liegt, Behörden, wenn sie als solche verklagt werden können, bei dem Gerichte ihres Amtssitzes.

Neben dem durch die Vorschriften dieses Paragraphen bestimmten Gerichtsstande ist ein durch Statut oder in anderer Weise besonders geregelter Gerichtsstand zulässig.

20. Der allgemeine Gerichtsstand des Fiskus wird durch den Sitz der Behörde bestimmt, welche berufen ist, den Fiskus in dem Rechtsstreite zu vertreten.

21. Wenn Personen an einem Orte unter Verhältnissen, welche ihrer Natur nach auf einen Aufenthalt von längerer Dauer hinweisen, insbesondere als Dienstboten, Hand- und Fabrikarbeiter, Gewerbegehülfen, Studirende, Schüler oder Lehrlinge sich aufhalten, so ist das Gericht des Aufenthaltsorts für alle Klagen zuständig, welche

gegen diese Personen wegen vermögensrechtlicher Ansprüche erhoben werden.

Diese Bestimmung findet auf Militärpersonen, welche nur zur Erfüllung der Wehrpflicht dienen oder welche selbständig einen Wohnsitz nicht begründen können, in der Art Anwendung, daß an die Stelle des Gerichts des Aufenthaltsorts das Gericht des Garnisonorts tritt.

22. Hat Jemand zum Betriebe einer Fabrik, einer Handlung oder eines anderen Gewerbes eine Niederlassung, von welcher aus unmittelbar Geschäfte geschlossen werden, so können gegen ihn alle Klagen, welche auf den Geschäftsbetrieb der Niederlassung Bezug haben, bei dem Gerichte des Orts erhoben werden, wo die Niederlassung sich befindet.

Der Gerichtsstand der Niederlassung ist auch für Klagen gegen Personen begründet, welche ein mit Wohn- und Wirthschaftsgebäuden versehenes Gut als Eigenthümer, Nutznießer oder Pächter bewirthschaften, soweit diese Klagen die auf die Bewirthschaftung des Guts sich beziehenden Rechtsverhältnisse betreffen.

23. Das Gericht, bei welchem Gemeinden, Korporationen, Gesellschaften, Genossenschaften oder andere Personenvereine den allgemeinen Gerichtsstand haben, ist für die Klagen zuständig, welche von denselben gegen ihre Mitglieder als solche oder von den Mitgliedern in dieser Eigenschaft gegen einander erhoben werden.

24. Für Klagen wegen vermögensrechtlicher Ansprüche gegen eine Person, welche im Deutschen Reich keinen Wohnsitz hat, ist das Gericht zuständig, in dessen Bezirke sich Vermögen derselben oder der mit der Klage in Anspruch genommene Gegenstand befindet. Bei Forderungen gilt als der Ort, wo das Vermögen sich befindet, der Wohnsitz des Schuldners und, wenn für die Forderung eine Sache zur Sicherheit haftet, auch der Ort, wo die Sache sich befindet.

25. Für Klagen, durch welche das Eigenthum, eine dingliche Belastung oder die Freiheit von einer solchen geltend gemacht wird, für Grenzscheidungs-, Theilungs- und Besitzklagen ist, sofern es sich um unbewegliche Sachen handelt, das Gericht ausschließlich zuständig, in dessen Bezirke die Sache belegen ist.

Bei den eine Grunddienstbarkeit oder eine Reallast betreffenden Klagen ist die Lage des dienenden oder belasteten Grundstücks entscheidend.

26. In dem dinglichen Gerichtsstande kann mit der hypothekarischen Klage die Schuldklage, mit der Klage auf Löschung einer Hypothek die Klage auf Befreiung von der persönlichen Verbindlichkeit, mit der Klage auf Anerkennung einer Reallast die Klage auf rückständige Leistungen erhoben werden, wenn die verbundenen Klagen gegen denselben Beklagten gerichtet sind.

27. In dem dinglichen Gerichtsstande können persönliche Klagen, welche gegen den Eigenthümer oder Besitzer einer unbeweglichen Sache als solchen gerichtet werden, sowie Klagen wegen Beschädigung eines Grundstücks oder in Betreff der Entschädigung wegen Enteignung eines Grundstücks erhoben werden.

28. Klagen, welche Erbrechte, Ansprüche aus Vermächtnissen oder sonstigen Verfügungen auf den Todesfall oder die Theilung der Erbschaft zum Gegenstande haben, können vor dem Gerichte erhoben werden, bei welchem der Erblasser zur Zeit seines Todes den allgemeinen Gerichtsstand gehabt hat.

In dem Gerichtsstande der Erbschaft können auch Klagen der Nachlaßgläubiger aus Ansprüchen an den Erblasser oder die Erben als solche erhoben werden, wenn sich der Nachlaß noch ganz oder theilweise im Bezirke des Gerichts befindet, oder wenn mehrere Erben vorhanden sind und der Nachlaß noch nicht getheilt ist.

29. Für Klagen auf Feststellung des Bestehens oder Nichtbestehens eines Vertrags, auf Erfüllung oder Aufhebung eines solchen, sowie auf Entschädigung wegen Nichterfüllung oder nicht gehöriger Erfüllung ist das Gericht des Orts zuständig, wo die streitige Verpflichtung zu erfüllen ist.

30. Für Klagen aus den auf Messen und Märkten, mit Ausnahme der Jahr- und der Wochenmärkte, geschlossenen Handelsgeschäften (Meß- und Marktsachen) ist das Gericht des Meß- oder Marktorts zuständig, wenn die Erhebung der Klage erfolgt, während der Beklagte oder ein zur Prozeßführung berechtigter Vertreter desselben am Orte oder im Bezirke des Gerichts sich aufhält.

31. Für Klagen, welche aus einer Vermögensverwaltung von dem Geschäftsherrn gegen den Verwalter oder von dem Verwalter gegen den Geschäftsherrn erhoben

werden, ist das Gericht des Orts zuständig, wo die Verwaltung geführt ist.

32. Für Klagen aus unerlaubten Handlungen ist das Gericht zuständig, in dessen Bezirke die Handlung begangen ist.

33. Bei dem Gerichte der Klage kann eine Widerklage erhoben werden, wenn der Gegenanspruch mit dem in der Klage geltend gemachten Anspruche oder mit den gegen denselben vorgebrachten Vertheidigungsmitteln in Zusammenhang steht.

Diese Bestimmung findet keine Anwendung, wenn die Zuständigkeit des Gerichts für eine Klage wegen des Gegenanspruchs auch durch Vereinbarung nicht würde begründet werden können.

34. Für Klagen der Prozeßbevollmächtigten, der Beistände, der Zustellungsbevollmächtigten und der Gerichtsvollzieher wegen Gebühren und Auslagen ist das Gericht des Hauptprozesses zuständig.

35. Unter mehreren zuständigen Gerichten hat der Kläger die Wahl.

36. Die Bestimmung des zuständigen Gerichts erfolgt durch das im Instanzenzuge zunächst höhere Gericht:

1. wenn das an sich zuständige Gericht in einem einzelnen Falle an der Ausübung des Richteramts rechtlich oder thatsächlich verhindert ist;
2. wenn es mit Rücksicht auf die Grenzen verschiedener Gerichtsbezirke ungewiß ist, welches Gericht für den Rechtsstreit zuständig sei;

3. wenn mehrere Personen, welche bei verschiedenen Gerichten ihren allgemeinen Gerichtsstand haben, als Streitgenossen im allgemeinen Gerichtsstande verklagt werden sollen und für den Rechtsstreit ein gemeinschaftlicher besonderer Gerichtsstand nicht begründet ist;
4. wenn die Klage in dem dinglichen Gerichtsstande erhoben werden soll und die Sache in den Bezirken verschiedener Gerichte belegen ist;
5. wenn in einem Rechtsstreite verschiedene Gerichte sich rechtskräftig für zuständig erklärt haben;
6. wenn verschiedene Gerichte, von welchen eines für den Rechtsstreit zuständig ist, sich rechtskräftig für unzuständig erklärt haben.

37. Die Entscheidung über das Gesuch um Bestimmung des zuständigen Gerichts kann ohne vorgängige mündliche Verhandlung erfolgen.

Eine Anfechtung des Beschlusses, welcher das zuständige Gericht bestimmt, findet nicht statt.

Dritter Titel.

Vereinbarung über die Zuständigkeit der Gerichte.

38. Ein an sich unzuständiges Gericht erster Instanz wird durch ausdrückliche oder stillschweigende Vereinbarung der Parteien zuständig.

39. Stillschweigende Vereinbarung ist anzunehmen, wenn der Beklagte, ohne die Unzuständigkeit geltend zu machen, zur Hauptsache mündlich verhandelt hat.

40. Die Vereinbarung hat keine rechtliche Wirkung, wenn sie nicht auf ein bestimmtes Rechtsverhältniß und die aus demselben entspringenden Rechtsstreitigkeiten sich bezieht.

Die Vereinbarung ist unzulässig, wenn der Rechtsstreit andere als vermögensrechtliche Ansprüche betrifft, oder wenn für die Klage ein ausschließlicher Gerichtsstand begründet ist.

Vierter Titel.

Ausschließung und Ablehnung der Gerichtspersonen.

41. Ein Richter ist von der Ausübung des Richteramts kraft Gesetzes ausgeschlossen:

1. in Sachen, in welchen er selbst Partei ist, oder in Ansehung welcher er zu einer Partei in dem Verhältnisse eines Mitberechtigten, Mitverpflichteten oder Regreßpflichtigen steht;
2. in Sachen seiner Ehefrau, auch wenn die Ehe nicht mehr besteht;
3. in Sachen einer Person, mit welcher er in gerader Linie verwandt, verschwägert oder durch Adoption verbunden, in der Seitenlinie bis zum dritten Grade verwandt oder bis zum zweiten Grade verschwägert ist, auch wenn die Ehe, durch welche die Schwägerschaft begründet ist, nicht mehr besteht;
4. in Sachen, in welchen er als Prozeßbevollmächtigter oder Beistand einer Partei bestellt oder als gesetzlicher Vertreter einer Partei aufzutreten berechtigt ist oder gewesen ist;

5. in Sachen, in welchen er als Zeuge oder Sachverständiger vernommen ist;
6. in Sachen, in welchen er in einer früheren Instanz oder im schiedsrichterlichen Verfahren bei der Erlassung der angefochteten Entscheidung mitgewirkt hat, sofern es sich nicht um die Thätigkeit eines beauftragten oder ersuchten Richters handelt.

42. Ein Richter kann sowohl in den Fällen, in welchen er von der Ausübung des Richteramts kraft Gesetzes ausgeschlossen ist, als auch wegen Besorgniß der Befangenheit abgelehnt werden.

Wegen Besorgniß der Befangenheit findet die Ablehnung statt, wenn ein Grund vorliegt, welcher geeignet ist, Mißtrauen gegen die Unparteilichkeit eines Richters zu rechtfertigen.

Das Ablehnungsrecht steht in jedem Falle beiden Parteien zu.

43. Eine Partei kann einen Richter wegen Besorgniß der Befangenheit nicht mehr ablehnen, wenn sie bei demselben, ohne den ihr bekannten Ablehnungsgrund geltend zu machen, in eine Verhandlung sich eingelassen oder Anträge gestellt hat.

44. Das Ablehnungsgesuch ist bei dem Gerichte, welchem der Richter angehört, anzubringen; es kann vor dem Gerichtsschreiber zu Protokoll erklärt werden.

Der Ablehnungsgrund ist glaubhaft zu machen; der Eid ist als Mittel der Glaubhaftmachung ausgeschlossen. Zur Glaubhaftmachung kann auf das Zeugniß des abgelehnten Richters Bezug genommen werden.

Der abgelehnte Richter hat sich über den Ablehnungsgrund dienstlich zu äußern.

Wird ein Richter, bei welchem die Partei in eine Verhandlung sich eingelassen oder Anträge gestellt hat, wegen Besorgniß der Befangenheit abgelehnt, so ist glaubhaft zu machen, daß der Ablehnungsgrund erst später entstanden oder der Partei bekannt geworden sei.

45. Ueber das Ablehnungsgesuch entscheidet das Gericht, welchem der Abgelehnte angehört; wenn dasselbe durch Ausscheiden des abgelehnten Mitgliedes beschlußunfähig wird, das im Instanzenzuge zunächst höhere Gericht.

Wird ein Amtsrichter abgelehnt, so entscheidet das Landgericht. Einer Entscheidung bedarf es nicht, wenn der Amtsrichter das Ablehnungsgesuch für begründet hält.

46. Die Entscheidung über das Ablehnungsgesuch kann ohne vorgängige mündliche Verhandlung erfolgen.

Gegen den Beschluß, durch welchen das Gesuch für begründet erklärt wird, findet kein Rechtsmittel; gegen den Beschluß, durch welchen das Gesuch für unbegründet erklärt wird, findet sofortige Beschwerde statt.

47. Ein abgelehnter Richter hat vor Erledigung des Ablehnungsgesuchs nur solche Handlungen vorzunehmen, welche keinen Aufschub gestatten.

48. Das für die Erledigung eines Ablehnungsgesuchs zuständige Gericht hat auch dann zu entscheiden, wenn ein solches Gesuch nicht angebracht ist, ein Richter aber von einem Verhältnisse Anzeige macht, welches seine Ablehnung rechtfertigen könnte, oder wenn aus anderer Ver-

anlassung Zweifel darüber entstehen, ob ein Richter kraft Gesetzes ausgeschlossen sei.

Die Entscheidung erfolgt ohne vorgängiges Gehör der Parteien.

49. Die Bestimmungen dieses Titels finden auf den Gerichtsschreiber entsprechende Anwendung; die Entscheidung erfolgt durch das Gericht, bei welchem der Gerichtsschreiber angestellt ist.

Zweiter Abschnitt.

Parteien.

Erster Titel.

Prozeßfähigkeit.

50. Die Fähigkeit einer Partei, vor Gericht zu stehen, die Vertretung nicht prozeßfähiger Parteien durch andere Personen (gesetzliche Vertreter) und die Nothwendigkeit einer besonderen Ermächtigung zur Prozeßführung bestimmt sich nach den Vorschriften des bürgerlichen Rechts, soweit nicht die nachfolgenden Paragraphen abweichende Bestimmungen enthalten.

51. Eine Person ist insoweit prozeßfähig, als sie sich durch Verträge verpflichten kann.

Die Prozeßfähigkeit einer großjährigen Person wird dadurch, daß sie unter väterlicher Gewalt steht, die Prozeßfähigkeit einer Frau dadurch, daß sie Ehefrau ist, nicht beschränkt.

Die Vorschriften über die Geschlechtsvormundschaft finden auf die Prozeßführung keine Anwendung.

52. Einzelne Prozeßhandlungen, zu welchen nach den Vorschriften des bürgerlichen Rechts eine besondere Ermächtigung erforderlich ist, sind ohne dieselbe gültig, wenn die Ermächtigung zur Prozeßführung im Allgemeinen ertheilt oder die Prozeßführung auch ohne eine solche Ermächtigung im Allgemeinen statthaft ist.

53. Ein Ausländer, welchem nach dem Rechte seines Landes die Prozeßfähigkeit mangelt, gilt als prozeßfähig, wenn ihm nach dem Rechte des Prozeßgerichts die Prozeßfähigkeit zusteht.

54. Das Gericht hat den Mangel der Prozeßfähigkeit, der Legitimation eines gesetzlichen Vertreters und der erforderlichen Ermächtigung zur Prozeßführung von Amtswegen zu berücksichtigen.

Die Partei oder deren gesetzlicher Vertreter kann zur Prozeßführung mit Vorbehalt der Beseitigung des Mangels zugelassen werden, wenn mit dem Verzuge Gefahr für die Partei verbunden ist. Das Endurtheil darf erst erlassen werden, nachdem die für die Beseitigung des Mangels zu bestimmende Frist abgelaufen ist.

55. Soll eine nicht prozeßfähige Partei verklagt werden, welche ohne gesetzlichen Vertreter ist, so hat der Vorsitzende des Prozeßgerichts derselben, falls mit dem Verzuge Gefahr verbunden ist, auf Antrag bis zu dem Eintritte des gesetzlichen Vertreters einen besonderen Vertreter zu bestellen.

Der Vorsitzende kann einen solchen Vertreter auch bestellen, wenn in den Fällen des § 21 eine nicht prozeßfähige Person bei dem Gerichte ihres Aufenthaltsorts oder Garnisonorts verklagt werden soll.

Zweiter Titel.
Streitgenossenschaft.

56. Mehrere Personen können als Streitgenossen gemeinschaftlich klagen oder verklagt werden, wenn sie in Ansehung des Streitgegenstandes in Rechtsgemeinschaft stehen, oder wenn sie aus demselben thatsächlichen und rechtlichen Grunde berechtigt oder verpflichtet sind.

57. Mehrere Personen können auch dann als Streitgenossen gemeinschaftlich klagen oder verklagt werden, wenn gleichartige und auf einem im Wesentlichen gleichartigen thatsächlichen und rechtlichen Grunde beruhende Ansprüche oder Verpflichtungen den Gegenstand des Rechtsstreits bilden.

58. Streitgenossen stehen, soweit nicht aus den Vorschriften des bürgerlichen Rechts oder dieses Gesetzes sich ein Anderes ergiebt, dem Gegner dergestalt als Einzelne gegenüber, daß die Handlungen des einen Streitgenossen dem anderen weder zum Vortheile noch zum Nachtheile gereichen.

59. Kann das streitige Rechtsverhältniß allen Streitgenossen gegenüber nur einheitlich festgestellt werden, oder ist die Streitgenossenschaft aus einem sonstigen Grunde eine nothwendige, so werden, wenn ein Termin oder eine Frist

nur von einzelnen Streitgenossen versäumt wird, die säumigen Streitgenossen als durch die nicht säumigen vertreten angesehen.

Die säumigen Streitgenossen sind auch in dem späteren Verfahren zuzuziehen.

60. Das Recht zur Betreibung des Prozesses steht jedem Streitgenossen zu; er muß, wenn er den Gegner zu einem Termine ladet, auch die übrigen Streitgenossen laden.

Dritter Titel.

Betheiligung Dritter am Rechtsstreite.

61. Wer die Sache oder das Recht, worüber zwischen anderen Personen ein Rechtsstreit anhängig geworden ist, ganz oder theilweise für sich in Anspruch nimmt, ist bis zur rechtskräftigen Entscheidung dieses Rechtsstreits berechtigt, seinen Anspruch durch eine gegen beide Parteien gerichtete Klage bei demjenigen Gerichte geltend zu machen, vor welchem der Rechtsstreit in erster Instanz anhängig wurde.

62. Der Hauptprozeß kann auf Antrag einer Partei bis zur rechtskräftigen Entscheidung über die Hauptintervention ausgesetzt werden.

63. Wer ein rechtliches Interesse daran hat, daß in einem zwischen anderen Personen anhängigen Rechtsstreite die eine Partei obsiege, kann dieser Partei zum Zwecke ihrer Unterstützung beitreten.

Die Nebenintervention kann in jeder Lage des Rechtsstreits bis zur rechtskräftigen Entscheidung desselben, auch in Verbindung mit der Einlegung eines Rechtsmittels erfolgen.

64. Der Nebenintervenient muß den Rechtsstreit in der Lage annehmen, in welcher sich dieser zur Zeit seines Beitritts befindet; er ist berechtigt, Angriffs- und Vertheidigungsmittel geltend zu machen und alle Prozeßhandlungen wirksam vorzunehmen, insoweit nicht seine Erklärungen und Handlungen mit Erklärungen und Handlungen der Hauptpartei in Widerspruch stehen.

65. Der Nebenintervenient wird im Verhältnisse zu der Hauptpartei mit der Behauptung nicht gehört, daß der Rechtsstreit, wie derselbe dem Richter vorgelegen habe, unrichtig entschieden sei; er wird mit der Behauptung, daß die Hauptpartei den Rechtsstreit mangelhaft geführt habe, nur insoweit gehört, als er durch die Lage des Rechtsstreits zur Zeit seines Beitritts oder durch Erklärungen und Handlungen der Hauptpartei verhindert worden ist, Angriffs- oder Vertheidigungsmittel geltend zu machen, oder als Angriffs- oder Vertheidigungsmittel, welche ihm unbekannt waren, von der Hauptpartei absichtlich oder durch grobes Verschulden nicht geltend gemacht sind.

66. Insofern nach den Vorschriften des bürgerlichen Rechts die Rechtskraft der in dem Hauptprozesse erlassenen Entscheidung auf das Rechtsverhältniß des Nebenintervenienten zu dem Gegner von Wirksamkeit ist, gilt der Nebenintervenient im Sinne des § 58 als Streitgenosse der Hauptpartei.

67. Der Beitritt des Nebenintervenienten erfolgt durch Zustellung eines Schriftsatzes. Derselbe muß enthalten:

1. die Bezeichnung der Parteien und des Rechtsstreits;
2. die bestimmte Angabe des Interesses, welches der Nebenintervenient hat;
3. die Erklärung des Beitritts.

Außerdem finden die allgemeinen Bestimmungen über die vorbereitenden Schriftsätze Anwendung.

68. Ueber den Antrag auf Zurückweisung einer Nebenintervention wird nach vorgängiger mündlicher Verhandlung unter den Parteien und dem Nebenintervenienten entschieden. Der Nebenintervenient ist zuzulassen, wenn er sein Interesse glaubhaft macht.

Gegen das Zwischenurtheil findet sofortige Beschwerde statt.

So lange nicht die Unzulässigkeit der Intervention rechtskräftig ausgesprochen ist, wird der Intervenient im Hauptverfahren zugezogen.

69. Eine Partei, welche für den Fall des ihr ungünstigen Ausganges des Rechtsstreits einen Anspruch auf Gewährleistung oder Schadloshaltung gegen einen Dritten erheben zu können glaubt oder den Anspruch eines Dritten besorgt, kann bis zur rechtkräftigen Entscheidung des Rechtsstreits dem Dritten gerichtlich den Streit verkünden.

Der Dritte ist zu einer weiteren Streitverkündung berechtigt.

70. Die Streitverkündung erfolgt durch Zustellung eines Schriftsatzes, in welchem der Grund der Streitverkündung und die Lage des Rechtsstreits anzugeben ist.

Abschrift des Schriftsatzes ist dem Gegner mitzutheilen.

71. Wenn der Dritte dem Streitverkünder beitritt, so bestimmt sich sein Verhältniß zu den Parteien nach den Grundsätzen über die Nebenintervention.

Lehnt der Dritte den Beitritt ab, oder erklärt er sich nicht, so wird der Rechtsstreit ohne Rücksicht auf ihn fortgesetzt.

In allen Fällen dieses Paragraphen kommen gegen den Dritten die Vorschriften des § 65 mit der Abweichung zur Anwendung, daß statt der Zeit des Beitritts diejenige Zeit entscheidet, zu welcher der Beitritt in Folge der Streitverkündung möglich war.

72. Wird von dem verklagten Schuldner einem Dritten, welcher die geltend gemachte Forderung für sich in Anspruch nimmt, der Streit verkündet, und tritt der Dritte in den Streit ein, so ist der Beklagte, wenn er den Betrag der Forderung zu Gunsten der streitenden Gläubiger gerichtlich hinterlegt, auf seinen Antrag aus dem Rechtsstreit unter Verurtheilung in die durch seinen unbegründeten Widerspruch veranlaßten Kosten zu entlassen und der Rechtsstreit über die Berechtigung an der Forderung zwischen den streitenden Gläubigern allein fortzusetzen. Dem Obsiegenden ist der hinterlegte Betrag zuzusprechen und der Unterliegende auch zur Erstattung der dem Beklagten entstandenen, nicht durch dessen un-

begründeten Widerspruch veranlaßten Kosten, einschließlich der Kosten der Hinterlegung, zu verurtheilen.

73. Wer als Besitzer einer Sache verklagt ist, die er im Namen eines Dritten zu besitzen behauptet, kann, wenn er diesem vor der Verhandlung zur Hauptsache den Streit verkündet und ihn unter Benennung an den Kläger zur Erklärung ladet, bis zu dieser Erklärung oder bis zum Schlusse des Termins, in welchem sich der Benannte zu erklären hat, die Verhandlung zur Hauptsache verweigern.

Bestreitet der Benannte die Behauptung des Beklagten oder erklärt er sich nicht, so ist der Beklagte berechtigt, dem Klageantrage zu genügen.

Wird die Behauptung des Beklagten von dem Benannten als richtig anerkannt, so ist dieser berechtigt, mit Zustimmung des Beklagten an dessen Stelle den Prozeß zu übernehmen. Die Zustimmung des Klägers ist nur insoweit erforderlich, als derselbe Ansprüche geltend macht, welche unabhängig davon sind, daß der Beklagte im Namen eines Dritten besitzt.

Hat der Benannte den Prozeß übernommen, so ist der Beklagte auf seinen Antrag von der Klage zu entbinden. Die Entscheidung ist in Ansehung der Sache selbst auch gegen den Beklagten wirksam und vollstreckbar.

Vierter Titel.

Prozeßbevollmächtigte und Beistände.

74. Vor den Landgerichten und vor allen Gerichten höherer Instanz müssen die Parteien sich durch einen bei

dem Prozeßgerichte zugelassenen Rechtsanwalt als Bevollmächtigten vertreten lassen (Anwaltsprozeß).

Diese Vorschrift findet auf das Verfahren vor einem beauftragten oder ersuchten Richter sowie auf Prozeßhandlungen, welche vor dem Gerichtsschreiber vorgenommen werden können, keine Anwendung.

Ein bei dem Prozeßgerichte zugelassener Rechtsanwalt kann sich selbst vertreten.

75. Insoweit eine Vertretung durch Anwälte nicht geboten ist, können die Parteien den Rechtsstreit selbst oder durch jede prozeßfähige Person als Bevollmächtigten führen.

76. Der Bevollmächtigte hat die Bevollmächtigung durch eine schriftliche Vollmacht nachzuweisen und diese zu den Gerichtsakten abzugeben.

Eine Privaturkunde muß auf Verlangen des Gegners gerichtlich oder notariell beglaubigt werden. Bei der Beglaubigung bedarf es weder der Zuziehung von Zeugen noch der Aufnahme eines Protokolls.

77. Die Prozeßvollmacht ermächtigt zu allen den Rechtsstreit betreffenden Prozeßhandlungen, einschließlich derjenigen, welche durch eine Widerklage, eine Wiederaufnahme des Verfahrens und die Zwangsvollstreckung veranlaßt werden; zur Bestellung eines Vertreters sowie eines Bevollmächtigten für die höheren Instanzen; zur Beseitigung des Rechtsstreits durch Vergleich, Verzichtleistung auf den Streitgegenstand oder Anerkennung des von dem Gegner geltend gemachten Anspruchs; zur

Empfangnahme der von dem Gegner zu erstattenden Kosten.

78. Die Vollmacht für den Hauptprozeß umfaßt die Vollmacht für das eine Hauptintervention, einen Arrest oder eine einstweilige Verfügung betreffende Verfahren.

79. Eine Beschränkung des gesetzlichen Umfangs der Vollmacht hat dem Gegner gegenüber nur insoweit rechtliche Wirkung, als diese Beschränkung die Beseitigung des Rechtsstreits durch Vergleich, Verzichtleistung auf den Streitgegenstand oder Anerkennung des von dem Gegner geltend gemachten Anspruchs betrifft.

Insoweit eine Vertretung durch Anwälte nicht geboten ist, kann eine Vollmacht für einzelne Prozeßhandlungen ertheilt werden.

80. Mehrere Bevollmächtigte sind berechtigt, sowohl gemeinschaftlich als einzeln die Partei zu vertreten. Eine abweichende Bestimmung der Vollmacht hat dem Gegner gegenüber keine rechtliche Wirkung.

81. Die von dem Bevollmächtigten vorgenommenen Prozeßhandlungen sind für die Partei in gleicher Art verpflichtend, als wenn sie von der Partei selbst vorgenommen wären. Dies gilt von Geständnissen und anderen thatsächlichen Erklärungen, insoweit nicht dieselben von der miterschienenen Partei sofort widerrufen oder berichtigt werden.

82. Die Vollmacht wird weder durch den Tod des Vollmachtgebers, noch durch eine Veränderung in Betreff seiner Prozeßfähigkeit oder seiner gesetzlichen Vertretung

aufgehoben; der Bevollmächtigte hat jedoch, wenn er nach Aussetzung des Rechtsstreits für den Nachfolger im Rechtsstreit auftritt, eine Vollmacht desselben beizubringen.

83. Dem Gegner gegenüber erlangt die Kündigung des Vollmachtvertrags erst durch die Anzeige des Erlöschens der Vollmacht, in Anwaltsprozessen erst durch die Anzeige der Bestellung eines anderen Anwalts rechtliche Wirksamkeit.

Der Bevollmächtigte wird durch die von seiner Seite erfolgte Kündigung nicht gehindert, für den Vollmachtgeber so lange zu handeln, bis dieser für Wahrnehmung seiner Rechte in anderer Weise gesorgt hat.

84. Der Mangel der Vollmacht kann von dem Gegner in jeder Lage des Rechtsstreits gerügt werden.

Das Gericht hat den Mangel der Vollmacht von Amtswegen zu berücksichtigen, insoweit eine Vertretung durch Anwälte nicht geboten ist.

85. Handelt Jemand für eine Partei als Geschäftsführer ohne Auftrag oder als Bevollmächtigter ohne Beibringung einer Vollmacht, so kann er gegen oder ohne Sicherheitsleistung für Kosten und Schäden zur Prozeßführung einstweilen zugelassen werden. Das Endurtheil darf erst erlassen werden, nachdem die für die Beibringung der Genehmigung zu bestimmende Frist abgelaufen ist.

Die Partei muß die Prozeßführung gegen sich gelten lassen, wenn sie auch nur mündlich Vollmacht ertheilt oder wenn sie die Prozeßführung ausdrücklich oder stillschweigend genehmigt hat.

86. Insoweit eine Vertretung durch Anwälte nicht geboten ist, kann eine Partei mit jeder prozeßfähigen Person als Beistand erscheinen.

Das von dem Beistande Vorgetragene gilt als von der Partei vorgebracht, insoweit es nicht von dieser sofort widerrufen oder berichtigt wird.

Fünfter Titel.
Prozeßkosten.

87. Die unterliegende Partei hat die Kosten des Rechtsstreits zu tragen, insbesondere die dem Gegner erwachsenen Kosten zu erstatten, soweit dieselben nach freiem Ermessen des Gerichts zur zweckentsprechenden Rechtsverfolgung oder Rechtsvertheidigung nothwendig waren.

Die Gebühren und Auslagen des Rechtsanwalts der obsiegenden Partei sind in allen Prozessen zu erstatten, Reisekosten eines auswärtigen Rechtsanwalts jedoch nur insoweit, als die Zuziehung nach dem Ermessen des Gerichts zur zweckentsprechenden Rechtsverfolgung oder Rechtsvertheidigung nothwendig war. Die Kosten mehrerer Rechtsanwälte sind nur insoweit zu erstatten, als sie die Kosten eines Rechtsanwalts nicht übersteigen, oder als in der Person des Rechtsanwalts ein Wechsel eintreten mußte.

88. Wenn jede Partei theils obsiegt, theils unterliegt, so sind die Kosten gegen einander aufzuheben oder verhältnißmäßig zu theilen.

Das Gericht kann der einen Partei die gesammten Prozeßkosten auferlegen, wenn die Zuvielforderung der anderen Partei eine verhältnißmäßig geringfügige war und keine besonderen Kosten veranlaßt hat, oder wenn der Betrag der Forderung der anderen Partei von der Festsetzung durch richterliches Ermessen, von der Ausmittelung durch Sachverständige oder von einer gegenseitigen Berechnung abhängig war.

89. Hat der Beklagte nicht durch sein Verhalten zur Erhebung der Klage Veranlassung gegeben, so fallen dem Kläger die Prozeßkosten zur Last, wenn der Beklagte den Anspruch sofort anerkennt.

90. Die Partei, welche einen Termin oder eine Frist versäumt, oder die Verlegung eines Termins, die Vertagung einer Verhandlung, die Anberaumung eines Termins zur Fortsetzung der Verhandlung oder die Verlängerung einer Frist durch ihr Verschulden veranlaßt, hat die dadurch verursachten Kosten zu tragen.

91. Die Kosten eines ohne Erfolg gebliebenen Angriffs- oder Vertheidigungsmittels können der Partei auferlegt werden, welche dasselbe geltend gemacht hat, auch wenn sie in der Hauptsache obsiegt.

92. Die Kosten eines ohne Erfolg eingelegten Rechtsmittels fallen der Partei zur Last, welche dasselbe eingelegt hat.

Die Kosten der Berufsinstanz können der obsiegenden Partei ganz oder theilweise auferlegt werden, wenn sie auf Grund eines neuen Vorbringens obsiegt, welches sie nach freiem Ermessen des Gerichts in erster Instanz geltend zu machen im Stande war.

Die Kosten der Revisionsinstanz in Rechtsstreitigkeiten über Ansprüche, für welche die Landgerichte ohne Rücksicht auf den Werth des Streitgegenstandes ausschließlich zuständig sind, hat auch im Falle des Obsiegens die Reichs- oder die Staatskasse zu tragen, wenn der Werth des Streitgegenstandes die Summe von dreihundert Mark nicht übersteigt und der Vertreter des Reichs oder des Staates die Revision eingelegt hat.

93. Die Kosten eines abgeschlossenen Vergleichs sind als gegen einander aufgehoben anzusehen, wenn nicht die Parteien ein Anderes vereinbart haben. Dasselbe gilt von den Kosten des durch Vergleich erledigten Rechtsstreits, soweit nicht über dieselben bereits rechtskräftig erkannt ist.

94. Die Anfechtung der Entscheidung über den Kostenpunkt ist unzulässig, wenn nicht gegen die Entscheidung in der Hauptsache ein Rechtsmittel eingelegt wird.

95. Besteht der unterliegende Theil aus mehreren Personen, so haften dieselben für die Kostenerstattung nach Kopftheilen.

Bei einer erheblichen Verschiedenheit der Betheiligung am Rechtsstreite kann nach dem Ermessen des Gerichts die Betheiligung zum Maßstabe genommen werden.

Hat ein Streitgenosse ein besonderes Angriffs- oder Vertheidigungsmittel geltend gemacht, so sind die übrigen Streitgenossen für die durch dasselbe veranlaßten Kosten nicht verhaftet.

Durch die Bestimmungen dieses Paragraphen wird eine nach den Vorschriften des bürgerlichen Rechts begründete Verpflichtung, wegen der Kosten solidarisch zu haften, nicht berührt.

96. Die Bestimmungen der §§ 87—93 finden auch auf die durch eine Nebenintervention verursachten Kosten Anwendung.

Gilt der Nebenintervenient als Streitgenosse der Hauptpartei (§ 66), so sind die Vorschriften des § 95 maßgebend.

97. Gerichtsschreiber, gesetzliche Vertreter, Rechtsanwälte und andere Bevollmächtigte sowie Gerichtsvollzieher können durch das Prozeßgericht auch von Amtswegen zur Tragung derjenigen Kosten verurtheilt werden, welche sie durch grobes Verschulden veranlaßt haben.

Die Entscheidung kann ohne mündliche Verhandlung erfolgen. Vor der Entscheidung ist der Betheiligte zu hören.

Gegen die Entscheidung findet sofortige Beschwerde statt

98. Der Anspruch auf Erstattung der Prozeßkosten kann nur auf Grund eines zur Zwangsvollstreckung geeigneten Titels geltend gemacht werden.

Das Gesuch um Festsetzung des zu erstattenden Betrages ist bei dem Gericht erster Instanz anzubringen; es kann vor dem Gerichtsschreiber zu Protokoll erklärt werden. Die Kostenberechnung, die zur Mittheilung an den Gegner bestimmte Abschrift derselben und die zur Rechtfertigung der einzelnen Ansätze dienenden Belege sind beizufügen.

99. Die Entscheidung über das Festsetzungsgesuch kann ohne vorgängige mündliche Verhandlung erfolgen.

Zur Berücksichtigung eines Ansatzes genügt, daß derselbe glaubhaft gemacht ist.

Gegen den Festsetzungsbeschluß findet sofortige Beschwerde statt.

100. Sind die Prozeßkosten ganz oder theilweise nach Quoten vertheilt, so hat die Partei den Gegner vor Anbringung des Festsetzungsgesuchs aufzufordern, die Berechnung seiner Kosten binnen einer einwöchigen Frist bei dem Gerichte einzureichen. Nach fruchtlosem Ablaufe der Frist erfolgt die Entscheidung ohne Rücksicht auf die Kosten des Gegners, unbeschadet des Rechts des letzteren, den Anspruch auf Erstattung nachträglich geltend zu machen. Der Gegner haftet für die Mehrkosten, welche durch das nachträgliche Verfahren entstehen.

Sechster Titel.

Sicherheitsleistung.

101. Die Bestellung einer prozessualischen Sicherheit ist, sofern nicht die Parteien ein Anderes vereinbart haben oder dieses Gesetz eine nach freiem Ermessen des Gerichts zu bestimmende Sicherheit zuläßt, durch Hinterlegung in baarem Gelde oder in solchen Werthpapieren zu bewirken, welche nach richterlichem Ermessen eine genügende Deckung gewähren.

102. Ausländer, welche als Kläger auftreten, haben dem Beklagten auf dessen Verlangen wegen der Prozeßkosten Sicherheit zu leisten.

Diese Verpflichtung tritt nicht ein:

1. wenn nach den Gesetzen des Staates, welchem der Kläger angehört, ein Deutscher in gleichem Falle zur Sicherheitsleistung nicht verpflichtet ist;
2. im Urkunden- oder Wechselprozesse;
3. bei Widerklagen;
4. bei Klagen, welche in Folge einer öffentlichen Aufforderung angestellt werden;
5. bei Klagen aus Ansprüchen, welche in das Grund- oder Hypothekenbuch einer deutschen Behörde eingetragen sind.

103. Der Beklagte kann auch dann Sicherheitsleistung verlangen, wenn im Laufe des Rechtsstreits der Kläger die Eigenschaft eines Deutschen verliert oder die Voraussetzung, unter welcher der Ausländer von der Sicherheitsleistung befreit war, wegfällt und nicht ein zur Deckung ausreichender Theil des erhobenen Anspruchs unbestritten ist.

104. Die Höhe der zu leistenden Sicherheit wird von dem Gerichte nach freiem Ermessen festgesetzt.

Bei der Festsetzung ist derjenige Betrag der Prozeßkosten zu Grunde zu legen, welchen der Beklagte wahrscheinlich aufzuwenden haben wird. Die dem Beklagten durch eine Widerklage erwachsenden Kosten sind hierbei nicht zu berücksichtigen.

Ergiebt sich im Laufe des Rechtsstreits, daß die geleistete Sicherheit nicht hinreicht, so kann der Beklagte die Leistung einer weiteren Sicherheit verlangen, sofern nicht ein zur Deckung ausreichender Theil des erhobenen Anspruchs unbestritten ist.

105. Das Gericht hat dem Kläger bei Anordnung der Sicherheitsleistung eine Frist zu bestimmen, binnen welcher die Sicherheit zu leisten sei. Nach Ablauf der Frist ist auf Antrag des Beklagten, wenn die Sicherheit bis zur Entscheidung nicht geleistet ist, die Klage für zurückgenommen zu erklären oder, wenn über ein Rechtsmittel des Klägers zu verhandeln ist, dasselbe zu verwerfen.

Siebenter Titel.

Armenrecht.

106. Wer außer Stande ist, ohne Beeinträchtigung des für ihn und seine Familie nothwendigen Unterhalts die Kosten des Prozesses zu bestreiten, hat auf Bewilligung des Armenrechts Anspruch, wenn die beabsichtigte Rechtsverfolgung oder Rechtsvertheidigung nicht muthwillig oder aussichtslos erscheint.

Ausländer haben auf das Armenrecht nur insoweit Anspruch, als die Gegenseitigkeit verbürgt ist.

107. Durch die Bewilligung des Armenrechts erlangt die Partei:

1. die einstweilige Befreiung von der Berichtigung der rückständigen und künftig erwachsenden Gerichtskosten, einschließlich der Gebühren der Beamten, der den Zeugen und den Sachverständigen zu gewährenden Vergütung und der sonstigen baaren Auslagen, sowie der Stempelsteuer;
2. die Befreiung von der Sicherheitsleistung für die Prozeßkosten;

3. das Recht, daß ihr zur vorläufig unentgeltlichen Bewirkung von Zustellungen und von Vollstreckungshandlungen ein Gerichtsvollzieher und, insoweit eine Vertretung durch Anwälte geboten ist, zur vorläufig unentgeltlichen Wahrnehmung ihrer Rechte ein Rechtsanwalt beigeordnet werde.

108. Die Bewilligung des Armenrechts hat auf die Verpflichtung zur Erstattung der dem Gegner erwachsenden Kosten keinen Einfluß.

109. Das Gesuch um Bewilligung des Armenrechts ist bei dem Prozeßgericht anzubringen; es kann vor dem Gerichtsschreiber zu Protokoll erklärt werden.

Dem Gesuch ist ein von der obrigkeitlichen Behörde der Partei ausgestelltes Zeugniß beizufügen, in welchem unter Angabe des Standes oder Gewerbes, der Vermögens- und Familienverhältnisse der Partei sowie des Betrags der von dieser zu entrichtenden direkten Staatssteuern das Unvermögen zur Bestreitung der Prozeßkosten ausdrücklich bezeugt wird. Für Personen, welche unter Vormundschaft oder Kuratel stehen, kann das Zeugniß auch von der vormundschaftlichen Behörde ausgestellt werden.

In dem Gesuche ist das Streitverhältniß unter Angabe der Beweismittel darzulegen.

110. Die Bewilligung des Armenrechts erfolgt für jede Instanz besonders, für die erste Instanz einschließlich der Zwangsvollstreckung.

In der höheren Instanz bedarf es des Nachweises des Unvermögens nicht, wenn das Armenrecht in der

vorherigen Instanz bewilligt war. Hat der Gegner das Rechtsmittel eingelegt, so ist in der höheren Instanz nicht zu prüfen, ob die Rechtsverfolgung oder Rechtsvertheidigung der Partei muthwillig oder aussichtslos erscheint.

111. Die Bewilligung des Armenrechts für den Kläger, den Berufungskläger und den Revisionskläger hat zugleich für den Gegner die einstweilige Befreiung von den im § 107 Nr. 1 bezeichneten Kosten zur Folge.

112. Das Armenrecht kann zu jeder Zeit entzogen werden, wenn sich ergiebt, daß eine Voraussetzung der Bewilligung nicht vorhanden war oder nicht mehr vorhanden ist.

113. Das Armenrecht erlischt mit dem Tode der Person, welcher es bewilligt ist.

114. Die Gerichtskosten, von deren Berichtigung die arme Partei einstweilen befreit ist, können von dem in die Prozeßkosten verurtheilten Gegner nach Maßgabe der für die Beitreibung rückständiger Gerichtskosten geltenden Vorschriften eingezogen werden.

Die Gerichtskosten, von deren Berichtigung der Gegner der armen Partei einstweilen befreit ist, sind von demselben einzuziehen, soweit er in die Prozeßkosten verurtheilt oder der Rechtsstreit ohne Urtheil über die Kosten beendigt ist.

115. Die für die arme Partei bestellten Gerichtsvollzieher und Rechtsanwälte sind berechtigt, ihre Gebühren

und Auslagen von dem in die Prozeßkosten verurtheilten Gegner beizutreiben.

Eine Einrede aus der Person der armen Partei ist nur insoweit zulässig, als die Aufrechnung von Kosten verlangt wird, welche nach der in demselben Rechtsstreite über die Kosten erlassenen Entscheidung von der armen Partei zu erstatten sind.

116. Die zum Armenrechte zugelassene Partei ist zur Nachzahlung der Beträge, von deren Berichtigung sie einstweilen befreit war, verpflichtet, sobald sie ohne Beeinträchtigung des für sie und ihre Familie nothwendigen Unterhalts dazu im Stande ist.

Dasselbe gilt in Betreff derjenigen Beträge, von deren Berichtigung der Gegner einstweilen befreit war, soweit die arme Partei in die Prozeßkosten verurtheilt ist.

117. Ueber das Gesuch um Bewilligung des Armenrechts, über die Entziehung desselben und über die Verpflichtung zur Nachzahlung der Beträge, von deren Berichtigung die zum Armenrechte zugelassene Partei oder der Gegner einstweilen befreit ist, kann ohne vorgängige mündliche Verhandlung entschieden werden.

118. Gegen den Beschluß, durch welchen das Armenrecht bewilligt wird, findet kein Rechtsmittel; gegen den Beschluß, durch welchen das Armenrecht verweigert oder entzogen oder die Nachzahlung von Kosten angeordnet wird, findet die Beschwerde statt.

Dritter Abschnitt.
Verfahren.
Erster Titel.
Mündliche Verhandlung.

119. Die Verhandlung der Parteien über den Rechtsstreit vor dem erkennenden Gerichte ist eine mündliche.

120. In Anwaltsprozessen wird die mündliche Verhandlung durch Schriftsätze vorbereitet; die Nichtbeachtung dieser Vorschrift hat Rechtsnachtheile in der Sache selbst nicht zur Folge.

In anderen Prozessen können vorbereitende Schriftsätze gewechselt werden.

121. Die vorbereitenden Schriftsätze sollen enthalten:

1. die Bezeichnung der Parteien und ihrer gesetzlichen Vertreter nach Namen, Stand oder Gewerbe, Wohnort und Parteistellung; die Bezeichnung des Gerichts und des Streitgegenstandes; die Zahl der Anlagen;
2. die Anträge, welche die Partei in der Gerichtssitzung zu stellen beabsichtigt;
3. die Angabe der zur Begründung der Anträge dienenden thatsächlichen Verhältnisse;
4. die Erklärung über die thatsächlichen Behauptungen des Gegners;
5. die Bezeichnung der Beweismittel, welcher sich die Partei zum Nachweise oder zur Widerlegung thatsächlicher Behauptungen bedienen will, sowie die

Erklärung über die von dem Gegner bezeichneten Beweismittel;

6. in Anwaltsprozessen die Unterschrift des Anwalts, in anderen Prozessen die Unterschrift der Partei selbst oder desjenigen, welcher für dieselbe als Bevollmächtigter oder als Geschäftsführer ohne Auftrag handelt.

122. Dem vorbereitenden Schriftsatze sind die in den Händen der Partei befindlichen Urkunden, auf welche in dem Schriftsatze Bezug genommen wird, in Urschrift oder in Abschrift beizufügen.

Kommen nur einzelne Theile einer Urkunde in Betracht, so genügt die Beifügung eines Auszugs, welcher den Eingang, die zur Sache gehörende Stelle, den Schluß, das Datum und die Unterschrift enthält.

Sind die Urkunden dem Gegner bereits bekannt oder von bedeutendem Umfange, so genügt die genaue Bezeichnung derselben mit dem Erbieten, Einsicht zu gewähren.

123. Der vorbereitende Schriftsatz, welcher neue Thatsachen oder ein anderes neues Vorbringen enthält, ist mindestens eine Woche; wenn er einen Zwischenstreit betrifft, mindestens drei Tage vor der mündlichen Verhandlung zuzustellen.

Der vorbereitende Schriftsatz, welcher eine Gegenerklärung auf neues Vorbringen enthält, ist mindestens drei Tage vor der mündlichen Verhandlung zuzustellen. Die Zustellung einer schriftlichen Gegenerklärung ist nicht erforderlich, wenn es sich um einen Zwischenstreit handelt.

124. Die Parteien haben eine für das Prozeßgericht bestimmte Abschrift ihrer vorbereitenden Schriftsätze und der Anlagen auf der Gerichtsschreiberei niederzulegen.

Diese Niederlegung erfolgt zugleich mit der Ueberreichung der Urschrift, wenn eine Terminsbestimmung oder wenn die Zustellung unter Vermittelung des Gerichtsschreibers erwirkt werden soll, anderenfalls sofort nach erfolgter Zustellung des Schriftsatzes.

125. Die Partei ist, wenn sie rechtzeitig aufgefordert wird, verpflichtet, die in ihren Händen befindlichen Urkunden, auf welche sie in einem vorbereitenden Schriftsatze Bezug genommen hat, vor der mündlichen Verhandlung auf der Gerichtsschreiberei niederzulegen und den Gegner von der Niederlegung zu benachrichtigen.

Der Gegner hat zur Einsicht der Urkunden eine Frist von drei Tagen. Die Frist kann auf Antrag von dem Vorsitzenden verlängert oder abgekürzt werden.

126. Den Rechtsanwälten steht es frei, die Mittheilung von Urkunden von Hand zu Hand gegen Empfangsbescheinigung zu bewirken.

Giebt ein Rechtsanwalt die ihm eingehändigte Urkunde nicht binnen der bestimmten Frist zurück, so ist er auf Antrag nach vorgängiger mündlicher Verhandlung zur unverzüglichen Zurückgabe zu verurtheilen.

Gegen das Zwischenurtheil findet sofortige Beschwerde statt.

127. Der Vorsitzende eröffnet und leitet die mündliche Verhandlung.

Er ertheilt das Wort und kann es demjenigen, welcher seinen Anordnungen nicht Folge leistet, entziehen.

Er hat Sorge zu tragen, daß die Sache erschöpfende Erörterung finde und die Verhandlung ohne Unterbrechung zu Ende geführt werde; erforderlichenfalls hat er die Sitzung zur Fortsetzung der Verhandlung sofort zu bestimmen.

Er schließt die Verhandlung, wenn nach Ansicht des Gerichts die Sache vollständig erörtert ist, und verkündet die Urtheile und Beschlüsse des Gerichts.

128. Die mündliche Verhandlung wird dadurch eingeleitet, daß die Parteien ihre Anträge stellen.

Die Vorträge der Parteien sind in freier Rede zu halten; sie haben das Streitverhältniß in thatsächlicher und rechtlicher Beziehung zu umfassen.

Eine Bezugnahme auf Schriftstücke statt mündlicher Verhandlung ist unzulässig. Die Vorlesung von Schriftstücken findet nur insoweit statt, als es auf den wörtlichen Inhalt derselben ankommt.

In Anwaltsprozessen ist neben dem Anwalt auch der Partei selbst auf Antrag das Wort zu gestatten.

129. Jede Partei hat sich über die von dem Gegner behaupteten Thatsachen zu erklären.

Thatsachen, welche nicht ausdrücklich bestritten werden, sind als zugestanden anzusehen, wenn nicht die Absicht, sie bestreiten zu wollen, aus den übrigen Erklärungen der Partei hervorgeht.

Eine Erklärung mit Nichtwissen ist nur über Thatsachen zulässig, welche weder eigene Handlungen der Partei noch Gegenstand ihrer eigenen Wahrnehmung gewesen sind.

130. Der Vorsitzende hat durch Fragen darauf hinzuwirken, daß unklare Anträge erläutert, ungenügende Angaben der geltend gemachten Thatsachen ergänzt und die Beweismittel bezeichnet, überhaupt alle für die Feststellung des Sachverhältnisses erheblichen Erklärungen abgegeben werden.

Der Vorsitzende hat auf die Bedenken aufmerksam zu machen, welche in Ansehung der von Amtswegen zu berücksichtigenden Punkte obwalten.

Er hat jedem Mitgliede des Gerichts auf Verlangen zu gestatten, Fragen zu stellen.

131. Wird eine auf die Sachleitung bezügliche Anordnung des Vorsitzenden oder eine von dem Vorsitzenden oder einem Gerichtsmitgliede gestellte Frage von einer bei der Verhandlung betheiligten Person als unzulässig beanstandet, so entscheidet das Gericht.

132. Das Gericht kann das persönliche Erscheinen einer Partei zur Aufklärung des Sachverhältnisses anordnen.

133. Das Gericht kann anordnen, daß eine Partei die in ihren Händen befindlichen Urkunden, auf welche sie sich bezogen hat, sowie Stammbäume, Pläne, Risse und sonstige Zeichnungen vorlege.

Das Gericht kann anordnen, daß die vorgelegten Schriftstücke während einer von ihm zu bestimmenden Zeit auf der Gerichtsschreiberei verbleiben.

Das Gericht kann anordnen, daß von den in fremder

Sprache abgefaßten Urkunden eine durch einen beeidigten Dolmetscher angefertigte Uebersetzung beigebracht werde.

134. Das Gericht kann anordnen, daß die Parteien die in ihrem Besitze befindlichen Akten vorlegen, soweit dieselben aus Schriftstücken bestehen, welche die Verhandlung und Entscheidung der Sache betreffen.

135. Das Gericht kann die Einnahme des Augenscheins, sowie die Begutachtung durch Sachverständige anordnen.

Das Verfahren richtet sich nach den Vorschriften, welche eine auf Antrag angeordnete Einnahme des Augenscheins oder Begutachtung durch Sachverständige zum Gegenstande haben.

136. Das Gericht kann anordnen, daß mehrere in einer Klage erhobene Ansprüche in getrennten Prozessen verhandelt werden.

Dasselbe gilt, wenn der Beklagte eine Gegenforderung vorgebracht hat, welche mit der in der Klage geltend gemachten Forderung nicht in rechtlichem Zusammenhange steht.

137. Das Gericht kann anordnen, daß bei mehreren auf denselben Anspruch sich beziehenden selbständigen Angriffs- oder Vertheidigungsmitteln (Klagegründen, Einreden, Repliken ꝛc.) die Verhandlung zunächst auf eines oder einige dieser Angriffs- oder Vertheidigungsmittel zu beschränken sei.

138. Das Gericht kann die Verbindung mehrerer bei ihm anhängiger Prozesse derselben oder verschiedener Par-

teien zum Zwecke der gleichzeitigen Verhandlung und Entscheidung anordnen, wenn die Ansprüche, welche den Gegenstand dieser Prozesse bilden, in rechtlichem Zusammenhange stehen oder in einer Klage hätten geltend gemacht werden können.

139. Das Gericht kann, wenn die Entscheidung des Rechtsstreits ganz oder zum Theil von dem Bestehen oder Nichtbestehen eines Rechtsverhältnisses abhängt, welches den Gegenstand eines anderen anhängigen Rechtsstreits bildet oder von einer Verwaltungsbehörde festzustellen ist, anordnen, daß die Verhandlung bis zur Erledigung des anderen Rechtsstreits oder bis zur Entscheidung der Verwaltungsbehörde auszusetzen sei.

140. Das Gericht kann, wenn sich im Laufe eines Rechtsstreits der Verdacht einer strafbaren Handlung ergiebt, deren Ermittelung auf die Entscheidung von Einfluß ist, die Aussetzung der Verhandlung bis zur Erledigung des Strafverfahrens anordnen.

141. Das Gericht kann die von ihm erlassenen, eine Trennung, Verbindung oder Aussetzung betreffenden Anordnungen wieder aufheben.

142. Das Gericht kann die Wiedereröffnung einer Verhandlung, welche geschlossen war, anordnen.

143. Das Gericht kann Parteien, Bevollmächtigten und Beiständen, denen die Fähigkeit zum geeigneten Vortrage mangelt, den weiteren Vortrag untersagen.

Das Gericht kann Bevollmächtigte und Beistände,

welche das mündliche Verhandeln vor Gericht geschäftsmäßig betreiben, zurückweisen.

Eine Anfechtung dieser Anordnungen findet nicht statt.

Auf Rechtsanwälte finden die Vorschriften dieses Paragraphen keine Anwendung.

144. Ist eine bei der Verhandlung betheiligte Person zur Aufrechthaltung der Ordnung von dem Orte der Verhandlung entfernt worden, so kann auf Antrag gegen sie in gleicher Weise verfahren werden, als wenn sie freiwillig sich entfernt hätte. Dasselbe gilt in den Fällen des vorhergehenden Paragraphen, sofern die Untersagung oder Zurückweisung bereits bei einer früheren Verhandlung geschehen war.

145. Ueber die mündliche Verhandlung vor dem Gerichte ist ein Protokoll aufzunehmen.

Das Protokoll enthält:

1. den Ort und den Tag der Verhandlung;
2. die Namen der Richter, des Gerichtsschreibers und des etwa zugezogenen Dolmetschers;
3. die Bezeichnung des Rechtsstreits;
4. die Namen der erschienenen Parteien, gesetzlichen Vertreter, Bevollmächtigten und Beistände;
5. die Angabe, daß öffentlich verhandelt oder die Oeffentlichkeit ausgeschlossen ist.

146. Der Gang der Verhandlung ist nur im Allgemeinen anzugeben.

Durch Aufnahme in das Protokoll sind festzustellen:

1. die Anerkenntnisse, Verzichtleistungen und Vergleiche, durch welche der geltend gemachte Anspruch ganz oder theilweise erledigt wird;
2. die Anträge und Erklärungen, deren Feststellung vorgeschrieben ist;
3. die Aussagen der Zeugen und Sachverständigen, sofern dieselben früher nicht abgehört waren oder von ihrer früheren Aussage abweichen;
4. das Ergebniß eines Augenscheins;
5. die Entscheidungen (Urtheile, Beschlüsse und Verfügungen) des Gerichts, sofern sie nicht dem Protokolle schriftlich beigefügt sind;
6. die Verkündung der Entscheidungen.

Der Aufnahme in das Protokoll steht die Aufnahme in eine Schrift gleich, welche dem Protokolle als Anlage beigefügt und als solche in demselben bezeichnet ist.

147. Die Feststellung der Aussagen der Zeugen und Sachverständigen kann unterbleiben, wenn die Vernehmung vor dem Prozeßgerichte erfolgt und das Endurtheil der Berufung nicht unterliegt. In diesem Falle ist in dem Protokolle nur zu bemerken, daß die Vernehmung stattgefunden habe.

148. Das Protokoll ist insoweit, als es die Nr. 1—4 des § 146 betrifft, den Betheiligten vorzulesen oder zur Durchsicht vorzulegen. In dem Protokolle ist zu bemerken, daß dies geschehen und die Genehmigung erfolgt sei oder welche Einwendungen erhoben sind.

149. Das Protokoll ist von dem Vorsitzenden und dem Gerichtsschreiber zu unterschreiben.

Ist der Vorsitzende verhindert, so unterschreibt für ihn der älteste beisitzende Richter. Im Falle der Verhinderung des Amtsrichters genügt die Unterschrift des Gerichtsschreibers.

150. Die Beobachtung der für die mündliche Verhandlung vorgeschriebenen Förmlichkeiten kann nur durch das Protokoll bewiesen werden. Gegen den diese Förmlichkeiten betreffenden Inhalt desselben ist nur der Nachweis der Fälschung zulässig.

151. Zu den Verhandlungen, welche außerhalb der Sitzung vor Amtsrichtern oder vor beauftragten oder ersuchten Richtern stattfinden, ist der Gerichtsschreiber gleichfalls zuzuziehen.

Zweiter Titel.

Zustellungen.

152. Die Zustellungen erfolgen durch Gerichtsvollzieher.

In Anwaltsprozessen ist der Gerichtsvollzieher unmittelbar zu beauftragen, in anderen Prozessen nach der Wahl der Partei entweder unmittelbar oder unter Vermittelung des Gerichtsschreibers des Prozeßgerichts.

153. Die mündliche Erklärung einer Partei genügt, um den Gerichtsvollzieher zur Vornahme der Zustellung, den Gerichtsschreiber zur Beauftragung eines Gerichtsvollziehers mit der Zustellung zu ermächtigen.

Ist eine Zustellung durch einen Gerichtsvollzieher bewirkt, so wird bis zum Beweise des Gegentheils angenommen, daß dieselbe im Auftrage der Partei erfolgt sei.

154. Insoweit eine Zustellung unter Vermittelung des Gerichtsschreibers zulässig ist, hat dieser einen Gerichtsvollzieher mit der erforderlichen Zustellung zu beauftragen, sofern nicht die Partei erklärt hat, daß sie selbst einen Gerichtsvollzieher beauftragen wolle.

155. Die Partei hat dem Gerichtsvollzieher und, wenn unter Vermittelung des Gerichtsschreibers zuzustellen ist, diesem neben der Urschrift des zuzustellenden Schriftstücks eine der Zahl der Personen, welchen zuzustellen ist, entsprechende Zahl von Abschriften zu übergeben.

Die Zeit der Uebergabe ist auf der Urschrift und den Abschriften zu vermerken und der Partei auf Verlangen zu bescheinigen.

156. Die Zustellung besteht, wenn eine Ausfertigung zugestellt werden soll, in deren Uebergabe, in den übrigen Fällen in der Uebergabe einer beglaubigten Abschrift des zuzustellenden Schriftstücks.

Die Beglaubigung geschieht durch den Gerichtsvollzieher, bei den auf Betreiben von Rechtsanwälten oder in Anwaltsprozessen zuzustellenden Schriftstücken durch den Anwalt, bei den von Amtswegen zuzustellenden Schriftstücken durch den Gerichtsschreiber.

157. Die Zustellungen, welche an eine Partei bewirkt werden sollen, erfolgen für die nicht prozeßfähigen Personen an die gesetzlichen Vertreter derselben.

Bei Behörden, Gemeinden und Korporationen, sowie bei Personenvereinen, welche als solche klagen und verklagt werden können, genügt die Zustellung an die Vorsteher.

Bei mehreren gesetzlichen Vertretern, sowie bei mehreren Vorstehern genügt die Zustellung an einen derselben.

158. Die Zustellung für einen Unteroffizier oder einen Gemeinen des aktiven Heeres oder der aktiven Marine erfolgt an den Chef der zunächst vorgesetzten Kommandobehörde (Chef der Kompagnie, Eskadron, Batterie u. s. w.)

159. Die Zustellung erfolgt an den Generalbevollmächtigten, sowie in den durch den Betrieb eines Handelsgewerbes hervorgerufenen Rechtsstreitigkeiten an den Prokuristen mit gleicher Wirkung, wie an die Partei selbst.

160. Wohnt eine Partei weder am Orte des Prozeßgerichts noch innerhalb des Amtsgerichtsbezirks, in welchem das Prozeßgericht seinen Sitz hat, so kann das Gericht, falls sie nicht einen in diesem Orte oder Bezirke wohnhaften Prozeßbevollmächtigten bestellt hat, auf Antrag anordnen, daß sie eine daselbst wohnhafte Person zum Empfange der für sie bestimmten Schriftstücke bevollmächtige. Diese Anordnung kann ohne vorgängige mündliche Verhandlung erfolgen. Eine Anfechtung des Beschlusses findet nicht statt.

Wohnt die Partei nicht im Deutschen Reiche, so ist sie auch ohne vorgängige Anordnung des Gerichts zur Benennung eines Zustellungsbevollmächtigten verpflichtet, falls sie nicht einen in dem durch den ersten Absatz bezeichneten Orte oder Bezirke wohnhaften Prozeßbevollmächtigten bestellt hat.

161. Der Zustellungsbevollmächtigte ist bei der nächsten gerichtlichen Verhandlung oder, wenn die Partei vorher dem Gegner einen Schriftsatz zustellen läßt, in diesem zu benennen. Geschieht dies nicht, so können alle späteren Zustellungen bis zur nachträglichen Benennung in der Art bewirkt werden, daß der Gerichtsvollzieher das zu übergebende Schriftstück unter der Adresse der Partei nach ihrem Wohnorte zur Post giebt. Die Zustellung wird mit der Aufgabe zur Post als bewirkt angesehen, selbst wenn die Sendung als unbestellbar zurückkommt.

Die Postsendungen sind mit der Bezeichnung „Einschreiben“ zu versehen, wenn die Partei es verlangt und zur Zahlung der Mehrkosten sich bereit erklärt.

162. Zustellungen, welche in einem anhängigen Rechtsstreite geschehen sollen, müssen an den für die Instanz bestellten Prozeßbevollmächtigten erfolgen.

163. Als zu der Instanz gehörig sind im Sinne des vorstehenden Paragraphen auch diejenigen Prozeßhandlungen anzusehen, welche das Verfahren vor dem Instanzgerichte in Folge eines Einspruchs, einer Aufhebung des Urtheils des Instanzgerichts, einer Wiederaufnahme des Verfahrens oder eines neuen Vorbringens in der Zwangsvollstreckungsinstanz zum Gegenstande haben. Das Verfahren vor dem Vollstreckungsgerichte ist als zur ersten Instanz gehörig anzusehen.

164. Die Zustellung eines Schriftsatzes, durch welche ein Rechtsmittel eingelegt wird, erfolgt an den für die höhere Instanz von dem Gegner bestellten Prozeßbevollmächtigten; wenn ein solcher noch nicht bestellt ist, an den Prozeßbevollmächtigten der zunächst nachgeordneten Instanz; in Ermangelung eines solchen an den Prozeßbevollmächtigten der ersten Instanz.

Ist auch kein Prozeßbevollmächtigter erster Instanz vorhanden, so erfolgt die Zustellung an den von dem Gegner, wenngleich nur für die erste Instanz, bestellten Zustellungsbevollmächtigten; in Ermangelung eines solchen an den Gegner selbst, und zwar an diesen durch Aufgabe zur Post, wenn er einen Zustellungsbevollmächtigten zu bestellen hatte, die Bestellung aber unterlassen hat.

165. Die Zustellungen können an jedem Orte erfolgen, wo die Person, welcher zugestellt werden soll, angetroffen wird.

Hat die Person an diesem Orte eine Wohnung oder ein Geschäftslokal, so ist die außerhalb der Wohnung oder des Geschäftslokals an sie erfolgte Zustellung nur gültig, wenn die Annahme nicht verweigert ist.

166. Wird die Person, welcher zugestellt werden soll, in ihrer Wohnung nicht angetroffen, so kann die Zustellung in der Wohnung an einem zu der Familie gehörenden erwachsenen Hausgenossen oder an eine in der Familie dienende erwachsene Person erfolgen.

Wird eine solche Person nicht angetroffen, so kann die Zustellung an den in demselben Hause wohnenden

Hauswirth oder Vermiether erfolgen, wenn diese zur Annahme des Schriftstücks bereit sind.

167. Ist die Zustellung nach diesen Bestimmungen nicht ausführbar, so kann sie dadurch erfolgen, daß das zu übergebende Schriftstück auf der Gerichtsschreiberei des Amtsgerichts, in dessen Bezirke der Ort der Zustellung gelegen ist, oder an diesem Orte bei der Postanstalt oder dem Gemeindevorsteher oder dem Polizeivorsteher niedergelegt und die Niederlegung sowohl durch eine an der Thür der Wohnung zu befestigende schriftliche Anzeige, als auch, soweit thunlich, durch mündliche Mittheilung an zwei in der Nachbarschaft wohnende Personen bekannt gemacht wird.

168. Für Gewerbetreibende, welche ein besonderes Geschäftslokal haben, kann, wenn sie in dem Geschäftslokale nicht angetroffen werden, die Zustellung an einen darin anwesenden Gewerbegehülfen erfolgen.

Wird ein Rechtsanwalt, welchem zugestellt werden soll, in seinem Geschäftslokale nicht angetroffen, so kann die Zustellung an einen darin anwesenden Gehülfen oder Schreiber erfolgen.

169. Wird der gesetzliche Vertreter oder der Vorsteher einer Behörde, einer Gemeinde, einer Korporation oder eines Personenvereins, welchem zugestellt werden soll, in dem Geschäftslokale während der gewöhnlichen Geschäftsstunden nicht angetroffen, oder ist er an der Annahme verhindert, so kann die Zustellung an einen anderen in dem Geschäftslokale anwesenden Beamten oder Bediensteten bewirkt werden.

Wird der gesetzliche Vertreter oder der Vorsteher in seiner Wohnung nicht angetroffen, so finden die Bestimmungen der §§ 166, 167 nur Anwendung, wenn ein besonderes Geschäftslokal nicht vorhanden ist.

170. Wird die Annahme der Zustellung ohne gesetzlichen Grund verweigert, so ist das zu übergebende Schriftstück am Orte der Zustellung zurückzulassen.

171. An Sonntagen und allgemeinen Feiertagen darf eine Zustellung, sofern sie nicht durch Aufgabe zur Post bewirkt wird, nur mit richterlicher Erlaubniß erfolgen.

Die Erlaubniß wird von dem Vorsitzenden des Prozeßgerichts ertheilt; sie kann auch von dem Amtsrichter, in dessen Bezirke die Zustellung erfolgen soll, und in Angelegenheiten, welche durch einen beauftragten oder ersuchten Richter zu erledigen sind, von diesem ertheilt werden.

Die Verfügung, durch welche die Erlaubniß ertheilt wird, ist bei der Zustellung abschriftlich mitzutheilen.

Eine Zustellung, bei welcher die Bestimmungen dieses Paragraphen nicht beobachtet sind, ist gültig, wenn die Annahme nicht verweigert ist.

172. Ist bei einer Zustellung an den Vertreter mehrerer Betheiligter oder an einen von mehreren Vertretern die Uebergabe der Ausfertigung oder Abschrift eines Schriftstücks erforderlich, so genügt die Uebergabe nur einer Ausfertigung oder Abschrift.

Einen Zustellungsbevollmächtigten mehrerer Betheiligter sind so viele Ausfertigungen oder Abschriften zu übergeben, als Betheiligte vorhanden sind.

173. Ueber die Zustellung ist eine Urkunde aufzunehmen.

Dieselbe ist auf die Urschrift des zuzustellenden Schriftstücks oder auf einen mit derselben zu verbindenden Bogen zu setzen.

Eine durch den Gerichtsvollzieher beglaubigte Abschrift der Zustellungsurkunde ist auf das bei der Zustellung zu übergebende Schriftstück oder auf einen mit demselben zu verbindenden Bogen zu setzen.

Die Zustellungsurkunde ist der Partei, für welche die Zustellung erfolgt, wenn die Zustellung von Amtswegen angeordnet ist, dem Gerichtsschreiber zu übermitteln.

174. Die Zustellungsurkunde muß enthalten:

1. Ort und Zeit der Zustellung;
2. die Bezeichnung der Person, für welche zugestellt werden soll; wenn die Zustellung von Amtswegen angeordnet ist, das Gericht, von welchem die Anordnung ausgeht;
3. die Bezeichnung der Person, an welche zugestellt werden soll;
4. die Bezeichnung der Person, welcher zugestellt ist; in den Fällen der §§ 166, 168, 169 die Angabe des Grundes, durch welchen die Zustellung an die bezeichnete Person gerechtfertigt wird; wenn nach § 167 verfahren ist, die Bemerkung, wie die darin enthaltenen Vorschriften befolgt sind;
5. im Falle der Verweigerung der Annahme die Erwähnung, daß die Annahme verweigert und das

zu übergebende Schriftstück am Orte der Zustellung zurückgelassen ist;

6. die Bemerkung, daß eine Ausfertigung oder eine Abschrift des zuzustellenden Schriftstücks und daß eine Abschrift der Zustellungsurkunde übergeben ist;
7. die Unterschrift des die Zustellung vollziehenden Beamten.

175. Ist die Zustellung durch Aufgabe zur Post (§ 161) erfolgt, so muß die Zustellungsurkunde den Bestimmungen des vorstehenden Paragraphen unter Nr. 2, 3, 7, entsprechen und außerdem ergeben, zu welcher Zeit, unter welcher Adresse und bei welcher Postanstalt die Aufgabe geschehen ist.

176. Zustellungen können auch durch die Post erfolgen.

177. Wird durch die Post zugestellt, so hat der Gerichtsvollzieher einen durch sein Dienstsiegel verschlossenen, mit der Adresse der Person, an welche zugestellt werden soll, versehenen und mit einer Geschäftsnummer bezeichneten Briefumschlag, in welchem die zuzustellende Ausfertigung oder die beglaubigte Abschrift des zuzustellenden Schriftstücks enthalten ist, der Post mit dem Ersuchen zu übergeben, die Zustellung einem Postboten des Bestimmungsorts aufzutragen. Daß die Uebergabe in der bezeichneten Art geschehen, ist von dem Gerichtsvollzieher auf der Urschrift des zuzustellenden Schriftstücks oder auf einem mit derselben zu verbindenden Bogen zu bezeugen.

178. Die Zustellung durch den Postboten erfolgt in Gemäßheit der Bestimmungen der §§ 165—170.

Ueber die Zustellung ist von dem Postboten eine Urkunde aufzunehmen, welche den Bestimmungen des § 174 Nr. 1, 3—5, 7 entsprechen und außerdem die Uebergabe des seinem Verschlusse, seiner Adresse und seiner Geschäftsnummer nach bezeichneten Briefumschlags, sowie der Abschrift der Zustellungsurkunde bezeugen muß.

Die Urkunde ist von dem Postboten der Postanstalt und von dieser dem Gerichtsvollzieher zu überliefern, welcher mit derselben in Gemäßheit der Bestimmung des § 173 Abs. 4 zu verfahren hat.

179. Insoweit eine Zustellung unter Vermittelung des Gerichtsschreibers zulässig ist, kann derselbe unmittelbar die Post um Bewirkung der Zustellung ersuchen. In diesem Falle finden die Vorschriften der §§ 177, 178 auf den Gerichtsschreiber entsprechende Anwendung; die erforderliche Beglaubigung erfolgt durch den Gerichtsschreiber.

180. Ist eine Zustellung durch einen Gerichtsvollzieher bewirkt, obgleich sie durch die Post hätte erfolgen können, so hat die zur Erstattung der Prozeßkosten verurtheilte Partei die Mehrkosten nicht zu tragen.

181. Sind die Parteien durch Anwälte vertreten, so kann die Zustellung von Anwalt zu Anwalt erfolgen.

Zum Nachweise der Zustellung genügt das mit Datum und Unterschrift versehene schriftliche Empfangsbekenntniß des Anwalts, welchem zugestellt worden ist.

182. Eine im Auslande zu bewirkende Zustellung erfolgt mittels Ersuchens der zuständigen Behörde des

fremden Staates oder des in diesem Staate residirenden Konsuls oder Gesandten des Reichs.

183. Zustellungen an Deutsche, welche das Recht der Exterritorialität genießen, erfolgen, wenn dieselben zur Mission des Reichs gehören, mittels Ersuchens des Reichskanzlers; wenn dieselben zur Mission eines Bundesstaates gehören, mittels Ersuchens des Ministers der auswärtigen Angelegenheiten dieses Bundesstaates.

Zustellungen an die Vorsteher der Reichskonsulate erfolgen mittels Ersuchens des Reichskanzlers.

184. Zustellungen an Personen, welche zu einem im Auslande befindlichen oder zu einem mobilen Truppentheile oder zur Besatzung eines in Dienst gestellten Kriegsfahrzeuges gehören, können mittels Ersuchens der vorgesetzten Kommandobehörde erfolgen.

185. Die erforderlichen Ersuchungsschreiben werden von dem Vorsitzenden des Prozeßgerichts erlassen.

Die Zustellung wird durch das schriftliche Zeugniß der ersuchten Behörden oder Beamten, daß die Zustellung erfolgt sei, nachgewiesen.

186. Ist der Aufenthalt einer Partei unbekannt, so kann die Znstellung durch öffentliche Bekanntmachung erfolgen.

Die öffentliche Zustellung ist auch dann zulässig, wenn bei einer im Auslande zu bewirkenden Zustellung die Befolgung der für diese bestehenden Vorschriften unausführbar ist oder keinen Erfolg verspricht.

187. Die öffentliche Zustellung wird, nachdem sie auf ein Gesuch der Partei vom Prozeßgerichte bewilligt

ist, durch den Gerichtsschreiber von Amtswegen besorgt. Die Entscheidung über das Gesuch kann ohne vorgängige mündliche Verhandlung erlassen werden.

Die öffentliche Zustellung erfolgt durch Anheftung einer beglaubigten Abschrift des zuzustellenden Schriftstücks an die Gerichtstafel. Enthält das Schriftstück eine Ladung, so ist außerdem die zweimalige Einrückung eines Auszugs des Schriftstücks in dasjenige Blatt, welches für den Sitz des Prozeßgerichts zur Veröffentlichung der amtlichen Bekanntmachungen bestimmt ist, sowie die einmalige Einrückung des Auszugs in den Deutschen Reichsanzeiger erforderlich.

Das Prozeßgericht kann anordnen, daß der Auszug noch in andere Blätter und zu mehreren Malen eingerückt werde.

188. In dem Auszuge des Schriftstücks müssen das Prozeßgericht, die Parteien, der Gegenstand des Prozesses, der Antrag, der Zweck der Ladung und die Zeit, zu welcher der Geladene erscheinen soll, bezeichnet werden.

189. Das eine Ladung enthaltende Schriftstück gilt als an dem Tage zugestellt, an welchem seit der letzten Einrückung des Auszugs in die öffentlichen Blätter ein Monat verstrichen ist. Das Prozeßgericht kann bei Bewilligung der öffentlichen Zustellung den Ablauf einer längeren Frist für erforderlich erklären.

Enthält das Schriftstück keine Ladung, so ist dasselbe als zugestellt anzusehen, wenn seit der Anheftung des Schriftstücks an die Gerichtstafel zwei Wochen verstrichen sind.

Auf die Gültigkeit der Zustellung hat es keinen Einfluß, wenn das anzuheftende Schriftstück von dem Orte der Anheftung zu früh entfernt wird.

190. Wird auf ein Gesuch, welches die Zustellung eines demselben beigefügten Schriftstücks mittels Ersuchens anderer Behörden oder Beamten oder mittels öffentlicher Bekanntmachung betrifft, die Zustellung demnächst bewirkt, so treten, insoweit durch die Zustellung eine Frist gewahrt und der Lauf der Verjährung oder einer Frist unterbrochen wird, die Wirkungen der Zustellung bereits mit der Ueberreichung des Gesuchs ein.

Dritter Titel.

Ladungen, Termine und Fristen.

191. Die Ladung zu einem Termin erfolgt durch die Partei, welche über die Hauptsache oder über einen Zwischenstreit mündlich verhandeln will.

Ist mit der Ladung zugleich eine Klageschrift oder ein anderer Schriftsatz zuzustellen, so ist die Ladung in den Schriftsatz aufzunehmen.

192. In Anwaltsprozessen muß die Ladung zur mündlichen Verhandlung, sofern die Zustellung nicht an einen Rechtsanwalt erfolgt, die Aufforderung an den Gegner enthalten, einen bei dem Prozeßgerichte zugelassenen Anwalt zu bestellen.

193. Die Ladung ist zum Zwecke der Terminsbestimmung bei dem Gerichtsschreiber einzureichen.

Die Bestimmung der Termine erfolgt binnen vierundzwanzig Stunden durch den Vorsitzenden.

Auf Sonntage und allgemeine Feiertage sind Termine nur in Nothfällen anzuberaumen.

194. Die Frist, welche in einer anhängigen Sache zwischen der Zustellung der Ladung und dem Terminstage liegen soll (Ladungsfrist), beträgt in Anwaltsprozessen mindestens eine Woche, in anderen Prozessen mindestens drei Tage, in Meß- und Marktsachen mindestens vierundzwanzig Stunden.

195. Zu Terminen, welche in verkündeten Entscheidungen bestimmt sind, ist eine Ladung der Parteien nicht erforderlich.

196. Die Termine werden an der Gerichtsstelle abgehalten, sofern nicht die Einnahme eines Augenscheins an Ort und Stelle, die Verhandlung mit einer am Erscheinen vor Gericht verhinderten Person oder eine sonstige Handlung erforderlich ist, welche an der Gerichtsstelle nicht vorgenommen werden kann.

Die Landesherren und die Mitglieder der landesherrlichen Familien, sowie die Mitglieder der Fürstlichen Familie Hohenzollern sind nicht verpflichtet, persönlich an der Gerichtsstelle zu erscheinen.

197. Der Termin beginnt mit dem Aufrufe der Sache.

Der Termin ist von einer Partei versäumt, wenn sie bis zum Schlusse desselben nicht verhandelt.

198. Der Lauf einer richterlichen Frist beginnt, sofern nicht bei Festsetzung derselben ein Anderes bestimmt wird, mit der Zustellung des Schriftstücks, in welchem

die Frist festgesetzt ist, und, wenn es einer solchen Zustellung nicht bedarf, mit der Verkündung der Frist.

Der Lauf einer gesetzlichen oder richterlichen Frist, deren Beginn von einer Zustellung abhängig ist, beginnt mit dieser auch gegen diejenige Partei, welche die Zustellung hat bewirken lassen.

199. Bei der Berechnung einer Frist, welche nach Tagen bestimmt ist, wird der Tag nicht mitgerechnet, auf welchen der Zeitpunkt oder das Ereigniß fällt, nach welchem der Anfang der Frist sich richten soll.

200. Eine Frist, welche nach Wochen oder Monaten bestimmt ist, endigt mit Ablauf desjenigen Tages der letzten Woche oder des letzten Monats, welcher durch seine Benennung oder Zahl dem Tage entspricht, an welchem die Frist begonnen hat; fehlt dieser Tag in dem letzten Monate, so endigt die Frist mit Ablauf des letzten Tages dieses Monats.

Fällt das Ende einer Frist auf einen Sonntag oder allgemeinen Feiertag, so endigt die Frist mit Ablauf des nächstfolgenden Werktages.

201. Der Lauf einer Frist wird durch die Gerichtsferien gehemmt. Der noch übrige Theil der Frist beginnt mit dem Ende der Ferien zu laufen. Fällt der Anfang der Frist in die Ferien, so beginnt der Lauf der Frist mit dem Ende derselben.

Die vorstehenden Bestimmungen finden auf Nothfristen und Fristen in Feriensachen keine Anwendung.

Nothfristen sind nur diejenigen Fristen, welche in diesem Gesetz als solche bezeichnet werden.

202. Durch Vereinbarung der Parteien können Fristen, mit Ausnahme der Nothfristen, verlängert oder abgekürzt werden.

Auf Antrag können richterliche und gesetzliche Fristen abgekürzt oder verlängert werden, wenn erhebliche Gründe glaubhaft gemacht sind, gesetzliche Fristen jedoch nur in den besonders bestimmten Fällen.

Im Falle der Verlängerung wird die neue Frist von dem Ablaufe der vorigen Frist an berechnet, wenn nicht im einzelnen Falle ein Anderes bestimmt ist.

203. Ueber das Gesuch um Abkürzung oder Verlängerung einer Frist kann ohne vorgängige mündliche Verhandlung entschieden werden.

Die Abkürzung oder wiederholte Verlängerung darf nur nach vorgängigem Gehör des Gegners bewilligt werden.

Eine Anfechtung des Beschlusses, durch welchen das Gesuch um Verlängerung einer Frist zurückgewiesen ist, findet nicht statt.

204. Einlassungsfristen, Ladungsfristen sowie diejenigen Fristen, welche für die Zustellung vorbereitender Schriftsätze bestimmt sind, können auf Antrag abgekürzt werden.

Die Abkürzung der Einlassungs- und der Ladungsfristen wird dadurch nicht ausgeschlossen, daß in Folge der Abkürzung die mündliche Verhandlung durch Schriftsätze nicht vorbereitet werden kann.

Der Vorsitzende kann bei Bestimmung des Termins die Abkürzung ohne vorgängiges Gehör des Gegners und des sonst Betheiligten verfügen; diese Verfügung ist dem Betheiligten abschriftlich mitzutheilen.

205. Die Parteien können die Aufhebung eines Termins vereinbaren.

Wird die Verlegung eines Termins beantragt, so finden die Bestimmungen über Verlängerung einer Frist entsprechende Anwendung.

206. Die Verlegung eines Termins, die Vertagung einer Verhandlung und die Anberaumung eines Termins zur Fortsetzung der Verhandlung kann auch von Amtswegen erfolgen.

207. Die in diesem Titel dem Gericht und dem Vorsitzenden beigelegten Befugnisse stehen dem beauftragten oder ersuchten Richter in Bezug auf die von diesen zu bestimmenden Termine und Fristen zu.

Vierter Titel.

Folgen der Versäumung. Wiedereinsetzung in den vorigen Stand.

208. Die Versäumung einer Prozeßhandlung hat zur allgemeinen Folge, daß die Partei mit der vorzunehmenden Prozeßhandlung ausgeschlossen wird.

209. Einer Androhung der gesetzlichen Folgen der Versäumung bedarf es nicht; dieselben treten von selbst ein, sofern nicht dieses Gesetz einen auf Verwirklichung des Rechtsnachtheils gerichteten Antrag erfordert.

Im letzteren Falle kann, so lange nicht der Antrag gestellt und die mündliche Verhandlung über denselben geschlossen ist, die versäumte Prozeßhandlung nachgeholt werden.

210. Auf Grund der den Minderjährigen und den ihnen gleichgestellten Personen als solchen zustehenden Rechte findet die Aufhebung der Folgen einer Versäumung nicht statt.

Insofern die Aufhebung der Folgen einer unverschuldeten Versäumung zulässig ist, wird eine Versäumung, welche in der Verschuldung eines Vertreters ihren Grund hat, als eine unverschuldete nicht angesehen.

211. Einer Partei, welche durch Naturereignisse oder andere unabwendbare Zufälle verhindert worden ist, eine Nothfrist einzuhalten, ist auf Antrag die Wiedereinsetzung in den vorigen Stand zu ertheilen.

Hat eine Partei die Einspruchsfrist versäumt, so ist ihr die Wiedereinsetzung auch dann zu ertheilen, wenn sie von der Zustellung des Versäumnißurtheils ohne ihr Verschulden keine Kenntniß erlangt hat.

212. Die Wiedereinsetzung muß innerhalb einer zweiwöchigen Frist beantragt werden.

Die Frist beginnt mit dem Tage, an welchem das Hinderniß gehoben ist; sie kann durch Vereinbarung der Parteien nicht verlängert werden.

Nach Ablauf eines Jahres, von dem Ende der versäumten Nothfrist an gerechnet, kann die Wiedereinsetzung nicht mehr beantragt werden.

213. Die Wiedereinsetzung in den vorigen Stand gegen die Versäumung einer Nothfrist ist der Partei auf

Antrag auch dann zu ertheilen, wenn spätestens am dritten Tage vor Ablauf der Nothfrist das zur Wahrung derselben zuzustellende Schriftstück dem Gerichtsvollzieher oder, insoweit die Zustellung unter Vermittelung des Gerichtsschreibers zulässig ist, dem Gerichtsschreiber zum Zwecke der Zustellung übergeben ist.

Die Wiedereinsetzung muß innerhalb einer einmonatigen Frist nach Ablauf der versäumten Nothfrist beantragt werden.

214. Die Wiedereinsetzung wird durch Zustellung eines Schriftsatzes beantragt. Derselbe muß enthalten:

1. die Angabe der die Wiedereinsetzung begründenden Thatsachen;
2. die Angabe der Mittel für deren Glaubhaftmachung;
3. die Nachholung der versäumten Prozeßhandlung oder, wenn diese bereits nachgeholt ist, die Bezugnahme hierauf.

Ist die Einlegung der sofortigen Beschwerde versäumt worden, so wird der Antrag auf Wiedereinsetzung durch Einreichung des Schriftsatzes bei Gericht gestellt. Die Einreichung kann sowohl bei dem Gerichte, von welchem die angefochtene Entscheidung erlassen ist, als auch bei dem Beschwerdegericht erfolgen.

Im Falle des § 213 kann die Wiedereinsetzung auch in dem für die mündliche Verhandlung bestimmten Termine ohne vorgängige Zustellung eines Schriftsatzes beantragt werden, wenn die Zustellung der Ladung zu dem Termin innerhalb der einmonatigen Frist nach Ablauf der versäumten Nothfrist erfolgt ist.

215. Ueber den Antrag auf Wiedereinsetzung entscheidet das Gericht, welchem die Entscheidung über die nachgeholte Prozeßhandlung zusteht.

216. Das Verfahren über den Antrag auf Wiedereinsetzung ist mit dem Verfahren über die nachgeholte Prozeßhandlung zu verbinden. Das Gericht kann jedoch das Verfahren zunächst auf die Verhandlung und Entscheidung über den Antrag beschränken.

Auf die Entscheidung über die Zulässigkeit des Antrags und auf die Anfechtung der Entscheidung finden die Vorschriften Anwendung, welche in diesen Beziehungen für die nachgeholte Prozeßhandlung gelten. Der Partei, welche den Antrag gestellt hat, steht jedoch der Einspruch nicht zu.

Die Kosten der Wiedereinsetzung fallen dem Antragsteller zur Last, soweit sie nicht durch einen unbegründeten Widerspruch des Gegners entstanden sind.

Fünfter Titel.

Unterbrechung und Aussetzung des Verfahrens.

217. Im Falle des Todes einer Partei tritt eine Unterbrechung des Verfahrens bis zu dessen Aufnahme durch die Rechtsnachfolger ein.

Wird die Aufnahme verzögert, so können die Rechtsnachfolger zur Aufnahme und zugleich zur Verhandlung der Hauptsache geladen werden.

Der die Ladung enthaltende Schriftsatz ist den Rechtsnachfolgern selbst zuzustellen. Die Ladungsfrist wird von dem Vorsitzenden bestimmt.

Erscheinen die Rechtsnachfolger in dem Termine nicht, so ist auf Antrag die behauptete Rechtsnachfolge als zugestanden anzunehmen und von dem Gerichte durch Versäumnißurtheil auszusprechen, daß das Verfahren von den Rechtsnachfolgern aufgenommen sei. Eine Verhandlung zur Hauptsache ist erst nach Ablauf der Einspruchsfrist und, wenn innerhalb derselben Einspruch eingelegt ist, erst nach dessen Erledigung statthaft.

218. Im Falle der Eröffnung des Konkurses über das Vermögen einer Partei wird das Verfahren, wenn es die Konkursmasse betrifft, unterbrochen, bis dasselbe nach den für den Konkurs geltenden Bestimmungen aufgenommen oder das Konkursverfahren aufgehoben wird.

219. Verliert eine Partei die Prozeßfähigkeit oder stirbt der gesetzliche Vertreter einer Partei oder hört die Vertretungsbefugniß desselben auf, ohne daß die Partei prozeßfähig geworden ist, so wird das Verfahren unterbrochen, bis der gesetzliche Vertreter oder der neue gesetzliche Vertreter von seiner Bestellung dem Gegner Anzeige macht, oder bis der Gegner seine Absicht, das Verfahren fortzusetzen, dem Vertreter anzeigt.

220. Wird im Falle der Unterbrechung des Verfahrens durch den Tod einer Partei für den Nachlaß ein Kurator bestellt, so kommen die Vorschriften des § 219 und, wenn über den Nachlaß der Konkurs eröffnet wird, die Vorschriften des § 218 in Betreff der Aufnahme des Verfahrens zur Anwendung.

221. Stirbt in Anwaltsprozessen der Anwalt einer Partei oder wird derselbe unfähig, die Vertretung der

Partei fortzuführen, so tritt eine Unterbrechung des Verfahrens ein, bis der bestellte neue Anwalt von seiner Bestellung dem Gegner Anzeige macht.

Wird diese Anzeige verzögert, so kann die Partei selbst zur Verhandlung der Hauptsache geladen oder zur Bestellung eines neuen Anwalts binnen einer von dem Vorsitzenden zu bestimmenden Frist aufgefordert werden. Wird dieser Aufforderung nicht Folge geleistet, so ist das Verfahren als aufgenommen anzusehen. Bis zur nachträglichen Anzeige der Bestellung eines neuen Anwalts können alle Zustellungen an die zur Anzeige verpflichtete Partei, sofern diese weder am Orte des Prozeßgerichts noch innerhalb des Amtsgerichtsbezirks wohnt, in welchem das Prozeßgericht seinen Sitz hat, durch Aufgabe zur Post (§ 161) erfolgen.

222. Hört in Folge eines Krieges oder eines anderen Ereignisses die Thätigkeit des Gerichts auf, so wird für die Dauer dieses Zustandes das Verfahren unterbrochen.

223. Fand in den Fällen des Todes, des Verlustes der Prozeßfähigkeit oder des Wegfalls des gesetzlichen Vertreters (§§ 217, 219) eine Vertretung durch einen Prozeßbevollmächtigten statt, so tritt eine Unterbrechung des Verfahrens nicht ein; das Prozeßgericht hat jedoch auf Antrag des Bevollmächtigten, im Falle des Todes auch auf Antrag des Gegners die Aussetzung des Verfahrens anzuordnen.

Die Dauer der Aussetzung und die Aufnahme des Verfahrens richtet sich nach den Vorschriften der §§ 217, 219, 220; im Falle des Todes ist der die Ladung enthaltende Schriftsatz auch dem Bevollmächtigten zuzustellen.

224. Befindet sich eine Partei zu Kriegszeiten im Militärdienste oder hält sich eine Partei an einem Orte auf, welcher durch obrigkeitliche Anordnung oder durch Krieg oder durch andere Zufälle von dem Verkehre mit dem Prozeßgerichte abgeschnitten ist, so kann dasselbe auch von Amtswegen die Aussetzung des Verfahrens bis zur Beseitigung des Hindernisses anordnen.

225. Das Gesuch um Aussetzung des Verfahrens ist bei dem Prozeßgericht anzubringen; es kann vor dem Gerichtsschreiber zu Protokoll erklärt werden.

Die Entscheidung kann ohne vorgängige mündliche Verhandlung erfolgen.

226. Die Unterbrechung und Aussetzung des Verfahrens hat die Wirkung, daß der Lauf einer jeden Frist aufhört und nach Beendigung der Unterbrechung oder Aussetzung die volle Frist von neuem zu laufen beginnt.

Die während der Unterbrechung oder Aussetzung von einer Partei in Ansehung der Hauptsache vorgenommenen Prozeßhandlungen sind der anderen Partei gegenüber ohne rechtliche Wirkung.

Durch die nach dem Schlusse einer mündlichen Verhandlung eintretende Unterbrechung wird die Verkündung der auf Grund dieser Verhandlung zu erlassenden Entscheidung nicht gehindert.

227. Die Aufnahme eines unterbrochenen oder ausgesetzten Verfahrens und die in diesem Titel erwähnten Anzeigen erfolgen durch Zustellung eines Schriftsatzes.

228. Die Parteien können vereinbaren, daß das Verfahren ruhen solle. Die Vereinbarung hat auf den Lauf der Nothfristen keinen Einfluß.

Erscheinen in einem Termine zur mündlichen Verhandlung beide Parteien nicht, so ruht das Verfahren, bis eine Partei eine neue Ladung zustellen läßt.

229. Gegen die Entscheidung, durch welche auf Grund der Vorschriften dieses Titels oder auf Grund anderer gesetzlicher Bestimmungen die Aussetzung des Verfahrens angeordnet oder abgelehnt wird, findet Beschwerde, im Falle der Ablehnung sofortige Beschwerde statt.

Zweites Buch.

Verfahren in erster Instanz.

Erster Abschnitt.

Verfahren vor den Landgerichten.

Erster Titel.

Verfahren bis zum Urtheil.

230. Die Erhebung der Klage erfolgt durch Zustellung eines Schriftsatzes.

Derselbe muß enthalten:

1. die Bezeichnung der Parteien und des Gerichts;
2. die bestimmte Angabe des Gegenstandes und des Grundes des erhobenen Anspruchs, sowie einen bestimmten Antrag;

3. die Ladung des Beklagten vor das Prozeßgericht zur mündlichen Verhandlung des Rechtsstreits.

In der Klageschrift soll ferner der Werth des nicht in einer bestimmten Geldsumme bestehenden Streitgegenstandes angegeben werden, wenn die Zuständigkeit des Gerichts von diesem Werthe abhängt.

Außerdem finden die allgemeinen Bestimmungen über die vorbereitenden Schriftsätze auch auf die Klageschrift Anwendung.

231. Auf Feststellung des Bestehens oder Nichtbestehens eines Rechtsverhältnisses auf Anerkennung einer Urkunde oder auf Feststellung der Unechtheit derselben kann Klage erhoben werden, wenn der Kläger ein rechtliches Interesse daran hat, daß das Rechtsverhältniß oder die Echtheit oder Unechtheit der Urkunde durch richterliche Entscheidung alsbald festgestellt werde.

232. Mehrere Ansprüche des Klägers gegen denselben Beklagten können, auch wenn sie auf verschiedenen Gründen beruhen, in einer Klage verbunden werden, wenn für sämmtliche Ansprüche das Prozeßgericht zuständig und dieselbe Prozeßart zulässig ist.

Die Besitzklage und die Klage, durch welche das Recht selbst geltend gemacht wird, können nicht in einer Klage verbunden werden.

233. Die Klageschrift ist zum Zwecke der Bestimmung des Termins zur mündlichen Verhandlung bei dem Gerichtsschreiber des Prozeßgerichts einzureichen.

Nach erfolgter Bestimmung des Termins hat der Kläger für die Zustellung der Klageschrift Sorge zu tragen.

234. **Zwischen der Zustellung der Klageschrift und dem Termine zur mündlichen Verhandlung muß ein Zeitraum von mindestens einem Monat liegen (Einlassungsfrist). In Meß- und Marktsachen beträgt die Einlassungsfrist mindestens vierundzwanzig Stunden.**

Ist die Zustellung im Auslande vorzunehmen, so hat der Vorsitzende bei Festsetzung des Termins die Einlassungsfrist zu bestimmen.

235. Durch die Erhebung der Klage wird die Rechtshängigkeit der Streitsache begründet.

Die Rechtshängigkeit hat folgende Wirkungen:

1. wenn während der Dauer der Rechshängigkeit von einer Partei die Streitsache anderweit anhängig gemacht wird, so kann der Gegner die Einrede der Rechtshängigkeit erheben;
2. die Zuständigkeit des Prozeßgerichts wird durch eine Veränderung der sie begründenden Umstände nicht berührt;
3. der Kläger ist nicht berechtigt, ohne Einwilligung des Beklagten die Klage zu ändern.

236. Die Rechtshängigkeit schließt das Recht der einen oder der andern Partei nicht aus, die in Streit befangene Sache zu veräußern oder den geltend gemachten Anspruch zu zediren.

Die Veräußerung oder Zession hat auf den Prozeß keinen Einfluß. Der Rechtsnachfolger ist nicht berechtigt, ohne Zustimmung des Gegners den Prozeß als Hauptpartei an Stelle des Rechtsvorgängers zu übernehmen oder eine Hauptintervention zu erheben. Tritt der Rechtsnachfolger als Nebenintervenient auf, so findet der § 66 keine Anwendung.

Die Entscheidung ist in Ansehung der Sache selbst auch gegen den Rechtsnachfolger wirksam und vollstreckbar.

237. Ist über das Bestehen oder Nichtbestehen eines Rechts, welches für ein Grundstück in Anspruch genommen wird, oder einer Verpflichtung, welche auf einem Grundstücke ruhen soll, zwischen dem Besitzer und einem Dritten ein Rechtsstreit anhängig, so ist im Falle der Veräußerung des Grundstücks der Rechtsnachfolger berechtigt und auf Antrag des Gegners verpflichtet, den Rechtsstreit in der Lage, in welcher er sich befindet, als Hauptpartei zu übernehmen.

238. Die Bestimmungen des § 236 Absatz 3 und des § 237 kommen insoweit nicht zur Anwendung, als ihnen Vorschriften des bürgerlichen Rechts über den Erwerb beweglicher Sachen, über den Erwerb auf Grund des Grund- oder Hypothekenbuchs und über den Erwerb in gutem Glauben entgegenstehen. In einem solchen Falle kann dem Kläger, welcher veräußert oder zedirt hat, der Einwand der nunmehr mangelnden Sachlegitimation entgegengesetzt werden.

239. Die Vorschriften des bürgerlichen Rechts über die sonstigen Wirkungen der Rechtshängigkeit bleiben unberührt. Diese Wirkungen, sowie alle Wirkungen, welche durch die Vorschriften des bürgerlichen Rechts an die Anstellung, Mittheilung oder gerichtliche Anmeldung der Klage, an die Ladung oder Einlassung des Beklagten ge-

knüpft werden, treten unbeschadet der Vorschrift des § 190 mit der Erhebung der Klage ein.

240. Als eine Aenderung der Klage ist es nicht anzusehen, wenn ohne Aenderung des Klagegrundes

1. die thatsächlichen oder rechtlichen Anführungen ergänzt oder berichtigt werden;
2. der Klagantrag in der Hauptsache oder in Bezug auf Nebenforderungen erweitert oder beschränkt wird;
3. statt des ursprünglich geforderten Gegenstandes wegen einer später eingetretenen Veränderung ein anderer Gegenstand oder das Interesse gefordert wird.

241. Die Einwilligung des Beklagten in die Aenderung der Klage ist anzunehmen, wenn derselbe, ohne der Aenderung zu widersprechen, sich in einer mündlichen Verhandlung auf die abgeänderte Klage eingelassen hat.

242. Eine Anfechtung der Entscheidung, daß eine Aenderung der Klage nicht vorliege, findet nicht statt.

243. Die Klage kann ohne Einwilligung des Beklagten nur bis zum Beginne der mündlichen Verhandlung des Beklagten zur Hauptsache zurückgenommen werden.

Die Zurücknahme der Klage erfolgt, wenn sie nicht bei der mündlichen Verhandlung erklärt wird, durch Zustellung eines Schriftsatzes. Abschrift desselben ist sofort nach erfolgter Zustellung auf der Gerichtsschreiberei niederzulegen.

Die Zurücknahme der Klage hat zur Folge, daß der Rechtsstreit als nicht anhängig geworden anzusehen ist; sie verpflichtet den Kläger, die Kosten des Rechtsstreits zu tragen, sofern nicht über dieselben bereits rechtskräftig erkannt ist. Auf Antrag des Beklagten ist diese Verpflichtung durch Urtheil auszusprechen.

Wird die Klage von neuem angestellt, so kann der Beklagte die Einlassung verweigern, bis die Kostenerstattung erfolgt ist.

244. Der Beklagte hat dem Kläger mittels vorbereitenden Schriftsatzes die Klagebeantwortung innerhalb der ersten zwei Drittheile der Zeit, welche zwischen der Zustellung der Klageschrift und dem Termine zur mündlichen Verhandlung liegt, zustellen zu lassen.

245. Insoweit die Klageschrift und die Klagebeantwortung zur Vorbereitung der mündlichen Verhandlung nicht genügen, hat jede Partei dem Gegner solche thatsächliche Behauptungen, Beweismittel und Anträge, auf welche derselbe voraussichtlich ohne vorhergehende Erkundigung keine Erklärung abgeben kann, vor der mündlichen Verhandlung mittels ferneren vorbereitenden Schriftsatzes so zeitig mitzutheilen, daß der Gegner die erforderliche Erkundigung noch einzuziehen vermag.

Tritt eine Vertagung der mündlichen Verhandlung ein, so kann das Gericht die Fristen bestimmen, binnen welcher die noch erforderlichen vorbereitenden Schriftsätze mitzutheilen sind.

246. Die mündliche Verhandlung erfolgt nach den allgemeinen Vorschriften.

247. Prozeßhindernde Einreden sind gleichzeitig und vor der Verhandlung des Beklagten zur Hauptsache vorzubringen.

Als solche Einreden sind nur anzusehen:

1. die Einrede der Unzuständigkeit des Gerichts,
2. die Einrede der Unzuständigkeit des Rechtswegs,
3. die Einrede der Rechtshängigkeit,
4. die Einrede der mangelnden Sicherheit für die Prozeßkosten,
5. die Einrede, daß die zur Erneuerung des Rechtsstreits erforderliche Erstattung der Kosten des früheren Verfahrens noch nicht erfolgt sei,
6. die Einrede der mangelnden Prozeßfähigkeit oder der mangelnden gesetzlichen Vertretung.

Nach dem Beginne der mündlichen Verhandlung des Beklagten zur Hauptsache können prozeßhindernde Einreden nur geltend gemacht werden, wenn dieselben entweder solche sind, auf welche der Beklagte wirksam nicht verzichten kann, oder wenn der Beklagte glaubhaft macht, daß er ohne sein Verschulden nicht im Stande gewesen sei, dieselben vor der Verhandlung zur Hauptsache geltend zu machen.

248. Ueber prozeßhindernde Einreden ist besonders zu verhandeln und durch Urtheil zu entscheiden, wenn der Beklagte auf Grund derselben die Verhandlung zur Hauptsache verweigert, oder wenn das Gericht auf Antrag oder von Amtswegen die abgesonderte Verhandlung anordnet.

Das Urtheil, durch welches die prozeßhindernde Einrede verworfen wird, ist in Betreff der Rechtsmittel als Endurtheil anzusehen; das Gericht kann jedoch auf Antrag anordnen, daß zur Hauptsache zu verhandeln sei.

249. Wird die Unzuständigkeit des Gerichts auf Grund der Bestimmungen über die sachliche Zuständigkeit der Gerichte ausgesprochen, so ist zugleich auf Antrag des Klägers der Rechtsstreit an ein bestimmtes Amtsgericht des Bezirks zu verweisen.

Ist das Urtheil rechtskräftig, so gilt der Rechtsstreit als bei dem Amtsgerichte anhängig.

250. Nach Erledigung der prozeßhindernden Einreden kann das Gericht in Prozessen, welche die Richtigkeit einer Rechnung, eine Vermögensauseinandersetzung oder ähnliche Verhältnisse zum Gegenstande haben, unter Vertagung der mündlichen Verhandlung ein vorbereitendes Verfahren anordnen.

251. Angriffs- und Vertheidigungsmittel (Einreden, Widerklage, Repliken u. s. w.) können bis zum Schlusse derjenigen mündlichen Verhandlung, auf welche das Urtheil ergeht, geltend gemacht werden.

Das Gericht kann, wenn durch das nachträgliche Vorbringen eines Angriffs- oder Vertheidigungsmittels die Erledigung des Rechtsstreits verzögert wird, der obsiegenden Partei, welche nach freier richterlicher Ueberzeugung im Stande war, das Angriffs- oder Vertheidigungsmittel zeitiger geltend zu machen, die Prozeßkosten ganz oder theilweise auferlegen.

252. Vertheidigungsmittel, welche von dem Beklagten nachträglich vorgebracht werden, können auf Antrag

zurückgewiesen werden, wenn durch deren Zulassung die Erledigung des Rechtsstreits verzögert werden würde, und das Gericht die Ueberzeugung gewinnt, daß der Beklagte in der Absicht, den Prozeß zu verschleppen, oder aus grober Nachlässigkeit die Vertheidigungsmittel nicht früher vorgebracht hat.

253. Bis zum Schlusse derjenigen mündlichen Verhandlung, auf welche das Urtheil ergeht, kann der Kläger durch Erweiterung des Klagantrags, der Beklagte durch Erhebung einer Widerklage beantragen, daß ein im Laufe des Prozesses streitig gewordenes Rechtsverhältniß, von dessen Bestehen oder Nichtbestehen die Entscheidung des Rechtsstreits ganz oder zum Theile abhängt, durch richterliche Entscheidung festgestellt werde.

254. Die Rechtshängigkeit eines erst im Laufe des Prozesses erhobenen Anspruchs tritt mit dem Zeitpunkte ein, in welchem der Anspruch in der mündlichen Verhandlung geltend gemacht wird.

255. Jede Partei hat unter Bezeichnung der Beweismittel, deren sie sich zum Nachweise oder zur Widerlegung thatsächlicher Behauptungen bedienen will, den Beweis anzutreten und über die von der Gegenpartei angegebenen Beweismittel sich zu erklären.

In Betreff der einzelnen Beweismittel wird die Beweisantretung und die Erklärung auf dieselbe durch die Vorschriften des sechsten bis zehnten Titels bestimmt.

256. Beweismittel und Beweiseinreden können bis zum Schlusse derjenigen mündlichen Verhandlung, auf welche das Urtheil ergeht, geltend gemacht werden.

Auf das nachträgliche Vorbringen von Beweismitteln und Beweiseinreden findet die Vorschrift des § 251 Abs. 2 entsprechende Anwendung.

257. Die Beweisaufnahme und die Anordnung eines besonderen Beweisaufnahmeverfahrens durch Beweisbeschluß wird durch die Vorschriften des fünften bis elften Titels bestimmt.

258. Ueber das Ergebniß der Beweisaufnahme haben die Parteien unter Darlegung des Streitsverhältnisses zu verhandeln.

Ist die Beweisaufnahme nicht vor dem Prozeßgerichte erfolgt, so haben die Parteien das Ergebniß derselben auf Grund der Beweisverhandlungen vorzutragen.

259. Das Gericht hat unter Berücksichtigung des gesammten Inhalts der Verhandlungen und des Ergebnisses einer etwaigen Beweisaufnahme nach freier Ueberzeugung zu entscheiden, ob eine thatsächliche Behauptung für wahr oder für nicht wahr zu erachten sei. In dem Urtheile sind die Gründe anzugeben, welche für die richterliche Ueberzeugung leitend gewesen sind.

An gesetzliche Beweisregeln ist das Gericht nur in den durch dieses Gesetz bezeichneten Fällen gebunden.

260. Ist unter den Parteien streitig, ob ein Schaden entstanden sei, und wie hoch sich der Schaden oder ein zu ersetzendes Interesse belaufe, so entscheidet hierüber das Gericht unter Würdigung aller Umstände nach freier Ueberzeugung. Ob und inwieweit eine beantragte Beweisaufnahme oder von Amtswegen die Begutachtung

durch Sachverständige anzuordnen sei, bleibt dem Ermessen des Gerichts überlassen. Das Gericht kann anordnen, daß der Beweisführer den Schaden oder das Interesse eidlich schätze. In diesem Falle hat das Gericht zugleich den Betrag zu bestimmen, welchen die eidliche Schätzung nicht übersteigen darf.

Die Vorschriften über den Schätzungseid werden aufgehoben.

261. Die von einer Partei behaupteten Thatsachen bedürfen insoweit keines Beweises, als sie im Laufe des Rechtsstreits von dem Gegner bei einer mündlichen Verhandlung oder zum Protokolle eines beauftragten oder ersuchten Richters zugestanden sind.

Zur Wirksamkeit des gerichtlichen Geständnisses ist dessen Annahme nicht erforderlich.

262. Die Wirksamkeit des gerichtlichen Geständnisses wird dadurch nicht beeinträchtigt, daß demselben eine Behauptung hinzugefügt wird, welche ein selbständiges Angriffs- oder Vertheidigungsmittel enthält.

Inwiefern eine vor Gericht erfolgte einräumende Erklärung ungeachtet anderer zusätzlicher oder einschränkender Behauptungen als ein Geständniß anzusehen sei, bestimmt sich nach der Beschaffenheit des einzelnen Falles.

263. Der Widerruf hat auf die Wirksamkeit des gerichtlichen Geständnisses nur dann Einfluß, wenn die widerrufende Partei beweist, daß das Geständniß der Wahrheit nicht entspreche und durch einen Irrthum veranlaßt sei. In diesem Falle verliert das Geständniß seine Wirksamkeit.

264. Thatsachen, welche bei dem Gericht offenkundig sind, bedürfen keines Beweises.

265. **Das in einem anderen Staate geltende Recht, die Gewohnheitsrechte und Statuten bedürfen des Beweises** nur insofern, als sie dem Gerichte unbekannt sind. Bei Ermittelung dieser Rechtsnormen ist das Gericht auf die von den Parteien beigebrachten Nachweise nicht beschränkt; es ist befugt, auch andere Erkenntnißquellen zu benutzen und zum Zwecke einer solchen Benutzung das Erforderliche anzuordnen.

266. Wer eine thatsächliche Behauptung glaubhaft zu machen hat, kann sich aller Beweismittel, mit Ausnahme der Eideszuschiebung, bedienen, auch zur eidlichen Versicherung der Wahrheit der Behauptung zugelassen werden.

Eine Beweisaufnahme, welche nicht sofort erfolgen kann, ist unstatthaft.

267. Die Verletzung einer das Verfahren und insbesondere die Form einer Prozeßhandlung betreffenden Vorschrift kann nicht mehr gerügt werden, wenn die Partei auf die Befolgung der Vorschrift verzichtet, oder wenn sie bei der nächsten mündlichen Verhandlung, welche auf Grund des betreffenden Verfahrens stattgefunden hat oder in welcher auf dasselbe Bezug genommen ist, den Mangel nicht gerügt hat, obgleich sie erschienen und ihr der Mangel bekannt war oder bekannt sein mußte.

Die vorstehende Bestimmung kommt nicht zur Anwendung, wenn Vorschriften verletzt sind, auf deren Befolgung eine Partei wirksam nicht verzichten kann.

268. Das Gericht kann in jeder Lage des Rechtsstreits die gütliche Beilegung desselben oder einzelner Streitpunkte versuchen oder die Parteien zum Zwecke des Sühneversuchs vor einen beauftragten oder ersuchten Richter verweisen.

Zum Zwecke des Sühneversuchs kann das persönliche Erscheinen der Parteien angeordnet werden.

269. Die Anträge müssen aus den vorbereitenden Schriftsätzen verlesen werden.

Soweit vorbereitende Schriftsätze nicht mitgetheilt oder die Anträge in solchen nicht enthalten sind, muß die Vorlesung aus einem dem Protokolle als Anlage beizufügenden Schriftsatze erfolgen.

Dasselbe gilt von Anträgen, welche von früher verlesenen in wesentlichen Punkten abweichen.

Die Nichtbeachtung dieser Vorschriften hat die Nichtberücksichtigung der Anträge zur Folge.

270. Soweit es sich nicht um Anträge (§ 269) handelt, sind wesentliche Erklärungen, welche in vorbereitenden Schriftsätzen nicht enthalten sind, oder wesentliche Abweichungen von dem Inhalte solcher Schriftsätze, mögen die Abweichungen in Zusätzen, Weglassungen oder sonstigen Abänderungen bestehen, auf Antrag durch Schriftsätze, welche dem Protokolle als Anlage beizufügen sind, festzustellen.

In gleicher Weise sind auf Antrag auch Geständnisse sowie die Erklärungen über Annahme oder Zurückschiebung zugeschobener Eide festzustellen.

271. Die Parteien können von den Prozeßakten Einsicht nehmen und sich aus denselben durch den Gerichtsschreiber Ausfertigungen, Auszüge und Abschriften ertheilen lassen.

Dritten Personen kann der Vorstand des Gerichts ohne Einwilligung der Parteien die Einsicht der Akten nur gestatten, wenn ein rechtliches Interesse glaubhaft gemacht wird.

Die Entwürfe zu Urtheilen, Beschlüssen und Verfügungen, die zur Vorbereitung derselben gelieferten Arbeiten, sowie die Schriftstücke, welche Abstimmungen oder Strafverfügungen betreffen, werden weder vorgelegt noch abschriftlich mitgetheilt.

Zweiter Titel.

Urtheil.

272. Ist der Rechtsstreit zur Endentscheidung reif, so hat das Gericht dieselbe durch Endurtheil zu erlassen.

Dasselbe gilt, wenn von mehreren, zum Zwecke gleichzeitiger Verhandlung und Entscheidung verbundenen Prozessen nur der eine zur Endentscheidung reif ist.

273. Ist von mehreren in einer Klage geltend gemachten Ansprüchen nur der eine, oder ist nur ein Theil eines Anspruchs, oder bei erhobener Widerklage nur die Klage oder die Widerklage zur Endentscheidung reif, so hat das Gericht dieselbe durch Endurtheil (Theilurtheil) zu erlassen.

Die Erlassung eines Theilurtheils kann unterbleiben, wenn das Gericht sie nach Lage der Sache nicht für angemessen erachtet.

274. Ist von dem Beklagten mittels Einrede eine Gegenforderung geltend gemacht, welche mit der in der Klage geltend gemachten Forderung nicht in rechtlichem Zusammenhange steht, so kann, wenn nur die Verhandlung über die Forderung zur Endentscheidung reif ist, diese unter Trennung der Verhandlungen durch Theilurtheil erfolgen.

275. Ist ein einzelnes selbständiges Angriffs- oder Vertheidigungsmittel oder ein Zwischenstreit zur Entscheidung reif, so kann die Entscheidung durch Zwischenurtheil erfolgen.

276. Ist ein Anspruch nach Grund und Betrag streitig, so kann das Gericht über den Grund vorab entscheiden.

Das Urtheil ist in Betreff der Rechtsmittel als Endurtheil anzusehen; das Gericht kann jedoch, wenn der Anspruch für begründet erklärt ist, auf Antrag anordnen, daß über den Betrag zu verhandeln sei.

277. Verzichtet der Kläger bei der mündlichen Verhandlung auf den geltend gemachten Anspruch, so ist er auf Grund des Verzichts mit dem Anspruch abzuweisen, wenn der Beklagte die Abweisung beantragt.

278. Erkennt eine Partei den gegen sie geltend gemachten Anspruch bei der mündlichen Verhandlung ganz oder zum Theil an, so ist sie auf Antrag dem Anerkenntnisse gemäß zu verurtheilen.

279. Das Gericht ist nicht befugt, einer Partei etwas zuzusprechen, was nicht beantragt ist. Dies gilt insbesondere von Früchten, Zinsen und anderen Nebenforderungen.

Ueber die Verpflichtung, die Prozeßkosten zu tragen, hat das Gericht auch ohne Antrag zu erkennen.

280. Das Urtheil kann nur von denjenigen Richtern gefällt werden, welche der dem Urtheile zu Grunde liegenden Verhandlung beigewohnt haben.

281. Die Verkündung des Urtheils erfolgt in dem Termine, in welchem die mündliche Verhandlung geschlossen wird, oder in einem sofort anzuberaumenden Termine, welcher nicht über eine Woche hinaus angesetzt werden soll.

282. Die Verkündung des Urtheils erfolgt durch Vorlesung der Urtheilsformel. Versäumnißurtheile können verkündet werden, auch wenn die Urtheilsformel noch nicht schriftlich abgefaßt ist.

Wird die Verkündung der Entscheidungsgründe für angemessen erachtet, so erfolgt sie durch Vorlesung der Gründe oder durch mündliche Mittheilung des wesentlichen Inhalts.

283. Die Wirksamkeit der Verkündung eines Urtheils ist von der Anwesenheit der Parteien nicht abhängig. Die Verkündung gilt auch derjenigen Partei gegenüber als bewirkt, welche den Termin versäumt hat.

Die Befugniß einer Partei, auf Grund eines verkündeten Urtheils das Verfahren fortzusetzen oder von dem Urtheile in anderer Weise Gebrauch zu machen, ist von der Zustellung an den Gegner nicht abhängig, soweit nicht dieses Gesetz ein Anderes bestimmt.

284. Das Urtheil enthält:

1. die Bezeichnung der Parteien und ihrer gesetzlichen Vertreter nach Namen, Stand oder Gewerbe, Wohnort und Parteistellung;
2. die Bezeichnung des Gerichts und die Namen der Richter, welche bei der Entscheidung mitgewirkt haben;
3. eine gedrängte Darstellung des Sach- und Streitstandes auf Grundlage der mündlichen Vorträge der Parteien unter Hervorhebung der gestellten Anträge (Thatbestand);
4. die Entscheidungsgründe;
5. die von der Darstellung des Thatbestandes und der Entscheidungsgründe äußerlich zu sondernde Urtheilsformel.

Bei der Darstellung des Thatbestandes ist eine Bezugnahme auf den Inhalt der vorbereitenden Schriftsätze und auf die zum Sitzungsprotokoll erfolgten Feststellungen nicht ausgeschlossen.

285. Der Thatbestand des Urtheils liefert rücksichtlich des mündlichen Parteivorbringens Beweis. Dieser Beweis kann nur durch das Sitzungsprotokoll entkräftet werden.

286. Das Urtheil ist von den Richtern, welche bei der Entscheidung mitgewirkt haben, zu unterschreiben. Ist ein Richter verhindert, seine Unterschrift beizufügen, so wird dies unter Angabe des Verhinderungsgrundes

von dem Vorsitzenden und bei dessen Verhinderung von dem ältesten beisitzenden Richter unter dem Urtheile bemerkt.

Ein Urtheil, welches bei der Verkündung noch nicht in vollständiger Form abgefaßt war, ist vor Ablauf einer Woche vom Tage der Verkündung an gerechnet in vollständiger Abfassung dem Gerichtsschreiber zu übergeben.

Der Gerichtsschreiber hat auf dem Urtheile den Tag der Verkündung zu bemerken und diese Bemerkung zu unterschreiben.

287. Der Gerichtsschreiber hat die verkündeten und unterschriebenen Urtheile in ein Verzeichniß zu bringen. Das Verzeichniß wird an bestimmten, von dem Vorsitzenden im voraus festzusetzenden Wochentagen mindestens auf die Dauer einer Woche in der Gerichtsschreiberei ausgehängt.

288. Die Zustellung der Urtheile erfolgt auf Betreiben der Parteien.

So lange das Urtheil nicht verkündet und nicht unterschrieben ist, dürfen Ausfertigungen, Auszüge und Abschriften desselben nicht ertheilt werden.

Die Ausfertigungen und Auszüge der Urtheile sind von dem Gerichtsschreiber zu unterschreiben und mit dem Gerichtssiegel zu versehen.

289. Das Gericht ist an die Entscheidung, welche in den von ihm erlassenen End- und Zwischenurtheilen enthalten ist, gebunden.

290. Schreibfehler, Rechnungsfehler und ähnliche offenbare Unrichtigkeiten, welche in dem Urtheile vor-

kommen, sind jederzeit von dem Gerichte auch von Amtswegen zu berichtigen.

Ueber die Berichtigung kann ohne vorgängige mündliche Verhandlung entschieden werden. Der Beschluß, welcher eine Berichtigung ausspricht, wird auf dem Urtheile und den Ausfertigungen bemerkt.

Gegen den Beschluß, durch welchen der Antrag auf Berichtigung zurückgewiesen wird, findet kein Rechtsmittel; gegen den Beschluß, welcher eine Berichtigung ausspricht, findet sofortige Beschwerde statt

291. Enthält der Thatbestand des Urtheils Unrichtigkeiten, welche nicht unter die Bestimmung des vorstehenden Paragraphen fallen, Auslassungen, Dunkelheiten oder Widersprüche, so kann die Berichtigung binnen einer einwöchigen Frist durch Zustellung eines Schriffatzes beantragt werden.

Die Frist beginnt mit dem Tage des Aushangs des Verzeichnisses, in welches das Urtheil eingetragen ist.

Der Schriftsatz muß den Antrag auf Berichtigung und die Ladung des Gegners zur mündlichen Verhandlung enthalten.

Das Gericht entscheidet ohne vorgängige Beweisaufnahme. Bei der Entscheidung wirken nur diejenigen Richter mit, welche bei dem Urtheil mitgewirkt haben. Ist ein Richter verhindert, so giebt bei Stimmengleichheit die Stimme des Vorsitzenden, und bei dessen Verhinderung die Stimme des ältesten Richters den Ausschlag. Eine Anfechtung des Beschlusses findet nicht statt. Der

Beschluß, welcher eine Berichtigung ausspricht, wird auf dem Urtheil und den Ausfertigungen bemerkt.

Die Berichtigung des Thatbestandes hat eine Aenderung des übrigen Theils des Urtheils nicht zur Folge.

292. Wenn ein nach dem ursprünglich festgestellten oder nachträglich berichtigten Thatbestande von einer Partei geltend gemachter Haupt- oder Nebenanspruch, oder wenn der Kostenpunkt bei der Endentscheidung ganz oder theilweise übergangen ist, so ist auf Antrag das Urtheil durch nachträgliche Entscheidung zu ergänzen.

Die nachträgliche Entscheidung muß binnen einer einwöchigen Frist, welche mit der Zustellung des Urtheils beginnt, durch Zustellung eines Schriftsatzes beantragt werden.

Der Schriftsatz muß den Antrag auf Ergänzung und die Ladung des Gegners zur mündlichen Verhandlung enthalten.

Die mündliche Verhandlung hat nur den nicht erledigten Theil des Rechtsstreits zum Gegenstande.

293. Urtheile sind der Rechtskraft nur insoweit fähig, als über den durch die Klage oder durch die Widerklage erhobenen Anspruch entschieden ist.

Die Entscheidung über das Bestehen oder Nichtbestehen einer mittels Einrede geltend gemachten Gegenforderung ist der Rechtskraft fähig, jedoch nur bis zur Höhe desjenigen Betrags, mit welchem aufgerechnet werden soll.

294. Die auf Grund einer mündlichen Verhandlung ergehenden Beschlüsse des Gerichts müssen verkündet werden.

Die Vorschriften der §§ 280, 281 finden auf Beschlüsse des Gerichts, die Vorschriften der §§ 283, 288 auf Beschlüsse des Gerichts und auf Verfügungen des Vorsitzenden, sowie eines beauftragten oder ersuchten Richters entsprechende Anwendung.

Nicht verkündete Beschlüsse des Gerichts und nicht verkündete Verfügungen des Vorsitzenden und eines beauftragten oder ersuchten Richters sind den Parteien von Amtswegen zuzustellen.

Dritter Titel.

Versäumnißurtheil.

295. Erscheint der Kläger im Termine zur mündlichen Verhandlung nicht, so ist auf Antrag das Versäumnißurtheil dahin zu erlassen, daß der Kläger mit der Klage abzuweisen sei.

296. Beantragt der Kläger gegen den im Termine zur mündlichen Verhandlung nicht erschienenen Beklagten das Versäumnißurtheil, so ist das thatsächliche mündliche Vorbringen des Klägers als zugestanden anzunehmen.

Soweit dasselbe den Klageantrag rechtfertigt, ist nach dem Antrage zu erkennen; soweit dies nicht der Fall, ist die Klage abzuweisen.

297. Als Verhandlungstermine im Sinne der vorstehenden Paragraphen sind auch diejenigen Termine anzusehen, auf welche die mündliche Verhandlung vertagt ist, oder welche zur Fortsetzung derselben vor oder nach dem Erlasse eines Beweisbeschlusses bestimmt sind.

298. Als nicht erschienen ist auch diejenige Partei anzusehen, welche in dem Termine zwar erscheint, aber nicht verhandelt.

299. Wenn eine Partei in dem Termine verhandelt, sich jedoch über Thatsachen, Urkunden oder Eideszuschiebungen nicht erklärt, so finden die Vorschriften dieses Titels keine Anwendung.

300. Der Antrag auf Erlassung eines Versäumnißurtheils ist zurückzuweisen, unbeschadet des Rechts der erschienenen Partei, die Vertagung der mündlichen Verhandlung zu beantragen:

1. wenn die erschienene Partei die vom Gerichte wegen eines von Amtswegen zu berücksichtigenden Umstandes erforderte Nachweisung nicht zu beschaffen vermag;
2. wenn die nicht erschienene Partei nicht ordnungsmäßig, insbesondere nicht rechtzeitig geladen war;
3. wenn der nicht erschienenen Partei ein thatsächliches mündliches Vorbringen oder ein Antrag nicht rechtzeitig mittels Schriftsatzes mitgetheilt war.

Wird die Verhandlung vertagt, so ist die nicht erschienene Partei zu dem neuen Termine zu laden.

301. Gegen den Beschluß, durch welchen der Antrag auf Erlassung des Versäumnißurtheils zurückgewiesen wird, findet sofortige Beschwerde statt. Wird der Beschluß aufgehoben, so ist die nicht erschienene Partei zu dem neuen Termine nicht zu laden.

302. Das Gericht kann von Amtswegen die Verhandlung über den Antrag auf Erlassung des Versäumnißurtheils vertagen, wenn es dafür hält, daß die von dem Vorsitzenden bestimmte Einlassungs- oder Ladungsfrist zu kurz bemessen, oder daß die Partei durch Naturereignisse oder durch andere unabwendbare Zufälle am Erscheinen verhindert worden sei. Die nicht erschienene Partei ist zu dem neuen Termine zu laden.

303. Der Partei, gegen welche ein Versäumnißurtheil erlassen ist, steht gegen dasselbe der Einspruch zu.

304. Die Einspruchsfrist beträgt zwei Wochen; sie ist eine Nothfrist und beginnt mit der Zustellung des Versäumnißurtheils.

Muß die Zustellung im Ausland oder durch öffentliche Bekanntmachung erfolgen, so hat das Gericht die Einspruchsfrist im Versäumnißurtheile oder nachträglich durch besonderen Beschluß, welcher ohne vorgängige mündliche Verhandlung erlassen werden kann, zu bestimmen.

305. Die Einlegung des Einspruchs erfolgt durch Zustellung eines Schriftsatzes. Derselbe muß enthalten:

1. die Bezeichnung des Urtheils, gegen welches der Einspruch gerichtet wird;
2. die Erklärung, daß gegen dieses Urtheil Einspruch eingelegt werde;
3. die Ladung des Gegners zur mündlichen Verhandlung über die Hauptsache.

Der Schriftsatz soll zugleich dasjenige enthalten, was zur Vorbereitung der Verhandlung über die Hauptsache erforderlich ist.

306. Das Gericht hat von Amtswegen zu prüfen, ob der Einspruch an sich statthaft und ob er in der gesetzlichen Form und Frist eingelegt sei. Fehlt es an einem dieser Erfordernisse, so ist der Einspruch als unzulässig zu verwerfen.

307. Ist der Einspruch zulässig, so wird der Prozeß in die Lage zurückversetzt, in welcher er sich vor Eintritt der Versäumniß befand.

308. Insoweit die Entscheidung, welche auf Grund der neuen Verhandlung zu erlassen ist, mit der in dem Versäumnißurtheil enthaltenen Entscheidung übereinstimmt, ist auszusprechen, daß diese Entscheidung aufrecht zu erhalten sei. Insoweit diese Voraussetzung nicht zutrifft, wird das Versäumnißurtheil in dem neuen Urtheil aufgehoben.

309. Ist das Versäumnißurtheil in gesetzlicher Weise ergangen, so sind die durch die Versäumniß veranlaßten Kosten, soweit sie nicht durch einen unbegründeten Widerspruch des Gegners entstanden sind, der säumigen Partei auch dann aufzuerlegen, wenn in Folge des Einspruchs eine abändernde Entscheidung erlassen wird.

310. Einer Partei, die den Einspruch eingelegt hat, aber in der zur mündlichen Verhandlung bestimmten Sitzung oder in derjenigen Sitzung, auf welche die Verhandlung vertagt ist, nicht erscheint oder nicht zur Hauptsache verhandelt, steht gegen das Versäumnißurtheil, durch welches der Einspruch verworfen wird, ein weiterer Einspruch nicht zu.

311. In Betreff des Verzichts auf den Einspruch und der Zurücknahme desselben finden die Vorschriften über den Verzicht auf die Berufung und über die Zurücknahme derselben entsprechende Anwendung.

312. Die Vorschriften dieses Titels finden auf das Verfahren, welches eine Widerklage oder die Bestimmung des Betrags eines dem Grunde nach bereits festgestellten Anspruchs zum Gegenstande hat, entsprechende Anwendung.

War ein Termin lediglich zur Verhandlung über einen Zwischenstreit bestimmt, so beschränkt sich das Versäumnißverfahren und das Versäumnißurtheil auf die Erledigung dieses Zwischenstreits. Die Vorschriften dieses Titels finden entsprechende Anwendung.

Vierter Titel.

Vorbereitendes Verfahren in Rechnungssachen, Auseinandersetzungen und ähnlichen Prozessen.

313. Stellt sich in Prozessen, welche die Richtigkeit einer Rechnung, eine Vermögensauseinandersetzung oder ähnliche Verhältnisse zum Gegenstande haben, eine erhebliche Zahl von streitigen Ansprüchen oder von streitigen Erinnerungen gegen eine Rechnung oder gegen ein Inventar heraus, so kann das Prozeßgericht ein vorbereitendes Verfahren von einem beauftragten Richter anordnen.

314. Bei der Verkündung des Beschlusses, durch welchen das vorbereitende Verfahren angeordnet wird, ist durch den Vorsitzenden der beauftragte Richter zu be-

zeichnen und der Termin zur Erledigung des Beschlusses zu bestimmen. Ist die Terminsbestimmung unterblieben, so erfolgt sie durch den beauftragten Richter; wird dieser verhindert, den Auftrag zu vollziehen, so ernennt der Vorsitzende ein anderes Mitglied.

315. In dem vorbereitenden Verfahren ist zu Protokoll festzustellen:

1. welche Ansprüche erhoben und welche Angriffs- und Vertheidigungsmittel geltend gemacht werden;
2. welche Ansprüche und welche Angriffs- und Vertheidigungsmittel streitig oder unstreitig sind;
3. in Ansehung der bestrittenen Ansprüche und der bestrittenen Angriffs- und Vertheidigungsmittel das Sachverhältniß nebst den von den Parteien bezeichneten Beweismitteln, den geltend gemachten Beweiseinreden, den abgegebenen Erklärungen über Beweismittel und Beweiseinreden und den gestellten Anträgen.

Das Verfahren richtet sich nach den Vorschriften, welche zur Anwendung kommen würden, wenn der Rechtsstreit vor einem Amtsgerichte anhängig wäre; dasselbe ist fortzusetzen, bis der Rechtsstreit selbst oder ein Zwischenstreit zur Erlassung eines Urtheils oder eines Beweisbeschlusses reif erscheint.

316. Erscheint eine Partei in einem Termine vor dem beauftragten Richter nicht, so hat dieser das Vorbringen der erschienenen Partei in Gemäßheit der Bestimmungen des vorstehenden Paragraphen zu Protokoll festzustellen und einen neuen Termin anzuberaumen. Die

nicht erschienene Partei ist zu dem neuen Termine unter Mittheilung einer Abschrift des Protokolls zu laden.

Erscheint die Partei auch in dem neuen Termine nicht, so gelten die in dem zugestellten Protokolle enthaltenen thatsächlichen Behauptungen des Gegners als zugestanden und ist das vorbereitende Verfahren bezüglich derselben nicht weiter fortzusetzen.

317. Nach dem Schlusse des vorbereitenden Verfahrens ist der Termin zur mündlichen Verhandlung vor dem Prozeßgerichte von Amtswegen zu bestimmen und den Parteien bekannt zu machen.

318. Bei der mündlichen Verhandlung haben die Parteien das Ergebniß des vorbereitenden Verfahrens auf Grund des Protokolls vorzutragen.

Ist eine Partei nicht erschienen, so sind Ansprüche, welche sich in dem vorbereitenden Verfahren als unstreitig ergeben haben, durch Theilurtheil zu erledigen. Im übrigen ist auf Antrag ein Versäumnißurtheil zu erlassen.

319. Eine vor dem beauftragten Richter unterbliebene oder verweigerte Erklärung über Thatsachen, Urkunden oder Eideszuschiebungen kann in der mündlichen Verhandlung nicht mehr nachgeholt werden. Erklärungen einer vor dem beauftragten Richter erschienenen Partei sind nur insoweit als unterblieben anzusehen, als die Partei von dem Richter zur Abgabe einer Erklärung aufgefordert worden ist.

Ansprüche, Angriffs- und Vertheidigungsmittel, Beweismittel und Beweiseinreden, welche zum Protokolle des beauftragten Richters nicht festgestellt sind, können in der mündlichen Verhandlung nur geltend gemacht werden, wenn glaubhaft gemacht wird, daß dieselben erst später entstanden oder der Partei bekannt geworden seien.

Fünfter Titel.

Allgemeine Bestimmungen über die Beweisaufnahme.

320. Die Beweisaufnahme erfolgt vor dem Prozeßgerichte. Sie ist nur in den durch dieses Gesetz bestimmten Fällen einem Mitgliede des Prozeßgerichts oder einem anderen Gerichte zu übertragen.

Eine Anfechtung des Beschlusses, durch welchen die eine oder die andere Art der Beweisaufnahme angeordnet wird, findet nicht statt.

321. Steht der Aufnahme des Beweises ein Hinderniß von ungewisser Dauer entgegen, so ist auf Antrag eine Frist zu bestimmen, nach deren fruchtlosem Ablaufe das Beweismittel nur benutzt werden kann, wenn dadurch das Verfahren nicht verzögert wird.

322. Den Parteien ist gestattet, der Beweisaufnahme beizuwohnen.

323. Erfordert die Beweisaufnahme ein besonderes Verfahren, so ist dasselbe durch Beweisbeschluß anzuordnen.

324. Der Beweisbeschluß enthält:

1. die Bezeichnung der streitigen Thatsachen, über welche der Beweis zu erheben ist;
2. die Bezeichnung der Beweismittel unter Benennung der zu vernehmenden Zeugen und Sachverständigen;

3. die Bezeichnung der Partei, welche sich zum Nachweise oder zur Widerlegung thatsächlicher Behauptungen auf das Beweismittel berufen hat;
4. die Eidesnorm, wenn die Abnahme eines zugeschobenen oder zurückgeschobenen Eides angeordnet wird.

325. Vor Erledigung des Beweisbeschlusses kann von keiner Partei eine Aenderung desselben auf Grund der früheren Verhandlungen beantragt werden.

326. Soll die Beweisaufnahme durch ein Mitglied des Prozeßgerichts erfolgen, so wird bei der Verkündung des Beweisbeschlusses durch den Vorsitzenden der beauftragte Richter bezeichnet und der Termin zur Beweisaufnahme bestimmt.

Ist die Terminsbestimmung unterblieben, so erfolgt sie durch den beauftragten Richter; wird derselbe verhindert, den Auftrag zu vollziehen, so ernennt der Vorsitzende ein anderes Mitglied.

327. Soll die Beweisaufnahme durch ein anderes Gericht erfolgen, so ist das Ersuchungsschreiben von dem Vorsitzenden zu erlassen.

Die auf die Beweisaufnahme sich beziehenden Verhandlungen werden in Urschrift von dem ersuchten Richter dem Gerichtsschreiber des Prozeßgerichts übersendet, welcher die Parteien von dem Eingange benachrichtigt.

328. Soll die Beweisaufnahme im Ausland erfolgen, so hat der Vorsitzende die zuständige Behörde um Aufnahme des Beweises zu ersuchen.

Kann die Beweisaufnahme durch einen Reichskonsul erfolgen, so ist das Ersuchen an diesen zu richten.

329. Wird eine ausländische Behörde ersucht, den Beweis aufzunehmen, so kann das Gericht anordnen, daß der Beweisführer das Ersuchungsschreiben zu besorgen und die Erledigung des Ersuchens zu betreiben habe.

Das Gericht kann sich auf die Anordnung beschränken, daß der Beweisführer eine den Gesetzen des fremden Staates entsprechende öffentliche Urkunde über die Beweisaufnahme beizubringen habe.

In beiden Fällen ist in dem Beweisbeschlüsse eine Frist zu bestimmen, binnen welcher von dem Beweisführer die Urkunde auf der Gerichtsschreiberei niederzulegen ist. Nach fruchtlosem Ablaufe dieser Frist kann die Urkunde nur benutzt werden, wenn dadurch das Verfahren nicht verzögert wird.

Der Beweisführer hat den Gegner, wenn möglich, von dem Orte und der Zeit der Beweisaufnahme so zeitig in Kenntniß zu setzen, daß derselbe seine Rechte in geeigneter Weise wahrzunehmen vermag. Ist die Benachrichtigung unterblieben, so hat das Gericht zu ermessen, ob und inwieweit der Beweisführer zur Benutzung der Beweisverhandlung berechtigt sei.

330. Der beauftragte oder ersuchte Richter ist ermächtigt, falls sich später Gründe ergeben, welche die Beweisaufnahme durch ein anderes Gericht sachgemäß erscheinen lassen, dieses Gericht um die Aufnahme des Beweises zu ersuchen. Die Parteien sind von dieser Verfügung in Kenntniß zu setzen.

331. Erhebt sich bei der Beweisaufnahme vor einem beauftragten oder ersuchten Richter ein Streit, von dessen Erledigung die Fortsetzung der Beweisaufnahme abhängig und zu dessen Entscheidung der Richter nicht berechtigt ist, so erfolgt die Erledigung durch das Prozeßgericht.

Der Termin zur mündlichen Verhandlung über den Zwischenstreit ist von Amtswegen zu bestimmen und den Parteien bekannt zu machen.

332. Erscheint eine Partei oder erscheinen beide Parteien in dem Termine zur Beweisaufnahme nicht, so ist die Beweisaufnahme gleichwohl insoweit zu bewirken, als dies nach Lage der Sache geschehen kann.

Eine nachträgliche Beweisaufnahme oder eine Vervollständigung der Beweisaufnahme ist bis zum Schlusse derjenigen mündlichen Verhandlung, auf welche das Urtheil ergeht, auf Antrag anzuordnen, wenn das Verfahren dadurch nicht verzögert wird oder wenn die Partei glaubhaft macht, daß sie ohne ihr Verschulden außer Stande gewesen sei, in dem früheren Termine zu erscheinen und im Falle des Antrags auf Vervollständigung, daß durch ihr Nichterscheinen eine wesentliche Unvollständigkeit der Beweisaufnahme veranlaßt sei.

333. Wird ein neuer Termin zur Beweisaufnahme oder zur Fortsetzung derselben erforderlich, so ist dieser Termin, auch wenn der Beweisführer oder beide Parteien in dem früheren Termine nicht erschienen waren, vom Amtswegen zu bestimmen.

334. Entspricht die von einer ausländischen Behörde vorgenommene Beweisaufnahme den für das Prozeßgericht geltenden Gesetzen, so kann daraus, daß sie nach den ausländischen Gesetzen mangelhaft ist, kein Einwand entnommen werden.

335. Erfolgt die Beweisaufnahme vor dem Prozeßgerichte, so ist der Termin, in welchem die Beweisaufnahme stattfindet, zugleich zur Fortsetzung der mündlichen Verhandlung bestimmt.

In dem Beweisbeschlusse, welcher anordnet, daß die Beweisaufnahme vor einem beauftragten oder ersuchten Richter erfolgen solle, kann zugleich der Termin zur Fortsetzung der mündlichen Verhandlung vor dem Prozeßgerichte bestimmt werden. Ist dies nicht geschehen, so wird nach Beendigung der Beweisaufnahme dieser Termin von Amtswegen bestimmt und den Parteien bekannt gemacht.

Sechster Titel.

Beweis durch Augenschein.

336. Die Antretung des Beweises durch Augenschein erfolgt durch die Bezeichnung des Gegenstandes des Augenscheins und durch die Angabe der zu beweisenden Thatsachen.

337. Das Prozeßgericht kann anordnen, daß bei der Einnahme des Augenscheins ein oder mehrere Sachverständige zuzuziehen seien.

Es kann einem Mitgliede des Prozeßgerichts oder einem anderen Gerichte die Einnahme des Augenscheins übertragen, auch die Ernennung der zuzuziehenden Sachverständigen überlassen.

Siebenter Titel.

Zeugenbeweis.

338. Die Antretung des Zeugenbeweises erfolgt durch die Benennung der Zeugen und die Bezeichnung der Thatsachen, über welche die Vernehmung der Zeugen stattfinden soll.

339. Die Vernehmung neuer Zeugen, welche nach Erlassung eines Beweisbeschlusses bezüglich der in demselben bezeichneten streitigen Thatsachen benannt werden, ist auf Antrag zurückzuweisen, wenn durch die Vernehmung die Erledigung des Rechtsstreits verzögert werden würde und das Gericht die Ueberzeugung gewinnt, daß die Partei n der Absicht, den Prozeß zu verschleppen, oder aus grober Nachlässigkeit die Zeugen nicht früher benannt hat.

340. Die Aufnahme des Zeugenbeweises kann einem Mitgliede des Prozeßgerichts oder einem anderen Gericht übertragen werden:

1. wenn zur Ausmittelung der Wahrheit die Vernehmung des Zeugen an Ort und Stelle dienlich erscheint;
2. wenn die Beweisaufnahme vor dem Prozeßgericht erheblichen Schwierigkeiten unterliegen würde;
3. wenn der Zeuge verhindert ist, vor dem Prozeßgerichte zu erscheinen;
4. wenn der Zeuge in großer Entfernung von dem Sitze des Prozeßgerichts sich aufhält.

Die Landesherren und die Mitglieder der landesherrlichen Familien sowie die Mitglieder der Fürstlichen Familie Hohenzollern sind durch ein Mitglied des Prozeßgerichts oder durch ein anderes Gericht in ihrer Wohnung zu vernehmen.

341. Oeffentliche Beamte, auch wenn sie nicht mehr im Dienste sind, dürfen über Umstände, auf welche sich ihre Pflicht zur Amtsverschwiegenheit bezieht, als Zeugen nur mit Genehmigung ihrer vorgesetzten Dienstbehörde oder der ihnen zuletzt vorgesetzt gewesenen Dienstbehörde vernommen werden. Für den Reichskanzler bedarf es der Genehmigung des Kaisers, für die Minister der Genehmigung des Landesherrn, für die Mitglieder der Senate der freien Hansestädte der Genehmigung des Senats.

Die Genehmigung darf nur versagt werden, wenn die Ablegung des Zeugnisses dem Wohle des Reichs oder eines Bundesstaates Nachtheil bereiten würde.

Die Genehmigung ist durch das Prozeßgericht einzuholen und dem Zeugen bekannt zu machen.

342. Die Ladung der Zeugen ist von dem Gerichtsschreiber unter Bezugnahme auf den Beweisbeschluß auszufertigen und von Amtswegen zuzustellen.

Die Ladung muß enthalten:

1. die Bezeichnung der Parteien;
2. die Thatsachen, über welche die Vernehmung erfolgen soll;
3. die Anweisung, zur Ablegung des Zeugnisses bei Vermeidung der durch das Gesetz angedrohten Strafen in dem nach Zeit und Ort zu bezeichnenden Termine zu erscheinen.

343. Die Ladung einer dem aktiven Heere oder der aktiven Marine angehörenden Person des Soldatenstandes als Zeuge erfolgt durch Ersuchen der Militärbehörde.

344. Das Gericht kann die Ladung davon abhängig machen, daß der Beweisführer einen Vorschuß zur Deckung der Staatskasse wegen der durch die Vernehmung des Zeugen erwachsenden Auslagen hinterlegt.

Erfolgt die Hinterlegung nicht binnen der bestimmten Frist, so unterbleibt die Ladung, wenn die Hinterlegung nicht so zeitig nachgeholt wird, daß die Vernehmung ohne Verzögerung des Verfahrens erfolgen kann.

345. Ein ordnungsmäßig geladener Zeuge, welcher nicht erscheint, ist, ohne daß es eines Antrags bedarf, in die durch das Ausbleiben verursachten Kosten sowie zu einer Geldstrafe bis zu dreihundert Mark und für den Fall, daß diese nicht beigetrieben werden kann, zur Strafe der Haft bis zu sechs Wochen zu verurtheilen.

Im Falle wiederholten Ausbleibens kann die Strafe noch einmal erkannt, auch die zwangsweise Vorführung des Zeugen angeordnet werden.

Gegen diese Beschlüsse findet die Beschwerde statt.

Die Festsetzung und die Vollstreckung der Strafe gegen eine dem aktiven Heere oder der aktiven Marine angehörende Militärperson erfolgt auf Ersuchen durch das Militärgericht, die Vorführung einer solchen Person durch Ersuchen der Militärbehörde.

346. Die Verurtheilung in Strafe und Kosten unterbleibt, wenn das Ausbleiben des Zeugen genügend entschuldigt ist. Erfolgt nachträglich genügende Entschuldi-

gung, so werden die gegen den Zeugen getroffenen Anordnungen wieder aufgehoben.

Die Anzeigen und Gesuche des Zeugen können schriftlich oder zum Protokolle des Gerichtsschreibers oder mündlich in dem zur Vernehmung bestimmten neuen Termine angebracht werden.

347. Der Reichskanzler, die Minister eines Bundesstaates, die Mitglieder der Senate der freien Hansestädte, die Vorstände der obersten Reichsbehörden und die Vorstände der Ministerien sind an ihrem Amtssitze oder, wenn sie sich außerhalb desselben aufhalten, an ihrem Aufenthaltsorte zu vernehmen.

Die Mitglieder des Bundesraths sind während ihres Aufenthalts am Sitze des Bundesraths an diesem Sitze, die Mitglieder einer deutschen gesetzgebenden Versammlung während der Sitzungsperiode und ihres Aufenthalts am Orte der Versammlung an diesem Orte zu vernehmen.

Zu einer Abweichung von den vorstehenden Bestimmungen bedarf es:

in Betreff des Reichskanzlers der Genehmigung des Kaisers,

in Betreff der Minister und der Mitglieder des Bundesraths der Genehmigung des Landesherrn,

in Betreff der Mitglieder der Senate der freien Hansestädte der Genehmigung des Senats,

in Betreff der übrigen vorbezeichneten Beamten der Genehmigung ihres unmittelbaren Vorgesetzten,

in Betreff der Mitglieder einer gesetzgebenden Versammlung der Genehmigung der letzteren.

348. Zur Verweigerung des Zeugnisses sind berechtigt:

1. der Verlobte einer Partei;
2. der Ehegatte einer Partei, auch wenn die Ehe nicht mehr besteht;
3. diejenigen, welche mit einer Partei in gerader Linie verwandt, verschwägert oder durch Adoption verbunden, oder in der Seitenlinie bis zum dritten Grade verwandt oder bis zum zweiten Grade verschwägert sind, auch wenn die Ehe, durch welche die Schwägerschaft begründet ist, nicht mehr besteht;
4. Geistliche in Ansehung desjenigen, was ihnen bei der Ausübung der Seelsorge anvertraut ist;
5. Personen, welchen kraft ihres Amtes, Standes oder Gewerbes Thatsachen anvertraut sind, deren Geheimhaltung durch die Natur derselben oder durch gesetzliche Vorschrift geboten ist, in Betreff der Thatsachen, auf welche die Verpflichtung zur Verschwiegenheit sich bezieht.

Die unter Nr. 1—3 bezeichneten Personen sind vor der Vernehmung über ihr Recht zur Verweigerung des Zeugnisses zu belehren.

Die Vernehmung der Nr. 4, 5 bezeichneten Personen ist, auch wenn das Zeugniß nicht verweigert wird, auf Thatsachen nicht zu richten, in Ansehung welcher erhellt, daß ohne Verletzung der Verpflichtung zur Verschwiegenheit ein Zeugniß nicht abgelegt werden kann.

349. Das Zeugniß kann verweigert werden:

1. über Fragen, deren Beantwortung dem Zeugen oder einer Person, zu welcher derselbe in einem der im § 348 Nr. 1—3 bezeichneten Verhältnisse steht, einen unmittelbaren vermögensrechtlichen Schaden verursachen würde;
2. über Fragen, deren Beantwortung dem Zeugen oder einem der im § 348 Nr. 1—3 bezeichneten Angehörigen desselben zur Unehre gereichen oder die Gefahr strafgerichtlicher Verfolgung zuziehen würde;
3. über Fragen, welche der Zeuge nicht würde beantworten können, ohne ein Kunst- oder Gewerbegeheimniß zu offenbaren.

350. In den Fällen des § 348 Nr. 1—3 und des § 349 Nr. 1 darf der Zeuge das Zeugniß nicht verweigern:

1. über die Errichtung und den Inhalt eines Rechtsgeschäfts, bei dessen Errichtung er als Zeuge zugezogen war;
2. über Geburten, Verheirathungen oder Sterbefälle von Familiengliedern;
3. über Thatsachen, welche die durch das Familienverhältniß bedingten Vermögensangelegenheiten betreffen;
4. über diejenigen auf das streitige Rechtsverhältniß sich beziehenden Handlungen, welche von ihm selbst als Rechtsvorgänger oder Vertreter einer Partei vorgenommen sein sollen.

Die im § 348 Nr. 4, 5 bezeichneten Personen dürfen das Zeugniß nicht verweigern, wenn sie von der Verpflichtung zur Verschwiegenheit entbunden sind.

351. Der Zeuge, welcher das Zeugniß verweigert, hat vor dem zu seiner Vernehmung bestimmten Termine schriftlich oder zum Protokolle des Gerichtsschreibers oder in diesem Termine die Thatsachen, auf welche er die Weigerung gründet, anzugeben und glaubhaft zu machen.

Zur Glaubhaftmachung genügt in den Fällen des § 348 Nr. 4, 5 die mit Berufung auf einen geleisteten Diensteid abgegebene Versicherung.

Hat der Zeuge seine Weigerung schriftlich oder zum Protokolle des Gerichtsschreibers erklärt, so ist er nicht verpflichtet, in dem zu seiner Vernehmung bestimmten Termine zu erscheinen.

Von dem Eingange einer Erklärung des Zeugen oder von der Aufnahme einer solchen zum Protokolle hat der Gerichtsschreiber die Parteien zu benachrichtigen.

352. Ueber die Rechtmäßigkeit der Weigerung wird von dem Prozeßgerichte nach Anhörung der Parteien entschieden.

Der Zeuge ist nicht verpflichtet, sich durch einen Anwalt vertreten zu lassen.

Gegen das Zwischenurtheil findet sofortige Beschwerde statt.

353. Hat der Zeuge seine Weigerung schriftlich oder zum Protokolle des Gerichtsschreibers erklärt und ist er in dem Termine nicht erschienen, so hat auf Grund seiner

Erklärungen ein Mitglied des Prozeßgerichts Bericht zu erstatten.

354. Erfolgt die Weigerung vor einem beauftragten oder ersuchten Richter, so sind die Erklärungen des Zeugen, wenn sie nicht schriftlich oder zum Protokolle des Gerichtsschreibers abgegeben sind, nebst den Erklärungen der Parteien in das Protokoll aufzunehmen.

Zur mündlichen Verhandlung vor dem Prozeßgerichte werden der Zeuge und die Parteien von Amtswegen geladen.

Auf Grund der von dem Zeugen und den Parteien abgegebenen Erklärungen hat ein Mitglied des Prozeßgerichts Bericht zu erstatten. Nach dem Vortrage des Berichterstatters können der Zeuge und die Parteien zur Begründung ihrer Anträge das Wort nehmen; neue Thatsachen oder Beweismittel dürfen nicht geltend gemacht werden.

355. Wird das Zeugniß oder die Eidesleistung ohne Angabe eines Grundes oder, nachdem der vorgeschützte Grund rechtskräftig für unerheblich erklärt ist, verweigert, so ist der Zeuge, ohne daß es eines Antrags bedarf, in die durch die Weigerung verursachten Kosten sowie zu einer Geldstrafe bis zu dreihundert Mark und für den Fall, daß diese nicht beigetrieben werden kann, zur Strafe der Haft bis zu sechs Wochen zu verurtheilen.

Im Falle wiederholter Weigerung ist auf Antrag zur Erzwingung des Zeugnisses die Haft anzuordnen, jedoch nicht über den Zeitpunkt der Beendigung des Prozesses in der Instanz hinaus. Die Vorschriften über die Haft im Zwangsvollstreckungsverfahren finden entsprechende Anwendung.

Gegen diese Beschlüsse findet die Beschwerde statt.

Die Festsetzung und die Vollstreckung der Strafe gegen eine dem aktiven Heere oder der aktiven Marine angehörende Militärperson erfolgt auf Ersuchen durch das Militärgericht.

356. Jeder Zeuge ist einzeln und vor seiner Vernehmung zu beeidigen; die Beeidigung kann jedoch aus besonderen Gründen, namentlich wenn Bedenken gegen ihre Zulässigkeit obwalten, bis nach Abschluß der Vernehmung ausgesetzt werden.

Die Parteien können auf die Beeidigung verzichten.

357. Der vor der Vernehmung zu leistende Eid lautet:

> daß Zeuge nach bestem Wissen die reine Wahrheit sagen, nichts verschweigen und nichts hinzusetzen werde,

der nach der Vernehmung zu leistende Eid lautet:

> daß Zeuge nach bestem Wissen die reine Wahrheit gesagt, nichts verschwiegen und nichts hinzugesetzt habe.

358. Unbeeidigt sind zu vernehmen:

1. Personen, welche zur Zeit der Vernehmung das sechzehnte Lebensjahr noch nicht vollendet oder wegen mangelnder Verstandesreife oder wegen Verstandesschwäche von dem Wesen und der Bedeutung des Eides keine genügende Vorstellung haben.

2. Personen, welche nach den Bestimmungen der Strafgesetze unfähig sind, als Zeugen eidlich vernommen zu werden;
3. die nach § 348 Nr. 1—3 und § 349 Nr. 1, 2 zur Verweigerung des Zeugnisses berechtigten Personen, sofern sie von diesem Rechte keinen Gebrauch machen, die im § 349 Nr. 1, 2 bezeichneten Personen jedoch nur dann, wenn sie lediglich über solche Thatsachen vorgeschlagen sind, auf welche sich das Recht zur Verweigerung des Zeugnisses bezieht;
4. Personen, welche bei dem Ausgange des Rechtsstreits unmittelbar betheiligt sind.

Das Prozeßgericht kann die nachträgliche Beeidigung der unter den beiden letzten Nummern bezeichneten Personen anordnen.

359. Jeder Zeuge ist einzeln und in Abwesenheit der später abzuhörenden Zeugen zu vernehmen.

Zeugen, deren Aussagen sich widersprechen, können einander gegenüber gestellt werden.

360. Die Vernehmung beginnt damit, daß der Zeuge über Vornamen und Zunamen, Alter, Religionsbekenntniß, Stand oder Gewerbe und Wohnort befragt wird. Erforderlichenfalls sind ihm Fragen über solche Umstände, welche seine Glaubwürdigkeit in der vorliegenden Sache betreffen, insbesondere über seine Beziehungen zu den Parteien vorzulegen.

361. Der Zeuge ist zu veranlassen, dasjenige, was ihm von dem Gegenstande seiner Vernehmung bekannt ist, im Zusammenhange anzugeben.

Zur Aufklärung und zur Vervollständigung der Aussage, sowie zur Erforschung des Grundes, auf welchem die Wissenschaft des Zeugen beruht, sind nöthigenfalls weitere Fragen zu stellen.

Der Vorsitzende hat jedem Mitgliede des Gerichts auf Verlangen zu gestatten, Fragen zu stellen.

362. Die Parteien sind berechtigt, dem Zeugen diejenigen Fragen vorlegen zu lassen, welche sie zur Aufklärung der Sache oder der Verhältnisse des Zeugen für dienlich erachten.

Der Vorsitzende kann den Parteien gestatten, und hat ihren Anwälten auf Verlangen zu gestatten, an den Zeugen unmittelbar Fragen zu richten.

Zweifel über die Zulässigkeit einer Frage entscheidet das Gericht.

363. Das Prozeßgericht kann nach seinem Ermessen die wiederholte Vernehmung eines Zeugen anordnen.

Hat ein beauftragter oder ersuchter Richter bei der Vernehmung die Stellung der von einer Partei angeregten Frage verweigert, so kann das Prozeßgericht die nachträgliche Vernehmung des Zeugen über diese Frage anordnen.

Bei der wiederholten oder der nachträglichen Vernehmung kann der Richter statt der nochmaligen Beeidigung den Zeugen die Richtigkeit seiner Aussage unter Berufung auf den früher geleisteten Eid versichern lassen.

364. Die Partei kann auf einen Zeugen, welchen sie vorgeschlagen hat, verzichten, der Gegner kann aber verlangen, daß der erschienene Zeuge vernommen und, wenn die Vernehmung bereits begonnen hat, daß dieselbe fortgesetzt werde.

365. Der mit der Beweisaufnahme betraute Richter ist ermächtigt, im Falle des Nichterscheinens oder der Zeugnißverweigerung die gesetzlichen Verfügungen zu treffen, auch dieselben, soweit dieses überhaupt zulässig ist, selbst nach Erledigung des Auftrags wieder aufzuheben, über die Zulässigkeit einer dem Zeugen vorgelegten Frage vorläufig zu entscheiden und die nochmalige Vernehmung eines Zeugen vorzunehmen.

366. Jeder Zeuge hat nach Maßgabe der Gebührenordnung auf Entschädigung für Zeitversäumniß und, wenn sein Erscheinen eine Reise erforderlich macht, auf Erstattung der Kosten Anspruch, welche durch die Reise und den Aufenthalt am Orte der Vernehmung verursacht werden.

Achter Titel.

Beweis durch Sachverständige.

367. Auf den Beweis durch Sachverständige finden die Vorschriften über den Beweis durch Zeugen entsprechende Anwendung, insoweit nicht in den nachfolgenden Paragraphen abweichende Bestimmungen enthalten sind.

368. Die Antretung des Beweises erfolgt durch die Bezeichnung der zu begutachtenden Punkte.

369. Die Auswahl der zuzuziehenden Sachverständigen und die Bestimmung ihrer Anzahl erfolgt durch das Prozeßgericht. Dasselbe kann sich auf die Ernennung

eines einzigen Sachverständigen beschränken. Es kann an Stelle der zuerst ernannten Sachverständigen andere ernennen.

Sind für gewisse Arten von Gutachten Sachverständige öffentlich bestellt, so sollen andere Personen nur dann gewählt werden, wenn besondere Umstände es erfordern.

Das Gericht kann die Parteien auffordern, Personen zu bezeichnen, welche geeignet sind, als Sachverständige vernommen zu werden.

Einigen sich die Parteien über bestimmte Personen als Sachverständige, so hat das Gericht dieser Einigung Folge zu geben; das Gericht kann jedoch die Wahl der Parteien auf eine bestimmte Anzahl beschränken.

370. Das Prozeßgericht kann den mit der Beweisaufnahme betrauten Richter zur Ernennung der Sachverständigen ermächtigen. Derselbe hat in diesem Falle die in dem vorstehenden Paragraphen dem Prozeßgerichte beigelegten Befugnisse auszuüben.

371. Ein Sachverständiger kann aus denselben Gründen, welche zur Ablehnung eines Richters berechtigen, abgelehnt werden. Ein Ablehnungsgrund kann jedoch nicht daraus entnommen werden, daß der Sachverständige als Zeuge vernommen worden ist.

Das Ablehnungsgesuch ist bei demjenigen Gericht oder Richter, von welchem die Ernennung des Sachverständigen erfolgt ist, vor der Vernehmung desselben, bei schriftlicher Begutachtung vor erfolgter Einreichung des Gutachtens anzubringen. Nach diesem Zeitpunkt ist die

Ablehnung nur zulässig, wenn glaubhaft gemacht wird, daß der Ablehnungsgrund vorher nicht geltend gemacht werden konnte. Das Ablehnungsgesuch kann vor dem Gerichtsschreiber zu Protokoll erklärt werden.

Der Ablehnungsgrund ist glaubhaft zu machen; der Eid ist als Mittel der Glaubhaftmachung ausgeschlossen.

Die Entscheidung erfolgt von dem im zweiten Absatze bezeichneten Gerichte oder Richter; eine vorgängige mündliche Verhandlung der Betheiligten ist nicht erforderlich.

Gegen den Beschluß, durch welchen die Ablehnung für begründet erklärt wird, findet kein Rechtsmittel; gegen den Beschluß, durch welchen dieselbe für unbegründet erklärt wird, findet sofortige Beschwerde statt.

372. Der zum Sachverständigen Ernannte hat der Ernennung Folge zu leisten, wenn er zur Erstattung von Gutachten der erforderten Art öffentlich bestellt ist oder wenn er die Wissenschaft, die Kunst oder das Gewerbe, deren Kenntniß Voraussetzung der Begutachtung ist öffentlich zum Erwerbe ausübt oder wenn er zur Ausübung derselben öffentlich bestellt oder ermächtigt ist.

Zur Erstattung des Gutachtens ist auch derjenige verpflichtet, welcher sich zu derselben vor Gericht bereit erklärt hat.

373. Dieselben Gründe, welche einen Zeugen berechtigen, das Zeugniß zu verweigern, berechtigen einen Sachverständigen zur Verweigerung des Gutachtens. Das Gericht kann auch aus anderen Gründen einen Sachverständigen von der Verpflichtung zur Erstattung des Gutachtens entbinden.

Die Vernehmung eines öffentlichen Beamten als Sachverständigen findet nicht statt, wenn die vorgesetzte Behörde des Beamten erklärt, daß die Vernehmung den dienstlichen Interessen Nachtheile bereiten würde.

374. Im Falle des Nichterscheinens oder der Weigerung eines zur Erstattung des Gutachtens verpflichteten Sachverständigen wird dieser zum Ersatze der Kosten und zu einer Geldstrafe bis zu dreihundert Mark verurtheilt. Im Falle wiederholten Ungehorsams kann noch einmal eine Geldstrafe bis zu sechshundert Mark erkannt werden.

Gegen den Beschluß findet Beschwerde statt.

Die Festsetzung und die Vollstreckung der Strafe gegen eine dem aktiven Heere oder der aktiven Marine angehörende Militärperson erfolgt auf Ersuchen durch das Militärgericht.

375. Der Sachverständige hat, wenn nicht beide Parteien auf seine Beeidigung verzichten, vor Erstattung des Gutachtens einen Eid dahin zu leisten:

> daß er das von ihm geforderte Gutachten unparteiisch und nach bestem Wissen und Gewissen erstatten werde.

Ist der Sachverständige für die Erstattung von Gutachten der betreffenden Art im Allgemeinen beeidigt, so genügt die Berufung auf den geleisteten Eid.

376. Wird schriftliche Begutachtung angeordnet, so hat der Sachverständige das von ihm unterschriebene Gutachten auf der Gerichtsschreiberei niederzulegen.

Das Gericht kann das Erscheinen des Sachverständigen anordnen, damit derselbe das schriftliche Gutachten erläutere.

377. Das Gericht kann eine neue Begutachtung durch dieselben oder durch andere Sachverständige anordnen, wenn es das Gutachten für ungenügend erachtet.

Das Gericht kann die Begutachtung durch einen anderen Sachverständigen anordnen, wenn ein Sachverständiger nach Erstattung des Gutachtens mit Erfolg abgelehnt ist.

378. Der Sachverständige hat nach Maßgabe der Gebührenordnung auf Entschädigung für Zeitversäumniß, auf Erstattung der ihm verursachten Kosten und außerdem auf angemessene Vergütung seiner Mühewaltung Anspruch.

379. Insoweit zum Beweise vergangener Thatsachen oder Zustände, zu deren Wahrnehmung eine besondere Sachkunde erforderlich war, sachkundige Personen zu vernehmen sind, kommen die Vorschriften über den Zeugenbeweis zur Anwendung.

Neunter Titel.

Beweis durch Urkunden.

380. Urkunden, welche von einer öffentlichen Behörde innerhalb der Grenzen ihrer Amtsbefugnisse oder von einer mit öffentlichem Glauben versehenen Person innerhalb des ihr zugewiesenen Geschäftskreises in der vorgeschriebenen Form aufgenommen sind (öffentliche Urkunden), begründen, wenn sie über eine vor der Behörde

oder der Urkundsperson abgegebene Erklärung errichtet sind, vollen Beweis des durch die Behörde oder die Urkundsperson beurkundeten Vorgangs.

Der Beweis, daß der Vorgang unrichtig beurkundet sei, ist zulässig.

381. Privaturkunden begründen, sofern sie von den Ausstellern unterschrieben oder mittels gerichtlich oder notariell beglaubigten Handzeichens unterzeichnet sind, vollen Beweis dafür, daß die in denselben enthaltenen Erklärungen von den Ausstellern abgegeben sind.

382. Die von einer Behörde ausgestellten, eine amtliche Anordnung, Verfügung oder Entscheidung enthaltenden öffentlichen Urkunden begründen vollen Beweis ihres Inhalts.

383. Oeffentliche Urkunden, welche einen anderen als den in den §§ 380, 382 bezeichneten Inhalt haben, begründen vollen Beweis der darin bezeugten Thatsachen.

Der Beweis der Unrichtigkeit der bezeugten Thatsachen ist zulässig, sofern nicht die Landesgesetze diesen Beweis ausschließen oder beschränken.

Beruht das Zeugniß nicht auf eigener Wahrnehmung der Behörde oder der Urkundsperson, so findet die Vorschrift des ersten Absatzes nur dann Anwendung, wenn sich aus den Landesgesetzen ergiebt, daß die Beweiskraft des Zeugnisses von der eigenen Wahrnehmung unabhängig ist.

384. Inwiefern Durchstreichungen, Radirungen, Einschaltungen oder sonstige äußere Mängel die Beweiskraft

einer Urkunde ganz oder theilweise aufheben oder mindern, entscheidet das Gericht nach freier Ueberzeugung.

385. Die Antretung des Beweises erfolgt durch die Vorlegung der Urkunde.

386. Befindet sich die Urkunde nach der Behauptung des Beweisführers in den Händen des Gegners, so erfolgt die Antretung des Beweises durch den Antrag, dem Gegner die Vorlegung der Urkunde aufzugeben.

387. Der Gegner ist zur Vorlegung der Urkunde verpflichtet:

1. wenn der Beweisführer nach den Vorschriften des bürgerlichen Rechts die Herausgabe der Urkunde oder deren Vorlegung auch außerhalb des Prozesses verlangen kann;
2. wenn die Urkunde ihrem Inhalte nach eine für den Beweisführer und den Gegner gemeinschaftliche ist.

   Als gemeinschaftlich gilt eine Urkunde insbesondere für die Personen, in deren Interesse sie errichtet ist oder deren gegenseitige Rechtsverhältnisse darin beurkundet sind. Als gemeinschaftlich gelten auch die über ein Rechtsgeschäft zwischen den Betheiligten oder zwischen einem derselben und dem gemeinsamen Vermittler des Geschäfts gepflogenen schriftlichen Verhandlungen.

388. Der Gegner ist auch zur Vorlegung derjenigen in seinen Händen befindlichen Urkunden verpflichtet, auf welche er im Prozesse zur Beweisführung Bezug genom-

men hat, selbst wenn dieses nur in einem voereitendenbr Schriftsatze geschehen ist.

389. Der Antrag soll enthalten:

1. die Bezeichnung der Urkunde;
2. die Bezeichnung der Thatsachen, welche durch die Urkunde bewiesen werden sollen;
3. die möglichst vollständige Bezeichnung des Inhalts der Urkunde;
4. die Angabe der Umstände, auf welche die Behauptung sich stützt, daß die Urkunde sich in dem Besitze des Gegners befindet;
5. die Bezeichnung des Grundes, welcher die Verpflichtung zur Vorlegung der Urkunde ergiebt. Der Grund ist glaubhaft zu machen.

390. Erachtet das Gericht die Thatsache, welche durch die Urkunde bewiesen werden soll, für erheblich und den Antrag für begründet, so ordnet es, wenn der Gegner zugesteht, daß die Urkunde sich in seinen Händen befinde, oder wenn der Gegner sich über den Antrag nicht erklärt, die Vorlegung der Urkunde an.

391. Bestreitet der Gegner, daß die Urkunde sich in seinem Besitze befinde, so hat er einen Eid dahin zu leisten:

> daß er nach sorgfältiger Nachforschung die Ueberzeugung erlangt habe, daß die Urkunde in seinem Besitze sich nicht befinde, daß er die Urkunde nicht in der Absicht abhanden gebracht habe, deren Benutzung dem Beweisführer zu entziehen, daß er auch nicht wisse, wo die Urkunde sich befinde.

Das Gericht kann eine der Lage der Sache entsprechende Aenderung der vorstehenden Eidesnorm beschließen.

Auf die Leistung des Eides durch Streitgenossen, gesetzliche Vertreter, Minderjährige und Verschwender finden die Vorschriften der §§ 434—436 entsprechende Anwendung.

Hat eine öffentliche Behörde Urkunden vorzulegen, so wird der Eid von dem Beamten geleistet, welchem die Verwahrung der Urkunden übertragen ist.

392. Kommt der Gegner der Anordnung, die Urkunde vorzulegen oder den Eid zu leisten, nicht nach, so ist, wenn der Beweisführer eine Abschrift der Urkunde beigebracht hat, diese Abschrift als richtig anzusehen. Ist eine Abschrift der Urkunde nicht beigebracht, so können die Behauptungen des Beweisführers über die Beschaffenheit und den Inhalt der Urkunde als bewiesen angenommen werden.

393. Befindet sich die Urkunde nach der Behauptung des Beweisführers in den Händen eines Dritten, so erfolgt die Antretung des Beweises durch den Antrag, zur Herbeischaffung der Urkunde eine Frist zu bestimmen.

394. Der Dritte ist aus denselben Gründen wie der Gegner des Beweisführers zur Vorlegung einer Urkunde verpflichtet; er kann zur Vorlegung nur im Wege der Klage genöthigt werden.

395. Zur Begründung des nach § 393 zu stellenden Antrags hat der Beweisführer den Erfordernissen des § 389 Nr. 1—3, 5 zu genügen und außerdem glaubhaft zu machen, daß die Urkunde sich in den Händen des Dritten befinde.

396. Ist die Thatsache, welche durch die Urkunde bewiesen werden soll, erheblich, und der Antrag den Bestimmungen des vorstehenden Paragraphen entsprechend, so hat das Gericht eine Frist zur Vorlegung der Urkunde in einem von dem Beweisführer zu erwirkenden Termine zu bestimmen.

Der Gegner kann die Fortsetzung des Verfahrens vor dem Ablaufe der Frist beantragen, wenn die Klage gegen den Dritten erledigt ist oder wenn der Beweisführer die Erhebung der Klage oder die Betreibung des Prozesses oder der Zwangsvollstreckung verzögert.

397. Befindet sich die Urkunde nach der Behauptung des Beweisführers in den Händen einer öffentlichen Behörde oder eines öffentlichen Beamten, so erfolgt die Antretung des Beweises durch den Antrag, die Behörde oder den Beamten um die Mittheilung der Urkunde zu ersuchen.

Diese Vorschrift findet auf Urkunden, welche die Parteien nach den gesetzlichen Vorschriften ohne Mitwirkung des Gerichts zu beschaffen im Stande sind, keine Anwendung.

Verweigert die Behörde oder der Beamte die Mittheilung der Urkunde in Fällen, in welchen eine Verpflichtung zur Vorlegung auf § 387 gestützt wird, so finden die Bestimmungen der §§ 393—396 Anwendung.

398. Wird nach Erlassung eines Beweisbeschlusses über die in demselben bezeichneten streitigen Thatsachen

Beweis in Gemäßheit der §§ 393, 397 angetreten, so ist die Beweisantretung auf Antrag zurückzuweisen, wenn durch das zur Herbeischaffung der Urkunden erforderliche Verfahren die Erledigung des Rechtsstreits verzögert werden würde und das Gericht die Ueberzeugung gewinnt, daß die Partei in der Absicht, den Prozeß zu verschleppen, oder aus grober Nachlässigkeit den Beweis nicht früher angetreten hat.

399. Wenn die Vorlegung einer Urkunde bei der mündlichen Verhandlung wegen erheblicher Hindernisse nicht erfolgen kann oder wegen der Wichtigkeit der Urkunde und der Besorgniß des Verlustes oder der Beschädigung bedenklich erscheint, so kann das Prozeßgericht anordnen, daß die Vorlegung vor einem seiner Mitglieder oder vor einem anderen Gerichte geschehe.

400. Eine öffentliche Urkunde kann in Urschrift oder in einer beglaubigten Abschrift, welche hinsichtlich der Beglaubigung die Erfordernisse einer öffentlichen Urkunde an sich trägt, vorgelegt werden; das Gericht kann jedoch anordnen, daß der Beweisführer die Urschrift vorlege oder die Thatsachen angebe und glaubhaft mache, welche ihn an der Vorlegung der Urschrift verhindern. Bleibt die Anordnung erfolglos, so entscheidet das Gericht nach freier Ueberzeugung, welche Beweiskraft der beglaubigten Abschrift beizulegen sei.

401. Der Beweisführer kann nach erfolgter Vorlegung einer Urkunde nur mit Zustimmung des Gegners auf dieses Beweismittel verzichten.

402. **Urkunden, welche nach Form und Inhalt als von einer öffentlichen Behörde oder von einer mit öffentlichem Glauben versehenen Person errichtet sich darstellen, haben die Vermuthung der Echtheit für sich.**

Das Gericht kann, wenn es die Echtheit für zweifelhaft hält, auch von Amtswegen die Behörde oder die Person, von welcher die Urkunde errichtet sein soll, zu einer Erklärung über die Echtheit veranlassen.

403. Ob eine Urkunde, welche als von einer ausländischen Behörde oder von einer mit öffentlichem Glauben versehenen Person des Auslandes errichtet sich darstellt, ohne näheren Nachweis als echt anzusehen sei, hat das Gericht nach den Umständen des Falles zu ermessen.

Zum Beweise der Echtheit einer solchen Urkunde genügt die Legalisation durch einen Konsul oder Gesandten des Reichs.

404. Ueber die Echtheit einer Privaturkunde hat sich der Gegner des Beweisführers nach Vorschrift des § 129 zu erklären.

Befindet sich unter der Urkunde eine Namensunterschrift, so ist die Erklärung auf die Echtheit der Unterschrift zu richten.

Erfolgt die Erklärung nicht, so ist die Urkunde als anerkannt anzusehen, wenn nicht die Absicht, die Echtheit bestreiten zu wollen, aus den übrigen Erklärungen der Partei hervorgeht.

405. Die Echtheit einer nicht anerkannten Privaturkunde ist zu beweisen.

Steht die Echtheit der Namensunterschrift fest oder ist das unter einer Urkunde befindliche Handzeichen gerichtlich oder notariell beglaubigt, so hat die über der Unterschrift oder dem Handzeichen stehende Schrift die Vermuthung der Echtheit für sich.

406. Der Beweis der Echtheit oder Unechtheit einer Urkunde kann auch durch Schriftvergleichung geführt werden.

In diesem Falle hat der Beweisführer zur Vergleichung geeignete Schriften vorzulegen oder deren Mittheilung in Gemäßheit der Bestimmung des § 397 zu beantragen und erforderlichen Falls den Beweis der Echtheit derselben anzutreten.

Befinden sich zur Vergleichung geeignete Schriften in den Händen des Gegners, so ist dieser auf Antrag des Beweisführers zur Vorlegung verpflichtet. Die Bestimmungen der §§ 386—391 finden entsprechende Anwendung. Kommt der Gegner der Anordnung, die zur Vergleichung geeigneten Schriften vorzulegen oder den im § 391 bestimmten Eid zu leisten, nicht nach, so gilt der Echtheitsbeweis als geführt.

Macht der Beweisführer glaubhaft, daß in den Händen eines Dritten geeignete Vergleichungsschriften sich befinden, deren Vorlegung er im Wege der Klage zu erwirken im Stande sei, so finden die Vorschriften des § 396 entsprechende Anwendung.

407. Ueber das Ergebniß der Schriftvergleichung hat das Gericht nach freier Ueberzeugung, geeigneten Falls nach Anhörung von Sachverständigen zu entscheiden.

408. Urkunden, deren Echtheit bestritten ist oder deren Inhalt verändert sein soll, werden bis zur Erledigung des Rechtsstreits auf der Gerichtsschreiberei verwahrt, sofern nicht ihre Auslieferung an eine andere Behörde im Interesse der öffentlichen Ordnung erforderlich ist.

409. Ist eine Urkunde von einer Partei in der Absicht, deren Benutzung dem Gegner zu entziehen, beseitigt oder zur Benutzung untauglich gemacht, so können die Behauptungen des Gegners über die Beschaffenheit und den Inhalt der Urkunde als bewiesen angesehen werden.

Zehnter Titel.

Beweis durch Eid.

410. Die Eideszuschiebung ist nur über Thatsachen zulässig, welche in Handlungen des Gegners, seiner Rechtsvorgänger oder Vertreter bestehen oder welche Gegenstand der Wahrnehmung dieser Personen gewesen sind.

411. Die Eideszuschiebung über eine Thatsache, deren Gegentheil das Gericht für erwiesen erachtet, ist unzulässig.

412. Eine nicht beweispflichtige Partei übernimmt durch Eideszuschiebung nicht die Beweispflicht.

413. Die Zurückschiebung des Eides ist nur insofern zulässig, als nach den Bestimmungen des § 410 die Zuschiebung desselben zulässig sein würde.

Sie findet nicht statt, wenn die Partei, welcher der Eid zugeschoben ist, nicht aber die Gegenpartei über ihre eigene Handlung oder Wahrnehmung zu schwören haben würde.

414. Der Eid kann nur der Partei, nicht einem Dritten zugeschoben oder zurückgeschoben werden. Die Zuschiebung oder Zurückschiebung an einen Nebenintervenienten findet nur statt, wenn dieser als Streitgenosse der Hauptpartei anzusehen ist (§ 66).

415. Das Gericht kann anordnen, daß die in den §§ 410, 413, 414 enthaltenen Beschränkungen für die Zuschiebung und Zurückschiebung des Eides nicht zur Anwendung kommen sollen, wenn die Parteien in Betreff des zu leistenden Eides einig sind und der Eid sich auf Thatsachen bezieht.

416. Die Antretung des Beweises erfolgt durch die Erklärung, daß dem Gegner über die bestimmt zu bezeichnende Thatsache der Eid zugeschoben werde.

417. Die Partei, welcher der Eid zugeschoben ist, hat sich zu erklären, ob sie den Eid annehme oder zurückschiebe, selbst wenn sie Einwendungen in Beziehung auf die Eideszuschiebung vorbringt.

Giebt die Partei keine Erklärung ab oder schiebt sie in einem Falle, in welchem die Zurückschiebung unzulässig ist, den Eid zurück, ohne denselben bedingt anzunehmen, so wird der Eid als verweigert angesehen.

418. Durch die Zuschiebung, Annahme oder Zurückschiebung des Eides wird die Geltendmachung anderer Beweismittel von Seiten der einen oder der anderen Partei nicht ausgeschlossen.

Werden andere Beweismittel geltend gemacht, so gilt der Eid nur für den Fall als zugeschoben, daß die Antretung des Beweises durch die anderen Beweismittel erfolglos bleibt.

419. Werden andere Beweismittel geltend gemacht, so ist die Partei, welcher der Eid zugeschoben wurde, nicht verpflichtet, sich über die Eideszuschiebung früher zu erklären, als bis die Eideszuschiebung nach Aufnahme oder sonstiger Erledigung der anderen Beweismittel wiederholt ist.

Sind andere Beweise aufgenommen, so kann die vorher abgegebene Erklärung wiederrufen werden.

420. Wegen unterbliebener Erklärung auf eine Eideszuschiebung kann der Eid nur dann als verweigert angesehen werden, wenn die Partei durch das Gericht zur Erklärung über den Eid aufgefordert ist.

421. Der zurückgeschobene Eid gilt auch ohne ausdrückliche Erklärung über die Annahme als von dem Beweisführer angenommen.

422. Die Zurückschiebung des Eides kann außer dem Falle des § 419 Abs. 2 widerrufen werden, wenn der Schwurpflichtige wegen wissentlicher Verletzung der Eidespflicht rechtskräftig verurtheilt oder wenn glaubhaft gemacht wird, daß der Gegner erst nach erfolgter Zurückschiebung des Eides von einer solchen Verurtheilung Kenntniß erlangt habe.

423. Die Annahme oder Zurückschiebung des Eides kann außer den Fällen des § 419 Abs. 2 und des § 422 nicht widerrufen werden.

424. Ueber eine Thatsache, welche in einer Handlung des Schwurpflichtigen besteht oder Gegenstand seiner

Wahrnehmung gewesen ist, wird der Eid dahin geleistet:

daß die Thatsache wahr oder nicht wahr sei.

Ist eine solche Thatsache vom Gegner des Schwurpflichtigen behauptet und kann dem letzteren nach den Umständen des Falles nicht zugemuthet werden, daß er die Wahrheit oder Nichtwahrheit derselben beschwöre, so kann das Gericht auf Antrag die Leistung des Eides dahin anordnen:

daß der Schwurpflichtige nach solgfältiger Prüfung und Erkundigung die Ueberzeugung erlangt habe, daß die Thatsache wahr oder nicht wahr sei.

Ueber andere Thatsachen wird der Eid dahin geleistet:

daß der Schwurpflichtige nach sorgfältiger Prüfung und Erkundigung die Ueberzeugung erlangt oder nicht erlangt habe, daß die Thatsache wahr sei.

425. Auf die Leistung eines Eides ist durch bedingtes Endurtheil zu erkennen.

Die Eidesleistung erfolgt erst nach Eintritt der Rechtskraft des Urtheils.

426. Sind die Parteien über die Erheblichkeit und die Norm des Eides einverstanden oder dient der Eid zur Erledigung eines Zwischenstreits, so kann die Leistung des Eides durch Beweisbeschluß angeordnet werden.

Hängt die Entscheidung über einzelne selbständige Angriffs- und Vertheidigungsmittel von der Leistung eines Eides ab, so kann die Leistung des Eides durch Beweisbeschluß angeordnet oder auf dieselbe durch bedingtes Zwischenurtheil erkannt werden. In dem letzteren

Falle erfolgt die Eidesleistung nur dann, wenn durch bedingtes Endurtheil rechtskräftig erkannt ist, daß es auf dieselbe für die Endentscheidung des Rechtsstreits noch ankomme.

427. In dem bedingten Urtheil ist die Eidesnorm und die Folge sowohl der Leistung als der Nichtleistung des Eides so genau, als die Lage der Sache dies gestattet, festzustellen.

Der Eintritt dieser Folge wird durch Endurtheil ausgesprochen.

428. Durch Leistung des Eides wird voller Beweis der beschworenen Thatsache begründet.

Der Beweis des Gegentheils findet nur unter denselben Voraussetzungen statt, unter welchen ein rechtskräftiges Urtheil wegen Verletzung der Eidespflicht angefochten werden kann.

429. Die Erlassung des Eides von Seiten des Gegners hat dieselbe Wirkung, wie die Leistung des Eides.

Die Verweigerung der Eidesleistung hat zur Folge, daß das Gegentheil der zu beschwörenden Thatsache als voll bewiesen gilt.

430. Erscheint der Schwurpflichtige in dem zur Eidesleistung bestimmten Termine nicht, so ist auf Antrag ein Versäumnißurtheil dahin zu erlassen, daß der Eid als verweigert anzusehen sei.

431. Der Schwurpflichtige, welcher frühere Behauptungen zurücknimmt oder früher bestrittene Thatsachen zugesteht, kann sich zur Leistung eines beschränkteren Eides

erbieten, selbst wenn der Eid bereits durch bedingtes Urtheil auferlegt ist. Auch können unerhebliche Umstände, welche in die Eidesform aufgenommen sind, berichtigt werden.

432. Ist der Eid durch bedingtes Urtheil auferlegt, so kann, auch nach Eintritt der Rechtskraft, die Zuschiebung sowie die Zurückschiebung des Eides widerrufen werden, wenn der Schwurpflichtige wegen wissentlicher Verletzung der Eidespflicht rechtskräftig verurtheilt oder wenn glaubhaft gemacht wird, daß der Gegner erst nach erfolgter Zuschiebung oder Zurückschiebung des Eides von einer solchen Verurtheilung Kenntniß erlangt habe.

433. Wenn der Schwurpflichtige stirbt, wenn er zur Leistung des Eides unfähig wird oder wenn er aufhört gesetzlicher Vertreter zu sein, so können beide Parteien in Ansehung der betreffenden Beweisführung alle Rechte ausüben, welche ihnen vor der Zuschiebung des Eides zustanden.

Dasselbe gilt, wenn in Folge der Verurtheilung des Schwurpflichtigen wegen wissentlicher Verletzung der Eidespflicht die Zuschiebung oder Zurückschiebung des Eides widerrufen wird.

Ist der Eid durch bedingtes Urtheil auferlegt, so wird unter Aufhebung des Urtheils in der Sache anderweit erkannt.

434. **Der Eid über eine Thatsache, welche für ein allen Streitgenossen gegenüber nur einheitlich festzustellendes Rechtsverhältniß von Einfluß ist, muß allen Streitgenossen zugeschoben oder zurückgeschoben werden, sofern**

nicht rücksichtlich einzelner Streitgenossen die Zuschiebung oder Zurückschiebung unzulässig ist. In jedem Falle bedarf es zur Zuschiebung oder zur Zurückschiebung der übereinstimmenden Erklärung aller Streitgenossen. Ueber die Annahme des Eides haben sich nur diejenigen Streitgenossen zu erklären, welchen der Eid zugeschoben ist.

Ist der von allen oder von einigen Streitgenossen zu leistende Eid von einem oder mehreren derselben, oder ist der von einem Theile der Streitgenossen zu leistende Eid von allen Schwurpflichtigen verweigert oder als von ihnen verweigert anzusehen, so entscheidet das Gericht nach freier Ueberzeugung, ob die Behauptung, deren Beweis durch Eideszuschiebung angetreten ist, für wahr zu erachten sei. Erklären einzelne Streitgenossen, daß sie den Eid nicht leisten werden, so ist in Ansehung der übrigen Streitgenossen die Leistung des Eides nicht anzuordnen oder der Eid nicht abzunehmen, sofern das Gericht denselben für unerheblich erachtet.

435. Ist eine Partei nicht prozeßfähig, so ist die Zuschiebung oder Zurückschiebung des Eides nur an ihren gesetzlichen Vertreter und nur insoweit zulässig, als die vertretene Partei, wenn sie den Prozeß in Person führte, oder der Vertreter, wenn er selbst Partei wäre, dieselbe zulassen müßte.

Minderjährigen, welche das sechzehnte Lebensjahr zurückgelegt haben, oder Verschwendern kann über Thatsachen, welche in Handlungen derselben bestehen oder Gegenstand ihrer Wahrnehmung gewesen sind, der Eid zugeschoben oder zurückgeschoben werden, sofern dies von dem Gericht auf Antrag des Gegners nach den Umständen des Falles für zulässig erklärt wird.

436. Sind mehrere gesetzliche Vertreter vorhanden, so finden die Vorschriften des § 434 entsprechende Anwendung. Betrifft der Eid die eigenen Handlungen oder Wahrnehmungen nur einiger oder eines der Vertreter, so ist er von den übrigen nicht zu leisten.

437. Ist das Ergebniß der Verhandlungen und einer etwaigen Beweisaufnahme nicht ausreichend, um die Ueberzeugung des Gerichts von der Wahrheit oder Unwahrheit der zu erweisenden Thatsache zu begründen, so kann das Gericht der einen oder der anderen Partei über eine streitige Thatsache einen Eid auferlegen.

438. Der richterliche Eid kann allen Streitgenossen oder gesetzlichen Vertretern, er kann einigen oder einem derselben auferlegt werden.

439. Die Bestimmungen der §§ 422—433, 435 finden auf den richterlichen Eid entsprechende Anwendung.

Ist der Schwurpflichtige wegen wissentlicher Verletzung der Eidespflicht rechtskräftig verurtheilt, so ist der Antrag des Gegners, den richterlichen Eid zurückzunehmen, gerechtfertigt, wenngleich der Gegner schon vor der Auferlegung des Eides von dieser Verurtheilung Kenntniß gehabt hat.

Der richterliche Eid wird durch bedingtes Urtheil auferlegt.

Elfter Titel.

Verfahren bei der Abnahme von Eiden.

440. Der Eid muß von dem Schwurpflichtigen in Person geleistet werden.

441. Das Prozeßgericht kann anordnen, daß die Eidesleistung vor einem seiner Mitglieder oder vor einem anderen Gericht erfolge, wenn der Schwurpflichtige am Erscheinen vor dem Prozeßgerichte verhindert ist oder in großer Entfernung von dem Sitze desselben sich aufhält.

Die Eidesleistung der Landesherren und der Mitglieder der landesherrlichen Familien, sowie der Mitglieder der Fürstlichen Familie Hohenzollern erfolgt in der Wohnung derselben vor einem Mitgliede des Prozeßgerichts oder vor einem anderen Gerichte.

442. Vor der Leistung des Eides hat der Richter den Schwurpflichtigen in angemessener Weise auf die Bedeutung des Eides hinzuweisen.

443. Der Eid beginnt mit den Worten:

„Ich schwöre bei Gott dem Allmächtigen und Allwissenden"

und schließt mit den Worten:

„So wahr mir Gott helfe."

444. Der Eid wird mittels Nachsprechens oder Ablesens der die Eidesnorm enthaltenden Eidesformel geleistet. Der Schwörende soll bei der Eidesleistung die rechte Hand erheben.

Ist die Eidesnorm von großem Umfange, so genügt

die Vorlesung der Eidesnorm und die Verweisung auf die letztere in der Eidesformel.

Die Landesherren und die Mitglieder der landesherrlichen Familien, sowie die Mitglieder der Fürstlichen Familie Hohenzollern leisten den Eid mittels Unterschreibens der die Eidesnorm enthaltenden Eidesformel.

445. Stumme, welche schreiben können, leisten den Eid mittels Abschreibens und Unterschreibens der die Eidesnorm enthaltenden Eidesformel.

Stumme, welche nicht schreiben können, leisten den Eid mit Hülfe eines Dolmetschers durch Zeichen.

446. Der Eidesleistung wird gleichgeachtet, wenn ein Mitglied einer Religionsgesellschaft, welcher das Gesetz den Gebrauch gewisser Betheuerungsformeln an Stelle des Eides gestattet, eine Erklärung unter der Betheuerungsformel dieser Religionsgesellschaft abgiebt.

Zwölfter Titel.

Sicherung des Beweises.

447. Die Einnahme des Augenscheins und die Vernehmung von Zeugen und Sachverständigen kann zur Sicherung des Beweises erfolgen, wenn zu besorgen ist, daß das Beweismittel verloren, oder die Benutzung desselben erschwert werde.

448. Das Gesuch ist bei dem Gericht anzubringen, vor welchem der Rechtsstreit anhängig ist; es kann vor dem Gerichtsschreiber zu Protokoll erklärt werden.

In Fällen dringender Gefahr kann das Gesuch auch

bei dem Amtsgericht angebracht werden, in dessen Bezirke die zu vernehmenden Personen sich aufhalten oder der in Augenschein zu nehmende Gegenstand sich befindet.

Bei dem bezeichneten Amtsgerichte muß das Gesuch angebracht werden, wenn der Rechtsstreit noch nicht anhängig ist.

449. Das Gesuch muß enthalten:

1. die Bezeichnung des Gegners;
2. die Bezeichnung der Thatsachen, über welche die Beweisaufnahme erfolgen soll;
3. die Bezeichnung der Beweismittel unter Benennung der zu vernehmenden Zeugen und Sachverständigen;
4. die Darlegung des Grundes, welcher die Besorgniß rechtfertigt, daß das Beweismittel verloren oder die Benutzung desselben erschwert werde. Dieser Grund ist glaubhaft zu machen.

450. Mit Zustimmung des Gegners kann die beantragte Beweisaufnahme angeordnet werden, auch wenn die Voraussetzungen des § 447 nicht vorliegen.

451. Die Entscheidung über das Gesuch kann ohne vorgängige mündliche Verhandlung erfolgen.

In dem Beschlusse, durch welchen dem Gesuche stattgegeben wird, sind die Thatsachen, über welche der Beweis zu erheben ist, und die Beweismittel unter Benennung der zu vernehmenden Zeugen und Sachverständigen zu bezeichnen. Eine Anfechtung dieses Beschlusses findet nicht statt.

452. Der Beweisführer ist verpflichtet, sofern es nach den Umständen des Falles geschehen kann, unter Zustellung des Beschlusses und einer Abschrift des Gesuchs zu dem für die Beweisaufnahme bestimmten Termine der Gegner so zeitig zu laden, daß derselbe in diesem Termine seine Rechte wahrzunehmen vermag.

Die Nichtbefolgung dieser Vorschrift steht der Beweisaufnahme nicht entgegen.

453. Die Beweisaufnahme erfolgt nach den für die Aufnahme des betreffenden Beweismittels überhaupt geltenden Vorschriften.

Das Protokoll über die Beweisaufnahme ist bei dem Gerichte, welches dieselbe angeordnet hat, aufzubewahren.

454. Jede Partei hat das Recht, die Beweisverhandlungen in dem Prozesse zu benutzen.

War der Gegner in dem Termine nicht erschienen, in welchem die Beweisaufnahme erfolgte, so ist der Beweisführer zur Benutzung der Beweisverhandlungen nur dann berechtigt, wenn der Gegner zu dem Termine rechtzeitig geladen war oder wenn der Beweisführer glaubhaft macht, daß ohne sein Verschulden die Ladung unterblieben oder nicht rechtzeitig erfolgt sei.

455. Wird von dem Beweisführer ein Gegner nicht bezeichnet, so ist das Gesuch nur dann zulässig, wenn der Beweisführer glaubhaft macht, daß er ohne sein Verschulden außer Stande sei, den Gegner zu bezeichnen.

Wird dem Gesuche stattgegeben, so kann das Gericht dem unbekannten Gegner zur Wahrnehmung seiner Rechte bei der Beweisaufnahme einen Vertreter bestellen.

Zweiter Abschnitt.

Verfahren vor den Amtsgerichten.

456. Auf das Verfahren vor den Amtsgerichten finden die Vorschriften über das Verfahren vor den Landgerichten Anwendung, soweit nicht aus den allgemeinen Bestimmungen des ersten Buchs, aus den nachfolgenden besonderen Bestimmungen und aus der Verfassung der Amtsgerichte sich Abweichungen ergeben.

457. Die Klage kann bei dem Gerichte schriftlich eingereicht oder zum Protokolle des Gerichtsschreibers angebracht werden.

458. Nach erfolgter Bestimmung des Termins zur mündlichen Verhandlung hat der Gerichtsschreiber für die Zustellung der Klage Sorge zu tragen, sofern nicht der Kläger erklärt hat, dieses selbst thun zu wollen.

459. Die Einlassungsfrist beträgt mindestens drei Tage, wenn die Zustellung im Bezirke des Prozeßgerichts; mindestens eine Woche, wenn sie außerhalb desselben, jedoch im Deutschen Reich erfolgt; in Meß- und Marktsachen mindestens vierundzwanzig Stunden.

Ist die Zustellung im Auslonde vorzunehmen, so hat das Gericht bei Festsetzung des Termins die Einlassungsfrist zu bestimmen.

460. Die Klage wird durch Zustellung der Klageschrift oder des die Klage enthaltenden Protokolls erhoben.

461. An ordentlichen Gerichtstagen können die Parteien zur Verhandlung des Rechtsstreits ohne Ladung und Terminsbestimmung vor Gericht erscheinen.

Die Erhebung der Klage erfolgt in diesem Falle durch den mündlichen Vortrag derselben.

462. Die Vorschriften der §§ 457, 458 finden entsprechende Anwendung, wenn eine Partei im Laufe des Rechtsstreits zu laden ist, insbesondere zur Verhandlung über einen Zwischenstreit, über den Antrag auf Berichtigung oder Ergänzung eines Urtheils, über den Einspruch, über den Antrag auf Wiedereinsetzung in den vorigen Stand oder über die Aufnahme eines unterbrochenen oder ausgesetzten Verfahrens oder wenn eine Intervention oder Streitverkündung erfolgen soll.

463. Auch wenn eine Partei nicht zu laden ist, können ihr Anträge und Erklärungen, auf welche sie ohne vorgängige Mittheilung voraussichtlich eine Erklärung in einer mündlichen Verhandlung nicht abzugeben vermag, durch Zustellung eines Protokolls des Gerichtsschreibers mitgetheilt werden.

Diese Mittheilung kann auch unmittelbar und ohne besondere Form geschehen.

464. Bei der mündlichen Verhandlung hat das Gericht dahin zu wirken, daß die Parteien über alle erheblichen Thatsachen sich vollständig erklären und die sachdienlichen Anträge stellen.

465. Die Vorschrift, daß prozeßhindernde Einreden gleichzeitig und vor der Verhandlung zur Hauptsache vorzubringen sind, findet nur insoweit Anwendung, als die Einrede der Unzuständigkeit des Gerichts vor der Verhandlung zur Hauptsache geltend zu machen ist.

Ist das Amtsgericht sachlich unzuständig, so hat es vor der Verhandlung des Beklagten zur Hauptsache denselben auf die Unzuständigkeit aufmerksam zu machen.

Auf Grund prozeßhindernder Einreden darf die Verhandlung zur Hauptsache nicht verweigert werden; das Gericht kann jedoch die abgesonderte Verhandlung über diese Einreden auch von Amtswegen anordnen.

466. Wird die Unzuständigkeit des Gerichts auf Grund der Bestimmungen über die sachliche Zuständigkeit der Gerichte ausgesprochen, so ist zugleich auf Antrag des Klägers der Rechtsstreit an das Landgericht zu verweisen.

Ist das Urtheil rechtskräftig, so gilt der Rechtsstreit als bei dem Landgerichte anhängig.

467. Wird in einem bei dem Amtsgerichte anhängigen Prozesse durch Widerklage oder durch Erweiterung des Klageantrags (§ 240, Nr. 2, 3) ein Anspruch erhoben, welcher zur Zuständigkeit der Landgerichte gehört, oder wird in Gemäßheit des § 253 die Feststellung eines Rechtsverhältnisses beantragt, für welches die Landgerichte zuständig sind, so hat das Amtsgericht, sofern eine Partei vor weiterer Verhandlung zur Hauptsache darauf anträgt, seine Unzuständigkeit auszusprechen und den Rechtsstreit an das Landgericht zu verweisen.

Ist das Urtheil rechtskräftig, so gilt der Rechtsstreit als bei dem Landgerichte anhängig. Die im Verfahren vor dem Amtsgerichte erwachsenen Kosten werden als Theil der bei dem Landgericht erwachsenen Kosten behandelt.

468. Wegen unterbliebener Erklärung ist eine Urkunde nur dann als anerkannt anzusehen, wenn die Partei durch das Gericht zur Erklärung über die Echtheit der Urkunde aufgefordert ist.

469. Die Vorschriften der §§ 269, 313—319 finden auf das Verfahren vor den Amtsgerichten keine Anwendung.

470. Anträge und Erklärungen einer Partei sind durch das Sitzungsprotokoll insoweit festzustellen, als das Gericht bei dem Schlusse derjenigen mündlichen Verhandlung, auf welche das Urtheil oder ein Beweisbeschluß ergeht, die Feststellung für angemessen erachtet.

Geständnisse, sowie die Erklärungen über Annahme oder Zurückschiebung zugeschobener Eide sind auf Antrag durch das Protokoll festzustellen.

471. Wer eine Klage zu erheben beabsichtigt, kann unter Angabe des Gegenstandes seines Anspruchs zum Zwecke eines Sühneversuchs den Gegner vor das Amtsgericht laden, vor welchem dieser seinen allgemeinen Gerichtsstand hat.

Erscheinen beide Parteien, und wird ein Vergleich geschlossen, so ist derselbe zu Protokoll festzustellen. Kommt ein Vergleich nicht zu Stande, so wird auf Antrag beider Parteien der Rechtsstreit sofort verhandelt; die Erhebung der Klage erfolgt in diesem Falle durch den mündlichen Vortrag derselben.

Ist der Gegner nicht erschienen, oder der Sühneversuch erfolglos geblieben, so werden die erwachsenen Kosten als Theil der Kosten des Rechtsstreits behandelt.

Drittes Buch.

Rechtsmittel.

Erster Abschnitt.

Berufung.

472. Die Berufung findet gegen die in erster Instanz erlassenen Endurtheile statt.

473. Der Beurtheilung des Berufungsgerichts unterliegen auch diejenigen Entscheidungen, welche dem Endurtheile vorausgegangen sind, sofern nicht dieselben nach den Vorschriften dieses Gesetzes unanfechtbar oder mit der Beschwerde anfechtbar sind.

474. Ein Versäumnißurtheil kann von der Partei, gegen welche es erlassen ist, mit der Berufung nicht angefochten werden.

Ein Versäumnißurtheil, gegen welches der Einspruch an sich nicht statthaft ist, unterliegt der Berufung insoweit, als dieselbe darauf gestützt wird, daß der Fall der Versäumung nicht vorgelegen habe.

475. Die Wirksamkeit eines nach Erlassung des Urtheils erklärten Verzichts auf das Recht der Berufung ist

nicht davon abhängig, daß der Gegner die Verzichtleistung angenommen hat.

476. Die Zurücknahme der Berufung ist ohne Einwilligung des Berufungsbeklagten nur bis zum Beginne der mündlichen Verhandlung des Berufungsbeklagten zulässig.

Die Zurücknahme erfolgt, wenn sie nicht bei der mündlichen Verhandlung erklärt wird, durch Zustellung eines Schriftsatzes. Abschrift desselben ist sofort nach erfolgter Zustellung auf der Gerichtsschreiberei niederzulegen.

Die Zurücknahme hat den Verlust des Rechtsmittels und die Verpflichtung zur Folge, die durch das Rechtsmittel entstandenen Kosten zu tragen. Auf Antrag des Gegners sind diese Wirkungen durch Urtheil auszusprechen.

477. Die Berufungsfrist beträgt einen Monat; sie ist eine Nothfrist und beginnt mit der Zustellung des Urtheils.

Die Berufung kann gleichzeitig mit der Zustellung des Urtheils eingelegt werden. Die Einlegung vor Zustellung des Urtheils ist wirkungslos.

478. Wird innerhalb der Berufungsfrist ein Urtheil in Gemäßheit des § 292 durch eine nachträgliche Entscheidung ergänzt, so beginnt mit der Zustellung der nachträglichen Entscheidung der Lauf der Berufungsfrist auch für die Berufung gegen das zuerst ergangene Urtheil von neuem. Wird gegen beide Urtheile von derselben Partei Berufung eingelegt, so sind beide Berufungen mit einander zu verbinden.

479. Die Einlegung der Berufung erfolgt durch Zustellung eines Schriftsatzes.

Derselbe muß enthalten:

1. die Bezeichnung des Urtheils, gegen welches die Berufung gerichtet wird;
2. die Erklärung, daß gegen dieses Urtheil Berufung eingelegt werde;
3. die Ladung des Berufungsbeklagten vor das Berufungsgericht zur mündlichen Verhandlung über die Berufung.

480. Die allgemeinen Bestimmungen über die vorbereitenden Schriftsätze finden auch auf die Berufungsschrift Anwendung.

Als vorbereitender Schriftsatz soll die Berufungsschrift insbesondere enthalten: die Erklärung, inwieweit das Urtheil angefochten werde und welche Abänderungen desselben beantragt werden (Berufungsanträge), sowie die Angabe derjenigen neuen Thatsachen und Beweismittel, welche die Partei geltend zu machen beabsichtigt.

481. In Betreff der Frist, welche zwischen der Zustellung der Berufungsschrift und dem Termine zur mündlichen Verhandlung liegen muß, finden die Vorschriften des § 234 entsprechende Anwendung.

482. Der Berufungsbeklagte kann sich der Berufung anschließen, selbst wenn er auf die Berufung verzichtet hat oder wenn die Berufungsfrist verstrichen ist.

Die Vorschriften über die Anfechtung des Versäumnißurtheils durch Berufung finden auch auf die Anfechtung desselben durch Anschließung Anwendung.

483. Die Anschließung verliert ihre Wirkung, wenn die Berufung zurückgenommen oder als unzulässig verworfen wird.

Hat der Berufungsbeklagte innerhalb der Berufungsfrist sich der erhobenen Berufung angeschlossen, so wird es so angesehen, als habe er die Berufung selbständig eingelegt.

484. Der Berufungsbeklagte hat dem Berufungskläger die Beantwortung der Berufung innerhalb der ersten zwei Drittheile der Zeit, welche zwischen der Zustellung der Berufungsschrift und dem Termine zur mündlichen Verhandlung liegt, mittels vorbereitenden Schriftsatzes zustellen zu lassen.

Der Schriftsatz soll insbesondere die Anträge sowie die Angabe der neuen Thatsachen und Beweismittel enthalten, welche der Berufungsbeklagte geltend zu machen beabsichtigt.

485. Auf das weitere Verfahren finden die in erster Instanz für das Verfahren vor den Landgerichten geltenden Vorschriften entsprechende Anwendung, soweit nicht Abweichungen aus den Bestimmungen dieses Abschnitts sich ergeben.

486. Die mündliche Verhandlung ist, wenn an dem für dieselbe bestimmten Tage die Berufungsfrist noch nicht verstrichen ist, auf Antrag des Berufungsbeklagten bis zum Ablaufe der Frist, und wenn der Berufungsbeklagte gegen das Urtheil den Einspruch erhoben hat, auch von Amtswegen bis zur Erledigung des Einspruchs zu vertagen.

487. Vor dem Berufungsgerichte wird der Rechtsstreit in den durch die Anträge bestimmten Grenzen von neuem verhandelt.

488. Bei der mündlichen Verhandlung haben die Parteien das durch die Berufung angefochtene Urtheil sowie die dem Urtheile vorausgegangenen Entscheidungen nebst den Entscheidungsgründen und den Beweisverhandlungen insoweit vorzutragen, als dies zum Verständnisse der Berufungsanträge und zur Prüfung der Richtigkeit der angefochtenen Entscheidung erforderlich ist.

Im Falle der Unrichtigkeit oder Unvollständigkeit des Vortrags hat der Vorsitzende dessen Berichtigung oder Vervollständigung, nöthigenfalls unter Wiedereröffnung der Verhandlung zu veranlassen.

489. Eine Aenderung der Klage ist selbst mit Einwilligung des Gegners unstatthaft.

490. Prozeßhindernde Einreden, auf welche die Partei wirksam verzichten kann, dürfen nur geltend gemacht werden, wenn die Partei glaubhaft macht, daß sie ohne ihr Verschulden außer Stande gewesen sei, dieselben in erster Instanz vorzubringen.

Die Verhandlung zur Hauptsache darf auf Grund prozeßhindernder Einreden nicht verweigert werden; das Gericht kann jedoch die abgesonderte Verhandlung über solche Einreden auch von Amtswegen anordnen.

491. Die Parteien können Angriffs- und Vertheidigungsmittel, welche in erster Instanz nicht geltend gemacht sind, insbesondere neue Thatsachen und Beweismittel vorbringen.

Neue Ansprüche dürfen abgesehen von den Fällen des § 240 Nr. 2, 3 nur erhoben werden, wenn mit denselben kompensirt werden soll und wenn zugleich glaubhaft gemacht wird, daß die Partei ohne ihr Verschulden außer Stande gewesen sei, dieselben in erster Instanz geltend zu machen.

492. Die Verletzung einer das Verfahren erster Instanz betreffenden Vorschrift kann in der Berufungsinstanz nicht mehr gerügt werden, wenn in Gemäßheit der Bestimmung des § 267 die Partei das Rügerecht bereits in erster Instanz verloren hat.

493. Die in erster Instanz unterbliebenen oder verweigerten Erklärungen über Thatsachen, Urkunden und Eideszuschiebungen können in der Berufungsinstanz nachgeholt werden.

494. Das in erster Instanz abgelegte gerichtliche Geständniß behält seine Wirksamkeit auch für die Berufungsinstanz.

495. Die in erster Instanz erfolgte Annahme oder Zurückschiebung eines Eides behält ihre Wirksamkeit auch für die Berufungsinstanz.

Dasselbe gilt von der Leistung, von der Verweigerung der Leistung und von der Erlassung eines Eides, wenn die Entscheidung, durch welche die Leistung des Eides angeordnet ist, von dem Berufungsgerichte für gerechtfertigt erachtet wird.

496. Ein nicht oder nicht unbedingt für vorläufig vollstreckbar erklärtes Urtheil erster Instanz ist, insoweit dasselbe durch die Berufungsanträge nicht angefochten wird, auf den im Laufe der mündlichen Verhandlung gestellten Antrag von dem Berufungsgerichte für vorläufig vollstreckbar zu erklären.

Eine Anfechtung dieser Entscheidung findet nicht statt.

497. Das Berufungsgericht hat von Amtswegen zu prüfen, ob die Berufung an sich statthaft und ob sie in der gesetzlichen Form und Frist eingelegt sei. Mangelt es an einem dieser Erfordernisse, so ist die Berufung als unzulässig zu verwerfen.

498. Das Urtheil erster Instanz darf nur insoweit abgeändert werden, als eine Abänderung beantragt ist.

499. Gegenstand der Verhandlung und Entscheidung des Berufungsgerichts sind alle einen zuerkannten oder aberkannten Anspruch betreffenden Streitpunkte, über welche in Gemäßheit der Anträge eine Verhandlung und Entscheidung erforderlich ist, selbst wenn über diese Streitpunkte in erster Instanz nicht verhandelt oder nicht entschieden ist. Das Berufungsgericht hat ein von ihm erlassenes bedingtes Urtheil zu erledigen. Dasselbe kann ein in erster Instanz erlassenes bedingtes Urtheil erledigen, wenn die Berufung zurückgewiesen ist.

500. Das Berufungsgericht hat die Sache, insofern eine weitere Verhandlung derselben erforderlich ist, an das Gericht erster Instanz zurückzuverweisen:

1. wenn durch das angefochtene Urtheil ein Einspruch als unzulässig verworfen ist;
2. wenn durch das angefochtene Urtheil nur über prozeßhindernde Einreden entschieden ist;

3. wenn im Falle eines nach Grund und Betrag streitigen Anspruchs durch das angefochtene Urtheil über den Grund des Anspruchs vorab entschieden ist;
4. wenn das angefochtene Urtheil im Urkunden- oder Wechselprozesse unter Vorbehalt der Rechte erlassen ist;
5. wenn das angefochtene Urtheil ein Versäumnißurtheil ist.

Im Falle der Nr. 2 hat das Berufungsgericht die sämmtlichen prozeßhindernden Einreden zu erledigen.

501. Leidet das Verfahren erster Instanz an einem wesentlichen Mangel, so kann das Berufungsgericht unter Aufhebung des Urtheils und des Verfahrens, soweit das letztere durch den Mangel betroffen wird, die Sache an das Gericht erster Instanz zurückverweisen.

502. Werden nach Vorschrift des § 252 Vertheidigungsmittel zurückgewiesen, so ist die Geltendmachung derselben dem Beklagten vorzubehalten.

Enthält das Urtheil keinen Vorbehalt, so kann die Ergänzung des Urtheils nach Vorschrift des § 292 beantragt werden.

Das Urtheil, welches unter Vorbehalt der Geltendmachung von Vertheidigungsmitteln ergeht, ist in Betreff der Rechtsmittel und der Zwangsvollstreckung als Endurtheil anzusehen.

503. In Betreff der Vertheidigungsmittel, deren Geltendmachung dem Beklagten vorbehalten ist, bleibt der tsstreit in der Berufungsinstanz anhängig.

Insoweit sich in dem weiteren Verfahren ergiebt, daß der klagend geltend gemachte Anspruch unbegründet war, ist das frühere Urtheil aufzuheben, der Kläger mit dem Anspruch abzuweisen und auf Antrag zur Erstattung des von dem Beklagten auf Grund des Urtheils Gezahlten oder Geleisteten zu verurtheilen, sowie über die Kosten anderweit zu entscheiden.

504. Die Vorschriften über das Versäumnißverfahren in erster Instanz finden entsprechende Anwendung.

Beantragt der Berufungskläger gegen den im Termine zur mündlichen Verhandlung nicht erschienenen Berufungsbeklagten das Versäumnißurtheil, so ist, soweit das festgestellte Sachverhältniß nicht entgegensteht, das thatsächliche mündliche Vorbringen des Berufungsklägers für zugestanden zu erachten und in Ansehung einer zulässigerweise beantragten Beweisaufnahme anzunehmen, daß sie das in Aussicht gestellte Ergebniß gehabt habe.

505. Bei der Darstellung des Thatbestandes im Urtheil ist eine Bezugnahme auf das Urtheil voriger Instanz nicht ausgeschlossen.

506. Der Gerichtsschreiber des Berufungsgerichts hat innerhalb vierundzwanzig Stunden, nachdem die Berufungsschrift zum Zwecke der Terminsbestimmung eingereicht ist, von dem Gerichtsschreiber des Gerichts erster Instanz die Prozeßakten einzufordern.

Nach Erledigung der Berufung sind die Akten dem Gerichtsschreiber des Gerichts erster Instanz nebst einer beglaubigten Abschrift des in der Berufungsinstanz erlassenen Urtheils zurückzusenden.

Zweiter Abschnitt.

Revision.

507. Die Revision findet gegen die in der Berufungsinstanz von den Oberlandesgerichten erlassenen Endurtheile statt.

508. In Rechtsstreitigkeiten über vermögensrechtliche Ansprüche ist die Zuläſſigkeit der Revision durch einen den Betrag von fünfzehnhundert Mark übersteigenden Werth des Beschwerdegegenstandes bedingt.

In Betreff des Werths des Beschwerdegegenstandes kommen die Vorschriften der §§ 3—9 zur Anwendung.

Der Revisionskläger hat diesen Werth glaubhaft zu machen. Der Eid als Mittel der Glaubhaftmachung ist ausgeschlossen.

509. Ohne Rücksicht auf den Werth des Beschwerdegegenstandes findet die Revision statt:

1. insoweit es sich um die Unzuständigkeit des Gerichts oder die Unzuläſſigkeit des Rechtswegs oder die Unzuläſſigkeit der Berufung handelt;
2. in den Rechtsstreitigkeiten über Ansprüche, für welche die Landgerichte ohne Rücksicht auf den Werth des Streitgegenstandes ausschließlich zuständig sind.

510. Der Beurtheilung des Revisionsgerichts unterliegen auch diejenigen Entscheidungen, welche dem Endurtheile vorausgegangen sind, sofern nicht dieselben nach den Vorschriften dieses Gesetzes unanfechtbar oder mit der Beschwerde anfechtbar sind.

511. Die Revision kann nur darauf gestützt werden, daß die Entscheidung auf der Verletzung eines Reichsgesetzes oder eines Gesetzes, dessen Geltungsbereich sich über den Bezirk des Berufungsgerichts hinauserstreckt, beruhe.

512. Das Gesetz ist verletzt, wenn eine Rechtsnorm nicht oder nicht richtig angewendet worden ist.

513. Eine Entscheidung ist stets als auf einer Verletzung des Gesetzes beruhend anzusehen:

1. wenn das erkennende Gericht nicht vorschriftsmäßig besetzt war;
2. wenn bei der Entscheidung ein Richter mitgewirkt hat, welcher von der Ausübung des Richteramts kraft Gesetzes ausgeschlossen war, sofern nicht dieses Hinderniß mittels eines Ablehnungsgesuchs ohne Erfolg geltend gemacht ist;
3. wenn bei der Entscheidung ein Richter mitgewirkt hat, obgleich derselbe wegen Besorgniß der Befangenheit abgelehnt und das Ablehnungsgesuch für begründet erklärt war;
4. wenn das Gericht seine Zuständigkeit oder Unzuständigkeit mit Unrecht angenommen hat;
5. wenn eine Partei in dem Verfahren nicht nach Vorschrift der Gesetze vertreten war, sofern sie nicht die Prozeßführung ausdrücklich oder stillschweigend genehmigt hat;
6. wenn die Entscheidung auf Grund einer mündlichen Verhandlung ergangen ist, bei welcher die

Vorschrifften über die Oeffentlichkeit des Verfahrens verletzt sind;

7. wenn die Entscheidung nicht mit Gründen versehen ist.

514. Die Revisionsfrist beträgt einen Monat; sie ist eine Nothfrist und beginnt mit der Zustellung des Urtheils.

Die Revision kann gleichzeitig mit der Zustellung des Urtheils eingelegt werden. Die Einlegung vor Zustellung des Urtheils ist wirkungslos.

515. Die Einlegung der Revision erfolgt durch Zustellung eines Schriftsatzes. Derselbe muß enthalten:

1. die Bezeichnung des Urtheils, gegen welches die Revision gerichtet wird;
2. die Erklärung, daß gegen dieses Urtheil die Revision eingelegt werde;
3. die Ladung des Revisionsbeklagten vor das Revisionsgericht zur mündlichen Verhandlung über die Revision.

516. Die allgemeinen Bestimmungen über die vorbereitenden Schriftsätze finden auch auf die Revisionsschrift Anwendung.

Als vorbereitender Schriftsatz soll die Revisionsschrift insbesondere die Erklärung, inwieweit das Urtheil angefochten und dessen Aufhebung beantragt werde (Revisionsanträge), und zur Begründung der Revisionsanträge enthalten:

1. insoweit die Revision darauf gestützt wird, daß eine Rechtsnorm nicht oder nicht richtig angewendet sei, die Bezeichnung der Rechtsnorm;

2. insoweit die Revision darauf gestützt wird, daß das Gesetz in Bezug auf das Verfahren verletzt sei, die Bezeichnung der Thatsachen, welche den Mangel ergeben;
3. insoweit die Revision darauf gestützt wird, daß unter Verletzung des Gesetzes Thatsachen festgestellt, übergangen oder als vorgebracht angenommen seien, die Bezeichnung dieser Thatsachen.

In der Revisionsschrift soll ferner der Werth des nicht in einer bestimmten Geldsumme bestehenden Beschwerdegegenstandes angegeben werden, wenn die Zulässigkeit der Revision von diesem Werthe abhängt.

517. In Betreff der Frist, welche zwischen der Zustellung der Revisionsschrift und dem Termine zur mündlichen Verhandlung liegen muß, finden die Vorschriften des § 234 entsprechende Anwendung.

518. Der Revisionsbeklagte kann sich der Revision anschließen. Auf diese Anschließung finden die Vorschriften über die Anschließung des Berufungsbeklagten an die Berufung entsprechende Anwendung.

519. Der Revisionsbeklagte hat dem Revisionskläger die Beantwortung der Revision innerhalb der ersten zwei Drittheile der Zeit, welche zwischen der Zustellung der Revisionsschrift und dem Termine zur mündlichen Verhandlung liegt, mittels vorbereitenden Schriftsatzes zustellen zu lassen.

Der Schriftsatz soll insbesondere die Anträge und im Falle der Anschließung deren Begründung nach Vorschrift des § 516 enthalten.

520. Auf das weitere Verfahren finden die in erster Instanz für das Verfahren vor den Landgerichten geltenden Vorschriften entsprechende Anwendung, soweit nicht Abweichungen aus den Bestimmungen dieses Abschnitts sich ergeben.

521. Die Verletzung einer das Verfahren der Berufungsinstanz betreffenden Vorschrift kann in der Revisionsinstanz nicht mehr gerügt werden, wenn in Gemäßheit der Bestimmung des § 267 die Partei das Rügerecht bereits in der Berufungsinstanz verloren hat.

522. Der Prüfung des Revisionsgerichts unterliegen nur die von den Parteien gestellten Anträge.

523. Ein nicht oder nicht unbedingt für vorläufig vollstreckbar erklärtes Urtheil des Berufungsgerichts ist, insoweit dasselbe durch die Revisionsanträge nicht angefochten wird, auf den im Laufe der mündlichen Verhandlung gestellten Antrag von dem Revisionsgerichte für vorläufig vollstreckbar zu erklären.

524. Für die Entscheidung des Revisionsgerichts sind die in dem angefochtenen Urtheile gerichtlich festgestellten Thatsachen maßgebend. Außer denselben können nur die im § 516 Nr. 2, 3 erwähnten Thatsachen berücksichtigt werden.

525. Die Entscheidung des Berufungsgerichts über das Bestehen und den Inhalt von Gesetzen, auf deren Verletzung die Revision nach § 511 nicht gestützt werden kann, ist für die auf die Revision ergehende Entscheidung maßgebend.

526. Ergeben die Entscheidungsgründe zwar eine Gesetzesverletzung, stellt die Entscheidung selbst aber aus anderen Gründen sich als richtig dar, so ist die Revision zurückzuweisen.

527. Insoweit die Revision für begründet erachtet wird, ist, das angefochtene Urtheil aufzuheben.

Erfolgt die Aufhebung des Urtheils wegen eines Mangels des Verfahrens, so ist zugleich das Verfahren insoweit aufzuheben, als es durch den Mangel betroffen wird.

528. Im Falle der Aufhebung des Urtheils ist die Sache zur anderweiten Verhandlung und Entscheidung an das Berufungsgericht zurückzuverweisen.

Dasselbe hat die rechtliche Beurtheilung, welche der Aufhebung zu Grunde gelegt ist, auch seiner Entscheidung zu Grunde zu legen.

Das Revisionsgericht hat jedoch in der Sache selbst zu entscheiden:

1. wenn die Aufhebung des Urtheils nur wegen Gesetzesverletzung bei Anwendung des Gesetzes auf das festgestellte Sachverhältniß erfolgt und nach letzterem die Sache zur Endentscheidung reif ist;
2. wenn die Aufhebung des Urtheils wegen Unzuständigkeit des Gerichts oder wegen Unzulässigkeit des Rechtswegs erfolgt.

Kommt in den Fällen der Nr. 1 und 2 für die in der Sache selbst zu erlassende Entscheidung die Anwendbarkeit von Gesetzen, auf deren Verletzung die Revision nach § 511 nicht gestützt werden kann, in Frage, so kann die

Sache zur anderweiten Verhandlung und Entscheidung an das Berufungsgericht zurückverwiesen werden.

529. Die für die Berufung geltenden Vorschriften über die Anfechtbarkeit der Versäumnißurtheile, über die Verzichtleistung auf das Rechtsmittel und die Zurücknahme desselben, über die Vertagung der mündlichen Verhandlung, über die Verhandlung prozeßhindernder Einreden, über die Prüfung der Zulässigkeit des Rechtsmittels, über den Vortrag der Parteien bei der mündlichen Verhandlung und über die Einforderung und Zurücksendung der Prozeßakten finden auf die Revision entsprechende Anwendung.

Dritter Abschnitt.

Beschwerde.

530. Das Rechtsmittel der Beschwerde findet in den in diesem Gesetze besonders hervorgehobenen Fällen und gegen solche eine vorgängige mündliche Verhandlung nicht erfordernde Entscheidungen statt, durch welche ein das Verfahren betreffendes Gesuch zurückgewiesen ist.

531. Ueber die Beschwerde entscheidet das im Instanzenzuge zunächst höhere Gericht

Gegen die Entscheidung des Beschwerdegerichts findet, soweit nicht in derselben ein neuer selbständiger Beschwerdegrund enthalten ist, eine weitere Beschwerde nicht statt.

532. Die Beschwerde wird bei dem Gericht eingelegt, von welchem oder von dessen Vorsitzenden die an-

gefochtene Entscheidung erlassen ist; sie kann in dringenden Fällen auch bei dem Beschwerdegerichte eingelegt werden.

Die Einlegung erfolgt durch Einreichung einer Beschwerdeschrift; die Einlegung kann auch durch Erklärung zum Protokolle des Gerichtsschreibers erfolgen, wenn der Rechtsstreit bei einem Amtsgericht anhängig ist oder anhängig war, wenn die Beschwerde das Armenrecht betrifft oder von einem Zeugen oder Sachverständigen erhoben wird.

533. Die Beschwerde kann auf neue Thatsachen und Beweise gestützt werden.

534. Erachtet das Gericht oder der Vorsitzende, dessen Entscheidung angefochten wird, die Beschwerde für begründet, so haben sie derselben abzuhelfen; anderenfalls ist die Beschwerde vor Ablauf einer Woche dem Beschwerdegerichte vorzulegen.

535. Die Beschwerde hat nur dann aufschiebende Wirkung, wenn sie gegen eine der in den §§ 345, 355, 374, 579, 619 erwähnten Entscheidungen gerichtet ist.

Das Gericht oder der Vorsitzende, dessen Entscheidung angefochten wird, kann anordnen, daß die Vollziehung derselben auszusetzen sei.

Das Beschwerdegericht kann vor der Entscheidung eine einstweilige Anordnung erlassen; es kann insbesondere anordnen, daß die Vollziehung der angefochtenen Entscheidung auszusetzen sei.

536. Die Entscheidung über die Beschwerde kann ohne vorgängige mündliche Verhandlung erfolgen.

Ordnet das Gericht eine schriftliche Erklärung an, so kann dieselbe in den Fällen, in welchen die Beschwerde zum Protokolle des Gerichtsschreibers eingelegt werden darf, zum Protokolle des Gerichtsschreibers abgegeben werden.

537. Das Beschwerdegericht hat von Amtswegen zu prüfen, ob die Beschwerde an sich statthaft und ob sie in der gesetzlichen Form und Frist eingelegt sei. Mangelt es an einem dieser Erfordernisse, so ist die Beschwerde als unzulässig zu verwerfen.

538. Erachtet das Beschwerdegericht die Beschwerde für begründet, so kann es demjenigen Gericht oder Vorsitzenden, von welchem die beschwerende Entscheidung erlassen war, die erforderliche Anordnung übertragen.

539. Wird die Aenderung einer Entscheidung des beauftragten oder ersuchten Richters oder des Gerichtsschreibers verlangt, so ist die Entscheidung des Prozeßgerichts nachzusuchen.

Die Beschwerde findet gegen die Entscheidung des Prozeßgerichts statt.

Die Bestimmung des ersten Absatzes gilt auch für das Reichsgericht.

540. Für die Fälle der sofortigen Beschwerde gelten die nachfolgenden besonderen Bestimmungen.

Die Beschwerde ist binnen einer Nothfrist von zwei Wochen, welche mit der Zustellung, in den Fällen der §§ 301 und 829 Absatz 3 mit der Verkündung der Entscheidung beginnt, einzulegen. Die Einlegung bei dem Beschwerdegerichte genügt zur Wahrung der Nothfrist, auch wenn der Fall für dringlich erachtet wird. Liegen die Erfordernisse der Nichtigkeits- oder der Restitutionsklage vor, so kann die Beschwerde auch nach Ablauf der Nothfrist innerhalb der für diese Klagen geltenden Nothfristen erhoben werden.

Das Gericht ist zu einer Abänderung seiner durch Beschwerde angegriffenen Verfügung nicht befugt.

In den Fällen des § 539 muß auf dem für die Einlegung der Beschwerde vorgeschriebenen Wege die Entscheidung des Prozeßgerichts binnen der Nothfrist nachgesucht werden. Das Prozeßgericht hat das Gesuch, wenn es demselben nicht entsprechen will, dem Beschwerdegerichte vorzulegen.

Viertes Buch.

Wiederaufnahme des Verfahrens.

541. Die Wiederaufnahme eines durch rechtskräftiges Endurtheil geschlossenen Verfahrens kann durch Nichtigkeitsklage und durch Restitutionsklage erfolgen.

Werden beide Klagen von derselben Partei oder von verschiedenen Parteien erhoben, so ist die Verhandlung und Entscheidung über die Restitutionsklage bis zur rechtskräftigen Entscheidung über die Nichtigkeitsklage auszusetzen.

542. Die Nichtigkeitsklage findet statt:

1. wenn das erkennende Gericht nicht vorschriftsmäßig besetzt war;

2. wenn ein Richter bei der Entscheidung mitgewirkt hat, welcher von der Ausübung des Richteramts kraft des Gesetzes ausgeschlossen war, sofern nicht dieses Hinderniß mittels eines Ablehnungsgesuchs oder eines Rechtsmittels ohne Erfolg geltend gemacht ist;
3. wenn bei der Entscheidung ein Richter mitgewirkt hat, obgleich derselbe wegen Besorgniß der Befangenheit abgelehnt und das Ablehnungsgesuch für begründet erklärt war;
4. wenn eine Partei in dem Verfahren nicht nach Vorschrift der Gesetze vertreten war, sofern sie nicht die Prozeßführung ausdrücklich oder stillschweigend genehmigt hat.

In den Fällen Nr. 1, 3 findet die Klage nicht statt, wenn die Nichtigkeit mittels eines Rechtsmittels geltend gemacht werden konnte.

543. Die Restitutionsklage findet statt:

1. wenn der Gegner durch Leistung eines Parteieides, auf welche das Urtheil gegründet ist, sich einer vorsätzlichen oder fahrlässigen Verletzung der Eidespflicht schuldig gemacht hat;
2. wenn eine Urkunde, auf welche das Urtheil gegründet ist, fälschlich angefertigt oder verfälscht war;
3. wenn durch Beeidigung eines Zeugnisses oder eines Gutachtens, auf welche das Urtheil gegründet ist, der Zeuge oder der Sachsterständige sich einer vorsätzlichen oder fahrlässigen Verletzung der Eidespflicht schuldig gemacht hat;

4. wenn das Urtheil von dem Vertreter der Partei oder von dem Gegner oder dessen Vertreter durch eine in Beziehung auf den Rechtsstreit verübte Handlung erwirkt ist, welche mit einer im Wege des gerichtlichen Strafverfahrens zu verhängenden öffentlichen Strafe bedroht ist;
5. wenn ein Richter bei dem Urtheile mitgewirkt hat, welcher sich in Beziehung auf den Rechtsstreit einer Verletzung seiner Amtspflichten gegen die Partei schuldig gemacht hat, sofern diese Verletzung mit einer im Wege des gerichtlichen Strafverfahrens zu verhängenden öffentlichen Strafe bedroht ist;
6. wenn ein strafgerichtliches Urtheil, auf welches das Urtheil gegründet ist, durch ein anderes rechtskräftig gewordenes Urtheil aufgehoben ist;
7. wenn die Partei
   a) ein in derselben Sache erlassenes, früher rechtskräftig gewordenes Urtheil, oder
   b) eine andere Urkunde auffindet oder zu benutzen in den Stand gesetzt wird, welche eine ihr günstigere Entscheidung herbeigeführt haben würde.

Diese Bestimmung kommt in dem unter b bezeichneten Falle nicht zur Anwendung, wenn das angefochtene Urtheil darauf beruht, daß auf Grund einer Eidesleistung des Gegners die betreffende Thatsache oder deren Gegentheil für bewiesen erachtet ist.

544. In den Fällen des vorhergehenden Paragraphen Nr. 1—5 findet die Restitutionsklage nur statt, wenn wegen der strafbaren Handlung eine rechtskräftige Verurtheilung ergangen ist, oder wenn die Einleitung oder Durchführung eines Strafverfahrens aus anderen Gründen, als wegen Mangels an Beweis nicht erfolgen kann.

Der Beweis der Thatsachen, welche die Restitutionsklage begründen, kann durch Eideszuschiebung nicht geführt werden.

545. Die Restitutionsklage ist nur zulässig, wenn die Partei ohne ihr Verschulden außer Stande war, den Restitutionsgrund in dem früheren Verfahren, insbesondere durch Einspruch oder Berufung oder mittels Anschließung an eine Berufung geltend zu machen.

546. Mit den Klagen können Anfechtungsgründe, durch welche eine dem angefochtenen Urtheile vorausgegangene Entscheidung derselben oder einer unteren Instanz betroffen wird, geltend gemacht werden, sofern das angefochtene Urtheil auf dieser Entscheidung beruht.

547. Für die Klagen ist ausschließlich zuständig: das Gericht, welches in erster Instanz erkannt hat; wenn das angefochtene Urtheil oder auch nur eines von mehreren angefochtenen Urtheilen von dem Berufungsgerichte erlassen wurde, oder wenn ein in der Revisionsinstanz erlassenes Urtheil auf Grund des § 543 Nr. 1—3, 6, 7 angefochten wird, das Berufungsgericht; wenn ein in der Revisionsinstanz erlassenes Urtheil auf Grund der §§ 542, 543 Nr. 4, 5 angefochten wird, das Revisionsgericht.

Sind die Klagen gegen einen Vollstreckungsbefehl gerichtet, so gehören sie ausschließlich vor das Amtsgericht, welches den Befehl erlassen hat; wenn der Anspruch nicht zur Zuständigkeit der Amtsgerichte gehört, vor das für den Rechtsstreit über den Anspruch zuständige Gericht.

548. Auf die Erhebung der Klagen und das weitere Verfahren finden die allgemeinen Vorschriften entsprechende Anwendung, sofern nicht aus den Bestimmungen dieses Gesetzes sich eine Abweichung ergiebt.

549. Die Klagen sind vor Ablauf der Nothfrist eines Monats zu erheben.

Die Frist beginnt mit dem Tage, an welchem die Partei von dem Anfechtungsgrunde Kenntniß erhalten hat, jedoch nicht vor eingetretener Rechtskraft des Urtheils. Nach Ablauf von fünf Jahren, von dem Tage der Rechtskraft des Urtheils an gerechnet, sind die Klagen unstatthaft.

Die Vorschriften des vorstehenden Absatzes finden auf die Nichtigkeitsklage wegen mangelnder Vertretung keine Anwendung; die Frist für Erhebung der Klage läuft von dem Tage, an welchem der Partei und bei mangelnder Prozeßfähigkeit dem gesetzlichen Vertreter derselben das Urtheil zugestellt ist.

550. In der Klage muß die Bezeichnung des Urtheils, gegen welches die Nichtigkeits- oder die Restitutionsklage gerichtet wird, und die Erklärung, welche dieser Klagen erhoben werde, enthalten sein.

551. Als vorbereitender Schriftsatz soll die Klage enthalten:

1. die Bezeichnung des Anfechtungsgrundes;

2. die Angabe der Beweismittel für die Thatsachen, welche den Grund und die Einhaltung der Nothfrist ergeben;
3. die Erklärung, inwieweit die Beseitigung des angefochtenen Urtheils und welche andere Entscheidung in der Hauptsache beantragt werde.

Dem Schriftsatze, durch welchen eine Restitutionsklage erhoben wird, sind die Urkunden, auf welche dieselbe gestützt wird, in Urschrift oder in Abschrift beizufügen. Befinden sich die Urkunden nicht in den Händen des Klägers, so hat er zu erklären, welchen Antrag er wegen Herbeischaffung derselben zu stellen beabsichtigt.

552. Das Gericht hat von Amtswegen zu prüfen, ob die Klage an sich statthaft und ob sie in der gesetzlichen Form und Frist erhoben sei. Mangelt es an einem dieser Erfordernisse, so ist die Klage als unzulässig zu verwerfen.

Die Thatsachen, welche ergeben, daß die Klage vor Ablauf der Nothfrist erhoben ist, sind glaubhaft zu machen.

553. Die Hauptsache wird, insoweit sie von dem Anfechtungsgrunde betroffen ist, von neuem verhandelt.

Das Gericht kann anordnen, daß die Verhandlung und Entscheidung über Grund und Zulässigkeit der Wiederaufnahme des Verfahrens vor der Verhandlung über die Hauptsache erfolge. In diesem Falle ist die Verhandlung über die Hauptsache als Fortsetzung der Verhandlung über Grund und Zulässigkeit der Wiederaufnahme des Verfahrens anzusehen.

Das für die Klagen zuständige Revisionsgericht hat die Verhandlung über Grund und Zulässigkeit der Wiederaufnahme des Verfahrens zu erledigen, auch wenn diese Erledigung von der Feststellung und Würdigung bestrittener Thatsachen abhängig ist.

554. Rechtsmittel sind insoweit zulässig, als sie gegen die Entscheidungen der mit den Klagen befaßten Gerichte überhaupt stattfinden.

Fünftes Buch.

Urkunden- und Wechselprozeß.

555. Ein Anspruch, welcher die Zahlung einer bestimmten Geldsumme oder die Leistung einer bestimmten Quantität anderer vertretbarer Sachen oder Werthpapiere zum Gegenstande hat, kann im Urkundenprozesse geltend gemacht werden, wenn die sämmtlichen zur Begründung des Anspruchs erforderlichen Thatsachen durch Urkunden bewiesen werden können.

556. Die Klage muß die Erklärung enthalten, daß im Urkundenprozesse geklagt werde. Die Urkunden müssen in Urschrift oder in Abschrift der Klage beigefügt werden.

557. Auf Grund prozeßhindernder Einreden darf die Verhandlung zur Hauptsache nicht verweigert werden; das Gericht kann jedoch die abgesonderte Verhandlung über diese Einreden auch von Amtswegen anordnen.

558. Widerklagen sind nicht statthatt.

Als Beweismittel sind bezüglich der Echtheit oder Unechtheit einer Urkunde sowie bezüglich anderer als der im § 555 erwähnten Thatsachen nur Urkunden und Eideszuschiebung zuläßig.

Die Antretung des Urkundenbeweises kann nur durch Vorlegung der Urkunden erfolgen.

Die Leistung eines Eides ist durch Beweisbeschluß anzuordnen.

559. Der Kläger kann, ohne daß es der Einwilligung des Beklagten bedarf, bis zum Schlusse der mündlichen Verhandlung von dem Urkundenprozesse in der Weise abstehen, daß der Rechtsstreit im ordentlichen Verfahren anhängig bleibt.

560. Insoweit der in der Klage geltend gemachte Anspruch an sich oder in Folge einer Einrede des Beklagten als unbegründet sich darstellt, ist der Kläger mit dem Anspruche abzuweisen.

Ist der Urkundenprozeß unstatthaft, ist insbesondere ein dem Kläger obliegender Beweis nicht mit den im Urkundenprozesse zuläßigen Beweismitteln angetreten oder mit solchen Beweismitteln nicht vollständig geführt, so wird die Klage als in der gewählten Prozeßart unstatthaft abgewiesen, selbst wenn in dem Termine zur mündlichen Verhandlung der Beklagte nicht erschienen ist oder der Klage nur auf Grund von Einwendungen widersprochen hat, welche rechtlich unbegründet oder im Urkundenprozesse unstatthaft sind.

561. Einwendungen des Beklagten sind, wenn der dem Beklagten obliegende Beweis derselben nicht mit den im Urkundenprozesse zuläßigen Beweismitteln angetreten

oder mit solchen Beweismitteln nicht vollständig geführt ist, als im Urkundenprozesse unstatthaft zurückzuweisen.

562. Dem Beklagten, welcher dem geltend gemachten Anspruche widersprochen hat, ist in allen Fällen, in denen er verurtheilt wird, die Ausführung seiner Rechte vorzubehalten.

Enthält das Urtheil keinen Vorbehalt, so kann die Ergänzung des Urtheils nach Vorschrift des § 292 beantragt werden.

Das Urtheil, welches unter Vorbehalt der Rechte ergeht, ist in Betreff der Rechtsmittel und der Zwangsvollstreckung als Endurtheil anzusehen.

563. Wird dem Beklagten die Ausführung seiner Rechte vorbehalten, so bleibt der Rechtsstreit im ordentlichen Verfahren anhängig.

Insoweit sich in diesem Verfahren ergiebt, daß der klagend geltend gemachte Anspruch unbegründet war, ist das frühere Urtheil aufzuheben, der Kläger mit dem Anspruche abzuweisen und zur vollen oder theilweisen Erstattung der verursachten Kosten, sowie auf Antrag zur Erstattung des von dem Beklagten auf Grund des Urtheils Gezahlten oder Geleisteten zu verurtheilen.

Erscheint in diesem Verfahren eine Partei nicht, so finden die Vorschriften über das Versäumnißurtheil entsprechende Anwendung.

564. Die Vorschriften der §§ 502, 503 finden im Urkundenprozesse keine Anwendung.

565. **Werden im Urkundenprozesse Ansprüche aus Wechseln im Sinne der Wechselordnung geltend gemacht (Wechselprozeß), so kommen die nachfolgenden besonderen Vorschriften zur Anwendung.**

566. Wechselklagen können sowohl bei dem Gerichte des Zahlungsorts als bei dem Gerichte angestellt werden, bei welchem der Beklagte seinen allgemeinen Gerichtsstand hat.

Wenn mehrere Wechselverpflichtete gemeinschaftlich verklagt werden, so ist außer dem Gerichte des Zahlungsorts jedes Gericht zuständig, bei welchem einer der Beklagten seinen allgemeinen Gerichtsstand hat.

567. Die Klage muß die Erklärung enthalten, daß im Wechselprozesse geklagt werde.

Die Einlassungsfrist beträgt, wenn die Klage am Sitze des Gerichts zugestellt wird, mindestens vier und zwanzig Stunden; wenn sie an einem anderen Orte im Bezirke des Gerichts zugestellt wird, mindestens drei Tage; wenn sie an einem anderen deutschen Orte zugestellt wird, mindestens eine Woche.

Sechstes Buch.

Ehesachen und Entmündigungssachen.

Erster Abschnitt.

Verfahren in Ehesachen.

568. Für die Rechtsstreitigkeiten, welche die Trennung, Ungültigkeit oder Nichtigkeit einer Ehe oder die Herstellung des ehelichen Lebens zum Gegenstande haben (Ehesachen), ist das Landgericht, bei welchem der Ehemann seinen allgemeinen Gerichtsstand hat, ausschließlich zuständig.

Gegen den Ehemann, welcher seine Frau verlassen und seinen Wohnsitz nur im Auslande hat, kann von der Ehefrau die Klage bei dem Landgerichte seines letzten Wohnsitzes im Deutschen Reiche erhoben werden, sofern der Beklagte zur Zeit, als er die Klägerin verließ, ein Deutscher war.

569. In Ehesachen ist die Staatsanwaltschaft zur Mitwirkung befugt.

Der Verhandlung vor dem erkennenden Gerichte sowie vor einem beauftragten oder ersuchten Richter kann der Staatsanwalt beiwohnen. Er ist von allen Terminen von Amtswegen in Kenntniß zu setzen.

Er kann sich über die zu erlassende Entscheidung gutachtlich äußern und, sofern es sich um die Aufrechterhaltung einer Ehe handelt, neue Thatsachen und Beweismittel vorbringen.

Im Sitzungsprotokoll ist der Name des Staatsanwalts

anzugeben, auch sind in dasselbe die von dem Staatsanwalte gestellten Anträge aufzunehmen.

570. Der Vorsitzende darf den Termin zur mündlichen Verhandlung über eine Ehescheidungsklage oder über eine Klage auf Herstellung des ehelichen Lebens erst festsetzen, wenn den nachfolgenden Vorschriften über den Sühneversuch genügt ist.

571. Der Kläger hat bei dem Amtsgerichte, vor welchem der Ehemann seinen allgemeinen Gerichtsstand hat, die Anberaumung eines Sühnetermins zu beantragen und zu diesem Termine den Beklagten zu laden.

Durch die Zustellung der Ladung wird die Verjährung unterbrochen.

572. Die Parteien müssen in dem Sühnetermine persönlich erscheinen; Beistände können zurückgewiesen werden.

Erscheint der Kläger oder erscheinen beide Parteien in dem Sühnetermine nicht, so verliert die Ladung ihre Wirkung. Erscheint der Kläger, aber nicht der Beklagte, so ist der Sühneversuch als mißlungen anzusehen.

573. Der Sühneversuch ist nicht erforderlich, wenn der Aufenthalt des Beklagten unbekannt oder im Auslande ist, wenn dem Sühneversuche ein anderes schwer zu beseitigendes Hinderniß entgegensteht, welches von dem Kläger nicht verschuldet ist, oder wenn die Erfolglosigkeit des Sühneversuchs mit Bestimmtheit vorauszusehen ist.

Ueber das Vorhandensein dieser Voraussetzungen entscheidet der Vorsitzende des Landgerichts ohne vorgängiges Gehör des Beklagten.

574. Bis zum Schlusse derjenigen mündlichen Verhandlung, auf welche das Urtheil ergeht, können andere als die in der Klage vorgebrachten Klagegründe geltend gemacht werden.

Das neue Vorbringen und die Erhebung einer Widerklage ist von einem Sühneversuche nicht abhängig.

575. Die Klage auf Herstellung des ehelichen Lebens, die Ehescheidungsklage und die Ungültigkeitsklage können verbunden werden.

Die Verbindung einer anderen Klage mit den erwähnten Klagen sowie die Erhebung einer Widerklage anderer Art ist unstatthaft.

576. Der mit einer Ehescheidungsklage oder einer Ungültigkeitsklage abgewiesene Kläger kann Thatsachen, welche er in dem früheren Rechtsstreit oder welche er durch Verbindung der Klagen hätte geltend machen können, als selbständigen Klagegrund nicht mehr geltend machen. Ein gleiches gilt für den Beklagten in Ansehung der Thatsachen, auf welche er eine Widerklage zu gründen im Stande war.

577. Die Vorschriften über die Folgen der unterbliebenen oder verweigerten Erklärung über Thatsachen oder über die Echtheit von Urkunden, die Vorschriften über den Verzicht der Parteien auf die Beeidigung der Zeugen und Sachverständigen, sowie die Vorschriften über die Wirkungen eines Anerkenntnisses, eines gerichtlichen Geständnisses und die Erlassung eines Eides kommen nicht zur Anwendung.

Die Eideszuschiebung und der Antrag, dem Gegner

die Vorlegung einer Urkunde aufzugeben, sind nicht zulässig, soweit es sich um Thatsachen handelt, welche die Trennung, Ungültigkeit oder Nichtigkeit der Ehe begründen sollen.

578. Erscheint der Beklagte in dem auf die Klage zur mündlichen Verhandlung anberaumten Termine nicht, so kann erst in einem neuen, auf Antrag des Klägers zu bestimmenden Termine verhandelt werden.

Der Beklagte ist zu jedem Termine, welcher nicht in seiner Gegenwart anberaumt wurde, zu laden.

Diese Vorschriften finden keine Anwendung, wenn der Beklagte durch öffentliche Zustellung geladen, aber nicht erschienen ist.

Ein Versäumnißurtheil gegen den Beklagten ist nur in dem Falle zu erlassen, wenn der Beklagte in dem zur Leistung eines richterlichen Eides bestimmten Termine nicht erscheint.

Die Vorschriften dieses Paragraphen finden auf den Widerbeklagten entsprechende Anwendung.

579. Das Gericht kann das persönliche Erscheinen einer Partei anordnen und dieselbe über die von ihr, von dem Gegner oder von dem Staatsanwalte behaupteten Thatsachen vernehmen.

Ist die zu vernehmende Partei am Erscheinen vor dem Prozeßgerichte verhindert oder hält sie sich in großer Entfernung von dem Sitze desselben auf, so kann die Vernehmung durch einen beauftragten oder ersuchten Richter erfolgen.

Gegen die nicht erschienene Partei ist wie gegen einen

im Vernehmungstermine nicht erschienenen Zeugen zu verfahren; auf Haft darf nicht erkannt werden.

580. Das Gericht kann die Aussetzung des Verfahrens über eine Ehescheidungsklage oder über eine Klage auf Herstellung des ehelichen Lebens von Amtswegen anordnen, wenn es die Aussöhnung der Parteien für nicht unwahrscheinlich erachtet.

Auf Grund dieser Bestimmung darf die Aussetzung im Laufe des Rechtsstreits nur einmal und höchstens auf ein Jahr angeordnet werden.

Die Aussetzung findet nicht statt, wenn die Ehescheidung auf Grund eines Ehebruchs beantragt ist.

581. Zum Zwecke der Aufrechterhaltung der Ehe kann das Gericht Thatsachen, welche von den Parteien nicht vorgebracht sind, berücksichtigen und die Aufnahme von Beweisen von Amtswegen anordnen. Vor der Entscheidung sind die Parteien zu hören.

582. Urtheile, durch welche auf Trennung, Ungültigkeit oder Nichtigkeit der Ehe erkannt ist, sind den Parteien von Amtswegen zuzustellen.

583. Die Vorschrift des § 252 findet in der Berufungsinstanz keine Anwendung.

584. In Betreff einstweiliger Verfügungen, insbesondere in den Fällen, wenn ein Ehegatte die Gestattung der vorläufigen Trennung und die Entrichtung von Alimenten beantragt, kommen die Bestimmungen der §§ 815 — 822 zur Anwendung.

585. **Für die Nichtigkeitsklage gelten die in den nachfolgenden Paragraphen enthaltenen besonderen Vorschriften.**

586. Die Klage kann auch von der Staatsanwaltschaft erhoben werden. Inwiefern zur Erhebung der Klage ein Ehegatte oder ein Dritter befugt ist, bestimmt sich nach den Vorschriften des bürgerlichen Rechts.

Die von dem Staatsanwalt oder einem Dritten erhobene Klage ist gegen beide Ehegatten, die von einem Ehegatten erhobene Klage ist gegen den anderen Ehegatten zu richten.

587. Mit der Nichtigkeitsklage kann eine andere Klage nicht verbunden werden.

Eine Widerklage ist nur statthaft, wenn sie eine Nichtigkeitsklage ist.

588. So lange die Ehegatten leben, kann die Nichtigkeit einer Ehe aus einem Grunde, welcher auch von Amtswegen geltend gemacht werden kann, nur auf Grund einer Nichtigkeitsklage ausgesprochen werden.

589. Der Staatsanwalt kann, auch wenn er die Klage nicht erhoben hat, den Rechtsstreit betreiben, insbesondere selbständig Anträge stellen und Rechtsmittel einlegen.

590. Wird ein Rechtsmittel von dem Staatsanwalt oder einer Privatpartei eingelegt, so sind im ersteren Falle die Privatparteien, im letzteren Falle die übrigen Privatparteien und der Staatsanwalt, sofern derselbe Partei ist, für das Rechtsmittelverfahren als die Gegner anzusehen.

591. In den Fällen, in welchen der als Partei auftretende Staatsanwalt unterliegt, ist die Staatskasse zur Erstattung der dem obsiegenden Gegner erwachsenen Kosten in Gemäßheit der Bestimmungen des fünften Titels des zweiten Abschnitts des ersten Buchs zu verurtheilen.

592. Im Sinne dieses Abschnitts ist unter Ehescheidungsklage zu verstehen die Klage auf Auflösung des Bandes der Ehe oder auf zeitweilige Trennung von Tisch und Bett; unter Ungültigkeitsklage die Klage auf Anfechtung einer Ehe aus irgend einem Grunde, welcher nicht von Amtswegen geltend gemacht werden kann; unter Nichtigkeitsklage die Klage auf Anfechtung einer Ehe aus einem Grunde, welcher auch von Amtswegen geltend gemacht werden kann.

Zweiter Abschnitt.

Verfahren in Entmündigungssachen.

593. Eine Person kann für geisteskrank (wahnsinnig, blödsinnig u. s. w.) nur durch Beschluß des Amtsgerichts erklärt werden.

Der Beschluß wird nur auf Antrag erlassen.

594. Das Amtsgericht, bei welchem der zu Entmündigende seinen allgemeinen Gerichtsstand hat, ist ausschließlich zuständig.

Gegen einen Deutschen, welcher seinen Wohnsitz nur im Auslande hat, kann der Antrag bei dem Amtsgerichte seines letzten Wohnsitzes im Deutschen Reich gestellt werden.

595. Der Antrag kann von dem Ehegatten, einem Verwandten, oder dem Vormunde des zu Entmündigenden gestellt werden. Gegen eine Ehefrau kann nur von dem Ehemanne, gegen eine Person, welche unter väterlicher Gewalt oder unter Vormundschaft steht, nur von dem Vater oder dem Vormunde der Antrag gestellt werden. Die Bestimmungen des bürgerlichen Rechts, nach welchen noch andere Personen den Antrag stellen können, bleiben unberührt.

In allen Fällen ist auch der Staatsanwalt bei dem vorgesetzten Landgerichte zur Stellung des Antrags befugt.

596. Der Antrag kann bei dem Gerichte schriftlich eingereicht oder zum Protokolle des Gerichtsschreibers angebracht werden. Er soll eine Angabe der ihn begründenden Thatsachen und die Bezeichnung der Beweismittel enthalten.

597. Das Gericht hat unter Benutzung der in dem Antrag angegebenen Thatsachen und Beweismittel von Amtswegen die zur Feststellung des Geisteszustandes erforderlichen Ermittelungen zu veranstalten und die geeignet erscheinenden Beweismittel aufzunehmen.

Das Gericht kann vor Einleitung des Verfahrens die Beibringung eines ärztlichen Zeugnisses anordnen.

Der Staatsanwalt kann in allen Fällen das Verfahren durch Stellung von Anträgen betreiben.

Für die Vernehmung und Beeidigung der Zeugen und Sachverständigen kommen die Bestimmungen im siebenten und achten Titel des ersten Abschnitts des zweiten Buchs zur Anwendung. Die Anordnung der Haft im Falle des § 355 kann von Amtswegen erfolgen.

598. Der zu Entmündigende ist persönlich unter Zuziehung eines oder mehrerer Sachverständigen zu vernehmen.

Die Vernehmung kann auch durch einen ersuchten Richter erfolgen.

Die Vernehmung kann unterbleiben, wenn sie nach Ansicht des Gerichts schwer ausführbar oder für die Entscheidung unerheblich oder für den Gesundheitszustand des zu Entmündigenden nachtheilig ist.

599. Die Entmündigung darf nicht ausgesprochen werden, bevor das Gericht einen oder mehrere Sachverständige über den Geisteszustand des zu Entmündigenden gehört hat.

600. Sobald das Gericht die Anordnung einer Fürsorge für die Person oder das Vermögen des zu Entmündigenden für erforderlich hält, ist der Vormundschaftsbehörde zum Zwecke dieser Anordnung Mittheilung zu machen.

601. Die Kosten des Verfahrens sind, wenn die Entmündigung erfolgt, von dem Entmündigten, anderenfalls von der Staatskasse zu tragen.

Insoweit einen der im § 595 Abs. 1 bezeichneten Antragsteller bei Stellung des Antrags nach dem Ermessen des Gerichts ein Verschulden trifft, können demselben die Kosten ganz oder theilweise zur Last gelegt werden.

602. Der über die Entmündigung zu erlassende Beschluß ist dem Antragsteller und dem Staatsanwalte von Amtswegen zuzustellen.

603. Der die Entmündigung aussprechende Beschluß ist von Amtswegen der Vormundschaftsbehörde und, wenn eine gesetzliche Vormundschaft stattfindet, auch dem gesetzlichen Vormunde mitzutheilen.

Mit der Mittheilung des Beschlusses an die Vormundschaftsbehörde tritt die Entmündigung in Wirksamkeit.

604. Gegen den Beschluß, durch welchen die Entmündigung abgelehnt wird, steht dem Antragsteller und dem Staatsanwalte die sofortige Beschwerde zu.

In dem Verfahren vor dem Beschwerdegerichte finden die Vorschriften des § 597 entsprechende Anwendung.

605. Der die Entmündigung aussprechende Beschluß kann im Wege der Klage binnen der Frist eines Monats angefochten werden.

Das Recht zur Erhebung der Klage steht dem Entmündigten selbst, dem Vormunde desselben und den im § 595 bezeichneten Personen zu.

Die Frist beginnt für den Entmündigten mit dem Tage, an welchem er von der Entmündigung Kenntniß erhalten hat, für die übrigen Personen mit der Bestellung des Vormundes und im Falle einer gesetzlichen Vormundschaft mit der Mittheilung des Beschlusses an den gesetzlichen Vormund.

606. Für die Klage ist das Landgericht, in dessen Bezirke das Amtsgericht seinen Sitz hat, ausschließlich zuständig.

607. Die Klage ist gegen den Staatsanwalt zu richten.

Erhebt der Staatsanwalt die Klage, so ist dieselbe gegen den Vormund des Entmündigten als Vertreter desselben zu richten.

Hat eine der im § 595 Abs. 1 bezeichneten Personen die Entmündigung beantragt, so ist dieselbe unter Mittheilung der Klage zum Termin zur mündlichen Verhandlung zu laden. Dieselbe gilt im Falle des Beitritts im Sinne des § 59 als Streitgenosse der Hauptpartei.

608. Mit der die Entmündigung anfechtenden Klage kann eine andere Klage nicht verbunden werden.

Eine Widerklage ist unzulässig.

609. Will der Entmündigte die Klage erheben, so ist ihm auf seinen Antrag von dem Vorsitzenden des Prozeßgerichts ein Rechtsanwalt als Vertreter beizuordnen.

610. Bei der mündlichen Verhandlung haben die Parteien die Ergebnisse der bei dem Amtsgerichte stattgehabten Sachuntersuchung, soweit es zur Prüfung der Richtigkeit des angefochtenen Beschlusses erforderlich ist, vollständig vorzutragen.

Im Falle der Unrichtigkeit oder Unvollständigkeit des Vortrags hat der Vorsitzende dessen Berichtigung oder Vervollständigung, nöthigenfalls unter Wiedereröffnung der Verhandlung, zu veranlassen.

611. Die Vorschriften der §§ 577, 578 finden entsprechende Anwendung.

Der Parteieneid ist ausgeschlossen.

612. Die Bestimmungen der §§ 598, 599 finden in dem Verfahren über die Anfechtungsklage entsprechende Anwendung.

Von der Vernehmung Sachverständiger darf das Gericht Abstand nehmen, wenn es das vor dem Amtsgericht abgegebene Gutachten für genügend erachtet.

613. Wird die Anfechtungsklage für begründet erachtet, so ist der die Entmündigung aussprechende Beschluß aufzuheben. Die Aufhebung tritt erst mit der Rechtskraft des Urtheils in Wirksamkeit. Auf Antrag können jedoch zum Schutze der Person oder des Vermögens des Entmündigten einstweilige Verfügungen nach Maßgabe der §§ 815–822 getroffen werden.

Die Aufhebung hat zur Folge, daß die Gültigkeit der bisherigen Handlungen des Entmündigten auf Grund des Beschlusses, welcher die Entmündigung ausgesprochen hatte, nicht in Frage gestellt werden kann. Auf die Gültigkeit der bisherigen Handlungen des bestellten oder gesetzlichen Vormundes hat die Aufhebung keinen Einfluß.

614. Unterliegt der Staatsanwalt, so ist die Staatskasse zur Erstattung der dem obsiegenden Gegner erwachsenen Kosten in Gemäßheit der Bestimmungen des fünften Titels des zweiten Abschnitts des ersten Buchs zu verurtheilen.

Ist die Klage von dem Staatsanwalt erhoben, so hat die Staatskasse in allen Fällen die Kosten des Rechtsstreits zu tragen.

615. Das Prozeßgericht hat der Vormundschaftsbehörde und dem Amtsgerichte von jedem in der Sache erlassenen Endurtheile Mittheilung zu machen.

616. Die Wiederaufhebung der Entmündigung erfolgt auf Antrag des Entmündigten oder seines Vormundes oder des Staatsanwalts durch Beschluß des Amtsgerichts.

617. Für die Wiederaufhebung der Entmündigung ist das Amtsgericht ausschließlich zuständig, bei welchem der Entmündigte seinen allgemeinen Gerichtsstand hat.

Ist der Entmündigte ein Deutscher und hat er seinen Wohnsitz nur im Auslande, so kann der Antrag bei dem Amtsgerichte seines letzten Wohnsitzes im Deutschen Reiche gestellt werden, sofern die Entmündigung von einem deutschen Gerichte ausgesprochen ist.

Die Bestimmungen der §§ 596—599 finden entsprechende Anwendung.

618. Die Kosten des Verfahrens sind von dem Entmündigten, wenn das Verfahren von dem Staatsanwalt ohne Erfolg beantragt ist, von der Staatskasse zu tragen.

619. Der über die Wiederaufhebung der Entmündigung zu erlassende Beschluß ist dem Antragsteller und im Falle der Wiederaufhebung dem Entmündigten sowie dem Staatsanwalte von Amtswegen zuzustellen.

Gegen den Beschluß, durch welchen die Entmündigung aufgehoben wird, steht dem Staatsanwalte die sofortige Beschwerde zu.

Die rechtskräftig erfolgte Wiederaufhebung ist der Vormundschaftsbehörde mitzutheilen.

620. Wird der Antrag auf Wiederaufhebung von dem Amtsgericht abgelehnt, so kann dieselbe im Wege der Klage beantragt werden.

Zur Erhebung der Klage ist der dem Entmündigten bestellte Vormund und der Staatsanwalt befugt.

Will der Vormund die Klage nicht erheben, so kann der Vorsitzende des Prozeßgerichts dem Emtmündigten einen Rechtsanwalt als Vertreter beiordnen.

Auf das Verfahren finden die Vorschriften der §§ 606 — 615 entsprechende Anwendung.

621. Eine Person kann für einen Verschwender nur durch Beschluß des Amtsgerichts erkärt werden.

Der Beschluß wird nur auf Antrag erlassen.

Auf das Verfahren finden die Vorschriften der §§ 594, 595 Abs. 1 der §§ 596, 597 Abs 1, 4, und des § 604 entsprechende Anwendung.

Eine Mitwirkung der Staatsanwaltschaft findet nicht statt.

622. Die Kosten des amtsgerichtlichen Verfahrens sind, wenn die Entmündigung erfolgt, von dem Entmündigten, anderenfalls von dem Antragsteller zu tragen.

623. Der über die Entmündigung zu erlassende Beschluß ist dem Antragsteller und dem zu Entmündigenden von Amtswegen zuzustellen.

Der die Entmündigung aussprechende Beschluß tritt mit der Zustellung an den Entmündigten in Wirksamkeit. Der Vormundschaftsbehörde ist ein solcher Beschluß von Amtswegen mitzutheilen.

624. Der die Entmündigung aussprechende Beschluß kann binnen der Frist eines Monats von dem Entmündigten im Wege der Klage angefochten werden.

Die Frist beginnt mit der Zustellung des Beschlusses an den Entmündigten.

Die Klage ist gegen denjenigen, welcher die Entmündigung beantragt hatte, falls aber dieser verstorben, oder sein Aufenthalt unbekannt oder im Auslande ist, gegen den Staatsanwalt zu richten.

Auf das Verfahren finden die Vorschriften der §§ 606, 608, 610, 611, 613—615 entsprechende Anwendung.

625. Die Wiederaufhebung der Entmündigung erfolgt auf Antrag des Entmündigten oder seines Vormundes unter entsprechender Anwendung der Vorschriften der §§ 616—619.

Eine Anfechtung des Beschlusses, durch welchen die Entmündigung aufgehoben wird, findet nicht statt.

626. Wird der Antrag auf Wiederaufhebung von dem Amtsgericht abgelehnt, so kann dieselbe im Wege der Klage beantragt werden.

Zur Erhebung der Klage ist der Vormund des Entmündigten befugt. Will dieser die Klage nicht erheben, so kann der Vorsitzende des Prozeßgerichts dem Entmündigten einen Rechtsanwalt als Vertreter beiordnen.

Die Klage ist gegen denjenigen, welcher die Entmündigung beantragt hatte, falls aber dieser verstorben, oder sein Aufenthalt unbekannt oder im Auslande ist, gegen den Staatsanwalt zu richten.

Auf das Verfahren finden die Vorschriften der §§ 606, 608, 610, 611, 614, 615 entsprechende Anwendung.

627. Die Entmündigung einer Person wegen Verschwendung, sowie die Wiederaufhebung einer solchen Entmündigung ist von dem Amtsgericht öffentlich bekannt zu machen.

Siebentes Buch.

Mahnverfahren.

628. Wegen eines Anspruchs, welcher die Zahlung einer bestimmten Geldsumme oder die Leistung einer bestimmten Quantität anderer vertretbarer Sachen oder Werthpapiere zum Gegenstande hat, ist auf Gesuch des Gläubigers ein bedingter Zahlungsbefehl zu erlassen.

Das Mahnverfahren findet nicht statt, wenn nach Inhalt des Gesuchs die Geltendmachung des Anspruchs von einer noch nicht erfolgten Gegenleistung abhängig ist oder wenn die Zustellung des Zahlungsbefehls im Auslande oder durch öffentliche Bekanntmachung erfolgen müßte.

629. Die Zahlungsbefehle werden von den Amtsgerichten erlassen.

Ausschließlich zuständig ist das Amtsgericht, bei welchem der allgemeine persönliche Gerichtsstand oder der dingliche Gerichtsstand für die im ordentlichen Verfahren erhobene Klage begründet sein würde, wenn die Amtsgerichte in erster Instanz sachlich unbeschränkt zuständig wären.

630. Das Gesuch muß enthalten:

1. die Bezeichnung der Parteien nach Namen, Stand oder Gewerbe und Wohnort;
2. die Bezeichnung des Gerichts;
3. die bestimmte Angabe des Betrags oder Gegenstandes und des Grundes des Anspruchs;
4. das Gesuch um Erlassung des Zahlungsbefehls.

631. Entspricht das Gesuch nicht den Bestimmungen der vorstehenden Paragraphen oder ergiebt sich aus dem Inhalte des Gesuchs, daß der Anspruch überhaupt oder zur Zeit nicht begründet ist, so wird dasselbe zurückgewiesen.

Das Gesuch ist auch dann zurückzuweisen, wenn der Zahlungsbefehl nur in Ansehung eines Theils des Anspruchs nicht erlassen werden kann.

Eine Anfechtung der zurückweisenden Verfügung findet nicht statt.

632. Der Zahlungsbefehl enthält die im § 630 Nr. 1—3 bezeichneten Erfordernisse des Gesuchs und außerdem den Befehl an den Schuldner, binnen einer vom Tage der Zustellung laufenden Frist von zwei Wochen bei Vermeidung sofortiger Zwangsvollstreckung den Gläubiger wegen des Anspruchs nebst den dem Betrage nach zu bezeichnenden Kosten des Verfahrens und den geforderten Zinsen zu befriedigen oder bei dem Gerichte Widerspruch zu erheben.

633. Mit der Zustellung des Zahlungsbefehls an den Schuldner treten die Wirkungen der Rechtshängigkeit ein.

634. Der Schuldner kann gegen den Anspruch oder einen Theil desselben Widerspruch erheben, so lange der Vollstreckungsbefehl nicht verfügt ist.

Das Gericht hat den Gläubiger von dem rechtzeitig erhobenen Widerspruche in Kenntniß zu setzen und dem Schuldner auf Verlangen eine Bescheinigung darüber zu ertheilen, daß er rechtzeitig Widerspruch erhoben habe.

Einer Zurückweisung des nicht rechtzeitig erhobenen Widerspruchs bedarf es nicht.

635. Durch die rechtzeitige Erhebung des Widerspruchs gegen den Anspruch oder einen Theil desselben verliert der Zahlungsbefehl seine Kraft. Die Wirkungen der Rechtshängigkeit bleiben bestehen.

636. Gehört eine wegen des Anspruchs zu erhebende Klage vor die Amtsgerichte, so wird, wenn rechtzeitig Widerspruch erhoben ist, die Klage als mit der Zustellung des Zahlungsbefehls bei dem Amtsgericht erhoben angesehen, welches den Befehl erlassen hat.

Jede Partei kann den Gegner zur mündlichen Verhandlung laden; die Ladungsfrist beträgt mindestens drei Tage.

637. Gehört eine wegen des Anspruchs zu erhebende Klage vor die Landgerichte, so erlöschen die Wirkungen der Rechtshängigkeit, wenn nicht binnen einer sechsmonatigen Frist, welche von dem Tage der Benachrichtigung von der Erhebung des Widerspruchs läuft, die Klage bei dem zuständigen Gericht erhoben wird.

638. Die Kosten des Mahnverfahrens sind im Falle der rechtzeitigen Erhebung des Widerspruchs als ein Theil der Kosten des entstehenden Rechtsstreits anzusehen.

Wird im Falle des § 637 die Klage nicht binnen der bestimmten Frist erhoben, so hat der Gläubiger die Kosten des Mahnverfahrens zu tragen.

639. Der Zahlungsbefehl ist nach Ablauf der darin bestimmten Frist auf Gesuch des Gläubigers für vorläufig vollstreckbar zu erklären, sofern nicht vor der Vollstreckbarkeitserklärung von dem Schuldner Widerspruch erhoben ist. Die Vollstreckbarkeitserklärung erfolgt durch einen auf den Zahlungsbefehl zu setzenden Vollstreckungsbefehl. In den Vollstreckungsbefehl sind die von dem Gläubiger zu berechnenden Kosten des bisherigen Verfahrens aufzunehmen.

Gegen den Beschluß, durch welchen das Gesuch des Gläubigers zurückgewiesen wird, findet sofortige Beschwerde statt.

640. Der Vollstreckungsbefehl steht einem für vorläufig vollstreckbar erkärten auf Versäumniß erlassenen Endurtheile gleich. Gegen denselben findet der Einspruch nach den Vorschriften der §§ 303—311 statt. Gehört der Anspruch nicht vor die Amtsgerichte, so wird bei dem Amtsgerichte nur darüber verhandelt und entschieden, ob

der Einspruch in der gesetzlichen Form und Frist eingelegt sei. Die im § 637 bestimmte Frist beginnt in diesem Falle mit der Rechtskraft des Urtheils, durch welches der Einspruch für zulässig erklärt ist.

641. Wird in dem Falle, wenn Widerspruch nicht erhoben ist, die Erlassung des Vollstreckungsbefehls nicht binnen einer sechsmonatigen Frist, welche mit Ablauf der im Zahlungsbefehle bestimmten Frist beginnt, nachgesucht, so verliert der Zahlungsbefehl dergestalt seine Kraft, daß auch die Wirkungen der Rechtshängigkeit erlöschen. Dasselbe gilt, wenn die Erlassung des Vollstreckungsbefehls rechtzeitig nachgesucht ist, das Gesuch aber zurückgewiesen wird.

642. Das Gesuch um Erlassung eines Zahlungsbefehls oder eines Vollstreckungsbefehls sowie die Erhebung eines Widerspruchs werden der anderen Partei abschriftlich nicht mitgetheilt; im Falle ihrer mündlichen Anbringung ist die Aufnahme eines Protokolls nicht erforderlich.

643. Des Nachweises einer Vollmacht bedarf es nicht, wenn für den Gläubiger die Erlassung eines Zahlungsbefehls nachgesucht oder für den Schuldner Widerspruch gegen einen Zahlungsbefehl erhoben wird.

Achtes Buch.

Zwangsvollstreckung.

Erster Abschnitt.

Allgemeine Bestimmungen.

644. Die Zwangsvollstreckung findet statt aus Endurtheilen, welche rechtskräftig oder für vorläufig vollstreckbar erklärt sind.

Urtheile in Ehesachen dürfen nicht für vorläufig vollstreckbar erklärt werden.

645. Die Rechtskraft der Urtheile tritt vor Ablauf der für die Einlegung des zulässigen Rechtsmittels oder des zulässigen Einspruchs bestimmten Frist nicht ein. Der Eintritt der Rechtskraft wird durch rechtzeitige Einlegung des Rechtsmittels oder des Einspruchs gehemmt.

646. Zeugnisse über die Rechtskraft der Urtheile sind auf Grund der Prozeßakten vom Gerichtsschreiber erster Instanz und, so lange der Rechtsstreit in einer höheren Instanz anhängig ist, von dem Gerichtsschreiber dieser Instanz zu ertheilen.

Insoweit die Ertheilung des Zeugnisses davon abhängt, daß gegen das Urtheil ein Rechtsmittel nicht eingelegt ist, genügt ein Zeugniß des Gerichtsschreibers des für das Rechtsmittel zuständigen Gerichts, daß innerhalb der Nothfrist ein Schriftsatz zum Zwecke der Terminsbestimmung nicht eingereicht sei.

647. Wird die Wiedereinsetzung in den vorigen Stand oder eine Wiederaufnahme des Verfahrens beantragt, so kann das Gericht auf Antrag anordnen, daß die Zwangsvollstreckung gegen oder ohne Sicherheitsleistung einstweilen eingestellt werde oder nur gegen Sicherheitsleistung stattfinde, und daß die erfolgten Vollstreckungsmaßregeln gegen Sicherheitsleistung aufzuheben seien. Die Einstellung der Zwangsvollstreckung ohne Sicherheitsleistung ist nur zulässig, wenn glaubhaft gemacht wird, daß die Vollstreckung einen nicht zu ersetzenden Nachtheil bringen würde.

Die Entscheidung kann ohne vorgängige mündliche Verhandlung erfolgen. Eine Anfechtung des Beschlusses findet nicht statt.

648. Auch ohne Antrag sind für vorläufig vollstreckbar zu erklären:

1. Urtheile, welche auf Grund eines Anerkenntnisses eine Verurtheilung aussprechen (§ 278);
2. Urtheile, welche den Eintritt der in einem bedingten Endurtheile ausgedrückten Folgen aussprechen;
3. ein zweites oder ferneres in derselben Instanz gegen dieselbe Partei zur Hauptsache erlassenes Versäumnißurtheil;
4. Urtheile, welche im Urkunden- oder Wechselprozesse erlassen werden;
5. Urtheile, durch welche Arreste oder einstweilige Verfügungen aufgehoben werden;
6. Urtheile, welche die Verpflichtung zur Entrichtnng von Alimenten aussprechen, soweit die Alimente

für die Zeit nach der Erhebung der Klage und für das diesem Zeitpunkte vorausgehende letzte Vierteljahr zu entrichten sind.

649. Urtheile sind auf Antrag für vorläufig vollstreckbar zu erklären, wenn sie betreffen:

1. Streitigkeiten zwischen Vermiethern und Miethern von Wohnungs- und anderen Räumen wegen Ueberlassung, Benutzung und Räumung derselben sowie wegen Zurückhaltung der vom Miether in die Miethsräume eingebrachten Sachen;
2. Streitigkeiten zwischen Dienstherrschaft und Gesinde, zwischen Arbeitgebern und Arbeitern hinsichtlich des Dienst- und Arbeitsverhältnisses, sowie die im § 108 der Gewerbeordnung bezeichneten Streitigkeiten, insofern dieselben während der Dauer des Dienst-, Arbeits- oder Lehrverhältnisses entstehen;
3. Streitigkeiten zwischen Reisenden und Wirthen, Fuhrleuten, Schiffern, Flößern oder Auswanderungsexpedienten in den Einschiffungshäfen, welche über Wirthszechen, Fuhrlohn, Ueberfahrtsgelder, Beförderung der Reisenden und ihrer Habe und über Verlust und Beschädigung der letzteren, sowie Streitigkeiten zwischen Reisenden und Handwerkern, welche aus Anlaß der Reise entstanden sind;
4. andere vermögensrechtliche Ansprüche, sofern der Gegenstand der Verurtheilung an Geld oder Geldeswerth die Summe von dreihundert Mark nicht übersteigt; in Betreff des Werthes des Gegenstandes

kommen die Vorschriften der §§ 3—9 zur Anwendung.

650. Urtheile sind auf Antrag für vorläufig vollstreckbar zu erklären, wenn glaubhaft gemacht wird, daß die Aussetzung der Vollstreckung dem Gläubiger einen schwer zu ersetzenden oder einen schwer zu ermittelnden Nachtheil bringen würde, oder wenn sich der Gläubiger erbietet, vor der Vollstreckung Sicherheit zu leisten.

651. Wird glaubhaft gemacht, daß die Vollstreckung des Urtheils dem Schuldner einen nicht zu ersetzenden Nachtheil bringen würde, so ist in den Fällen des § 648 auf Antrag des Schuldners auszusprechen, daß dasselbe nicht vorläufig vollstreckbar sei; in den Fällen der §§ 649, 650 ist der Antrag des Gläubigers zurückzuweisen.

652. Das Gericht kann auf Antrag die vorläufige Vollstreckbarkeit von einer vorgängigen Sicherheitsleistung abhängig machen.

Das Gericht hat auf Antrag dem Schuldner nachzulassen, durch Sicherheitsleistung oder durch Hinterlegung die Vollstreckung abzuwenden, wenn nicht der Gläubiger sich erbietet, vor der Vollstreckung Sicherheit zu leisten.

653. Die in den §§ 649—652 erwähnten Anträge sind vor dem Schlusse der mündlichen Verhandlung zu stellen, auf welche das Urtheil ergeht.

654. Ist der Antrag, das Urtheil für vorläufig vollstreckbar zu erklären, übergangen oder ist in Fällen, in welchen ein Urtheil ohne Antrag für vorläufig vollstreckbar zu erklären ist, eine Entscheidung über die vorläufige Vollstreckbarkeit nicht erfolgt, so kommen wegen Ergänzung des Urtheils die Vorschriften des § 292 zur Anwendung.

655. Die vorläufige Vollstreckbarkeitt tritt mit der Verkündung eines Urtheils, welches die Entscheidung in der Hauptsache oder die Vollstreckbarkeitserklärung aufhebt oder abändert, insoweit außer Kraft, als die Aufhebung oder Abänderung erfolgt.

Soweit ein für vorläufig vollstreckbar erklärtes Urtheil aufgehoben oder abgeändert wird, ist der Kläger auf Antrag des Beklagten zur Erstattung des von diesem auf Grund des Urtheils Gezahlten oder Geleisteten zu verurtheilen.

656. In der Berufungsinstanz ist über die vorläufige Vollstreckbarkeit, auf Antrag vorab zu verhandeln und zu entscheiden.

Die Bestimmung des § 486 über die Vertagung der mündlichen Verhandlung findet in diesem Falle keine Anwendung.

Eine Anfechtung der in der Berufungsinstanz über die vorläufige Vollstreckbarkeit erlassenen Entscheidung findet nicht statt.

657. Wird gegen ein für vorläufig vollstreckbar erklärtes Urtheil der Einspruch oder ein Rechtsmittel eingelegt, so finden die Vorschriften des § 647 entsprechende Anwendung.

658. Ist auf Bewirkung einer Eintragung im Grund- oder Hypothekenbuche erkannt, so darf das für vorläufig vollstreckbar erklärte Urtheil nur in der Weise vollzogen werden, daß die Eintragung in der zur Sicherstellung eines Anspruchs auf Eintragung vorgeschriebenen Form (Vormerkung, Protestation, arrestatorische Verfügung, Dispositionsbeschränkung u. s. w.) erfolgt.

659. Ist in Gemäßheit des § 652 Abs. 2 dem Schuldner nachgelassen, durch Sicherheitsleistung oder durch Hinterlegung die Vollstreckung abzuwenden, so ist gepfändetes Geld oder der Erlös gepfändeter Gegenstände zu hinterlegen.

660. Aus dem Urtheile eines ausländischen Gerichts findet die Zwangsvollstreckung nur statt, wenn ihre Zulässigkeit durch ein Vollstreckungsurtheil ausgesprochen ist.

Für die Klage auf Erlassung desselben ist das Amtsgericht oder Landgericht, bei welchem der Schuldner seinen allgemeinen Gerichtsstand hat, und in Ermangelung eines solchen das Amtsgericht oder Landgericht zuständig, bei welchem in Gemäßheit des § 24 gegen den Schuldner Klage erhoben werden kann.

661. Das Vollstreckungsurtheil ist ohne Prüfung der Gesetzmäßigkeit der Entscheidung zu erlassen.

Dasselbe ist nicht zu erlassen:

1. wenn das Urtheil des ausländischen Gerichts nach dem für dieses Gericht geltenden Rechte die Rechtskraft noch nicht erlangt hat;
2. wenn durch die Vollstreckung eine Handlung erzwungen werden würde, welche nach dem Rechte des über die Zulässigkeit der Zwangsvollstreckung urtheilenden deutschen Richters nicht erzwungen werden darf;

3. wenn nach dem Rechte des über die Zulässigkeit der Zwangsvollstreckung urtheilenden deutschen Richters die Gerichte desjenigen Staates nicht zuständig waren, welchem das ausländische Gericht angehört;
4. wenn der verurtheilte Schuldner ein Deutscher ist und sich auf den Prozeß nicht eingelassen hat, sofern die den Prozeß einleitende Ladung oder Verfügung ihm weder in dem Staate des Prozeßgerichts in Person noch durch Gewährung der Rechtshülfe im Deutschen Reiche zugestellt ist;
5. wenn die Gegenseitigkeit nicht verbürgt ist.

662. Die Zwangsvollstreckung erfolgt auf Grund einer mit der Vollstreckungsklausel versehenen Ausfertigung des Urtheils (vollstreckbare Ausfertigung).

Die vollstreckbare Ausfertigung wird von dem Gerichtsschreiber des Gerichts erster Instanz und, wenn der Rechtsstreit bei einem höheren Gericht anhängig ist, von dem Gerichtsschreiber dieses Gerichts ertheilt.

663. Die Vollstreckungsklausel:

„Vorstehende Ausfertigung wird dem u. s. w. (Bezeichnung der Partei) zum Zwecke der Zwangsvollstreckung ertheilt."

ist der Ausfertigung des Urtheils am Schlusse beizufügen, von dem Gerichtsschreiber zu unterschreiben und mit dem Gerichtssiegel zu versehen.

664. Von Urtheilen, deren Vollstreckung nach ihrem Inhalte von dem durch den Gläubiger zu beweisenden Eintritt einer anderen Thatsache als einer dem Gläubiger obliegenden Sicherheitsleistung abhängt, darf eine vollstreckbare Ausfertigung nur ertheilt werden, wenn der Beweis durch öffentliche Urkunden geführt wird.

665. Eine vollstreckbare Ausfertigung kann für den Rechtsnachfolger des in dem Urtheile bezeichneten Gläubigers sowie gegen die allgemeinen Rechtsnachfolger des in dem Urtheile bezeichneten Schuldners und unter Berücksichtigung der §§ 236, 238 gegen denjenigen Rechtsnachfolger dieses Schuldners ertheilt werden, an welchen die in Streit befangene Sache während der Rechtshängigkeit oder nach Beendigung des Rechtsstreits veräußert ist, sofern die Rechtsnachfolge bei dem Gericht offenkundig ist oder durch öffentliche Urkunden nachgewiesen wird.

Ist die Rechtsnachfolge bei dem Gericht offenkundig, so ist dies in der Vollstreckungsklausel zu erwähnen.

666. In den Fällen der §§ 664, 665 darf die vollstreckbare Ausfertigung nur auf Anordnung des Vorsitzenden ertheilt werden.

Vor der Entscheidung kann der Schuldner gehört werden.

Die Anordnung ist in der Vollstreckungsklausel zu erwähnen.

667. Kann der nach den §§ 664, 665 erforderliche Nachweis durch öffentliche Urkunden nicht geführt werden, so hat der Kläger bei dem Prozeßgericht erster Instanz aus dem Urtheil auf Ertheilung der Vollstreckungsklausel Klage zu erheben.

668. Ueber Einwendungen des Schuldners, welche die Zulässigkeit der Vollstreckungsklausel betreffen, entscheidet das Gericht, von dessen Gerichtsschreiber die Vollstreckungsklausel ertheilt ist. Die Entscheidung kann ohne vorgängige mündliche Verhandlung erfolgen.

Das Gericht kann vor der Entscheidung eine einstweilige Anordnung erlassen; es kann insbesondere anordnen, daß die Zwangsvollstreckung gegen oder ohne Sicherheitsleistung einstweilen einzustellen oder nur gegen Sicherheitsleistung fortzusetzen sei.

669. Eine weitere vollstreckbare Ausfertigung darf derselben Partei, sofern nicht die zuerst ertheilte Ausfertigung zurückgegeben wird, nur auf Anordnung des Vorsitzenden ertheilt werden.

Vor der Entscheidung kann der Schuldner gehört werden.

Der Gerichtsschreiber hat von der Ertheilung der weiteren Ausfertigung, wenn die Entscheidung, durch welche dieselbe angeordnet wird, nicht verkündet ist, den Gegner in Kenntniß zu setzen.

Die weitere Ausfertigung ist als solche unter Erwähnung der Entscheidung ausdrücklich zu bezeichnen.

670. Vor der Aushändigung einer vollstreckbaren Ausfertigung ist auf der Urschrift des Urtheils zu bemerken, für welche Partei und zu welcher Zeit die Ausfertigung ertheilt ist.

671. Die Zwangsvollstreckung darf nur beginnen, wenn die Personen, für und gegen welche sie stattfinden soll, in dem Urtheil oder in der demselben beigefügten Vollstreckungsklausel namentlich bezeichnet sind und das Urtheil bereits zugestellt ist oder gleichzeitig zugestellt wird.

Hängt die Vollstreckung eines Urtheils seinem Inhalte nach von dem durch den Gläubiger zu beweisenden Eintritt einer Thatsache ab oder handelt es sich um die Vollstreckung eines Urtheils für die Rechtsnachfolger des in demselben bezeichneten Gläubigers oder gegen die Rechtsnachfolger des in demselben bezeichneten Schuldners, so muß außer dem zu vollstreckenden Urtheil auch die demselben beigefügte Vollstreckungsklausel und, sofern die Vollstreckungsklausel auf Grund öffentlicher Urkunden ertheilt ist, auch eine Abschrift dieser Urkunden vor Beginn der Zwangsvollstreckung zugestellt sein oder gleichzeitig mit Beginn derselben zugestellt werden.

672. Ist die Geltendmachung des Anspruchs von dem Eintritt eines Kalendertages abhängig, so darf die Zwangsvollstreckung nur beginnen, wenn der Kalendertag abgelaufen ist.

Hängt die Vollstreckung von einer dem Gläubiger obliegenden Sicherheitsleistung ab, so darf der Beginn der Zwangsvollstreckung nur erfolgen, wenn die Sicherheitsleistung durch eine öffentliche Urkunde nachgewiesen und eine Abschrift dieser Urkunde bereits zugestellt ist oder gleichzeitig zugestellt wird.

673. Gegen eine dem aktiven Heere oder der aktiven Marine angehörende Militärperson darf die Zwangsvollstreckung erst beginnen, nachdem von derselben die vorgesetzte Militärbehörde Anzeige erhalten hat.

Dem Gläubiger ist auf Verlangen der Empfang der Anzeige von der Militärbehörde zu bescheinigen.

674. Die Zwangsvollstreckung erfolgt, soweit sie nicht den Gerichten zugewiesen ist, durch Gerichtsvollzieher, welche dieselbe im Auftrage des Gläubigers zu bewirken haben.

Der Gläubiger kann wegen Ertheilung des Auftrags zur Zwangsvollstreckung die Mitwirkung des Gerichtsschreibers in Anspruch nehmen. Der von dem Gerichtsschreiber beauftragte Gerichtsvollzieher gilt als von dem Gläubiger beauftragt.

675. In dem schriftlichen oder mündlichen Auftrage zur Zwangsvollstreckung in Verbindung mit der Uebergabe der vollstreckbaren Ausfertigung liegt die Beauftragung des Gerichtsvollziehers, die Zahlungen oder sonstigen Leistungen in Empfang zu nehmen, über das Empfangene wirksam zu quittiren und dem Schuldner, wenn dieser seiner Verbindlichkeit genügt hat, die vollstreckbare Ausfertigung auszuliefern.

676. Dem Schuldner und Dritten gegenüber wird der Gerichtsvollzieher zur Vornahme der Zwangsvollstreckung und der im § 675 bezeichneten Handlungen durch den Besitz der vollstreckbaren Ausfertigung ermächtigt. Der Mangel oder die Beschränkung des Auftrags kann diesen Personen gegenüber von dem Gläubiger nicht geltend gemacht werden.

677. Der Gerichtsvollzieher hat nach Empfang der Leistungen dem Schuldner die vollstreckbare Ausfertigung nebst einer Quittung auszuliefern, bei theilweiser Leistung diese auf der vollstreckbaren Ausfertigung zu bemerken und dem Schuldner Quittung zu ertheilen.

Das Recht des Schuldners, nachträglich eine Quittung des Gläubigers selbst zu fordern, wird durch diese Bestimmungen nicht berührt.

678. Der Gerichtsvollzieher ist befugt, die Wohnung und die Behältnisse des Schuldners zu durchsuchen, soweit der Zweck der Vollstreckung dies erfordert.

Er ist befugt, die verschlossenen Hausthüren, Zimmerthüren und Behältnisse öffnen zu lassen.

Er ist, wenn er Widerstand findet, zur Anwendung von Gewalt befugt und kann zu diesem Zwecke die Unterstützung der polizeilichen Vollzugsorgane nachsuchen. Ist militärische Hülfe erforderlich, so hat er sich an das Vollstreckungsgericht zu wenden.

679. Wird bei einer Vollstreckungshandlung Widerstand geleistet oder ist bei einer in der Wohnung des Schuldners erfolgenden Vollstreckungshandlung weder der Schuldner noch eine zur Familie desselben gehörige oder in dieser Familie dienende erwachsene Person gegenwärtig, so hat der Gerichtsvollzieher zwei großjährige Männer oder einen Gemeinde- oder Polizeibeamten als Zeugen zuzuziehen

680. Jeder Person, welche bei dem Vollstreckungsverfahren betheiligt ist, muß auf Begehren Einsicht der Akten des Gerichtsvollziehers gestattet und Abschrift einzelner Aktenstücke ertheilt werden.

681. Zur Nachtzeit, sowie an Sonntagen und allgemeinen Feiertagen darf eine Vollstreckungshandlung nur mit Erlaubniß des Amtsrichters erfolgen, in dessen Bezirke die Handlung vorgenommen werden soll.

Die Verfügung, durch welche die Erlaubniß ertheilt wird, ist bei der Zwangsvollstreckung vorzuzeigen.

Die Nachtzeit umfaßt in dem Zeitraume vom 1. April bis 30. September die Stunden von neun Uhr Abends bis vier Uhr Morgens und in dem Zeitraume vom 1. Oktober bis 31. März die Stunden von neun Uhr Abends bis sechs Uhr Morgens.

682. Der Gerichtsvollzieher hat über jede Vollstreckungshandlung ein Protokoll aufzunehmen.

Das Protokoll muß enthalten:

1. Ort und Zeit der Aufnahme;
2. den Gegenstand der Vollstreckungshandlung unter kurzer Erwähnung der wesentlichen Vorgänge;
3. die Namen der Personen, mit welchen verhandelt ist;
4. die Unterschrift dieser Personen und die Bemerkung, daß die Unterzeichnung nach vorgängiger Vorlesung oder Vorlegung zur Durchsicht und nach vorgängiger Genehmigung erfolgt sei;
5. die Unterschrift des Gerichtsvollziehers.

Hat einem der unter Nr. 4 bezeichneten Erfordernisse nicht genügt werden können, so ist der Grund anzugeben.

683. Die Aufforderungen und sonstigen Mittheilungen, welche zu den Vollstreckungshandlungen gehören, sind von dem Gerichtsvollzieher mündlich zu erlassen und vollständig in das Protokoll aufzunehmen.

Kann die mündliche Ausführung nicht erfolgen, so ist eine Abschrift des Protokolls unter entsprechender Anwendung der §§ 158, 166—170 zuzustellen oder, wenn demjenigen, an welchen die Aufforderung oder Mittheilung zu richten ist, am Orte der Zwangsvollstreckung nicht zugestellt werden kann, durch die Post zu übersenden. Die Befolgung dieser Vorschrift muß zum Protokolle bemerkt werden. Eine öffentliche Zustefiellung ndet nicht statt.

684. Die den Gerichten zugewiesene Anordnung von Vollstreckungshandlungen und Mitwirkung bei solchen gehört zur Zuständigkeit der Amtsgerichte als Vollstreckungsgerichte.

Als Vollstreckungsgericht ist, sofern nicht das Gesetz ein anderes Amtsgericht bezeichnet, dasjenige Amtsgericht anzusehen, in dessen Bezirke das Vollstreckungsverfahren stattfinden soll oder stattgefunden hat.

Die Entscheidungen des Vollstreckungsgerichts können ohne vorgängige mündliche Verhandlung erfolgen.

685. Ueber Anträge, Einwendungen und Erinnerungen, welche die Art und Weise der Zwangsvollstreckung oder das bei derselben vom Gerichtsvollzieher zu beobachtende Verfahren betreffen, entscheidet das Vollstreckungsgericht. Dasselbe ist befugt, die im § 668 Abs. 2 bezeichneten Anordnungen zu erlassen.

Dem Vollstreckungsgerichte steht auch die Entscheidung zu, wenn ein Gerichtsvollzieher sich weigert, einen Vollstreckungsauftrag zu übernehmen oder eine Vollstreckungshandlung dem Auftrage gemäß auszuführen, oder wenn in Ansehung der von dem Gerichtsvollzieher in Ansatz gebrachten Kosten Erinnerungen erhoben werden.

686. Einwendungen, welche den durch das Urtheil festgestellten Anspruch selbst betreffen, sind von dem

Schuldner im Wege der Klage bei dem Prozeßgerichte erster Instanz geltend zu machen.

Dieselben sind nur insoweit zulässig, als die Gründe, auf denen sie beruhen, erst nach dem Schlusse derjenigen mündlichen Verhandlung, in welcher Einwendungen in Gemäßheit der Bestimmungen dieses Gesetzes spätestens hätten geltend gemacht werden müssen, entstanden sind und durch Einspruch nicht mehr geltend gemacht werden können.

Der Schuldner muß in der von ihm zu erhebenden Klage alle Einwendungen geltend machen, welche er zur Zeit der Erhebung der Klage geltend zu machen im Stande war.

687. Die Bestimmungen des § 686 Abs. 1, 3 finden entsprechende Anwendung, wenn in den Fällen der §§ 664, 665 der Schuldner den bei Ertheilung der Vollstreckungsklausel als bewiesen angenommenen Eintritt der Thatsache, von welcher das Urtheil die Vollstreckung abhängig macht, oder die als eingetreten angenommene Rechtsnachfolge bestreitet, unbeschadet der Befugniß des Schuldners, in diesen Fällen Einwendungen gegen die Zulässigkeit der Vollstreckungsklausel in Gemäßheit des § 668 zu erheben.

688. Das Prozeßgericht kann auf Antrag anordnen, daß bis zur Erlassung des Urtheils über die in den §§ 686, 687 bezeichneten Einwendungen die Zwangsvollstreckung gegen oder ohne Sicherheitsleistung eingestellt oder nur gegen Sicherheitsleistung fortgesetzt werde und daß die erfolgten Vollstreckungsmaßregeln gegen Sicherheitsleistung aufzuheben seien. Die thatsächlichen Behauptungen, welche den Antrag begründen, sind glaubhaft zu machen.

In dringenden Fällen kann das Vollstreckungsgericht eine solche Anordnung erlassen, unter Bestimmung einer Frist, innerhalb welcher die Entscheidung des Prozeßgerichts beizubringen sei. Nach fruchtlosem Ablaufe der Frist wird die Zwangsvollstreckung fortgesetzt.

Die Entscheidung über diese Anträge kann ohne vorgängige mündliche Verhandlung erfolgen.

689. Das Prozeßgericht kann in dem Urtheile, durch welches über die Einwendungen entschieden wird, die in dem vorstehenden Paragraphen bezeichneten Anordnungen erlassen oder die bereits erlassenen Anordnungen aufheben, abändern oder bestätigen. In Betreff der Anfechtung einer solchen Entscheidung finden die Vorschriften des § 656 entsprechende Anwendung.

690. Behauptet ein Dritter, daß ihm an dem Gegenstande der Zwangsvollstreckung ein die Veräußerung hinderndes Recht zustehe, so ist der Widerspruch gegen die Zwangsvollstreckung im Wege der Klage bei dem Gerichte geltend zu machen, in dessen Bezirke die Zwangsvollstreckung erfolgt.

Wird die Klage gegen den Gläubiger und den Schuldner gerichtet, so sind diese als Streitgenossen anzusehen.

Auf die Einstellung der Zwangsvollstreckung und die Aufhebung der bereits erfolgten Vollstreckungsmaßregeln finden die Vorschriften der §§ 688, 689 entsprechende Anwendung. Die Aufhebung einer Vollstreckungsmaßregel ist auch ohne Sicherheitsleistung zulässig.

691. Die Zwangsvollstreckung ist einzustellen oder zu beschränken:

1. wenn die Ausfertigung einer vollstreckbaren Entscheidung vorgelegt wird, aus welcher sich ergiebt, daß das zu vollstreckende Urtheil oder dessen vorläufige Vollstreckbarkeit aufgehoben, oder daß die Zwangsvollstreckung für unzulässig erklärt oder deren Einstellung angeordnet ist;
2. wenn die Ausfertigung einer gerichtlichen Entscheidung vorgelegt wird, aus welcher sich ergiebt, daß die einstweilige Einstellung der Vollstreckung oder einer Vollstreckungsmaßregel angeordnet ist;
3. wenn eine öffentliche Urkunde vorgelegt wird, aus welcher sich ergiebt, daß die zur Abwendung der Vollstreckung nachgelassene Sicherheitsleistung oder Hinterlegung erfolgt ist;
4. wenn eine öffentliche Urkunde oder eine von dem Gläubiger ausgestellte Privaturkunde vorgelegt wird, aus welcher sich ergiebt, daß der Gläubiger nach Erlassung des zu vollstreckenden Urtheils befriedigt ist oder Stundung bewilligt hat;
5. wenn ein Postschein vorgelegt wird, aus welchem sich ergiebt, daß nach Erlassung des Urtheils die zur Befriedigung des Gläubigers erforderliche Summe zur Auszahlung an den letzteren bei der Post eingezahlt ist.

692. In den Fällen des § 691 Nr. 1, 3 sind zugleich die bereits erfolgten Vollstreckungsmaßregeln aufzuheben. In den Fällen der Nr. 4, 5 bleiben diese Maßregeln einstweilen bestehen; dasselbe gilt in den Fällen der Nr. 2, sofern nicht durch die betreffende Entscheidung auch die Aufhebung der bisherigen Vollstreckungshandlungen angeordnet ist.

693. Eine Zwangsvollstreckung, welche zur Zeit des Todes des Schuldners gegen diesen bereits begonnen hatte, wird in den Nachlaß desselben fortgesetzt.

Ist bei einer Vollstreckungshandlung die Zuziehung des Schuldners nöthig, so hat bei ruhender Erbschaft oder wenn der Erbe oder dessen Aufenthalt unbekannt ist, das Vollstreckungsgericht auf Antrag des Gläubigers dem Nachlasse oder dem Erben einen einstweiligen besonderen Vertreter zu bestellen.

694. Ist der Schuldner vor Beginn der Zwangsvollstreckung gestorben, so hat bei ruhender Erbschaft oder wenn der Erbe oder dessen Aufenthalt unbekannt ist, das nach den Landesgesetzen zuständige Nachlaßgericht auf Antrag des Gläubigers dem Nachlasse oder dem Erben einen Kurator zu bestellen.

695. Der als Erbe des Schuldners verurtheilte Beklagte kann die Rechtswohlthat des Inventars nur geltend machen, wenn ihm dieselbe im Urtheile vorbehalten ist.

696. Bei der Zwangsvollstreckung gegen einen Schuldner, welcher als Benefizialerbe oder als Erbe unter Vorbehalt der Rechtswohlthat des Inventars verurtheilt ist, oder gegen welchen als Erben des verurtheilten Schuldners die Zwangsvollstreckung begonnen hat, bleibt die Rechtswohlthat unberücksichtigt, bis auf Grund derselben gegen die Zwangsvollstreckung von dem Erben Einwendungen erhoben werden.

Inwieweit der Benefizialerbe berechtigt ist, auf Grund der Rechtswohlthat die Aussetzung, Aufhebung oder Beschränkung der Zwangsvollstreckung zu verlangen, bestimmt sich nach den Vorschriften des bürgerlichen Rechts.

Die Erledigung der Einwendungen erfolgt nach den Bestimmungen der §§ 686, 688, 689.

697. Die Kosten der Zwangsvollstreckung fallen, soweit sie nothwendig waren (§ 87), dem Schuldner zur Last; sie sind zugleich mit dem zur Zwangsvollstreckung stehenden Anspruche beizutreiben.

Die Kosten der Zwangsvollstreckung sind dem Schuldner zu erstatten, wenn das Urtheil, aus welchem dieselbe erfolgt ist, aufgehoben wird

698. Wird zum Zwecke der Vollstreckung das Einschreiten einer Behörde erforderlich, so hat das Gericht die Behörde um ihr Einschreiten zu ersuchen.

699. Soll die Zwangsvollstreckung gegen eine dem aktiven Heere oder der aktiven Marine angehörende Person des Soldatenstandes in Kasernen und anderen militärischen Dienstgebäuden oder auf Kriegsfahrzeugen erfolgen, so hat auf Antrag des Gläubigers das Vollstreckungsgericht die zuständige Militärbehörde um die Zwangsvollstreckung zn ersuchen.

Die gepfändeten Gegenstände sind einem von dem

Gläubiger zu beauftragenden Gerichtsvollzieher zu übergeben.

700. Soll die Zwangsvollstreckung in einem ausländischen Staate erfolgen, dessen Behörden im Wege der Rechtshülfe die Urtheile deutscher Gerichte vollstrecken, so hat auf Antrag des Gläubigers das Prozeßgericht erster Instanz die zuständige Behörde des Auslandes um die Zwangsvollstreckung zu ersuchen.

Kann die Vollstreckung durch einen Reichskonsul erfolgen, so ist das Ersuchen an diesen zu richten.

701. Gegen Entscheidungen, welche im Zwangsvollstreckungsverfahren ohne vorgängige mündliche Verhandlung erfolgen können, findet sofortige Beschwerde statt.

702. Die Zwangsvollstreckung findet ferner statt:

1. aus Vergleichen, welche nach Erhebung der Klage zur Beilegung des Rechtsstreits seinem ganzen Umfange nach oder in Betreff eines Theils des Streitgegenstandes vor einem deutschen Gericht abgeschlossen sind;
2. aus Vergleichen, welche im Falle des § 471 vor dem Amtsgerichte abgeschlossen sind;
3. aus Entscheidungen, gegen welche das Rechtsmittel der Beschwerde stattfindet;
4. aus Vollstreckungsbefehlen;
5. aus Urkunden, welche von einem deutschen Gericht oder von einem deutschen Notar innerhalb der Grenzen seiner Amtsbefugnisse in der vorgeschriebenen Form aufgenommen sind, sofern die Urkunde über einen Anspruch errichtet ist, welcher

die Zahlung einer bestimmten Geldsumme oder die Leistung einer bestimmten Quantität anderer vertretbarer Sachen oder Werthpapiere zum Gegenstande hat, und der Schuldner sich in der Urkunde der sofortigen Zwangsvollstreckung unterworfen hat.

703. Auf die Zwangsvollstreckung aus den in dem vorstehenden Paragraphen erwähnten Schuldtiteln finden die Bestimmungen der §§ 662—701 entsprechende Anwendung, soweit nicht in den §§ 704, 705 abweichende Vorschriften enthalten sind.

704. Vollstreckungsbefehle bedürfen der Vollstreckungsklausel nur in dem Falle, wenn nach Erlassung der Befehle eine Rechtsnachfolge auf Seiten des Gläubigers oder des Schuldners eingetreten ist.

Einwendungen, welche den Anspruch selbst betreffen, sind nur insoweit zulässig, als die Gründe, auf denen sie beruhen, nach Zustellung des Vollstreckungsbefehls entstanden sind.

Für Klagen auf Ertheilung der Vollstreckungsklausel, sowie für Klagen, durch welche die den Anspruch selbst betreffenden Einwendungen geltend gemacht werden oder die bei der Ertheilung der Vollstreckungsklausel als eingetreten angenommene Rechtsnachfolge bestritten wird, ist das Amtsgericht zuständig, welches den Vollstreckungsbefehl erlassen hat. Gehört der Anspruch nicht vor die Amtsgerichte, so sind die Klagen bei dem zuständigen Landgerichte zu erheben.

705. Die vollstreckbare Ausfertigung gerichtlicher Urkunden wird von dem Gerichtsschreiber des Gerichts ertheilt, welches die Urkunde aufgenommen hat.

Die vollstreckbare Ausfertigung notarieller Urkunden wird von dem Notar ertheilt, welcher die Urkunde verwahrt. Befindet sich die Urkunde in der Verwahrung einer Behörde, so hat diese die vollstreckbare Ausfertigung zu ertheilen.

Die Entscheidung über Einwendungen, welche die Zulässigkeit der Vollstreckungsklausel betreffen, sowie die Entscheidung über Ertheilung einer weiteren vollstreckbaren Ausfertigung erfolgt bei gerichtlichen Urkunden von dem im ersten Absatze bezeichneten Gerichte, bei notariellen Urkunden von dem Amtsgerichte, in dessen Bezirke der im zweiten Absatze bezeichnete Notar oder die daselbst bezeichnete Behörde den Amtssitz hat.

Auf die Geltendmachung von Einwendungen, welche den Anspruch selbst betreffen, findet die beschränkende Vorschrift des § 686 Abs. 2 keine Anwendung.

Für Klagen auf Ertheilung der Vollstreckungsklausel, sowie für Klagen, durch welche die den Anspruch selbst betreffenden Einwendungen geltend gemacht werden oder der bei der Ertheilung der Vollstreckungsklausel als bewiesen angenommene Eintritt der Thatsache, von welcher die Vollstreckung aus der Urkunde abhängt, oder die als eingetreten angenommene Rechtsnachfolge bestritten wird, ist das Gericht, bei welchem der Schuldner im Deutschen Reiche seinen allgemeinen Gerichtsstand hat, und in Ermangelung eines solchen das Gericht zuständig, bei welchem in Gemäßheit des § 24 gegen den Schuldner Klage erhoben werden kann.

706. Die Landesgesetzgebung ist nicht gehindert, auf Grund anderer als der in den §§ 644, 702 bezeichneten Schuldtitel die gerichtliche Zwangsvollstreckung zuzulassen und insoweit abweichende Vorschriften von den Bestimmungen dieses Gesetzes über die Zwangsvollstreckung zu treffen.

Die vorstehende Bestimmung findet auch auf Hypothekenurkunden (Hypothekenschuldbriefe, Hypothekenscheine u. s. w.) Anwendung.

707. Die in diesem Buche angeordneten Gerichtsstände sind ausschließliche.

Zweiter Abschnitt.

Zwangsvollstreckung wegen Geldforderungen.

Erster Titel.

Zwangsvollstreckung in das bewegliche Vermögen.

I. Allgemeine Bestimmungen.

708. Die Zwangsvollstreckung in das bewegliche Vermögen erfolgt durch Pfändung. Sie darf nicht weiter ausgedehnt werden, als zur Befriedigung des Gläubigers und zur Deckung der Kosten der Zwangsvollstreckung erforderlich ist.

Die Pfändung hat zu unterbleiben, wenn sich von der Verwerthung der zu pfändenden Gegenstände ein Ueberschuß über die Kosten der Zwangsvollstreckung nicht erwarten läßt.

709. Durch die Pfändung erwirbt der Gläubiger ein Pfandrecht an dem gepfändeten Gegenstande.

Das Pfandrecht gewährt dem Gläubiger im Verhältniß zu anderen Gläubigern dieselben Rechte wie ein durch Vertrag erworbenes Faustpfandrecht; es geht Pfand- und Vorzugsrechten vor, welche für den Fall eines Konkurses den Faustpfandrechten nicht gleichgestellt sind.

Das durch eine frühere Pfändung begründete Pfandrecht geht demjenigen vor, welches durch eine spätere Pfändung begründet wird.

710. Der Pfändung einer Sache kann ein Dritter, welcher sich nicht im Besitze der Sache befindet, auf Grund eines Pfand- oder Vorzugsrechts nicht widersprechen; er kann jedoch seinen Anspruch auf vorzugsweise Befriedigung aus dem Erlöse im Wege der Klage geltend machen, ohne Rücksicht darauf, ob seine Forderung fällig ist oder nicht.

Die Klage ist bei dem Vollstreckungsgericht und, wenn der Streitgegenstand zur Zuständigkeit der Amtsgerichte nicht gehört, bei dem Landgerichte zu erheben, in dessen Bezirke das Vollstreckungsgericht seinen Sitz hat.

Wird die Klage gegen den Gläubiger und den Schuldner gerichtet, so sind diese als Streitgenossen anzusehen.

Wird der Anspruch glaubhaft gemacht, so hat das Gericht die Hinterlegung des Erlöses anzuordnen. Die Vorschriften der §§ 688, 689 finden hierbei entsprechende Anwendung.

711. Hat die Pfändung zu einer vollständigen Befriedigung des Gläubigers nicht geführt oder macht dieser glaubhaft, daß er durch Pfändung seine Befriedigung nicht vollständig erlangen könne, so ist der Schuldner auf Antrag verpflichtet, ein Verzeichniß seines Vermögens vorzulegen, in Betreff seiner Forderungen den Grund und die Beweismittel zu bezeichnen, sowie den Offenbarungseid dahin zu leisten:

daß er sein Vermögen vollständig angegeben und wissentlich nichts verschwiegen habe.

II. Zwangsvollstreckung in körperliche Sachen.

712. Die Pfändung der im Gewahrsam des Schuldners befindlichen körperlichen Sachen wird dadurch bewirkt, daß der Gerichtsvollzieher dieselben in Besitz nimmt.

Im Gewahrsam des Schuldners sind die Sachen nur, wenn der Gläubiger einwilligt oder wenn ein anderes Verfahren mit erheblichen Schwierigkeiten verbunden ist, zu belassen. In diesem Falle ist die Wirksamkeit der Pfändung dadurch bedingt, daß durch Anlegung von Siegeln oder auf sonstige Weise die Pfändung ersichtlich gemacht ist.

Der Gerichtsvollzieher hat den Schuldner von der geschehenen Pfändung in Kenntniß zu setzen.

713. Die vorstehenden Bestimmungen finden entsprechende Anwendung auf die Pfändung von Sachen, welche sich im Gewahrsam des Gläubigers oder eines zur Herausgabe bereiten Dritten befinden.

714. Früchte können, auch bevor sie von dem Boden getrennt sind, gepfändet werden. Die Pfändung darf nicht früher als einen Monat vor der gewöhnlichen Zeit der Reife erfolgen.

715. Folgende Sachen sind der Pfändung nicht unterworfen:

1. die Kleidungsstücke, die Betten, das Haus- und Küchengeräth, insbesondere die Heiz- und Kochöfen, soweit diese Gegenstände für den Schuldner, seine Familie und sein Gesinde unentbehrlich sind;
2. die für den Schuldner, seine Familie und sein Gesinde auf zwei Wochen erforderlichen Nahrungs- und Feuerungsmittel;
3. eine Milchkuh oder nach der Wahl des Schuldners statt einer solchen zwei Ziegen oder zwei Schafe nebst dem zum Unterhalt und zur Streu für dieselben auf zwei Wochen erforderlichen Futter und Stroh, sofern die bezeichneten Thiere für die Ernährung des Schuldners, seiner Familie und seines Gesindes unentbehrlich sind;
4. bei Künstlern, Handwerkern, Hand- und Fabrikarbeitern, sowie bei Hebammen die zur persönlichen Ausübung des Berufs unentbehrlichen Gegenstände;
5. bei Personen, welche Landwirthschaft betreiben, das zum Wirthschaftsbetriebe unentbehrliche Geräth, Vieh- und Feldinventarium nebst dem nöthigen Dünger, sowie die landwirthschaftlichen Erzeugnisse, welche zur Fortsetzung der Wirthschaft bis zur nächsten Ernte unentbehrlich sind;

6) bei Offizieren, Deckoffizieren, Beamten, Geistlichen,

Lehrern an öffentlichen Unterrichtsanstalten, Rechtsanwälten, Notaren und Aerzten die zur Verwaltung des Dienstes oder Ausübung des Berufs erforderlichen Gegenstände, sowie anständige Kleidung;

7. bei Offizieren, Militärärzten, Deckoffizieren, Beamten, Geistlichen und Lehrern an öffentlichen Unterrichtsanstalten ein Geldbetrag, welcher dem der Pfändung nicht unterworfenen Theile des Diensteinkommens oder der Pension für die Zeit von der Pfändung bis zum nächsten Termine der Gehalts- oder Pensionszahlung gleichkommt;
8. die zum Betriebe einer Apotheke unentbehrlichen Geräthe, Gefäße und Waaren;
9. Orden und Ehrenzeichen;
10. die Bücher, welche zum Gebrauche des Schuldners und seiner Familie in der Kirche oder Schule bestimmt sind.

716. Die gepfändeten Sachen sind von dem Gerichtsvollzieher öffentlich zu versteigern, Kostbarkeiten sind vor der Versteigerung durch einen Sachverständigen abzuschätzen.

Gepfändetes Geld ist dem Gläubiger abzuliefern. Die Wegnahme des Geldes durch den Gerichtsvollzieher gilt als Zahlung von Seiten des Schuldners, sofern nicht dem Schuldner nachgelassen ist, durch Sicherheitsleistung oder durch Hinterlegung die Vollstreckung abzuwenden.

717. Die Versteigerung der gepfändeten Sachen darf nicht vor Ablauf einer Woche seit dem Tage der Pfändung geschehen, sofern nicht der Gläubiger und der Schuldner über eine frühere Versteigerung sich einigen oder dieselbe erforderlich ist, um die Gefahr einer beträchtlichen Werthsverringerung der zu versteigernden Sache abzuwenden oder um unverhältnißmäßige Kosten einer längeren Aufbewahrung zu vermeiden.

Die Versteigerung erfolgt in der Gemeinde, in welcher die Pfändung geschehen ist, sofern nicht der Gläubiger und der Schuldner über einen anderen Ort sich einigen.

Zeit und Ort der Versteigerung sind unter allgemeiner Bezeichnung der zu versteigernden Sachen öffentlich bekannt zu machen.

718. Der Zuschlag an den Meistbietenden erfolgt nach dreimaligem Aufrufe.

Die Ablieferung einer zugeschlagenen Sache darf nur gegen baare Zahlung geschehen.

Hat der Meistbietende nicht zu der in den Versteigerungsbedingungen bestimmten Zeit oder in Ermangelung einer solchen Bestimmung nicht vor dem Schlusse des Versteigerungstermins die Ablieferung gegen Zahlung des Kaufgeldes verlangt, so wird die Sache anderweit versteigert. Der Meistbietende wird zu einem weiteren Gebote nicht zugelassen; er haftet für den Ausfall, auf den Mehrerlös hat er keinen Anspruch.

719. Die Versteigerung wird eingestellt, sobald der Erlös zur Befriedigung des Gläubigers und zur Deckung der Kosten der Zwangsvollstreckung hinreicht.

720. Die Empfangnahme des Erlöses durch den Gerichtsvollzieher gilt als Zahlung von Seiten des Schuldners, sofern nicht dem Schuldner nachgelassen ist, durch Sicherheitsleistung oder durch Hinterlegung die Vollstreckung abzuwenden.

721. Gold- und Silbersachen dürfen nicht unter ihrem Gold- oder Silberwerthe zugeschlagen werden. Wird ein den Zuschlag gestattendes Gebot nicht abgegeben, so kann der Gerichtsvollzieher den Verkauf aus freier Hand zu dem Preise bewirken, welcher den Gold- oder Silberwerth erreicht.

722. Gepfändete Werthpapiere sind, wenn sie einen Börsen- oder Marktpreis haben, von dem Gerichtsvollzieher aus freier Hand zum Tageskurse zu verkaufen und, wenn sie einen solchen Preis nicht haben, nach den allgemeinen Bestimmungen zu versteigern.

723. Lautet ein Werthpapier auf Namen, so kann der Gerichtsvollzieher durch das Vollstreckungsgericht ermächtigt werden, die Umschreibung auf den Namen des Käufers zu erwirken und die hierzu erforderlichen Erklärungen an Stelle des Schuldners abzugeben.

724. Ist ein Inhaberpapier durch Einschreibung auf den Namen oder in anderer Weise außer Kurs gesetzt, so kann der Gerichtsvollzieher durch das Vollstreckungsgericht ermächtigt werden, die Wiederinkurssetzung zu erwirken und die hierzu erforderlichen Erklärungen an Stelle des Schuldners abzugeben.

725. Die Versteigerung gepfändeter, von dem Boden noch nicht getrennter Früchte ist erst nach der Reife zu-

lässig. Sie kann vor oder nach der Trennung der Früchte erfolgen; im letzteren Falle hat der Gerichtsvollzieher die Aberntung bewirken zu lassen.

726. Auf Antrag des Gläubigers oder des Schuldners kann das Vollstreckungsgericht anordnen, daß die Verwerthung einer gepfändeten Sache in anderer Weise oder an einem anderen Orte, als in den vorstehenden Paragraphen bestimmt ist, stattzufinden habe oder daß die Versteigerung durch eine andere Person als den Gerichtsvollzieher vorzunehmen sei.

727. Die Pfändung bereits gepfändeter Sachen wird durch die in das Protokoll aufzunehmende Erklärung des Gerichtsvollziehers, daß er die Sachen für seinen Auftraggeber pfände, bewirkt.

Ist die erste Pfändung durch einen anderen Gerichtsvollzieher bewirkt, so ist diesem eine Abschrift des Protokolls zuzustellen.

Der Schuldner ist von den weiteren Pfändungen in Kenntniß zu setzen.

728. Auf den Gerichtsvollzieher, von welchem die erste Pfändung bewirkt ist, geht der Auftrag des zweiten Gläubigers kraft Gesetzes über, sofern nicht das Vollstreckungsgericht auf Antrag eines betheiligten Gläubigers oder des Schuldners anordnet, daß die Verrichtungen jenes Gerichtsvollziehers von einem anderen zu übernehmen seien. Die Versteigerung erfolgt für alle betheiligten Gläubiger.

Ist der Erlös zur Deckung der Forderungen nicht ausreichend und verlangt der Gläubiger, für welchen die zweite oder eine spätere Pfändung erfolgt ist, ohne Zustimmung der übrigen betheiligten Gläubiger eine andere Vertheilung als nach der Reihenfolge der Pfändungen, so hat der Gerichtsvollzieher die Sachlage unter Hinterlegung des Erlöses dem Vollstreckungsgericht anzuzeigen. Dieser Anzeige sind die auf das Verfahren sich beziehenden Schriftstücke beizufügen.

In gleicher Weise ist zu verfahren, wenn die Pfändung für mehrere Gläubiger gleichzeitig bewirkt ist.

III. Zwangsvollstreckung in Forderungen und andere Vermögensrechte.

729. Die gerichtlichen Handlungen, welche die Zwangsvollstreckung in Forderungen und andere Vermögensrechte zum Gegenstande haben, erfolgen durch das Vollstreckungsgericht.

Als Vollstreckungsgericht ist das Amtsgericht, bei welchem der Schuldner im Deutschen Reiche seinen allgemeinen Gerichtsstand hat, und in Ermangelung eines solchen das Amtsgericht zuständig, bei welchem in Gemäßheit des § 24 gegen den Schuldner Klage erhoben werden kann.

730. Soll eine Geldforderung gepfändet werden, so hat das Gericht dem Drittschuldner zu verbieten, an den Schuldner zu zahlen. Zugleich hat das Gericht an den Schuldner das Gebot zu erlassen, sich jeder Verfügung über die Forderung, insbesondere der Einziehung derselben zu enthalten.

Der Gläubiger hat den Beschluß dem Drittschuldner zustellen zu lassen. Der Gerichtsvollzieher hat den Beschluß mit einer Abschrift der Zustellungsurkunde dem Schuldner sofort zuzustellen, sofern nicht eine öffentliche Zustellung erforderlich wird. Ist die Zustellung an den Drittschuldner auf unmittelbares Ersuchen des Gerichtsschreibers durch die Post erfolgt, so hat der Gerichtsschreiber für die Zustellung an den Schuldner in gleicher Weise Sorge zu tragen. An Stelle einer an den Schuldner im Auslande zu bewirkenden Zustellung erfolgt die Zustellung durch Aufgabe zur Post.

Mit der Zustellung des Beschlusses an den Drittschuldner ist die Pfändung als bewirkt anzusehen.

731. Inwieweit die Pfändung einer Forderung in das Hypothekenbuch einzutragen und wie eine solche Eintragung zu erwirken ist, bestimmt sich nach den Landesgesetzen.

732. Die Pfändung von Forderungen aus Wechseln und anderen Papieren, welche durch Indossament übertragen werden können, wird dadurch bewirkt, daß der Gerichtsvollzieher diese Papiere in Besitz nimmt.

733. Das Pfandrecht, welches durch die Pfändung einer Gehaltsforderung oder einer ähnlichen in fortlaufenden Bezügen bestehenden Forderung erworben wird, erstreckt sich auch auf die nach der Pfändung fällig werdenden Beträge.

734. Durch die Pfändung eines Diensteinkommens wird auch dasjenige Einkommen betroffen, welches der Schuldner in Folge der Versetzung in ein anderes Amt, der Uebertragung eines neuen Amts oder einer Gehaltserhöhung zu beziehen hat.

Diese Bestimmung findet auf den Fall der Aenderung des Dienstherrn keine Anwendung.

735. Vor der Pfändung ist der Schuldner über das Pfändungsgesuch nicht zu hören.

736. Die gepfändete Geldforderung ist dem Gläubiger nach seiner Wahl zur Einziehung oder an Zahlungsstatt zum Nennwerthe zu überweisen.

Im letzteren Falle geht die Forderung auf den Gläubiger mit der Wirkung über, daß derselbe, soweit die Forderung besteht, wegen seiner Forderung an den Schuldner als befriedigt anzusehen ist.

Die Bestimmungen des § 730 Absatz 2 finden entsprechende Anwendung

737. Die Ueberweisung ersetzt die förmlichen Erklärungen des Schulders, von welchen nach den Vorschriften des bürgerlichen Rechts die Berechtigung zur Einziehung der Forderung abhängig ist.

Der Schuldner ist verpflichtet, dem Gläubiger die über die Forderung vorhandenen Urkunden herauszugeben. Die Herausgabe kann von dem Gläubiger im Wege der Zwangsvollstreckung erwirkt werden.

738. Ist in Gemäßheit des § 652 Abs. 2 dem Schuldner nachgelassen, durch Sicherheitsleistung oder durch Hinterlegung die Vollstreckung abzuwenden, so findet die Ueberweisung gepfändeter Geldforderungen nur zur Einziehung und nur mit der Wirkung statt, daß der Drittschuldner den Schuldbetrag hinterlege.

739. Auf Verlangen des Gläubigers hat der Drittschuldner binnen zwei Wochen von der Zustellung des

Pfändungsbeschlusses an gerechnet, dem Gläubiger zu erklären:

1. ob und inwieweit er die Forderung als begründet anerkenne und Zahlung zu leisten bereit sei;
2. ob und welche Ansprüche andere Personen an die Forderung machen;
3. ob und wegen welcher Ansprüche die Forderung bereits für andere Gläubiger gepfändet sei.

Die Aufforderung zur Abgabe dieser Erklärungen muß in die Zustellungsurkunde aufgenommen werden. Der Drittschuldner haftet dem Gläubiger für den aus der Nichterfüllung seiner Verpflichtung entstehenden Schaden.

Die Erklärungen des Drittschuldners können bei Zustellung des Pfändungsbeschlusses oder innerhalb der im ersten Absatze bestimmten Frist an den Gerichtsvollzieher erfolgen. Im ersteren Falle sind dieselben in die Zustellungsurkunde aufzunehmen und von dem Drittschuldner zu unterschreiben.

740. Der Gläubiger, welcher die Forderung einklagt, ist verpflichtet, dem Schuldner gerichtlich den Streit zu verkünden, sofern nicht eine Zustellung im Ausland oder eine öffentliche Zustellung erforderlich wird.

741. Der Gläubiger, welcher die Beitreibung einer ihm zur Einziehung überwiesenen Forderung verzögert, haftet dem Schuldner für den daraus entstehenden Schaden.

742. Der Gläubiger kann auf die durch Pfändung und Ueberweisung zur Einziehung erworbenen Rechte unbeschadet seines Anspruchs verzichten. Die Verzichtleistung erfolgt durch eine dem Schuldner zuzustellende Erklärung. Die Erklärung ist auch dem Drittschuldner zuzustellen.

743. Ist die gepfändete Forderung eine bedingte oder eine betagte, oder ist ihre Einziehung wegen der Abhängigkeit von einer Gegenleistung oder aus anderen Gründen mit Schwierigkeiten verbunden, so kann das Gericht auf Antrag an Stelle der Ueberweisung eine andere Art der Verwerthung anordnen.

Vor dem Beschlusse, durch welchen dem Antrage stattgegeben wird, ist der Gegner zu hören, sofern nicht eine Zustellung im Ausland oder eine öffentliche Zustellung erforderlich wird.

744. Schon vor der Pfändung kann der Gläubiger auf Grund eines vollstreckbaren Schuldtitels durch den Gerichtsvollzieher dem Drittschuldner und dem Schuldner die Benachrichtigung, daß die Pfändung bevorstehe, zustellen lassen mit der Aufforderung an den Drittschuldner, nicht an den Schuldner zu zahlen, und mit der Aufforderung an den Schuldner, sich jeder Verfügung über die Forderung, insbesondere der Einziehung derselben zu enthalten.

Die Benachrichtigung an den Drittschuldner hat die Wirkung eines Arrestes (§ 810), sofern die Pfändung der Forderung innerhalb drei Wochen bewirkt wird. Die Frist beginnt mit dem Tage, an welchem die Benachrichtigung zugestellt ist.

745. Die Zwangsvollstreckung in Ansprüche, welche die Herausgabe oder Leistung körperlicher Sachen zum Gegenstande haben, erfolgt nach den Vorschriften der

§§ 730—744 unter Berücksichtigung der nachfolgenden Bestimmungen.

746. Bei der Pfändung eines Anspruchs, welcher eine bewegliche körperliche Sache betrifft, ist anzuordnen, daß die Sache an einen vom Gläubiger zu beauftragenden Gerichtsvollzieher herauszugeben sei.

Auf die Verwerthung der Sache finden die Vorschriften über die Verwerthung gepfändeter Sachen Anwendung.

747. Bei Pfändung eines Anspruchs, welcher eine unbewegliche Sache betrifft, ist anzuordnen, daß die Sache an einen auf Antrag des Gläubigers vom Amtsgerichte der belegenen Sache zu bestellenden Sequester herauszugeben sei.

Die Zwangsvollstreckung in die herausgegebene Sache wird nach den für die Zwangsvollstreckung in unbewegliche Sachen geltenden Vorschriften bewirkt.

748. Eine Ueberweisung der im § 745 bezeichneten Ansprüche an Zahlungsstatt ist unzulässig.

749. Der Pfändung sind nicht unterworfen:

1. der Arbeits- oder Dienstlohn nach den Bestimmungen des Reichsgesetzes vom 21. Juni 1869 (B.-G.-Bl. 1869 S. 242 und 1871 S. 63);
2. die auf gesetzlicher Vorschrift beruhenden Alimentenforderungen;
3. die fortlaufenden Einkünfte, welche ein Schuldner aus Stiftungen oder sonst auf Grund der Fürsorge und Freigebigkeit eines Dritten bezieht, insoweit der Schuldner zur Bestreitung des noth-

dürftigen Unterhalts für sich, seine Ehefrau und seine noch unversorgten Kinder dieser Einkünfte bedarf;

4. die aus Kranken-, Hülfs- oder Sterbekassen, insbesondere aus Knappschaftskassen und Kassen der Knappschaftsvereine zu beziehenden Hebungen;
5. der Sold und die Invalidenpension der Unteroffiziere und der Soldaten;
6. das Diensteinkommen der Militärpersonen, welche zu einem mobilen Truppentheil oder zur Besatzung eines in Dienst gestellten Kriegsfahrzeuges gehören;
7 die Pensionen der Wittwen und Waisen und die denselben aus Wittwen- und Waisenkassen zukommenden Bezüge, die Erziehungsgelder und die Studienstipendien sowie die Pensionen invalider Arbeiter;
8. das Diensteinkommen der Offiziere, Militärärzte und Deckoffiziere, der Beamten, der Geistlichen und der Lehrer an öffentlichen Unterrichtsanstalten; die Pension dieser Personen nach deren Versetzung in einstweiligen oder dauernden Ruhestand, sowie der nach ihrem Tode den Hinterbliebenen zu gewährende Sterbe- oder Gnadengehalt.

Uebersteigen in den Fällen Nr. 7 und 8 das Diensteinkommen, die Pension oder die sonstigen Bezüge die Summe von fünfzehnhundert Mark für das Jahr, so ist der dritte Theil des Mehrbetrags der Pfändung unterworfen.

Der Gehalt und die Dienstbezüge der im Privatdienste dauernd angestellten Personen (§ 4 Nr. 4 des Reichsgesetzes vom 21. Juni 1869) sind nur soweit der Pfändung unterworfen, als der Gesammtbetrag die Summe von fünfzehnhundert Mark für das Jahr übersteigt.

In den Fällen der beiden vorhergehenden Absätze ist die Pfändung ohne Rücksicht auf den Betrag zulässig, wenn sie zur Befriedigung der Ehefrau und der ehelichen Kinder des Schuldners wegen solcher Alimente beantragt wird, welche für die Zeit nach Erhebung der Klage und für das diesem Zeitpunkte vorausgehende letzte Vierteljahr zu entrichten sind.

Die Einkünfte, welche zur Bestreitung eines Dienstaufwandes bestimmt sind, und der Servis der Offiziere, Militärärzte und Militärbeamten sind weder der Pfändung unterworfen noch bei der Ermittelung, ob und zu welchem Betrage ein Diensteinkommen der Pfändung unterliege, zu berechnen.

750. Ist eine Geldforderung für mehrere Gläubiger gepfändet, so ist der Drittschuldner berechtigt und auf Verlangen eines Gläubigers, welchem die Forderung überwiesen wurde, verpflichtet, unter Anzeige der Sachlage und unter Aushändigung der ihm zugestellten Beschlüsse an das Amtsgericht, dessen Beschluß ihm zuerst zugestellt ist, den Schuldbetrag zu hinterlegen.

751. Ist ein Anspruch, welcher eine bewegliche körperliche Sache betrifft, für mehrere Gläubiger gepfändet, so ist der Drittschuldner berechtigt und auf Verlangen eines Gläubigers, welchem der Anspruch überwiesen wurde, verpflichtet, die Sache unter Anzeige der Sachlage und unter Aushändigung der ihm zugestellten Beschlüsse dem

Gerichtsvollzieher herauszugeben, welcher nach dem ihm zuerst zugestellten Beschlusse zur Empfangnahme der Sache ermächtigt ist. Hat der Gläubiger einen solchen Gerichtsvollzieher nicht bezeichnet, so erfolgt dessen Ernennung auf Antrag des Drittschuldners von dem Amtsgerichte des Orts, wo die Sache herauszugeben ist.

Ist der Erlös zur Deckung der Forderungen nicht ausreichend und verlangt der Gläubiger, für welchen die zweite oder eine spätere Pfändung erfolgt ist, ohne Zustimmung der übrigen betheiligten Gläubiger eine andere Vertheilung als nach der Reihenfolge der Pfändungen, so hat der Gerichtsvollzieher die Sachlage unter Hinterlegung des Erlöses dem Amtsgericht anzuzeigen, dessen Beschluß dem Drittschuldner zuerst zugestellt ist. Dieser Anzeige sind die auf das Verfahren sich beziehenden Schriftstücke beizufügen.

In gleicher Weise ist zu verfahren, wenn die Pfändung für mehrere Gläubiger gleichzeitig bewirkt ist.

752. Betrifft der Anspruch eine unbewegliche Sache, so ist der Drittschuldner berechtigt und auf Verlangen eines Gläubigers, welchem der Anspruch überwiesen wurde, verpflichtet, die Sache unter Anzeige der Sachlage und unter Aushändigung der ihm zugestellten Beschlüsse an den von dem Amtsgerichte der belegenen Sache ernannten oder auf seinen Antrag zu ernennenden Sequester herauszugeben.

753. Jeder Gläubiger, welchem der Anspruch überwiesen wurde, ist berechtigt, gegen den Drittschuldner Klage auf Erfüllung der nach den Bestimmungen der

§§ 750—752 diesem obliegenden Verpflichtungen zu erheben.

Jeder Gläubiger, für welchen der Anspruch gepfändet ist, kann sich dem Kläger in jeder Lage des Rechtsstreits als Streitgenosse anschließen.

Der Drittschuldner hat die Gläubiger, welche die Klage nicht erhoben und dem Kläger sich nicht angeschlossen haben, zum Termine zur mündlichen Verhandlung zu laden.

Die Entscheidung, welche in dem Rechtsstreite über den in der Klage erhobenen Anspruch erlassen wird, ist für und gegen sämmtliche Gläubiger wirksam.

Gegen einen Gläubiger, welcher nicht zum Termine zur mündlichen Verhandlung geladen ist, obgleich er von dem Drittschuldner hätte geladen werden sollen, kann der Drittschuldner sich auf die ihm günstige Entscheidung nicht berufen.

754. Auf die Zwangsvollstreckung in andere Vermögensrechte, welche nicht Gegenstand der Zwangsvollstreckung in das unbewegliche Vermögen sind, finden die vorstehenden Bestimmungen entsprechende Anwendung.

Ist ein Drittschuldner nicht vorhanden, so ist die Pfändung mit dem Zeitpunkt als bewirkt anzusehen, in welchem dem Schuldner das Gebot, sich jeder Verfügung über das Recht zu enthalten, zugestellt ist.

Das Gericht kann bei der Zwangsvollstreckung in Rechte, welche nur in Ansehung der Ausübung veräußerlich sind, besondere Anordnungen erlassen. Es kann insbesondere bei der Zwangsvollstreckung in Nutzungsrechte eine Verwaltung anordnen. In diesem Falle wird die

Pfändung durch Uebergabe der zu benutzenden Sache an den Verwalter bewirkt, sofern sie nicht durch Zustellung des Beschlusses bereits vorher bewirkt ist.

Ist die Veräußerung des Rechts selbst zulässig, so kann auch diese Veräußerung von dem Gerichte angeordnet werden.

Zweiter Titel.

Zwangsvollstreckung in das unbewegliche Vermögen.

755. Für die Zwangsvollstreckung in ein Grundstück ist als Vollstreckungsgericht das Amtsgericht zuständig, in dessen Bezirke das Grundstück belegen ist.

Die Zwangsvollstreckung wird von diesem Gericht auf Antrag angeordnet.

756. Ist es mit Rücksicht auf die Grenzen verschiedener Amtsgerichtsbezirke ungewiß, welches Amtsgericht zuständig sei, oder ist das Grundstück in den Bezirken verschiedener Amtsgerichte belegen, so ist auf Antrag eines Betheiligten von dem zunächst höheren Gericht unter Berücksichtigung der im § 36 enthaltenen Vorschriften eines dieser Gerichte zum Vollstreckungsgerichte zu bestellen.

Dieselbe Anordnung kann getroffen werden, wenn die Zwangsvollstreckung in mehrere Grundstücke desselben Schuldners, welche in verschiedenen Amtsgerichtsbezirken belegen sind, beantragt wird.

757. Die Zwangsvollstreckung in das unbewegliche Vermögen einschließlich des mit derselben verbundenen

Aufgebots- und Vertheilungsverfahrens bestimmt sich nach den Landesgesetzen.

Nach den Landesgesetzen bestimmt sich insbesondere auch, welche Sachen und Rechte in Ansehung der Zwangsvollstreckung zum unbeweglichen Vermögen gehören, inwiefern der Gläubiger berechtigt ist, seine Forderung in das Hypothekenbuch eintragen zu lassen, und wie die Eintragung zu bewirken ist.

Entstehen in dem die Zwangsvollstreckung betreffenden Verfahren Rechtsstreitigkeiten, welche in einem besonderen Prozesse zu erledigen sind, so erfolgt die Erledigung nach den Bestimmungen dieses Gesetzes. Auf Vertheilungsstreitigkeiten finden die §§ 765—768 entsprechende Anwendung.

Dritter Titel.

Vertheilungsverfahren.

758. Das Vertheilungsverfahren tritt ein, wenn bei der Zwangsvollstreckung in das bewegliche Vermögen ein Geldbetrag hinterlegt ist, welcher zur Befriedigung der betheiligten Gläubiger nicht hinreicht.

759. Das zuständige Amtsgericht (§§ 728, 750—752) hat nach Eingang der Anzeige über die Sachlage an jeden der betheiligten Gläubiger die Aufforderung zu erlassen, binnen zwei Wochen eine Berechnung der Forderung an Kapital, Zinsen, Kosten und sonstigen Nebenforderungen einzureichen.

760. Nach Ablauf der zweiwöchigen Fristen wird von dem Gericht ein Theilungsplan angefertigt.

Der Betrag der Kosten des Verfahrens ist von dem Bestande der Masse vorweg in Abzug zu bringen.

Die Forderung eines Gläubigers, welcher bis zur Anfertigung des Theilungsplans der an ihn gerichteten Aufforderung nicht nachgekommen ist, wird nach der Anzeige und deren Unterlagen berechnet. Eine nachträgliche Ergänzung der Forderung findet nicht statt.

761. Das Gericht hat zur Erklärung über den Theilungsplan sowie zur Ausführung der Vertheilung einen Termin zu bestimmen. Der Theilungsplan muß spätestens drei Tage vor dem Termine auf der Gerichtsschreiberei zur Einsicht der Betheiligten niedergelegt werden.

Die Ladung des Schuldners zu dem Termin ist nicht erforderlich, wenn sie durch Zustellung im Ausland oder durch öffentliche Zustellung erfolgen müßte.

762. Wird in dem Termin ein Widerspruch gegen den Plan nicht erhoben, so ist dieser zur Ausführung zu bringen. Erfolgt ein Widerspruch, so hat sich jeder bei demselben betheiligte Gläubiger sofort zu erklären. Wird der Widerspruch von den Betheiligten als begründet anerkannt oder kommt anderweit eine Einigung zu Stande, so ist der Plan demgemäß zu berichtigen. Wenn ein Widerspruch sich nicht erledigt, so erfolgt die Ausführung des Plans insoweit, als der Plan durch den Widerspruch nicht betroffen wird.

763. Gegen einen Gläubiger, welcher in dem Termine weder erschienen ist noch vor dem Termine bei dem Gerichte Widerspruch erhoben hat, wird angenommen, daß er mit der Ausführung des Plans einverstanden sei.

Ist ein in dem Termine nicht erschienener Gläubiger bei dem Widerspruche betheiligt, welchen ein anderer Gläubiger erhoben hat, so wird angenommen, daß er diesen Widerspruch nicht als begründet anerkenne.

764. Der widersprechende Gläubiger muß ohne vorherige Aufforderung binnen einer Frist von einem Monate, welche mit dem Terminstage beginnt, dem Gerichte nachweisen, daß er gegen die betheiligten Gläubiger Klage erhoben habe. Nach fruchtlosem Ablaufe dieser Frist wird die Ausführung des Plans ohne Rücksicht auf den Widerspruch angeordnet.

Die Befugniß des Gläubigers, welcher dem Plane widersprochen hat, ein besseres Recht gegen den Gläubiger, welcher einen Geldbetrag nach dem Plane erhalten hat, im Wege der Klage geltend zu machen, wird durch die Versäumung der Frist und durch die Ausführung des Plans nicht ausgeschlossen.

765. Die Klage ist bei dem Vertheilungsgericht und, wenn der Streitgegenstand zur Zuständigkeit der Amtsgerichte nicht gehört, bei dem Landgerichte zu erheben, in dessen Bezirke das Vertheilungsgericht seinen Sitz hat.

Das Landgericht ist für sämmtliche Klagen zuständig, wenn seine Zuständigkeit nach dem Inhalte der erhobenen und in dem Termine nicht zur Erledigung gelangten Widersprüche auch nur in Betreff einer Klage begründet ist, sofern nicht die sämmtlichen betheiligten Gläubiger vereinbaren, daß das Vertheilungsgericht über alle Widersprüche entscheiden solle.

766. In dem Urtheile, durch welches über einen erhobenen Widerspruch entschieden wird, ist zugleich zu bestimmen, an welche Gläubiger und in welchen Beträgen der streitige Theil der Masse auszuzahlen sei. Wird dies nicht für angemessen erachtet, so ist die Anfertigung eines neuen Plans und ein anderweites Vertheilungsverfahren in dem Urtheile anzuordnen.

767. Das Versäumnißurtheil gegen einen widersprechenden Gläubiger ist dahin zu erlassen, daß der Widerspruch als zurückgenommen anzusehen sei.

768. Auf Grund des erlassenen Urtheils wird die Auszahlung oder das anderweite Vertheilungsverfahren von dem Vertheilungsgerichte angeordnet.

Dritter Abschnitt.

Zwangsvollstreckung zur Erwirkung der Herausgabe von Sachen und zur Erwirkung von Handlungen oder Unterlassungen.

769. Hat der Schuldner eine bewegliche Sache oder von bestimmten beweglichen Sachen eine Quantität herauszugeben, so sind dieselben von dem Gerichtsvollzieher ihm wegzunehmen und dem Gläubiger zu übergeben.

Wird die herauszugebende Sache nicht vorgefunden, so ist der Schuldner verpflichtet, auf Antrag des Gläubigers den Offenbarungseid dahin zu leisten:

> daß er die Sache nicht besitze, auch nicht wisse, wo die Sache sich befinde.

Das Gericht kann eine der Lage der Sache entsprechende Aenderung der vorstehenden Eidesnorm beschließen.

770. Hat der Schuldner eine bestimmte Quantität vertretbarer Sachen oder Werthpapiere zu leisten, so findet die Vorschrift des § 769 Abs. 1 entsprechende Anwendung.

771. Hat der Schuldner eine unbewegliche Sache oder ein bewohntes Schiff herauszugeben, zu überlassen oder zu räumen, so hat der Gerichtsvollzieher den Schuldner aus dem Besitze zu setzen und den Gläubiger in den Besitz einzuweisen.

Bewegliche Sachen, welche nicht Gegenstand der Zwangsvollstreckung sind, werden von dem Gerichtsvollzieher weggeschafft und dem Schuldner oder, wenn dieser abwesend ist, einem Bevollmächtigten desselben oder einer zur Familie des Schuldners gehörigen oder in dieser Familie dienenden erwachsenen Person übergeben oder zur Verfügung gestellt.

Ist weder der Schuldner noch eine der bezeichneten Personen anwesend, so hat der Gerichtsvollzieher die Sachen auf Kosten des Schuldners in das Pfandlokal zu schaffen oder anderweit in Verwahrung zu bringen.

Verzögert der Schuldner die Abforderung, so kann das Vollstreckungsgericht den Verkauf der Sachen und die Hinterlegung des Erlöses anordnen.

772. Befindet sich eine herauszugebende Sache im Gewahrsam eines Dritten, so ist dem Gläubiger auf dessen Antrag der Anspruch des Schuldners auf Herausgabe der Sache nach den Vorschriften zu überweisen, welche die Pfändung einer Geldforderung betreffen.

773. Erfüllt der Schuldner die Verpflichtung nicht, eine Handlung vorzunehmen, deren Vornahme durch einen Dritten erfolgen kann, so ist der Gläubiger von dem Prozeßgerichte erster Instanz auf Antrag zu ermächtigen, auf Kosten des Schuldners die Handlung vornehmen zu lassen.

Der Gläubiger kann zugleich beantragen, den Schuldner zur Vorauszahlung der Kosten zu verurtheilen, welche durch die Vornahme der Handlung entstehen werden, unbeschadet des Rechts auf eine Nachforderung, wenn die Vornahme der Handlung einen größeren Kostenaufwand verursacht.

Auf die Zwangsvollstreckung zur Erwirkung der Herausgabe oder Leistung von Sachen finden die vorstehenden Bestimmungen keine Anwendung.

774. Kann eine Handlung durch einen Dritten nicht vorgenommen werden, so ist, wenn sie ausschließlich von dem Willen des Schuldners abhängt, auf Antrag von dem Prozeßgericht erster Instanz zu erkennen, daß der Schuldner zur Vornahme der Handlung durch Geldstrafen bis zum Gesammtbetrage von fünfzehnhundert Mark oder durch Haft anzuhalten sei.

Diese Bestimmung kommt im Falle der Verurtheilung zur Eingehung einer Ehe nicht und im Falle der Verurtheilung zur Herstellung des ehelichen Lebens nur insoweit zur Anwendung, als die Landesgesetze die Erzwingung der Herstellung des ehelichen Lebens für zulässig erklären.

775. Handelt der Schuldner der Verpflichtung zuwider, eine Handlung zu unterlassen oder die Vornahme einer Handlung zu dulden, so ist er wegen einer jeden Zuwiderhandlung auf Antrag des Gläubigers von dem Prozeßgericht erster Instanz zu einer Geldstrafe bis zu fünfzehnhundert Mark oder zur Strafe der Haft bis zu sechs Monaten zu verurtheilen. Das Maß der Gesammtstrafe darf zwei Jahre Haft nicht übersteigen.

Der Verurtheilung muß eine Strafandrohung vorausgehen, welche, wenn sie in dem die Verpflichtung aussprechenden Urtheile nicht enthalten ist, auf Antrag von dem Prozeßgerichte erster Instanz erlassen wird.

Auch kann der Schuldner auf Antrag des Gläubigers zur Bestellung einer Sicherheit für den durch fernere Zuwiderhandlung entstehenden Schaden auf bestimmte Zeit verurtheilt werden.

776. Die in Gemäßheit der §§ 773—775 zu erlassenden Entscheidungen können ohne vorgängige mündliche Verhandlung erfolgen. Vor der Entscheidung ist der Schuldner zu hören.

777. Leistet der Schuldner Widerstand gegen die Vornahme einer Handlung, welche er nach den Bestimmungen der §§ 773, 775 zu dulden hat, so kann der Gläubiger zur Beseitigung des Widerstandes einen Gerichtsvollzieher zuziehen, welcher nach den Bestimmungen des § 678 Abs. 3 zu verfahren hat.

778. Durch die Bestimmungen dieses Abschnitts wird das Recht des Gläubigers nicht berührt, die Leistung des Interesse zu verlangen.

Den Anspruch auf Leistung des Interesse hat der Gläubiger im Wege der Klage bei dem Prozeßgericht erster Instanz geltend zu machen.

779. Ist der Schuldner zur Abgabe einer Willenserklärung verurtheilt, so gilt die Erklärung als abgegeben, sobald das Urtheil die Rechtskraft erlangt hat. Ist die Willenserklärung von einer Gegenleistung abhängig gemacht, so tritt diese Wirkung ein, sobald nach den Bestimmungen der §§ 664, 666 eine vollstreckbare Ausfertigung des rechtskräftigen Urtheils ertheilt ist.

Die Vorschrift des ersten Absatzes kommt im Falle der Verurtheilung zur Eingehung einer Ehe nicht zur Anwendung.

Vierter Abschnitt.

Offenbarungseid und Haft.

780. Für die Abnahme des Offenbarungseides ist das Amtsgericht, in dessen Bezirke der Schuldner im Deutschen Reiche seinen Wohnsitz oder in Ermangelung eines solchen seinen Aufenthaltsort hat, als Vollstreckungsgericht zuständig.

781. Das Verfahren beginnt mit der Ladung des Schuldners zur Leistung des Offenbarungseides.

Bestreitet der Schuldner die Verpflichtung zur Leistung des Eides, so ist von dem Gerichte durch Urtheil über den Widerspruch zu entscheiden. Die Eidesleistung erfolgt erst nach Eintritt der Rechtskraft des Urtheils.

782. Gegen den Schuldner, welcher in dem zur Leistung des Offenbarungseides bestimmten Termine nicht erscheint oder die Leistung des Eides ohne Grund verweigert, hat das Gericht zur Erzwingung der Eidesleistung auf Antrag die Haft anzuordnen.

783. Der verhaftete Schuldner kann zu jeder Zeit bei dem Amtsgerichte des Haftorts beantragen, ihm den Eid abzunehmen. Dem Antrag ist ohne Verzug stattzugeben.

Nach Leistung des Eides wird der Schuldner aus der Haft entlassen und der Gläubiger hiervon in Kenntniß gesetzt.

784. Ein Schuldner, welcher den im § 711 erwähnten Offenbarungseid geleistet hat, ist zur nochmaligen Leistung des Eides auch einem anderen Gläubiger gegenüber nur verpflichtet, wenn glaubhaft gemacht wird, daß er später Vermögen erworben habe.

785. Die Haft ist unstatthaft:

1. gegen Mitglieder einer deutschen gesetzgebenden Versammlung während der Sitzungsperiode, sofern nicht die Versammlung die Vollstreckung genehmigt;
2. gegen Militärpersonen, welche zu einem mobilen Truppentheil oder zur Besatzung eines in Dienst gestellten Kriegsfahrzeuges gehören;
3. gegen den Schiffer, die Schiffsmannschaft und alle übrigen auf einem Seeschiff angestellten Personen, wenn das Schiff zum Abgehen fertig (segelfertig) ist.

786. Die Haft wird unterbrochen;

1. gegen Mitglieder einer deutschen gesetzgebenden Versammlung für die Dauer der Sitzungsperiode, wenn die Versammlung die Freilassung verlangt;
2. gegen Militärpersonen, welche zu einem mobilen Truppentheil oder auf ein in Dienst gestelltes Kriegsfahrzeug einberufen werden, für die Dauer dieser Verhältnisse.

787. Gegen einen Schuldner, dessen Gesundheit durch die Vollstreckung der Haft einer nahen und erheblichen Gefahr ausgesetzt wird, darf, so lange dieser Zustand dauert, die Haft nicht vollstreckt werden.

788. Die Haft wird in einem Raume vollstreckt, in welchem nicht zugleich Untersuchungs- oder Strafgefangene sich befinden.

789. Das Gericht hat bei Anordnung der Haft einen Haftbefehl zu erlassen, in welchem der Gläubiger, der Schuldner und der Grund der Verhaftung zu bezeichnen sind.

790. Die Verhaftung des Schuldners erfolgt durch einen Gerichtsvollzieher. Der Haftbefehl muß bei der Verhaftung dem Schuldner vorgezeigt und auf Begehren abschriftlich mitgetheilt werden.

791. Vor der Verhaftung eines Beamten, eines Geistlichen oder eines Lehrers an öffentlichen Unterrichtsanstalten ist der vorgesetzten Dienstbehörde von dem Gerichtsvollzieher Anzeige zu machen. Die Verhaftung darf erst erfolgen, nachdem die vorgesetzte Behörde für die dienstliche Vertretung des Schuldners gesorgt hat. Die Behörde ist verpflichtet, ohne Verzug die erforderlichen Anordnungen zu treffen und den Gerichtsvollzieher hiervon in Kenntniß zu setzen.

792. Der Gläubiger hat die Kosten, welche durch die Haft entstehen, einschließlich der Verpflegungskosten von Monat zu Monat vorauszuzahlen. Die Aufnahme des Schuldners in das Gefängniß ist unstatthaft, wenn nicht mindestens für einen Monat die Zahlung geleistet ist. Wird die Zahlung nicht spätestens bis zum Mittage des letzten Tages erneuert, für welchen sie geleistet ist, so wird der Schuldner von Amtswegen aus der Haft entlassen. Gegen den Schuldner, welcher aus diesem Grunde oder ohne sein Zuthun auf Antrag des Gläubigers entlassen ist, findet auf Antrag desselben Gläubigers eine Erneuerung der Haft nicht statt.

793. Soll die Haft gegen eine dem aktiven Heere oder der aktiven Marine angehörende Militärperson vollstreckt werden, so hat das Gericht die vorgesetzte Militärbehörde um die Vollstreckung zu ersuchen.

794. Die Haft darf die Dauer von sechs Monaten nicht übersteigen. Nach Ablauf der sechs Monate wird der Schuldner von Amtswegen aus der Haft entlassen.

795. Ein Schuldner, gegen welchen wegen Verweigerung des im § 711 erwähnten Offenbarungseides eine Haft von sechs Monaten vollstreckt ist, kann auch auf Antrag eines anderen Gläubigers von neuem zur Leistung dieses Eides durch Haft nur angehalten werden, wenn glaubhaft gemacht wird, daß der Schuldner später Vermögen erwoben habe.

Fünfter Abschnitt.

Arrest und einstweilige Verfügungen.

796. Der Arrest findet zur Sicherung der Zwangsvollstreckung in das bewegliche oder unbewegliche Vermögen wegen einer Geldforderung oder wegen eines Anspruchs statt, welcher in eine Geldforderung übergehen kann.

Die Zulässigkeit des Arrestes wird dadurch nicht ausgeschlossen, das der Anspruch ein betagter ist.

797. Der dingliche Arrest findet statt, wenn zu besorgen ist, daß ohne dessen Verhängung die Vollstreckung des Urtheils vereitelt oder wesentlich erschwert werden würde.

Als ein zureichender Arrestgrund ist es anzusehen, wenn das Urtheil im Auslande vollstreckt werden müßte.

798. Der persönliche Sicherheitsarrest findet nur statt, wenn er erforderlich ist, um die gefährdete Zwangsvollstreckung in das Vermögen des Schuldners zu sichern.

799. Für die Anordnung des Arrestes ist sowohl das Gericht der Hauptsache als das Amtsgericht zuständig, in dessen Bezirke der mit Arrest zu belegende Gegenstand oder die in ihrer persönlichen Freiheit zu beschränkende Person sich befindet.

800. Das Gesuch soll die Bezeichnung des Anspruchs unter Angabe des Geldbetrags oder des Geldwerths sowie die Bezeichnung des Arrestgrundes enthalten.

Der Anspruch und der Arrestgrund sind glaubhaft zu machen.

Das Gesuch kann vor dem Gerichtsschreiber zu Protokoll erklärt werden.

801. Die Entscheidung kann ohne vorgängige mündliche Verhandlung erfolgen.

Das Gericht kann, auch wenn der Anspruch oder der Arrestgrund nicht glaubhaft gemacht ist, den Arrest anordnen, sofern wegen der dem Gegner drohenden Nachtheile eine nach freiem Ermessen zu bestimmende Sicherheit geleistet wird. Es kann die Anordnung des Arrestes von einer solchen Sicherheitsleistung abhängig machen, selbst wenn der Anspruch und der Arrestgrund glaubhaft gemacht sind.

802. Die Entscheidung über das Gesuch erfolgt im Falle einer vorgängigen mündlichen Verhandlung durch Endurtheil, anderenfalls durch Beschluß.

Den Beschluß, durch welchen ein Arrest angeordnet wird, hat die Partei, welche den Arrest erwirkt hat, zustellen zu lassen.

Der Beschluß, durch welchen das Arrestgesuch zurückgewiesen oder vorgängige Sicherheitsleistung für erforderlich erklärt wird, ist dem Gegner nicht mitzutheilen.

803. In dem Arrestbefehl ist ein Geldbetrag festzustellen, durch dessen Hinterlegung die Vollziehung des Arrestes gehemmt und der Schuldner zu dem Antrage auf Aufhebung des vollzogenen Arrestes berechtigt wird.

804. Gegen den Beschluß, durch welchen ein Arrest angeordnet wird, findet Widerspruch statt.

Die widersprechende Partei hat den Gegner unter Mittheilung der Gründe, welche sie für die Aufhebung des Arrestes geltend machen will, zur mündlichen Verhandlung zu laden.

Durch Erhebung des Widerspruchs wird die Vollziehung des Arrestes nicht gehemmt.

805. Wird Widerspruch erhoben, so ist über die Rechtmäßigkeit des Arrestes durch Endurtheil zu entscheiden.

Das Gericht kann den Arrest ganz oder theilweise bestätigen, abändern oder aufheben, auch die Bestätigung, Abänderung oder Aufhebung von einer nach freiem Ermessen zu bestimmenden Sicherheitsleistung abhängig machen.

806. Ist die Hauptsache nicht anhängig, so hat das Arrestgericht auf Antrag ohne vorgängige mündliche Verhandlung anzuordnen, daß die Partei, welche den Arrestbefehl erwirkt hat, binnen einer zu bestimmenden Frist Klage zu erheben habe.

Wird dieser Anordnung nicht Folge geleistet, so ist auf Antrag die Aufhebung des Arrestes durch Endurtheil auszusprechen.

807. Auch nach der Bestätigung des Arrestes kann wegen veränderter Umstände, insbesondere wegen Erledigung des Arrestgrundes oder auf Grund des Erbietens zu einer nach freiem Ermessen zu bestimmenden Sicherheitsleistung die Aufhebung des Arrestes beantragt werden.

Die Entscheidung ist durch Endurtheil zu erlassen; sie erfolgt durch das Gericht, welches den Arrest angeordnet hat, und, wenn die Hauptsache anhängig ist, durch das Gericht der Hauptsache.

808. Auf die Vollziehung des Arrestes finden die Vorschriften über die Zwangsvollstreckung entsprechende Anwendung, soweit nicht die nachfolgenden Paragraphen abweichende Bestimmungen enthalten.

809. Arrestbefehle bedürfen der Vollstreckungsklausel nur in dem Falle, wenn nach Erlassung der Befehle eine Rechtsnachfolge auf Seiten des Gläubigers oder des Schuldners eingetreten ist.

Die Vollziehung des Arrestbefehls ist unstatthaft, wenn seit dem Tage, an welchem der Befehl verkündet oder der Partei, auf deren Gesuch derselbe erging, zugestellt ist, zwei Wochen verstrichen sind.

810. Die Vollziehung des Arrestes in bewegliches Vermögen wird durch Pfändung bewirkt. Die Pfändung erfolgt nach denselben Grundsätzen wie jede andere Pfändung und begründet ein Pfandrecht, mit den im § 709 bestimmten Wirkungen. Für die Pfändung einer Forderung ist das Arrestgericht als Vollstreckungsgericht zuständig.

Gepfändetes Geld und ein im Vertheilungsverfahren auf den Gläubiger fallender Betrag des Erlöses werden hinterlegt.

Das Vollstreckungsgericht kann auf Antrag anordnen,

daß eine bewegliche körperliche Sache, wenn sie der Gefahr einer beträchtlichen Werthsverringerung ausgesetzt ist oder wenn ihre Aufbewahrung unverhältnißmäßige Kosten verursachen würde, versteigert und der Erlös hinterlegt werde.

811. Die Vollziehung des Arrestes in unbewegliches Vermögen bestimmt sich nach den Landesgesetzen.

812. Die Vollziehung des persönlichen Sicherheitsarrestes richtet sich, wenn sie durch Haft erfolgt, nach den Vorschriften der §§ 785—794 und, wenn sie durch sonstige Beschränkung der persönlichen Freiheit erfolgt, nach dem vom Arrestgerichte zu treffenden besonderen Anordnungen, für welche die Beschränkungen der Haft maßgebend sind.

813. Die Aufhebung eines vollzogenen Arrestes gegen Hinterlegung des in dem Arrestbefehle festgestellten Geldbetrags erfolgt von dem Vollstreckungsgerichte.

Das Vollstreckungsgericht kann die Aufhebung des Arrestes auch anordnen, wenn die Fortdauer besondere Aufwendungen erfordert und die Partei, auf deren Gesuch der Arrest verhängt wurde, den nöthigen Geldbetrag nicht vorschießt.

Die in diesem Paragraphen erwähnten Entscheidungen können ohne vergängige mündliche Verhandlung erfolgen.

Gegen den Beschluß, durch welchen der Arrest aufgehoben wird, findet sofortige Beschwerde statt.

814. Einstweilige Verfügungen in Beziehung auf den Streitgegenstand sind zulässig, wenn zu besorgen ist, daß durch eine Veränderung des bestehenden Zustandes die

Verwirklichung des Rechts einer Partei vereitelt oder wesentlich erschwert werden könnte.

815. Auf die Anordnung einstweiliger Verfügungen und das weitere Verfahren finden die Vorschriften über die Anordnungen von Arresten und über das Arrestverfahren entsprechende Anwendung, soweit nicht die nachfolgenden Paragraphen abweichende Vorschriften enthalten.

816. Für die Erlassung einstweiliger Verfügungen ist das Gericht der Hauptsache zuständig.

Die Entscheidung kann in dringenden Fällen ohne vorgängige mündliche Verhandlung erfolgen.

817. Das Gericht bestimmt nach freiem Ermessen, welche Anordnungen zur Erreichung des Zweckes erforderlich sind.

Die einstweilige Verfügung kann auch in einer Sequestration sowie darin bestehen, daß dem Gegner eine Handlung geboten oder verboten, insbesondere die Veräußerung, Belastung oder Verpfändung eines Grundstücks untersagt wird.

818. Nur unter besonderen Umständen kann die Aufhebung einer einstweiligen Verfügung gegen Sicherheitsleistung gestattet werden.

819. Einstweilige Verfügungen sind auch zum Zwecke der Regelung eines einstweiligen Zustandes in Bezug auf ein streitiges Rechtsverhältniß zulässig, sofern diese Regelung, insbesondere bei dauernden Rechtsverhältnissen zur Abwendung wesentlicher Nachtheile oder zur Verhinderung drohender Gewalt oder aus anderen Gründen nöthig erscheint.

820. In dringenden Fällen kann das Amtsgericht, in dessen Bezirke sich der Streitgegenstand befindet, eine einstweilige Verfügung erlassen, unter Bestimmung einer Frist, innerhalb welcher der Gegner zur mündlichen Verhandlung über die Rechtmäßigkeit der einstweiligen Verfügung vor das Gericht der Hauptsache zu laden ist.

Nach fruchtlosem Ablaufe der Frist hat das Amtsgericht auf Antrag die erlassene Verfügung aufzuheben.

Die in diesem Paragraphen erwähnten Entscheidungen des Amtsgerichts können ohne vorgängige mündliche Verhandlung erfolgen.

821. Als Gericht der Hauptsache im Sinne der Bestimmungen dieses Abschnitts ist das Gericht erster Instanz und, wenn die Hauptsache in der Berufungsinstanz anhängig ist, das Berufungsgericht anzusehen.

822. In dringenden Fällen kann der Vorsitzende über die in diesem Abschnitte erwähnten Gesuche, sofern deren Erledigung eine vorgängige mündliche Verhandlung nicht erfordert, anstatt des Gerichts entscheiden.

Neuntes Buch.

Aufgebotsverfahren.

823. Eine öffentliche gerichtliche Aufforderung zur Anmeldung von Ansprüchen oder Rechten findet mit der Wirkung, daß die Unterlassung der Anmeldung einen

Rechtsnachtheil zur Folge hat, nur in den durch das Gesetz bestimmten Fällen statt.

Für das Aufgebotsverfahren ist das durch das Gesetz bestimmte Gericht zuständig.

824. Der Antrag kann schriftlich oder zum Protokolle des Gerichtsschreibers gestellt werden. Die Entscheidung kann ohne vorgängige mündliche Verhandlung erfolgen.

Ist der Antrag zulässig, so hat das Gericht das Aufgebot zu erlassen. In dasselbe ist insbesondere aufzunehmen:

1. die Bezeichnung des Antragstellers;
2. die Aufforderung, die Ansprüche und Rechte spätestens im Aufgebotstermine anzumelden;
3. die Bezeichnung der Rechtsnachtheile, welche eintreten, wenn die Anmeldung unterbleibt;
4. die Bestimmung eines Aufgebotstermins.

825. Die öffentliche Bekanntmachung des Aufgebots erfolgt durch Anheftung an die Gerichtstafel und durch Einrückung in den Deutschen Reichsanzeiger, außerdem aber, sofern nicht das Gesetz für den betreffenden Fall eine abweichende Anordnung getroffen hat, nach den im § 187 für Ladungen gegebenen Vorschriften.

826. Auf die Gültigkeit der öffentlichen Bekanntmachung hat es keinen Einfluß, wenn das anzuheftende Schriftstück von dem Orte der Anheftung zu früh entfernt ist oder wenn im Falle wiederholter Bekanntmachung die vorgeschriebenen Zwischenfristen nicht eingehalten sind.

827. Zwischen dem Tage, an welchem die Einrückung oder die erste Einrückung des Aufgebots in den Deutschen Reichsanzeiger erfolgt ist, und dem Aufgebotstermine muß, sofern das Gesetz nicht abweichende Anordnung enthält, ein Zeitraum von mindestens sechs Wochen liegen.

828. Eine Anmeldung, welche nach dem Schlusse des Aufgebotstermins, jedoch vor Erlassung des Ausschlußurtheils erfolgt, ist als eine rechtzeitige anzusehen.

829. Das Ausschlußurtheil ist in öffentlicher Sitzung auf Antrag zu erlassen.

Vor Erlassung des Urtheils kann eine nähere Ermittelung, insbesondere die eidliche Versicherung der Wahrheit einer Behauptung des Antragstellers angeordnet werden.

Gegen den Beschluß, durch welchen der Antrag auf Erlassung des Ausschlußurtheils zurückgewiesen wird, sowie gegen Beschränkungen und Vorbehalte, welche dem Ausschlußurtheile beigefügt sind, findet sofortige Beschwerde statt.

830. Erfolgt eine Anmeldung, durch welche das von dem Antragsteller zur Begründung des Antrags behauptete Recht bestritten wird, so ist nach Beschaffenheit des Falles entweder das Aufgebotsverfahren bis zur endgültigen Entscheidung über das angemeldete Recht auszusetzen, oder in dem Ausschlußurtheile das angemeldete Recht vorzubehalten.

831. Ist der Antragsteller in dem Aufgebotstermine nicht erschienen, so ist auf seinen Antrag ein neuer Termin zu bestimmen. Der Antrag ist nur binnen einer vom Tage des Aufgebotstermins laufende Frist von sechs Monaten zulässig.

832. Wird zur Erledigung des Aufgebotsverfahrens ein neuer Termin bestimmt, so ist eine öffentliche Bekanntmachung des Termins nicht erforderlich.

833. Das Gericht kann die öffentliche Bekanntmachung des wesentlichen Inhalts des Ausschlußurtheils durch einmalige Einrückung in den Deutschen Reichsanzeiger anordnen.

834. Gegen das Ausschlußurtheil findet ein Rechtsmittel nicht statt.

Das Ausschlußurtheil kann bei dem Landgerichte, in dessen Bezirke das Aufgebotsgericht seinen Sitz hat, mittels einer gegen den Antragsteller zu erhebenden Klage angefochten werden:

1. wenn ein Fall nicht vorlag, in welchem das Gesetz das Aufgebotsverfahren zuläßt;
2. wenn die öffentliche Bekanntmachung des Aufgebots oder eine in dem Gesetze vorgeschriebene Art der Bekanntmachung unterblieben ist;
3. wenn die vorgeschriebene Aufgebotsfrist nicht gewahrt ist;
4. wenn der erkennende Richter von der Ausübung des Richteramts kraft Gesetzes ausgeschlossen war;
5. wenn ein Anspruch oder ein Recht ungeachtet der erfolgten Anmeldung nicht dem Gesetze gemäß in dem Urtheile berücksichtigt ist;
6. wenn die Voraussetzungen vorliegen, unter welchen

die Restitutionsklage wegen einer strafbaren Handlung stattfindet.

835. Die Anfechtungsklage ist binnen der Nothfrist eines Monats zu erheben. Die Frist beginnt mit dem Tage, an welchem der Kläger Kenntniß von dem Ausschlußurtheile erhalten hat, in dem Falle jedoch, wenn die Klage auf einem der im § 834 Nr. 4, 6 bezeichneten Anfechtungsgründe beruht und dieser Grund an jenem Tage noch nicht zur Kenntniß des Klägers gelangt war, erst mit dem Tage, an welchem der Anfechtungsgrund dem Kläger bekannt geworden ist.

Nach Ablauf von zehn Jahren von dem Tage der Verkündigung des Ausschlußurtheils an gerechnet, ist die Klage unstatthaft.

836. Das Gericht kann die Verbindung mehrerer Aufgebote anordnen, auch wenn die Voraussetzungen des § 138 nicht vorliegen.

837. Für das Aufgebotsverfahren zum Zwecke der Kraftloserklärung (Amortisation) abhanden gekommener oder vernichteter Wechsel und der in den Artikeln 301, 302 des Handelsgesetzbuchs bezeichneten Urkunden gelten die nachfolgenden besonderen Bestimmungen.

Die Bestimmungen finden in Betreff anderer Urkunden, bezüglich welcher das Gesetz das Aufgebotsverfahren zuläßt, insoweit Anwendung, als in dem Gesetze nicht besondere Vorschriften enthalten sind.

838. Bei Papieren, welche auf den Inhaber lauten oder welche durch Indossament übertragen werden können und mit einem Blankoindossamente versehen sind, ist der letzte Inhaber berechtigt, das Aufgebotsverfahren zu beantragen.

Bei anderen Urkunden ist derjenige zu dem Antrage berechtigt, welcher das Recht aus der Urkunde geltend machen kann.

839. Für das Aufgebotsverfahren ist das Gericht des Orts zuständig, welchen die Urkunde als den Erfüllungsort bezeichnet. Enthält die Urkunde eine solche Bezeichnung nicht, so ist das Gericht zuständig, bei welchem der Aussteller seinen allgemeinen Gerichtsstand hat, und in Ermangelung eines solchen Gerichts dasjenige, bei welchem der Aussteller zur Zeit der Ausstellung seinen allgemeinen Gerichtsstand gehabt hat.

Ist der Anspruch, über welchen die Urkunde ausgestellt ist, in einem Grund- oder Hypothekenbuche eingetragen, so ist das Gericht der belegenen Sache ausschließlich zuständig.

840. Der Antragsteller hat zur Begründung des Antrags:

1. entweder eine Abschrift der Urkunde beizubringen, oder den wesentlichen Inhalt der Urkunde und alles anzugeben, was zur vollständigen Erkennbarkeit derselben erforderlich ist;
2. den Verlust der Urkunde sowie diejenigen Thatsachen glaubhaft zu machen, von welchen seine Berechtigung abhängt, das Aufgebotsverfahren zu beantragen;
3. sich zur eidlichen Versicherung der Wahrheit seiner Angaben zu erbieten.

841. In dem Aufgebot ist der Inhaber der Urkunde aufzufordern, spätestens im Aufgebotstermine seine Rechte bei dem Gericht anzumelden und die Urkunde vorzulegen. Als Rechtsnachtheil ist anzudrohen, daß die Kraftloserklärung der Urkunde erfolgen werde.

842. Die öffentliche Bekanntmachung des Aufgebots erfolgt durch Anheftung an die Gerichtstafel und in dem Lokale der Börse, wenn eine solche am Sitze des Aufgebotsgerichts besteht, sowie durch dreimalige Einrückung in die im § 187 Abs. 2 bezeichneten Blätter.

Das Gericht kann anordnen, daß die Einrückung noch in andere Blätter und zu mehreren Malen erfolge.

843. Bei Werthpapieren, für welche von Zeit zu Zeit Zinsscheine oder Gewinnantheilscheine ausgegeben werden, ist der Aufgebotstermin so zu bestimmen, daß bis zu demselben der erste einer seit der Zeit des glaubhaft gemachten Verlustes ausgegebenen Reihe von Zinsscheinen oder Gewinnantheilscheinen fällig geworden ist und seit der Fälligkeit desselben sechs Monate abgelaufen sind.

Vor Erlassung des Ausschlußurtheils hat der Antragsteller ein nach Ablauf dieser sechsmonatigen Frist ausgestelltes Zeugniß der betreffenden Behörde, Kasse oder Anstalt beizubringen, daß die Urkunde seit der Zeit des glaubhaft gemachten Verlustes ihr zur Ausgabe neuer Scheine nicht vorgelegt sei und daß die neuen Scheine an einen Anderen als den Antragsteller nicht ausgegeben seien.

844. Bei Werthpapieren, für welche Zinsscheine oder Gewinnantheilscheine zuletzt für einen längeren Zeitraum als vier Jahre ausgegeben sind, genügt es, wenn der Aufgebotstermin so bestimmt wird, daß bis zu demselben sei der Zeit des glaubhaft gemachten Verlustes von den zuletzt ausgegebenen Scheinen solche für vier Jahre fällig geworden und seit der Fälligkeit des letzten derselben sechs Monate abgelaufen sind. Scheine für Zeitabschnitte, für welche keine Zinsen oder Gewinnantheile bezahlt werden, kommen nicht in Betracht.

Vor Erlassung des Ausschlußurtheils hat der Antragsteller ein nach Ablauf dieser sechsmonatigen Frist ausgestelltes Zeugniß der betreffenden Behörde, Kasse oder Anstalt beizubringen, daß die für die bezeichneten vier Jahre und später etwa fällig gewordenen Scheine ihr von einem Anderen als dem Antragsteller nicht vorgelegt seien. Hat in der Zeit seit dem Erlasse des Aufgebots eine Ausgabe neuer Scheine stattgefunden, so muß daß Zeugniß auch die im § 843 Absatz 2 bezeichneten Angaben enthalten.

845. Bei Werthpapieren, für welche Zinsscheine oder Gewinnantheilscheine ausgegeben sind, aber nicht mehr ausgegeben werden, ist, wenn nicht die Voraussetzungen der §§ 843, 844 vorhanden sind, der Aufgebotstermin so zu bestimmen, daß bis zu demselben seit der Fälligkeit des letzten ausgegebenen Scheines sechs Monate abgelaufen sind.

846. Ist in einer Schuldurkunde eine Verfallzeit angegeben, welche zur Zeit der ersten Einrückung des

Aufgebots in den Deutschen Reichsanzeiger noch nicht eingetreten ist, und sind die Voraussetzungen der §§ 843—845 nicht vorhanden, so ist der Aufgebotstermin so zu bestimmen, daß seit dem Verfalltage sechs Monate abgelaufen sind.

847. Zwischen dem Tage, an welchem die erste Einrückung des Aufgebots in den Deutschen Reichsanzeiger erfolgt ist, und dem Aufgebotstermine muß ein Zeitraum von mindestens sechs Monaten liegen.

848. In dem Ausschlußurtheil ist die Urkunde für kraftlos zu erklären.

Das Ausschlußurtheil ist seinem wesentlichen Inhalte nach durch den Deutschen Reichsanzeiger bekannt zu machen.

In gleicher Weise hat nach eingetretener Rechtskraft die Bekanntmachung des auf die Anfechtungsklage ergangenen Urtheils, soweit dadurch die Kraftloserklärung aufgehoben wird, zu erfolgen.

849. Die Vorschriften der §§ 843—848 finden auch auf das Aufgebot anderer als der im § 837 Absatz 1 bezeichneten Urkunden, welche auf den Inhaber lauten oder durch Indossament übertragbar und mit einem Blankoindossament versehen sind, Anwendung, insoweit nicht der Anspruch, über welchen die Urkunde ausgestellt ist, in einem Grund- oder Hypothekenbuche eingetragen ist.

Durch diese Bestimmung werden Vorschriften, welche für das Aufgebotsverfahren noch andere oder schwerere Voraussetzungen aufstellen, nicht berührt.

850. Derjenige, welcher das Ausschlußurtheil erwirkt hat, ist dem durch die Urkunde Verpflichteten gegenüber berechtigt, die Rechte aus der Urkunde geltend zu machen.

Zehntes Buch.

Schiedsrichterliches Verfahren.

851. Die Vereinbarung, daß die Entscheidung einer Rechtsstreitigkeit durch einen oder mehrere Schiedsrichter erfolgen solle, hat insoweit rechtliche Wirkung, als die Parteien berechtigt sind, über den Gegenstand des Streits einen Vergleich zu schließen.

852. Ein Schiedsvertrag über künftige Rechtsstreitigkeiten hat keine rechtliche Wirkung, wenn er nicht auf ein bestimmtes Rechtsverhältniß und die aus demselben entspringenden Rechtsstreitigkeiten sich bezieht.

853. Ist nach den Bestimmungen des bürgerlichen Rechts ein mündlich geschlossener Schiedsvertrag gültig, so kann jede Partei die Errichtung einer schriftlichen Urkunde über den Vertrag verlangen.

854. Ist in dem Schiedsvertrag eine Bestimmung über die Ernennung der Schiedsrichter nicht enthalten, so wird von jeder Partei ein Schiedsrichter ernannt.

855. Steht beiden Parteien die Ernennung von Schiedsrichtern zu, so hat die betreibende Partei dem Gegner den Schiedsrichter schriftlich mit der Aufforderung zu bezeichnen, binnen einer einwöchigen Frist seinerseits ein Gleiches zu thun.

Nach fruchtlosem Ablaufe der Frist wird auf Antrag der betreibenden Partei der Schiedsrichter von dem zuständigen Gericht ernannt.

856. Eine Partei ist an die durch sie erfolgte Ernennung eines Schiedsrichters dem Gegner gegenüber gebunden, sobald derselbe die Anzeige von der Ernennung erhalten hat.

857. Wenn ein nicht in dem Schiedsvertrag ernannter Schiedsrichter stirbt oder aus einem anderen Grunde wegfällt oder die Uebernahme oder die Ausführung des Schiedsrichteramts verweigert, so hat die Partei, welche ihn ernannt hat, auf Aufforderung des Gegners binnen einer einwöchigen Frist einen anderen Schiedsrichter zu bestellen. Nach fruchtlosem Ablaufe der Frist wird auf Antrag der betreibenden Partei der Schiedsrichter von dem zuständigen Gericht ernannt.

858. Ein Schiedsrichter kann aus denselben Gründen und unter denselben Voraussetzungen abgelehnt werden, welche zur Ablehnung eines Richters berechtigen.

Die Ablehnung kann außerdem erfolgen, wenn ein nicht in dem Schiedsvertrag ernannter Schiedsrichter die Erfüllung seiner Pflichten ungebührlich verzögert.

Frauen, Minderjährige, Taube, Stumme und Personen,

welchen die bürgerlichen Ehrenrechte aberkannt sind, können abgelehnt werden.

859. Der Schiedsvertrag tritt außer Kraft, sofern nicht für den betreffenden Fall durch eine Vereinbarung der Parteien Vorsorge getroffen ist:

1. wenn bestimmte Personen in dem Vertrage zu Schiedsrichtern ernannt sind und ein Schiedsrichter stirbt oder aus einem anderen Grunde wegfällt oder die Uebernahme des Schiedsrichteramts verweigert oder von dem mit ihm geschlossenen Vertrage zurücktritt oder die Erfüllung seiner Pflichten ungebührlich verzögert;
2. wenn die Schiedsrichter den Parteien anzeigen, daß unter ihnen Stimmengleichheit sich ergeben habe.

860. Die Schiedsrichter haben vor Erlassung des Schiedsspruchs die Parteien zu hören und das dem Streite zu Grunde liegende Sachverhältniß zu ermitteln, soweit sie die Ermittelung für erforderlich erachten.

In Ermangelung einer Vereinbarung der Parteien über das Verfahren, wird dasselbe von den Schiedsrichtern nach freiem Ermessen bestimmt.

861. Die Schiedsrichter können Zeugen und Sachverständige vernehmen, welche freiwillig vor ihnen erscheinen.

Zur Beeidigung eines Zeugen oder eines Sachverständigen und zur Abnahme eines Parteieides sind die Schiedsrichter nicht befugt.

862. Eine von den Schiedsrichtern für erforderlich erachtete richterliche Handlung, zu deren Vornahme dieselben nicht befugt sind, ist auf Antrag einer Partei, sofern der Antrag für zulässig erachtet wird, von dem zuständigen Gerichte vorzunehmen.

Dem Gerichte, welches die Vernehmung oder Beeidigung eines Zeugen oder eines Sachverständigen angeordnet hat, stehen auch die Entscheidungen, zu, welche im Falle der Verweigerung des Zeugnisses oder des Gutachtens erforderlich werden.

863. Die Schiedsrichter können das Verfahren fortsetzen und den Schiedsspruch erlassen, auch wenn die Unzulässigkeit des schiedsrichterlichen Verfahrens behauptet, insbesondere wenn geltend gemacht wird, daß ein rechtsgültiger Schiedsvertrag nicht bestehe, daß der Schiedsvertrag sich auf den zu entscheidenden Streit nicht beziehe oder daß ein Schiedsrichter zu den schiedsrichterlichen Verrichtungen nicht befugt sei.

864. Ist der Schiedsspruch von mehreren Schiedsrichtern zu erlassen, so ist die absolute Mehrheit der Stimmen entscheidend, sofern nicht der Schiedsvertrag ein Anderes bestimmt.

865. Der Schiedsspruch ist unter Angabe des Tages der Abfassung von den Schiedsrichtern zu unterschreiben, den Parteien in einer von den Schiedsrichtern unterschriebenen Ausfertigung zuzustellen und unter Beifügung der Beurkundung der Zustellung auf der Gerichtsschreiberei des zuständigen Gerichts niederzulegen.

866. Der Schiedsspruch hat unter den Parteien die Wirkungen eines rechtskräftigen gerichtlichen Urtheils.

867. Die Aufhebung des Schiedsspruchs kann beantragt werden:

1. wenn das Verfahren unzulässig war;
2. wenn der Schiedsspruch eine Partei zu einer Handlung verurtheilt, deren Vornahme verboten ist;
3. wenn die Partei in dem Verfahren nicht nach Vorschrift der Gesetze vertreten war, sofern sie nicht die Prozeßführung ausdrücklich oder stillschweigend genehmigt hat;
4. wenn der Partei in dem Verfahren das rechtliche Gehör nicht gewährt war;
5. wenn der Schiedsspruch nicht mit Gründen versehen ist;
6. wenn die Voraussetzungen vorliegen, unter welchen in den Fällen der Nr. 1—6 des § 543 die Restitutionsklage stattfindet.

Die Aufhebung des Schiedsspruchs findet aus den unter Nr. 4, 5 erwähnten Gründen nicht statt, wenn die Parteien ein Anderes vereinbart haben.

868. Aus dem Schiedsspruche findet die Zwangsvollstreckung nur statt, wenn ihre Zulässigkeit durch ein Vollstreckungsurtheil ausgesprochen ist.

Das Vollstreckungsurtheil ist nicht zu erlassen, wenn ein Grund vorliegt, aus welchem die Aufhebung des Schiedsspruchs beantragt werden kann.

869. Nach Erlassung des Vollstreckungsurtheils kann die Aufhebung des Schiedsspruchs nur aus den im § 867

Nr. 6 bezeichneten Gründen und nur dann beantragt werden, wenn glaubhaft gemacht wird, daß die Partei ohne ihr Verschulden außer Stande gewesen sei, den Aufhebungsgrund in dem früheren Verfahren geltend zu machen.

870. Die Klage auf Aufhebung des Schiedsspruchs ist im Falle des vorstehenden Paragraphen binnen der Nothfrist eines Monats zu erheben.

Die Frist beginnt mit dem Tage, an welchem die Partei von dem Aufhebungsgrunde Kenntniß erhalten hat, jedoch nicht vor eingetretener Rechtskraft des Vollstreckungsurtheils. Nach Ablauf von zehn Jahren, von dem Tage der Rechtskraft des Urtheils an gerechnet, ist die Klage unstatthaft.

Wird der Schiedsspruch aufgehoben, so ist zugleich die Aufhebung des Vollstreckungsurtheils auszusprechen.

871. Für die Klagen, welche die Ernennung oder Ablehnung eines Schiedsrichters, das Erlöschen eines Schiedsvertrags, die Unzulässigkeit des schiedsrichterlichen Verfahrens, die Aufhebung eines Schiedsspruchs oder die Erlassung des Vollstreckungsurtheils zum Gegenstande haben, ist das Amtsgericht oder das Landgericht zuständig, welches in einem schriftlichen Schiedsvertrag als solches bezeichnet ist, und, in Ermangelung einer derartigen Bezeichnung, das Amtsgericht oder das Landgericht, welches für die gerichtliche Geltendmachung des Anspruchs zuständig sein würde.

Unter mehreren hiernach zuständigen Gerichten ist und bleibt dasjenige zuständig, an welches sich zuerst eine Partei oder das Schiedsgericht (§ 865) gewendet hat.

872. Auf Schiedsgerichte, welche in gesetzlich statthafter Weise durch letztwillige oder andere nicht auf Vereinbarung beruhende Verfügungen angeordnet werden, finden die Bestimmungen dieses Buchs entsprechende Anwendung.

Sach-Register

zum

Gerichtsverfassungsgesetz

und zur

Civilprozeßordnung.

Die mit G bezeichneten Zahlen bedeuten die §§ des Gerichtsverfassungsgesetzes, die mit C bezeichneten diejenigen der Civilprozeßordnung; E bedeutet Einführungsgesetz.

A.

B.

C.

D.

E.

F.

G.

H.

J.

K.

L.

M.

N.

O.

P.

Q.

R.

S.

T.

U.

V.

W.

Z.

Buchdruckerei der Berliner Bürger-Zeitung (W. & S. Loewenthal)
Berlin SW., Schützen-Straße 68.

Verlag von J. Guttentag (D. Collin) in Berlin.

(Zu beziehen durch alle Buchhandlungen.)

Handelsgesetzbuch.

H. Makower, Rechtsanwalt. **Das allgem. Deutsche Handelsgesetzbuch.** Mit Kommentar. Sechste Auflage. 1875. 15 Mark.

Strafgesetzbuch.

H. Rüdorff, Geh. Ober-Finanzrath. **Strafgesetzbuch für das Deutsche Reich.** Mit Kommentar. 2. Aufl. 1877. 10 Mark.

Genossenschaftsgesetz.

L. Parisius. Die Genossenschaftsgesetze im Deutschen Reiche, herausgegeben mit Einleitung und Kommentar. 1876. 10 Mark.

Haftpflicht der Eisenbahnen.

Dr. **W. Endemann,** ord. Professor d. R. zu Bonn. **Die Haftpflicht der Eisenbahnen, Bergwerke ꝛc.** für die bei deren Betriebe herbeigeführten Tödtungen und Körperverletzungen. Erläuterungen des Reichsgesetzes vom 7. Juni 1871. 2. Aufl. 1876. 2 Mark.

Personenstandsgesetz.

Dr. **P. Hinschius,** ord. Professor d. R. in Berlin. **Das Reichsgesetz über die Beurkundung des Personenstandes und die Eheschließung** vom 6. Februar 1875. Mit Kommentar in Anmerkungen, sowie sämmtlichen für das Reich und die einzelnen Bundesstaaten ergangenen Ausführungsbestimmungen. 2. Aufl. 1876. Cartonnirt 7 Mark.

Preßgesetz.

Dr. **H. Marquardsen,** ord. Professor d. R. in Erlangen. **Das Reichsgesetz über die Presse** vom 7. Mai 1874. Mit Einleitung und Kommentar. 1875. Cartonnirt 5 Mark.

Landrecht.

Dr. **C. F. Koch. Allgem. Landrecht für die Preußischen Staaten** mit Kommentar in Anmerkungen. 6./5. Ausgabe. Nach des Verfassers Tode bearbeitet von Förster, Johow, Hinschius, Achilles und Dalcke. 4 Bände. 1874–1876. 78 Mark.

Deutsche Reichsgesetzgebung.

Text-Ausgaben.

Konkursordnung

für

das Deutsche Reich.

Text-Ausgabe mit Register.

Berlin.

Verlag von J. Guttentag (D. Collin).

1877.

Inhalt.

Einführungs-Gesetz

zur

Konkursordnung.

Gesetzeskraft spätestens mit dem 1. Oktober 1879.
(Vgl. § 1 des Einf.-Gesetzes z. Gerichtsverfassungsgesetz.)

---

1. Die Konkursordnung tritt im ganzen Umfange des Reichs gleichzeitig mit dem Gerichtsverfassungsgesetze in Kraft.

2. Gesetz im Sinne der Konkursordnung und dieses Gesetzes ist jede Rechtsnorm.

3. Die den Konkurs betreffenden Vorschriften der Reichsgesetze werden durch die Konkursordnung nicht berührt.

Aufgehoben werden:

1. die Vorschriften des § 51 des Gesetzes, betreffend die privatrechtliche Stellung der Erwerbs- und Wirthschaftsgenossenschaften, vom 4. Juli 1868, sowie die im § 48 desselben Gesetzes bestimmte Zuständigkeit des Handelsgerichts;
2. die Vorschriften der §§ 13—18 des Gesetzes, betreffend die Gewährung der Rechtshülfe, vom 21. Juni 1869
3. die Vorschriften der §§ 281—283 des Strafgesetzbuchs.

Der Artikel 80 der Wechselordnung wird dahin abgeändert, daß die Verjährung auch nach Maßgabe des § 13 der Konkursordnung unterbrochen wird.

Die Verjährung zu Gunsten eines zur Zeit der Eröffnung des Konkursverfahrens ausgeschiedenen oder ausgeschlossenen Genossenschafters (§ 64 Abs. 1 des Gesetzes vom 4. Juli 1868) wird auch durch Anmeldung der Konkursforderung unterbrochen.

4. Aufgehoben werden die Vorschriften der Landesgesetze über Konkurs-, Falliments-, Gant-, Debit-Verfahren, über gerichtliche, zur Abwendung oder Einleitung eines solchen Verfahrens dienende Stundungs- und Nachlaßverhandlungen, konkursmäßige Einleitungen, Vermögensuntersuchungen, über die Rechtswohlthat der Güterabtretung und die landesherrliche oder gerichtliche Bewilligung einer allgemeinen Zahlungsstundung, sowie über das Konkursrecht, insoweit nicht in der Konkursordnung auf dieselben verwiesen oder bestimmt ist, daß sie nicht berührt werden.

Aufgehoben werden die Strafvorschriften, welche rücksichtlich des Konkurses in den Landesgesetzen enthalten sind.

5. Unberührt bleiben:

1. die landesgesetzlichen Vorschriften, welche die Lehen, Stammgüter oder Familienfideikommisse betreffen;
2. die landesgesetzlichen Vorschriften, welche die Nichtbefolgung der Vorschriften über die Anzeige des zwischen dem Gemeinschuldner und seinem Ehegatten bestehenden Güterrechts unter Strafe stellen.

6. Die Bestimmungen der §§ 193, 194, 196, 214 der Konkursordnung finden auf Vereine und registrirte

Gesellschaften, welche auf Grund der bayerischen Gesetze vom 29. April 1869, betreffend die privatrechtliche Stellung der Vereine sowie der Erwerbs- und Wirthschaftsgesellschaften, bestehen, entsprechende Anwendung.

7. In Ansehung der Landesherren und der Mitglieder der landesherrlichen Familien, sowie der Mitglieder der Fürstlichen Familie Hohenzollern finden die Bestimmungen der Konkursordnung nur insoweit Anwendung, als nicht besondere Vorschriften der Hausverfassungen oder der Landesgesetze abweichende Bestimmungen enthalten.

8. Ein vor dem Tage des Inkrafttretens der Konkursordnung eröffnetes Konkursverfahren ist nach den bisherigen Gesetzen zu erledigen.

Der Landesgesetzgebung bleibt vorbehalten, die Konkursordnung auf die Erledigung der vor dem Inkrafttreten der Konkursordnung anhängig gewordenen Konkurssachen für anwendbar zu erklären und zu dem Zwecke Uebergangsbestimmungen zu erlassen.

9. In einem am Tage des Inkrafttretens der Konkursordnung oder nach diesem Tage eröffneten Konkursverfahren finden die Bestimmungen der Konkursordnung über die Anfechtung von Rechtshandlungen auf eine vor dem bezeichneten Tage vorgenommene Rechtshandlung Anwendung, sofern nicht dieselbe nach den Vorschriften der bisherigen Gesetze der Anfechtung entzogen oder in geringerem Umfange unterworfen ist.

10. In einem am Tage des Inkrafttretens der Konkursordnung oder nach diesem Tage eröffneten Konkurs-

verfahren finden die Bestimmungen der §§ 42, 48 Nr. 3, 49 der Konkursordnung auf eine vor dem bezeichneten Tage abgetretene oder erworbene Forderung Anwendung, sofern nicht die bisherigen Gesetze eine Aufrechnung zulassen oder eine Verpflichtung zum Schadensersatze nicht oder in geringerem Umfange begründen.

11. In einem am Tage des Inkrafttretens der Konkursordnung oder nach diesem Tage eröffneten Konkursverfahren finden die Bestimmungen der Konkursordnung und dieses Gesetzes über abgesonderte Befriedigung auf Pfand- und Vorzugsrechte Anwendung, wenngleich dieselben oder die Forderungen vor dem bezeichneten Tage erworben sind.

12. Insoweit Pfand- und Vorzugsrechte, welche vor dem Tage des Inkrafttretens der Konkursordnung auf Grund eines Vertrages, einer letztwilligen Anordnung oder einer richterlichen Verfügung erworben oder in Bankstatuten den Banknoteninhabern rechtsgültig zugesichert sind, zufolge der Bestimmungen der Konkursordnung und dieses Gesetzes ihre Wirksamkeit verlieren, kann die Landesgesetzgebung für die Forderung des Berechtigten ein Vorrecht vor allen oder einzelnen der im § 54 der Konkursordnung bezeichneten Forderungen gewähren.

Ist das Pfand- oder Vorzugsrecht auf einzelne bewegliche Gegenstände des Schuldners beschränkt, so kann das Vorrecht nur in Höhe des Erlöses derselben gewährt werden.

Das durch die vorstehenden Bestimmungen vorbehaltene Vorrecht kann nicht gewährt werden für ein zwei Jahre nach dem Inkrafttreten der Konkursordnung eröffnetes

Konkursverfahren, wenn nicht das Vorrecht dadurch erhalten wird, daß dasselbe bis zum Ablauf der zwei Jahre zur Eintragung in ein öffentliches Register vorschriftsmäßig angemeldet ist. Der Erlaß von Vorschriften über die Einrichtung solcher Register, sowie über die Anmeldung und Eintragung der Forderungen bleibt der Landesgesetzgebung vorbehalten.

13. Die Landesgesetzgebung kann der Ehefrau, den Kindern und den Pflegebefohlenen des Gemeinschuldners für Forderungen, welche vor dem Tage des Inkrafttretens der Konkursordnung entstanden sind, ein Vorrecht nach Maßgabe des § 12 Abs. 1, 2 insoweit gewähren, als ein gesetzliches Pfand- oder Vorzugsrecht der Ehefrau, der Kinder oder der Pflegebefohlenen nach den bisherigen Gesetzen bestanden hat.

Auf das Vorrecht der Ehefrau findet die Bestimmung des § 12 Abs. 3 entsprechende Anwendung.

Den Kindern und den Pflegebefohlenen kann das Vorrecht für ein fünf Jahre nach dem Inkrafttreten der Konkursordnung eröffnetes Konkursverfahren nicht gewährt werden.

14. Faustpfandrechte im Sinne des § 40 der Konkursordnung bestehen an beweglichen körperlichen Sachen nur, wenn der Pfandgläubiger oder ein Dritter für ihn den Gewahrsam der Sache erlangt und behalten hat.

Das Absonderungsrecht besteht ohne Uebergabe der Sache, sofern:

1. nach den Reichsgesetzen oder den Landesgesetzen die Uebergabe von Konnossementen und ähnlichen Papieren

über Waaren oder andere bewegliche Sachen der Uebergabe derselben, oder die Eintragung der Verpfändung in das Schiffsregister oder die Uebergabe der mit einem beglaubigten Vermerke der Verpfändung versehenen Schiffsurkunden oder einer beglaubigten Abschrift derselben der Uebergabe des verpfändeten Schiffes gleichsteht;

2. über eine Verbodmung nach Vorschrift des Handelsgesetzbuchs ein Bodmereibrief ausgestellt ist.

15. Faustpfandrechte im Sinne des § 40 der Konkursordnung bestehen an Forderungen und anderen Vermögensrechten nur:

1. wenn der Drittschuldner von der Verpfändung benachrichtigt ist;
2. wenn der Pfandgläubiger oder ein Dritter für ihn den Gewahrsam der körperlichen Sache, welche den Gegenstand des Rechts bildet, oder der über die Forderung oder das Vermögensrecht ausgestellten Urkunde erlangt und behalten hat;
3. wenn die Verpfändung in dem Grund- oder Hypothekenbuch eingetragen ist.

16. Die Vorschriften der Landesgesetze, welche für den Erwerb von Faustpfandrechten mehrere der in den §§ 14, 15 bezeichneten Erfordernisse oder weitere Erfordernisse festsetzen, bleiben unberührt.

17. Der Landesgesetzgebung bleibt vorbehalten, Bestimmungen zu treffen, nach welchen

1. den Inhabern der von Gemeinden oder anderen Verbänden, von Korporationen, Aktiengesellschaften,

Kommanditgesellschaften auf Aktien oder Genossenschaften ausgestellten Pfandbriefe oder ähnlicher auf Grund erworbener Forderungen von denselben ausgestellter Werthpapiere an solchen Forderungen ein Faustpfandrecht im Sinne des § 40 der Konkursordnung dadurch gewährt werden kann, daß einem Vertreter sämmtlicher Inhaber allein oder in Gemeinschaft mit dem Aussteller die Ausübung des Gewahrsams der über die Forderungen lautenden Urkunden übertragen oder auf diesen Urkunden die Gewährung des Pfandrechts vermerkt wird;

2. den Inhabern von Schuldverschreibungen, welche von den unter Nr. 1 bezeichneten Schuldnern über eine Anleihe ausgestellt sind, an gewissen beweglichen körperlichen Sachen ein Faustpfandrecht im Sinne des § 40 der Konkursordnung dadurch gewährt werden kann, daß einem Vertreter sämmtlicher Inhaber allein oder in Gemeinschaft mit dem Aussteller die Ausübung des Gewahrsams der Sachen übertragen wird;

3. den Inhabern von Schuldverschreibungen, welche von den unter Nr. 1 bezeichneten Schuldnern über eine Anleihe ausgestellt sind, ein Vorrecht vor nicht bevorrechtigten Konkursgläubigern, deren Forderungen später entstehen, dadurch gewährt werden kann, daß die zu bevorrechtigenden Forderungen in ein öffentliches Schuldenbuch eingetragen werden.

Konkursordnung.

Gesetzeskraft spätestens mit dem 1. Oktober 1879.
(Vgl. § 1 des Einf.-Gesetzes z. Gerichtsverfassungsgesetz.)

Erstes Buch.

Konkursrecht.

Erster Titel.

Allgemeine Bestimmungen.

1. Das Konkursverfahren umfaßt das gesammte, einer Zwangsvollstreckung unterliegende Vermögen des Gemeinschuldners, welches ihm zur Zeit der Eröffnung des Verfahrens gehört (Konkursmasse).

Der Nießbrauch, welcher dem Gemeinschuldner während der Dauer des Verfahrens an dem Vermögen seiner Ehefrau oder seiner Kinder nach den Landesgesetzen zusteht, gehört zur Konkursmasse. Aus den Nutzungen kann der Gemeinschuldner die Mittel beanspruchen, welche zu seinem angemessenen Unterhalt und dazu erforderlich sind, um eine gesetzliche Verpflichtung desselben zum Unterhalte seiner Ehefrau oder zum Unterhalte und zur Erziehung seiner Kinder zu erfüllen.

Die im § 715 Nr. 5, 8 der Civilprozeßordnung und im § 20 des Gesetzes über das Postwesen des Deutschen

Reichs vom 28. Oktober 1871 vorgesehenen Beschränkungen kommen im Konkursverfahren nicht zur Anwendung.

2. Die Konkursmasse dient zur gemeinschaftlichen Befriedigung aller persönlichen Gläubiger, welche einen zur Zeit der Eröffnung des Verfahrens begründeten Vermögensanspruch an den Gemeinschuldner haben (Konkursgläubiger).

3. Ein Anspruch auf abgesonderte Befriedigung aus Gegenständen, welche zur Konkursmasse gehören, kann nur in den von diesem Gesetze zugelassenen Fällen geltend gemacht werden.

Die abgesonderte Befriedigung erfolgt unabhängig vom Konkursverfahren.

4. Ausländische Gläubiger stehen den inländischen gleich.

Unter Zustimmung des Bundesraths kann durch Anordnung des Reichskanzlers bestimmt werden, daß gegen die Angehörigen eines ausländischen Staates und die Rechtsnachfolger derselben ein Vergeltungsrecht zur Anwendung gebracht werde.

5. Mit der Eröffnung des Verfahrens verliert der Gemeinschuldner die Befugniß, sein zur Konkursmasse gehöriges Vermögen zu verwalten und über dasselbe zu verfügen.

Das Verwaltungs- und Verfügungsrecht wird durch einen Konkursverwalter ausgeübt.

6. Rechtshandlungen, welche der Gemeinschuldner nach der Eröffnung des Verfahrens vorgenommen hat, sind den Konkursgläubigern gegenüber nichtig.

Dem anderen Theile ist die Gegenleistung aus der Masse zurückzugewähren, soweit letztere durch dieselbe bereichert ist.

Hat der Gemeinschuldner Rechtshandlungen am Tage der Eröffnung des Verfahrens vorgenommen, so wird vermuthet, daß sie nach der Eröffnun vorgenommen worden sind.

7. Eine Leistung, welche auf eine zur Konkursmasse zu erfüllende Verbindlichkeit nach der Eröffnung des Verfahrens an den Gemeinschuldner erfolgt ist, befreit den Erfüllenden den Konkursgläubigern gegenüber nur insoweit, als das Geleistete in die Konkursmasse gekommen ist.

War die Leistung vor der öffentlichen Bekanntmachung der Eröffnung erfolgt, so ist der Erfüllende befreit, wenn nicht bewiesen wird, daß ihm zur Zeit der Leistung die Eröffnung des Verfahrens bekannt war.

War die Leistung nach der öffentlichen Bekanntmachung erfolgt, so wird der Erfüllende befreit, wenn er beweist, daß ihm zur Zeit der Leistung die Eröffnung des Verfahrens nicht bekannt war.

8. Rechtsstreitigkeiten über das zur Konkursmasse gehörige Vermögen, welche zur Zeit der Eröffnung des Verfahrens für den Gemeinschuldner anhängig sind, können in der Lage, in welcher sie sich befinden, von dem Konkursverwalter aufgenommen werden. Wird die Aufnahme verzögert, so kommen die Bestimmungen des § 217 der Civilprozeßordnung zur entsprechenden Anwendung.

Lehnt der Verwalter die Aufnahme des Rechtsstreits

ab, so kann sowohl der Gemeinschuldner als der Gegner denselben aufnehmen.

9. Rechtsstreitigkeiten, welche gegen den Gemeinschuldner anhängig und auf Aussonderung eines Gegenstandes aus der Konkursmasse oder auf abgesonderte Befriedigung gerichtet sind oder einen Anspruch betreffen, welcher als Masseschuld zu erachten ist, können sowohl von dem Konkursverwalter als von dem Gegner aufgenommen werden.

Erkennt der Verwalter den Anspruch sofort an, so fallen ihm die Prozeßkosten nicht zur Last.

10. Konkursgläubiger können ihre Forderungen auf Sicherstellung oder Befriedigung aus der Konkursmasse nur nach Maßgabe der Vorschriften für das Konkursverfahren verfolgen.

11. Während der Dauer des Konkursverfahrens finden Arreste und Zwangsvollstreckungen zu Gunsten einzelner Konkursgläubiger weder in das zur Konkursmasse gehörige, noch in das sonstige Vermögen des Gemeinschuldners statt.

12. Pfand- und Hypothekenrechte, Vorzugsrechte, sowie Zurückbehaltungsrechte an Gegenständen der Konkursmasse können nach der Eröffnung des Konkursverfahrens nicht mit verbindlicher Kraft gegen die Konkursgläubiger erworben oder eingetragen werden, wenngleich der Anspruch auf den Erwerb oder die Eintragung schon vor der Eröffnung des Verfahrens begründet gewesen ist.

13. Die Eröffnung des Konkursverfahrens hemmt

nicht den Lauf der Verjährung. Durch die Anmeldung einer Konkursforderung wird deren Verjährung unterbrochen.

14. Befindet sich der Gemeinschuldner mit Dritten in einem Miteigenthume, in einer Gesellschaft oder in einer anderen Gemeinschaft, so erfolgt die Theilung oder sonstige Auseinandersetzung außerhalb des Konkursverfahrens.

Zweiter Titel.

Erfüllung der Rechtsgeschäfte.

15. Wenn ein zweiseitiger Vertrag zur Zeit der Eröffnung des Konkursverfahrens von dem Gemeinschuldner und von dem anderen Theile nicht oder nicht vollständig erfüllt ist, so kann der Konkursverwalter an Stelle des Gemeinschuldners den Vertrag erfüllen und die Erfüllung von dem anderen Theile verlangen.

Der Verwalter muß auf Erfordern des anderen Theils, auch wenn die Erfüllungszeit noch nicht eingetreten ist, demselben ohne Verzug erklären, ob er die Erfüllung verlangen will. Unterläßt er dies, so kann er auf der Erfüllung nicht bestehen.

16. War die Lieferung von Waaren, welche einen Markt- oder Börsenpreis haben, genau zu einer festbestimmten Zeit oder binnen einer festbestimmten Frist bedungen, und tritt die Zeit oder der Ablauf der Frist erst nach der Eröffnung des Verfahrens ein, so kann nicht die Erfüllung verlangt, sondern nur eine Forderung wegen Nichterfüllung geltend gemacht werden.

Der Betrag dieser Forderung bestimmt sich durch den

Unterschied zwischen dem Kaufpreise und demjenigen Markt- oder Börsenpreise, welcher an dem Orte der Erfüllung oder an dem für denselben maßgebenden Handelsplatze sich für die am zweiten Werktage nach der Eröffnung des Verfahrens mit der bedungenen Erfüllungszeit geschlossenen Geschäfte ergiebt.

Ist ein solcher Markt- oder Börsenpreis nicht zu ermitteln, so findet die Bestimmung des ersten Absatzes keine Anwendung.

17. Auf Pacht- und Miethverträge über Sachen übt, wenn deren Uebergabe schon erfolgt ist, die Eröffnung des Verfahrens folgende Wirkungen aus:

1. hatte der Gemeinschuldner gepachtet oder gemiethet, so kann sowohl der andere Theil als der Verwalter den Vertrag aufkündigen. Die Frist oder Zeit für die Kündigung ist, falls eine kürzere Frist oder nähere Zeit nicht bedungen war, die gesetzliche oder ortsübliche;
2. hatte der Gemeinschuldner verpachtet oder vermiethet, so wirkt eine freiwillige Veräußerung der Sache durch den Konkursverwalter auf die Zulässigkeit der Kündigung sowie auf die Dauer des Vertrages wie eine Zwangsversteigerung.

18. Wenn der Gemeinschuldner gepachtet oder gemiethet hatte, und die Uebergabe der Sache zur Zeit der Eröffnung des Verfahrens noch nicht erfolgt ist, so kann der andere Theil von dem Vertrage abgehen, gleich als ob derselbe nicht geschlossen wäre.

Auf Erfordern des Verwalters muß der andere Theil demselben ohne Verzug erklären, ob er von dem Vertrage abgehen will. Unterläßt er dies, so kommen die Bestimmungen des § 15 zur Anwendung.

19. Ein in dem Haushalte, Wirthschaftsbetriebe oder Erwerbsgeschäfte des Gemeinschuldners angetretenes Dienstverhältniß kann von jedem Theile aufgekündigt werden. Die Frist und Zeit für die Kündigung ist, falls eine kürzere Frist oder nähere Zeit nicht bedungen war, die gesetzliche oder ortsübliche und in Ermangelung einer solchen von dem Konkursgerichte auf Antrag des Kündigenden festzusetzen.

20. Soweit rücksichtlich einzelner, durch die §§ 16 bis 19 nicht betroffener Rechtsverhältnisse die Reichsgesetze oder die Landesgesetze besondere Bestimmungen über die Wirkung der Eröffnung des Konkursverfahrens enthalten, kommen diese zur Anwendung.

21. Wenn in Folge der Eröffnung des Konkursverfahrens die Nichterfüllung einer Verbindlichkeit oder die Aufhebung eines Rechtsverhältnisses des Gemeinschuldners eintritt, so ist der andere Theil nicht berechtigt, die Rückgabe seiner in das Eigenthum des Gemeinschuldners übergegangenen Leistung aus der Konkursmasse zu verlangen. Er kann eine Forderung wegen der Nichterfüllung oder der Aufhebung nur als Konkursgläubiger geltend machen, soweit ihm nicht ein Anspruch auf abgesonderte Befriedigung zusteht.

Dritter Titel.

Anfechtung.

22. Rechtshandlungen, welche vor der Eröffnung des Konkursverfahrens vorgenommen sind, können als den Konkursgläubigern gegenüber unwirksam nach Maßgabe der folgenden Bestimmungen angefochten werden.

23. Anfechtbar sind:

1. die nach der Zahlungseinstellung oder dem Antrage auf Eröffnung des Verfahrens von dem Gemeinschuldner eingegangenen Rechtsgeschäfte, durch deren Eingehung die Konkursgläubiger benachtheiligt werden, wenn dem anderen Theile zu der Zeit, als er das Geschäft einging, die Zahlungseinstellung oder der Eröffnungsantrag bekannt war; sowie die nach der Zahlungseinstellung oder dem Eröffnungsantrage erfolgten Rechtshandlungen, welche einem Konkursgläubiger Sicherung oder Befriedigung gewähren, wenn dem Gläubiger zu der Zeit, als die Handlung erfolgte, die Zahlungseinstellung oder der Eröffnungsantrag bekannt war;

2. die nach der Zahlungseinstellung oder dem Antrage auf Eröffnung des Verfahrens oder in den letzten zehn Tagen vor der Zahlungseinstellung oder dem Eröffnungsantrage erfolgten Rechtshandlungen, welche einem Konkursgläubiger eine Sicherung oder Befriedigung gewähren, die er nicht oder nicht in der Art oder nicht zu der Zeit zu beanspruchen hatte, sofern er nicht beweist, daß ihm zur Zeit der Handlung

weder die Zahlungseinstellung und der Eröffnungsantrag, noch eine Absicht des Gemeinschuldners, ihn vor den übrigen Gläubigern zu begünstigen, bekannt war.

24. Anfechtbar sind:

1. Rechtshandlungen, welche der Gemeinschuldner in der dem anderen Theile bekannten Absicht, seine Gläubiger zu benachtheiligen, vorgenommen hat;
2. die in dem letzten Jahre vor der Eröffnung des Verfahrens geschlossenen, entgeltlichen Verträge des Gemeinschuldners

   mit seinem Ehegatten, vor oder während der Ehe, mit seinen oder seines Ehegatten Verwandten in auf- und absteigender Linie, mit seinen oder seines Ehegatten voll- und halbbürtigen Geschwistern, oder mit dem Ehegatten einer dieser Personen,

   sofern durch den Abschluß des Vertrages die Gläubiger des Gemeinschuldners benachtheiligt werden und der andere Theil nicht beweist, daß ihm zur Zeit des Vertragsabschlusses eine Absicht des Gemeinschuldners, die Gläubiger zu benachtheiligen, nicht bekannt war.

25. Anfechtbar sind:

1. die in dem letzten Jahre vor der Eröffnung des Verfahrens von dem Gemeinschuldner vorgenommenen unentgeltlichen Verfügungen, sofern nicht dieselben gebräuchliche Gelegenheitsgeschenke zum Gegenstande hatten;
2. die in den letzen zwei Jahren vor der Eröffnung des Verfahrens von dem Gemeinschuldner vor-

genommenen unentgeltlichen Verfügungen zu Gunsten seines Ehegatten, sowie eine innerhalb dieses Zeitraums von ihm bewirkte Sicherstellung oder Rückgewähr eines Heirathsguts oder des gesetzlich in seine Verwaltung gekommenen Vermögens seiner Ehefrau, sofern er nicht zu der Sicherstellung oder Rückgewähr durch das Gesetz oder durch einen vor diesem Zeitraume geschlossenen Vertrag verpflichtet war.

26. Rechtshandlungen, welche früher als sechs Monate vor der Eröffnung des Verfahrens erfolgt sind, können aus dem Grunde einer Kenntniß der Zahlungseinstellung nicht angefochten werden.

27. Wechselzahlungen des Gemeinschuldners können auf Grund des § 23 Nr. 1 von dem Empfänger nicht zurückgefordert werden, wenn nach Wechselrecht der Empfänger bei Verlust des Wechselanspruchs gegen andere Wechselverpflichtete zur Annahme der Zahlung verbunden war.

Die gezahlte Wechselsumme muß von dem letzten Wechselregreßschuldner oder, falls derselbe den Wechsel für Rechnung eines Dritten begeben hatte, von diesem erstattet werden, wenn dem letzten Wechselregreßschuldner oder dem Dritten zu der Zeit, als er den Wechsel begab oder begeben ließ, einer der im § 23 Nr. 1 erwähnten Umstände bekannt war.

28. Die Anfechtung wird dadurch nicht ausgeschlossen, daß für die anzufechtende Rechtshandlung ein vollstreckbarer Schuldtitel erlangt, oder daß dieselbe durch Zwangsvollstreckung oder durch Vollziehung eines Arrestes erwirkt worden ist.

29. Das Anfechtungsrecht wird von dem Verwalter ausgeübt.

30. Was durch die anfechtbare Handlung aus dem Vermögen des Gemeinschuldners veräußert, weggegeben, oder aufgegeben ist, muß zur Konkursmasse zurückgewährt werden.

Der gutgläubige Empfänger einer unentgeltlichen Leistung hat dieselbe nur soweit zurückzugewähren, als er durch sie bereichert ist.

31. Die Gegenleistung ist aus der Konkursmasse zu erstatten, soweit sie sich in derselben befindet, oder soweit die Masse um ihren Werth bereichert ist. Darüber hinaus kann ein Anspruch nur als Konkursforderung geltend gemacht werden.

32. Wenn der Empfänger einer anfechtbaren Leistung das Empfangene zurückgewährt, so tritt seine Forderung wieder in Kraft.

33. Die gegen den Erblasser begründete Anfechtung findet gegen den Erben statt.

Gegen einen anderen Rechtsnachfolger desjenigen, welchem gegenüber die anfechtbare Handlung vorgenommen ist, findet die gegen den letzteren begründete Anfechtung statt:

1. wenn ihm zur Zeit seines Erwerbes bekannt war, daß der Gemeinschuldner die Rechtshandlung in der Absicht vorgenommen hatte, seine Gläubiger zu benachtheiligen;

2. wenn er zu den im § 24 Nr. 2 genannten Personen gehört und nicht beweist, daß er zur Zeit seines Erwerbes von den Umständen, welche die Anfechtung gegen den Rechtsvorgänger begründen, keine Kenntniß hatte.

34. Das Anfechtungsrecht verjährt in einem Jahre seit der Eröffnung des Verfahrens.

Vierter Titel.

Aussonderung.

35. Die Ansprüche auf Aussonderung eines dem Gemeinschuldner nicht gehörigen Gegenstandes aus der Konkursmasse auf Grund eines dinglichen oder persönlichen Rechts bestimmen sich nach den außerhalb des Konkursverfahrens geltenden Gesetzen.

36. Der Verkäufer oder Einkaufskommissionär kann Waaren, welche von einem anderen Orte an den Gemeinschuldner abgesendet und von dem Gemeinschuldner noch nicht vollständig bezahlt sind, zurückfordern, sofern nicht dieselben schon vor Eröffnung des Verfahrens an dem Orte der Ablieferung angekommen und in den Gewahrsam des Gemeinschuldners oder einer anderen Person für ihn gelangt sind.

Die Bestimmungen des § 15 finden Anwendung.

37. Die Ehefrau des Gemeinschuldners kann Gegenstände, welche sie während der Ehe erworben hat, nur in Anspruch nehmen, wenn sie beweist, daß dieselben nicht mit Mitteln des Gemeinschuldners erworben sind.

38. Sind Gegenstände, deren Aussonderung aus der Konkursmasse hätte beansprucht werden können, vor der Eröffnung des Verfahrens von dem Gemeinschuldner oder nach der Eröffnung des Verfahrens von dem Verwalter veräußert worden, so ist der Aussonderungsberechtigte befugt, die Abtretung des Rechts auf die Gegenleistung, soweit diese noch aussteht, zu verlangen. Er kann die Gegenleistung aus der Masse beanspruchen, so weit sie nach der Eröffnung des Verfahrens zu derselben eingezogen worden ist.

Fünfter Titel.

Absonderung.

39. Zur abgesonderten Befriedigung dienen die Gegenstände, welche in Ansehung der Zwangsvollstreckung zum unbeweglichen Vermögen gehören, insoweit ein dingliches oder sonstiges Recht auf vorzugsweise Befriedigung aus denselben besteht.

Den Umfang der Immobiliarmasse, sowie den Umfang und die Rangordnung der aus derselben zu berichtigenden Ansprüche bestimmen die Reichsgesetze und Landesgesetze.

40. Gläubiger, welche an einer beweglichen körperlichen Sache, an einer Forderung oder an einem anderen Vermögensrechte des Gemeinschuldners ein Faustpfandrecht haben, können aus den ihnen verpfändeten Gegenständen abgesonderte Befriedigung wegen ihrer Pfandforderung verlangen, zunächst wegen der Kosten, dann wegen der Zinsen, zuletzt wegen des Kapitals.

41. Den Faustpfandgläubigern stehen gleich:

1. die Reichskasse, die Staatskassen und die Gemeinden, sowie die Amts-, Kreis- und Provinzialverbände wegen öffentlicher Abgaben, in Ansehung der zurückgehaltenen oder in Beschlag genommenen zoll- und steuerpflichtigen Sachen;
2. Verpächter wegen des laufenden und des rückständigen Zinses, sowie wegen anderer Forderungen aus dem Pachtverhältnisse, in Ansehung der Früchte des Grundstücks und der eingebrachten Sachen, sofern die Früchte oder Sachen sich noch auf dem Grundstück befinden;
3. Pächter in Ansehung des in ihrem Gewahrsam befindlichen Inventars wegen der Forderungen für dieses;
4. Vermiether wegen des laufenden und des für das letzte Jahr vor der Eröffnung des Verfahrens rückständigen Zinses, sowie wegen anderer Forderungen aus dem Miethverhältnisse, in Ansehung der eingebrachten Sachen, sofern die Sachen sich noch auf dem Grundstücke befinden;
5. Gastwirthe wegen ihrer Forderungen für Wohnung und Bewirthung des Gastes, in Ansehung der von demselben eingebrachten, von ihnen zurückbehaltenen Sachen;
6. Künstler, Werkmeister, Handwerker und Arbeiter wegen ihrer Forderungen für Arbeit und Auslagen, in Ansehung der von ihnen gefertigten oder ausgebesserten, noch in ihrem Gewahrsam befindlichen Sachen;
7. diejenigen, welche etwas zum Nutzen einer Sache verwendet haben, wegen des, den noch vorhandenen Vor-

theil nicht übersteigenden Betrages ihrer Forderung aus der Verwendung, in Ansehung der zurückbehaltenen Sache;

8. diejenigen, denen nach dem Handelsgesetzbuche an gewissen Gegenständen ein Pfandrecht oder Zurückbehaltungsrecht zusteht, in Ansehung dieser Gegenstände;

9. diejenigen, welche durch Pfändung ein Pfandrecht erlangt haben, in Ansehung der gepfändeten Gegenstände.

42. Wer nach der Eröffnung des Konkursverfahrens oder mit Kenntniß des Eröffnungsantrages oder der Zahlungseinstellung eine Konkursforderung dem im Auslande wohnenden Inhaber eines zur Konkursmasse gehörigen Gegenstandes oder in der Absicht, daß dieser die Forderung erwerbe, einer Mittelsperson abtritt, ist verpflichtet, zur Konkursmasse den Betrag zu ersetzen, welcher derselben dadurch entgeht, daß der Inhaber für die Forderung nach dem Rechte des Auslandes entgegen den Bestimmungen dieses Gesetzes ein Absonderungsrecht an dem Gegenstande ausübt. Die Vorschrift des § 26 findet entsprechende Anwendung.

43. Hat der Gemeinschuldner vor der Eröffnung des Konkursverfahrens eine Erbschaft erworben, so können die Nachlaßgläubiger und Vermächtnißnehmer abgesonderte Befriedigung aus den bei der Eröffnung vorhandenen Nachlaßgegenständen verlangen, soweit ihnen ein Absonderungsanspruch nach den Bestimmungen der Landesgesetze zusteht.

44. Wer sich mit dem Gemeinschuldner in einem Miteigenthume, in einer Gesellschaft oder in einer anderen Gemeinschaft befindet, kann wegen der auf ein solches Verhältniß sich gründenden Forderungen abgesonderte Befriedigung aus dem bei der Theilung oder sonstigen Auseinandersetzung ermittelten Antheile des Gemeinschuldners verlangen.

45. Die Befriedigung der Lehen-, Stammguts- oder Familienfideikommiß-Gläubiger erfolgt abgesondert aus dem Lehen, Stammgute oder Familienfideikommisse nach den Vorschriften der Landesgesetze.

Sechster Titel.

Aufrechnung.

46. Soweit ein Gläubiger zu einer Aufrechnung befugt ist, braucht er seine Forderung im Konkursverfahren nicht geltend zu machen.

47. Die Aufrechnung wird nicht dadurch ausgeschlossen, daß zur Zeit der Eröffnung des Verfahrens die aufzurechnenden Forderungen oder die eine von ihnen noch betagt oder noch bedingt war, oder die Forderung des Gläubigers nicht auf einen Geldbetrag gerichtet war.

Eine betagte Forderung des Gläubigers ist zum Zwecke der Aufrechnung nach der Vorschrift des § 58 zu berechnen.

Zum Zwecke der Aufrechnung einer aufschiebend bedingten Forderung bei dem Eintritte der Bedingung kann der Gläubiger Sicherstellung insoweit verlangen, als die Forderung der von ihm einzuzahlenden Schuld gleichkommt.

Eine nicht auf Geld gerichtete Forderung des Gläubigers ist zum Zwecke der Aufrechnung nach den Vorschriften der §§ 62, 63 zu berechnen.

48. Eine Aufrechnung im Konkursverfahren ist unzulässig:

1. wenn Jemand vor oder nach der Eröffnung des Verfahrens eine Forderung an den Gemeinschuldner erworben hat und nach der Eröffnung etwas zur Masse schuldig geworden ist;
2. wenn Jemand dem Gemeinschuldner vor der Eröffnung des Verfahrens etwas schuldig war und nach derselben eine Forderung an den Gemeinschuldner erworben hat, auch wenn diese Forderung vor der Eröffnung für einen anderen Gläubiger entstanden war;
3. wenn Jemand vor der Eröffnung des Verfahrens dem Gemeinschuldner etwas schuldig war und eine Forderung an den Gemeinschuldner durch ein Rechtsgeschäft mit demselben oder durch Rechtsabtretung oder Befriedigung eines Gläubigers erworben hat, falls ihm zur Zeit des Erwerbes bekannt war, daß der Gemeinschuldner seine Zahlungen eingestellt hatte, oder daß die Eröffnung des Verfahrens beantragt war. Die Vorschrift des § 26 findet entsprechende Anwendung.

Die Aufrechnung ist zulässig, wenn der Erwerber zur Uebernahme der Forderung oder zur Befriedigung des Gläubigers verpflichtet war und zu der Zeit, als er die Verpflichtung einging, weder von der Zahlungseinstellung noch von dem Eröffnungsantrage Kenntniß hatte.

49. Die Bestimmung des § 42 findet entsprechende Anwendung auf den Fall, daß ein im Auslande wohnender

Schuldner nach dem Rechte des Auslandes eine nach § 48 unzulässige Aufrechnung mit der ihm abgetretenen Konkursforderung vornimmt.

Siebenter Titel.

Massegläubiger.

50. Aus der Konkursmasse sind die Massekosten und Masseschulden vorweg zu berichtigen.

51. Massekosten sind:
1. die gerichtlichen Kosten für das gemeinschaftliche Verfahren;
2. die Ausgaben für die Verwaltung, Verwerthung und Vertheilung der Masse;
3. die dem Gemeinschuldner und dessen Familie bewilligte Unterstützung.

52. Masseschulden sind:
1. die Ansprüche, welche aus Geschäften oder Handlungen des Konkursverwalters entstehen;
2. die Ansprüche aus zweiseitigen Verträgen, deren Erfüllung zur Konkursmasse verlangt wird oder für die Zeit nach der Eröffnung des Verfahrens erfolgen muß;
3. die Ansprüche aus einer rechtlosen Bereicherung der Masse.

53. Sobald sich herausstellt, daß die Konkursmasse zur vollständigen Befriedigung aller Massegläubiger nicht ausreicht, tritt eine verhältnißmäßige Befriedigung derselben in der Weise ein, daß zunächst die Masseschulden, dann die Massekosten, von diesen zuerst die baaren Auslagen und zuletzt die dem Gemeinschuldner und dessen Familie bewilligte Unterstützung zu berichtigen sind.

Achter Titel.
Konkursgläubiger.

54. Die Konkursforderungen werden nach folgender Rangordnung, bei gleichem Range nach Verhältniß ihrer Beträge, berichtigt:

1. die für das letzte Jahr vor der Eröffnung des Verfahrens oder dem Ableben des Gemeinschuldners rückständigen Forderungen an Lohn, Kostgeld oder anderen Dienstbezügen der Personen, welche sich dem Gemeinschuldner für dessen Haushalt, Wirthschaftsbetrieb oder Erwerbsgeschäft zu dauerndem Dienste verdungen hatten;
2. die Forderungen der Reichskasse, der Staatskassen und der Gemeinden, sowie der Amts-, Kreis- und Provinzialverbände wegen öffentlicher Abgaben, welche im letzten Jahre vor der Eröffnung des Verfahrens fällig geworden sind, oder nach § 58 als fällig gelten; es macht hierbei keinen Unterschied, ob der Steuererheber die Abgabe bereits vorschußweise zur Kasse entrichtet hat;
3. die Forderungen der Kirchen und Schulen, der öffentlichen Verbände und der öffentlichen, zur Annahme der Versicherung verpflichteten Feuerversicherungs-Anstalten wegen der nach Gesetz oder Verfassung zu entrichtenden Abgaben und Leistungen aus dem letzten Jahre vor der Eröffnung des Verfahrens;
4. die Forderungen der Aerzte, Wundärzte, Apotheker, Hebammen und Krankenpfleger wegen Kur- und Pflege-

kosten aus dem letzten Jahre vor der Eröffnung des Verfahrens, insoweit der Betrag der Forderungen den Betrag der taxmäßigen Gebührnisse nicht übersteigt;
5. die Forderungen der Kinder und der Pflegebefohlenen des Gemeinschuldners in Ansehung ihres gesetzlich der Verwaltung desselben unterworfenen Vermögens; das Vorrecht steht ihnen nicht zu, wenn die Forderung nicht binnen zwei Jahren nach Beendigung der Vermögensverwaltung gerichtlich geltend gemacht und bis zur Eröffnung des Verfahrens verfolgt worden ist;
6. alle übrigen Konkursforderungen.

55. Mit der Kapitalsforderung werden an derselben Stelle angesetzt:

1. die Kosten, welche dem Gläubiger vor der Eröffnung des Verfahrens erwachsen sind;
2. die Vertragsstrafen;
3. die bis zur Eröffnung des Verfahrens aufgelaufenen Zinsen.

56. Im Konkursverfahren können nicht geltend gemacht werden:

1. die seit der Eröffnung des Verfahrens laufenden Zinsen;
2. die Kosten, welche den einzelnen Gläubigern durch ihre Theilnahme an dem Verfahren erwachsen;
3. Geldstrafen;
4. Forderungen aus einer Freigebigkeit des Gemeinschuldners unter Lebenden oder von Todeswegen.

57. Ein Gläubiger, welcher abgesonderte Befriedigung beansprucht, kann die Forderung, wenn der Gemeinschuldner auch persönlich für sie haftet, zur Konkursmasse geltend machen, aus derselben aber nur für den Betrag verhältnißmäßige Befriedigung verlangen, zu welchem er auf abgesonderte Befriedigung verzichtet, oder mit welchem er bei der letzteren ausgefallen ist.

58. Betagte Forderungen gelten als fällig.

Eine betagte unverzinsliche Forderung vermindert sich auf den Betrag, welcher mit Hinzurechnung der gesetzlichen Zinsen desselben für die Zeit von der Eröffnung des Verfahrens bis zur Fälligkeit dem vollen Betrage der Forderung gleichkommt.

59. Forderungen unter auflösender Bedingung werden wie unbedingte geltend gemacht.

60. Forderungen unter aufschiebender Bedingung berechtigen nur zu einer Sicherung.

61. Wird über das Vermögen mehrerer oder einer von mehreren Personen, welche nebeneinander für dieselbe Leistung auf das Ganze haften, das Konkursverfahren eröffnet, so kann der Gläubiger bis zu seiner vollen Befriedigung in jedem Verfahren den Betrag geltend machen, den er zur Zeit der Eröffnung des Verfahrens zu fordern hatte.

62. Forderungen, welche nicht auf einen Geldbetrag gerichtet sind, oder deren Geldbetrag unbestimmt oder ungewiß oder nicht in Reichswährung festgesetzt ist, sind nach ihrem Schätzungswerthe in Reichswährung geltend zu machen.

63. Wiederkehrende Hebungen zu einem bestimmten Betrage und von einer bestimmten Zeitdauer werden unter Abrechnung der Zwischenzinsen (§ 58) durch Zusammenzählung der einzelnen Hebungen kapitalisirt. Der Gesammtbetrag darf den zum gesetzlichen Zinssatze kapitalisirten Betrag derselben nicht übersteigen.

Zweites Buch.

Konkursverfahren.

Erster Titel.

Allgemeine Bestimmungen.

64. Für das Konkursverfahren ist das Amtsgericht ausschließlich zuständig, bei welchem der Gemeinschuldner seinen allgemeinen Gerichtsstand hat.

Sind mehrere Gerichte zuständig, so schließt dasjenige, bei welchem zuerst die Eröffnung des Verfahrens beantragt worden ist, die übrigen aus.

65. Die Vorschriften der Civilprozeßordnung finden, soweit nicht aus den Bestimmungen dieses Gesetzes sich Abweichungen ergeben, auf das Konkursverfahren entsprechende Anwendung.

66. Die Entscheidungen im Konkursverfahren können ohne vorgängige mündliche Verhandlung erfolgen.

Die Zustellung geschieht von Amtswegen.

Gegen die Entscheidungen im Konkursverfahren findet, soweit dieses Gesetz nicht ein Anderes bestimmt, die sofortige Beschwerde statt.

67. Das Konkursgericht kann zur Aufklärung aller das Verfahren betreffenden Verhältnisse die erforderlichen Ermittelungen, insbesondere die Vernehmung von Zeugen und Sachverständigen anordnen.

68. Die öffentlichen Bekanntmachungen erfolgen durch mindestens einmalige Einrückung in das zur Veröffentlichung amtlicher Bekanntmachungen des Gerichts bestimmte Blatt; die Einrückung kann auszugsweise geschehen. Die Bekanntmachung gilt als bewirkt mit dem Ablaufe des zweiten Tages nach der Ausgabe des die Einrückung oder die erste Einrückung enthaltenden Blattes.

Das Gericht kann weitere Bekanntmachungen anordnen.

Die öffentliche Bekanntmachung gilt als Zustellung an alle Betheiligten, auch wenn dieses Gesetz neben ihr eine besondere Zustellung vorschreibt.

69. Wenn neben der öffentlichen Bekanntmachung eine besondere Zustellung vorgeschrieben ist, so kann dieselbe durch Aufgabe zur Post bewirkt werden. Einer Beglaubigung der Abschrift des zuzustellenden Schriftstücks bedarf es nicht.

Die dem Verwalter obliegenden Mittheilungen können unmittelbar und ohne besondere Form geschehen.

70. Der Konkursverwalter wird von dem Gerichte ernannt.

Das Gericht kann demselben die Leistung einer Sicherheit auferlegen.

71. Wenn die Verwaltung verschiedene Geschäftszweige umfaßt, so können mehrere Konkursverwalter ernannt werden. Jeder von ihnen ist in seiner Geschäftsführung selbständig.

72. In der auf die Ernennung eines Verwalters folgenden Gläubigerversammlung können die Konkursgläubiger statt des Ernannten eine andere Person wählen. Das Gericht kann die Ernennung des Gewählten versagen.

73. Der Name des Verwalters ist öffentlich bekannt zu machen.

Dem Verwalter ist eine urkundliche Bescheinigung seiner Ernennung zu ertheilen. Er hat dieselbe bei der Beendigung seines Amts dem Gerichte zurückzureichen.

74. Der Verwalter hat die Sorgfalt eines ordentlichen Hausvaters anzuwenden.

75. Der Verwalter steht unter der Aufsicht des Konkursgerichts.

76. Das Gericht kann gegen den Verwalter Ordnungsstrafen bis zu zweihundert Mark festsetzen. Es kann denselben vor der auf seine Ernennung folgenden Gläubigerversammlung von Amtswegen, später nur auf Antrag der Gläubigerversammlung oder des Gläubigerausschusses seines Amts entlassen.

Vor der Entscheidung ist der Verwalter zu hören.

77. Der Verwalter hat Anspruch auf Erstattung angemessener baarer Auslagen und auf Vergütung für seine Geschäftsführung. Die Festsetzung der Auslagen und der Vergütung erfolgt durch das Konkursgericht.

78. Der Verwalter hat bei der Beendigung seines Amts einer Gläubigerversammlung Schlußrechnung zu legen. Die Rechnung muß mit den Belegen und, wenn ein Gläubigerausschuß bestellt ist, mit dessen Bemerkungen

spätestens drei Tage vor dem Termine auf der Gerichtsschreiberei zur Einsicht der Betheiligten niedergelegt werden. Der Gemeinschuldner, jeder Konkursgläubiger und der nachfolgende Verwalter sind berechtigt, Einwendungen gegen die Rechnung zu erheben. Soweit in dem Termine Einwendungen nicht erhoben werden, gilt die Rechnung als anerkannt.

79. Vor der ersten Gläubigerversammlung kann das Gericht aus der Zahl der Gläubiger oder der Vertreter von Gläubigern einen Gläubigerausschuß bestellen.

Die Gläubigerversammlung hat über die Bestellung eines Gläubigerausschusses zu beschließen. Die Mitglieder des Gläubigerausschusses sind von der Gläubigerversammlung zu wählen. Zu Mitgliedern können Gläubiger oder andere Personen gewählt werden.

80. Die Mitglieder des Gläubigerausschusses haben den Verwalter bei seiner Geschäftsführung zu unterstützen und zu überwachen. Dieselben können sich von dem Gange der Geschäfte unterrichten, die Bücher und Schriften des Verwalters einsehen und den Bestand seiner Kasse untersuchen.

Der Gläubigerausschuß ist berechtigt, von dem Verwalter Berichterstattung über die Lage der Sache und die Geschäftsführung zu verlangen. Er ist verpflichtet, die Untersuchung der Kasse wenigstens ein Mal in jedem Monate durch ein Mitglied vornehmen zu lassen.

81. Die Mitglieder des Gläubigerausschusses haben die Sorgfalt eines ordentlichen Hausvaters anzuwenden.

82. Ein Beschluß des Gläubigerausschusses ist gültig, wenn die Mehrheit der Mitglieder an der Beschlußfassung Theil genommen hat, und der Beschluß mit absoluter Mehrheit der abgegebenen Stimmen gefaßt ist.

83. Die Mitglieder des Gläubigerausschusses haben Anspruch auf Erstattung angemessener baarer Auslagen und auf Vergütung für ihre Geschäftsführung. In Ermangelung einer Einigung mit der Gläubigerversammlung erfolgt die Festsetzung der Auslagen und der Vergütung durch das Konkursgericht.

84. Die durch das Gericht erfolgte Bestellung zum Mitgliede des Gläubigerausschusses kann von dem Gerichte, die durch die Gläubigerversammlung erfolgte Bestellung zum Mitgliede des Gläubigerausschusses durch Beschluß der Gläubigerversammlung widerrufen werden.

85. Ueber die Berufung der Gläubigerversammlung beschließt das Gericht. Die Berufung muß erfolgen, wenn sie von dem Verwalter, dem Gläubigerausschusse oder von mindestens fünf Konkursgläubigern, deren Forderungen nach der Schätzung des Gerichts den fünften Theil der Schuldenmasse erreichen, beantragt wird.

Die Berufung muß öffentlich bekannt gemacht werden. Der öffentlichen Bekanntmachung bedarf es nicht, wenn in einer Gläubigerversammlung eine Vertagung der Verhandlung angeordnet wird.

86. Die Gläubigerversammlung findet unter der Leitung des Gerichts statt.

Die Beschlüsse der Gläubigerversammlung werden mit absoluter Mehrheit der Stimmen gefaßt. Für die Wahl der Mitglieder des Gläubigerausschusses genügt relative Mehrheit der Stimmen.

Die Stimmenmehrheit ist nach den Forderungsbeträgen zu berechnen. Bei Gleichheit der Summen entscheidet die Zahl der Gläubiger.

87. Zur Theilnahme an den Abstimmungen berechtigen die festgestellten Konkursforderungen. In Ansehung einer streitig gebliebenen Forderung wird bei der Prüfung mit den Parteien erörtert, ob und zu welchem Betrage ein bleibendes Stimmrecht für dieselbe zu gewähren ist. In Ermangelung einer Einigung entscheidet das Konkursgericht. Das Gericht kann die Entscheidung auf den weiteren Antrag einer Partei abändern.

Ob und zu welchem Betrage nicht geprüfte Konkursforderungen zum Stimmen in einer Gläubigerversammlung berechtigen, entscheidet auf den Widerspruch eines Konkursgläubigers oder des Verwalters das Gericht.

Eine Anfechtung der Entscheidungen findet nicht statt.

88. Ob und zu welchem Betrage Forderungen, für welche abgesonderte Befriedigung beansprucht wird, in Ansehung ihres muthmaßlichen Ausfalls, sowie Konkursforderungen unter aufschiebender Bedingung zum Stimmen in einer Gläubigerversammlung berechtigen, entscheidet auf den Widerspruch eines Konkursgläubigers oder des Verwalters das Gericht.

Eine Anfechtung der Entscheidung findet nicht statt.

89. Gezählt werden nur die Stimmen der in der Gläubigerversammlung erschienenen Gläubiger. Die nicht erschienenen Gläubiger sind an die Beschlüsse gebunden.

90. Der Gegenstand, über welchen in der Gläubigerversammlung ein Beschluß gefaßt werden soll, muß bei der Berufung derselben öffentlich bekannt gemacht werden.

91. Das Gericht hat die Ausführung eines von der Gläubigerversammlung gefaßten Beschlusses auf den in der Gläubigerversammlung gestellten Antrag des Verwalters oder eines überstimmten Gläubigers zu untersagen, wenn der Beschluß dem gemeinsamen Interesse der Konkursgläubiger widerspricht.

92. Der Gemeinschuldner ist verpflichtet, dem Verwalter, dem Gläubigerausschusse und auf Anordnung des Gerichts der Gläubigerversammlung über alle das Verfahren betreffenden Verhältnisse Auskunft zu geben.

93. Der Gemeinschuldner darf sich von seinem Wohnorte nur mit Erlaubniß des Gerichts entfernen.

Das Gericht kann die zwangsweise Vorführung und nach Anhörung des Gemeinschuldners die Haft desselben anordnen, wenn er die ihm von dem Gesetze auferlegten Pflichten nicht erfüllt, oder wenn es zur Sicherung der Masse nothwendig erscheint.

Zweiter Titel.

Eröffnungsverfahren.

94. Die Eröffnung des Konkursverfahrens setzt die Zahlungsunfähigkeit des Gemeinschuldners voraus.

Zahlungsunfähigkeit ist insbesondere anzunehmen, wenn Zahlungseinstellung erfolgt ist.

95. Das Verfahren kann nur auf Antrag eröffnet werden.

Zu dem Antrage ist der Gemeinschuldner und jeder Konkursgläubiger berechtigt.

96. Beantragt der Gemeinschuldner die Eröffnung des Verfahrens, so hat er ein Verzeichniß der Gläubiger und Schuldner, sowie eine Uebersicht der Vermögensmasse bei Stellung des Antrags einzureichen oder, wenn dies nicht thunlich ist, ohne Verzug nachzuliefern.

97. Der Antrag eines Gläubigers auf Eröffnung des Verfahrens ist zuzulassen, wenn die Forderung des Gläubigers und die Zahlungsunfähigkeit des Gemeinschuldners glaubhaft gemacht werden.

Wird der Antrag zugelassen, so hat das Gericht den Schuldner zu hören und, sofern dieser nicht seine Zahlungsunfähigkeit oder Zahlungseinstellung einräumt, die erforderlichen Ermittelungen anzuordnen.

Die Anhörung des Schuldners kann unterbleiben, wenn sie eine öffentliche Zustellung oder eine Zustellung im Auslande erfordert; in diesem Falle ist, soweit thunlich, ein Vertreter oder Angehöriger des Schuldners zu hören.

98. Das Gericht kann die zwangsweise Vorführung und die Haft des Schuldners anordnen. Dasselbe kann alle zur Sicherung der Masse dienenden einstweiligen Anordnungen treffen. Es kann insbesondere ein allgemeines Veräußerungsverbot an den Schuldner erlassen. Wird das Verbot öffentlich bekannt gemacht, so findet auf Pfand- und Hypothekenrechte, welche im Wege der Zwangsvollstreckung oder des Arrestes nach der Bekanntmachung des Verbots erworben oder eingetragen worden sind, die Bestimmung des § 12 entsprechende Anwendung.

Bei der Abweisung des Eröffnungsantrags sind die angeordneten Sicherheitsmaßregeln aufzuheben.

99. Die Abweisung des Eröffnungsantrags kann erfolgen, wenn nach dem Ermessen des Gerichts eine den Kosten des Verfahrens entsprechende Konkursmasse nicht vorhanden ist.

100. Der Eröffnungsbeschluß hat die Stunde der Eröffnung anzugeben.

Ist dies versäumt worden, so gilt als Zeitpunkt der Eröffnung die Mittagsstunde des Tages, an welchem der Beschluß erlassen ist.

101. Die sofortige Beschwerde steht gegen den Eröffnungsbeschluß nur dem Gemeinschuldner, gegen den abweisenden Beschluß nur demjenigen zu, welcher den Eröffnungsantrag gestellt hat.

102. Bei der Eröffnung des Konkursverfahrens ernennt das Gericht den Konkursverwalter, verordnet einen nicht über einen Monat hinauszusetzenden Termin zur Beschlußfassung über die Wahl eines anderen Verwalters, sowie über die Bestellung eines Gläubigerausschusses, erläßt den offenen Arrest und bestimmt die Anmeldefrist und den allgemeinen Prüfungstermin.

Das Gericht kann die Termine verbinden, wenn die Konkursmasse von geringerem Betrage oder der Kreis der Konkursgläubiger von geringerem Umfange ist.

103. Der Gerichtsschreiber hat die Formel des Eröffnungsbeschlusses, den offenen Arrest, die Anmeldefrist und die Termine sofort öffentlich bekannt zu machen.

Die Bekanntmachung ist, unbeschadet der Vorschriften des § 68 Abs. 1, auszugsweise in den Deutschen Reichsanzeiger einzurücken.

An die ihrem Wohnorte nach bekannten Gläubiger und Schuldner des Gemeinschuldners erfolgt besondere Zustellung.

104. Der Gerichtsschreiber hat unter Bezeichnung des Konkursverwalters beglaubigte Abschriften der Formel des Eröffnungsbeschlusses den Behörden für die Führung des Handels- oder Genossenschaftsregisters oder ähnlicher Register und der Dienstbehörde des Gemeinschuldners mitzutheilen.

105. Sobald eine den Eröffnungsbeschluß aufhebende Entscheidung die Rechtskraft erlangt hat, ist die Aufhebung des Verfahrens öffentlich bekannt zu machen. Die Vorschriften der §§ 103 Abs. 2, 104 finden entsprechende Anwendung.

106. Inwiefern die Eröffnung oder Aufhebung des Konkursverfahrens in das Grund- oder Hypothekenbuch einzutragen, und wie eine solche Eintragung zu bewirken ist, bestimmt sich nach den Landesgesetzen.

Dritter Titel.

Theilungsmasse.

107. Nach der Eröffnung des Verfahrens hat der Verwalter das gesammte zur Konkursmasse gehörige Vermögen sofort in Besitz und Verwaltung zu nehmen und dasselbe zu verwerthen.

108. Durch den offenen Arrest wird allen Personen,

welche eine zur Konkursmasse gehörige Sache in Besitz haben oder zur Konkursmasse etwas schuldig sind, aufgegeben, nichts an den Gemeinschuldner zu verabfolgen oder zu leisten, auch die Verpflichtung auferlegt, von dem Besitze der Sache und von den Forderungen, für welche sie aus der Sache abgesonderte Befriedigung in Anspruch nehmen, dem Konkursverwalter innerhalb einer bestimmten Frist Anzeige zu machen.

109. Wer die Anzeige über den Besitz von Sachen des Gemeinschuldners innerhalb der bestimmten Frist zu machen unterläßt, haftet für allen aus der Unterlassung oder Verzögerung der Anzeige entstehenden Schaden.

110. Gläubiger, welche abgesonderte Befriedigung aus einer in ihrem Besitze befindlichen Sache beanspruchen, haben dem Verwalter auf dessen Verlangen die Sache zur Ansicht vorzuzeigen und die Abschätzung derselben zu gestatten.

111. Die Post- und Telegraphen-Anstalten sind verpflichtet, auf Anordnung des Konkursgerichts alle für den Gemeinschuldner eingehenden Sendungen, Briefe und Depeschen dem Verwalter auszuhändigen. Dieser ist zur Eröffnung derselben berechtigt. Der Gemeinschuldner kann die Einsicht und, wenn ihr Inhalt die Masse nicht betrifft, die Herausgabe derselben verlangen.

Das Gericht kann die Anordnung auf Antrag des Gemeinschuldners nach Anhörung des Verwalters aufheben oder beschränken.

112. Der Verwalter kann zur Sicherung der zur

Konkursmasse gehörigen Sachen durch eine zur Vornahme solcher Handlungen gesetzlich ermächtigte Person siegeln lassen.

Die Geschäftsbücher des Gemeinschuldners sind durch den Gerichtsschreiber zu schließen.

113. Der Verwalter hat die einzelnen zur Konkursmasse gehörigen Gegenstände unter Angabe ihres Werths aufzuzeichnen. Der Werth ist erforderlichen Falls durch Sachverständige zu ermitteln. Bei der Aufzeichnung ist eine obrigkeitliche oder eine Urkundsperson zuzuziehen. Der Gemeinschuldner ist zuzuziehen, wenn er ohne Aufschub zu erlangen ist.

Auf Antrag des Verwalters und, wenn ein Gläubigerausschuß bestellt ist, des letzteren, kann das Gericht gestatten, daß die Aufzeichnung unterbleibe oder ohne Zuziehung einer obrigkeitlichen oder einer Urkundsperson vorgenommen werde.

114. Dem Verwalter liegt die Anfertigung eines Inventars und einer Bilanz ob. Derselbe hat eine von ihm gezeichnete Abschrift des Inventars und der Bilanz und, wenn eine Siegelung und Entsiegelung stattgefunden hat, die Protokolle über dieselben auf der Gerichtsschreiberei zur Einsicht der Betheiligten niederzulegen.

115. Nach der Anfertigung des Inventars kann der Verwalter oder ein Konkursgläubiger den Gemeinschuldner in eine Sitzung des Amtsgerichts, bei welchem das Konkursverfahren anhängig ist, zur Leistung des Offenbarungseides laden.

116. Die Zwangsverwaltung und die Zwangsversteigerung der zur Masse gehörigen unbeweglichen Gegenstände kann bei der zuständigen Behörde durch den Konkursverwalter betrieben werden.

117. Der Verwalter ist berechtigt, die Verwerthung eines zur Masse gehörigen beweglichen Gegenstandes, an welchem ein Gläubiger ein Faustpfandrecht oder ein diesem gleichstehendes Recht beansprucht, nach Maßgabe der Vorschriften über die Zwangsvollstreckung zu betreiben. Der Gläubiger kann einer solchen Verwerthung nicht widersprechen, vielmehr seine Rechte nur auf den Erlös geltend machen.

Ist der Gläubiger befugt, sich aus dem Gegenstande ohne gerichtliches Verfahren zu befriedigen, so kann auf Antrag des Verwalters das Konkursgericht dem Gläubiger nach dessen Anhörung eine Frist bestimmen, innerhalb welcher er den Gegenstand zu verwerthen hat. Nach dem Ablaufe der Frist findet die Vorschrift des ersten Absatzes Anwendung.

118. Bis zur Beschlußfassung durch eine Gläubigerversammlung kann der Verwalter mit Genehmigung des Gerichts oder, wenn von dem Gerichte ein Gläubigerausschuß bestellt ist, mit dessen Genehmigung dem Gemeinschuldner und der Familie desselben nothdürftigen Unterhalt aus der Konkursmasse gewähren.

Bis zur Beschlußfassung durch eine Gläubigerversammlung hat der Verwalter nach seinem Ermessen das Geschäft des Gemeinschuldners zu schließen oder fortzuführen und die Gelder, Werthpapiere und Kostbarkeiten nach Anordnung des Gerichts zu hinterlegen. Ist von dem Gerichte ein Gläubigerausschuß bestellt, so beschließt dieser über die

Schließung oder die Fortführung des Geschäfts und über die Hinterlegung der Gelder, Werthpapiere und Kostbarkeiten.

119. In der ersten Gläubigerversammlung hat der Verwalter über die Entstehung der Zahlungsunfähigkeit des Gemeinschuldners, über die Lage der Sache und über die bisher ergriffenen Maßregeln zu berichten.

120. Die Gläubigerversammlung beschließt über eine dem Gemeinschuldner und dessen Familie zu bewilligende Unterstützung, über die Schließung oder die Fortführung des Geschäfts und über die Stelle, bei welcher, sowie über die Bedingungen, unter welchen die Gelder, Werthpapiere und Kostbarkeiten hinterlegt oder angelegt werden sollen.

Die Gläubigerversammlung beschließt, in welcher Weise und in welchen Zeiträumen der Verwalter ihr oder einem Gläubigerausschusse über die Verwaltung und Verwerthung der Masse Bericht erstatten und Rechnung legen soll.

121. Der Verwalter hat, falls ein Gläubigerausschuß bestellt ist, dessen Genehmigung einzuholen:

1. wenn Gegenstände, deren Verkauf ohne offenbaren Nachtheil für die Masse ausgesetzt werden kann und nicht durch die Fortführung des Geschäfts veranlaßt wird, verkauft werden sollen, bevor der allgemeine Prüfungstermin abgehalten oder ein vor dem Schlusse desselben eingereichter Zwangsvergleichsvorschlag erledigt ist;
2. wenn die Erfüllung von Rechtsgeschäften des Gemeinschuldners verlangt, Prozesse anhängig gemacht, deren Aufnahme abgelehnt, Vergleiche oder Schiedsverträge

geschlossen, Aussonderungs-, Absonderungs- oder Masseansprüche anerkannt, Pfandstücke eingelöst, oder Forderungen veräußert werden sollen, und es sich in diesen Fällen um einen Werthgegenstand von mehr als dreihundert Mark handelt.

122. Der Verwalter hat die Genehmigung des Gläubigerausschusses oder, wenn ein solcher nicht bestellt ist, die Genehmigung einer Gläubigerversammlung einzuholen:

1. wenn ein unbeweglicher Gegenstand aus freier Hand, oder das Geschäft des Gemeinschuldners im Ganzen, oder das Recht auf den Bezug wiederkehrender Einkünfte veräußert werden soll;
2. wenn Erbschaften oder Vermächtnisse für die Masse aufgegeben, oder wenn Darlehen aufgenommen, fremde Verbindlichkeiten übernommen, zur Masse gehörige Gegenstände verpfändet, oder Grundstücke erstanden werden sollen.

123. Der Verwalter hat in den Fällen der §§ 121, 122 vor der Beschlußfassung des Gläubigerausschusses oder der Gläubigerversammlung, und in den Fällen des § 121, wenn ein Gläubigerausschuß nicht bestellt ist, vor der Vornahme der Rechtshandlung dem Gemeinschuldner, sofern derselbe ohne Aufschub zu erlangen ist, von der beabsichtigten Maßregel Mittheilung zu machen.

Das Gericht kann auf Antrag des Gemeinschuldners sofern nicht die Gläubigerversammlung die Genehmigung ertheilt hat, die Vornahme der Rechtshandlung vorläufig untersagen und zur Beschlußfassung über die Vornahme eine Gläubigerversammlung berufen.

124. Durch die Vorschriften der §§ 121—123 wird die Gültigkeit einer Rechtshandlung des Verwalters dritten Personen gegenüber nicht berührt.

125. Wenn ein Gläubigerausschuß bestellt ist, und die Gläubigerversammlung nicht ein Anderes beschließt, bedürfen Quittungen des Verwalters über den Empfang von Geldern, Werthpapieren oder Kostbarkeiten von der Hinterlegungsstelle und Anweisungen des Verwalters auf die Hinterlegungsstelle zu ihrer Gültigkeit der Mitzeichnung eines Mitgliedes des Gläubigerausschusses.

Vierter Titel.

Schuldenmasse.

126. Die Frist zur Anmeldung der Konkursforderungen beträgt drei Wochen bis drei Monate. Der Zeitraum zwischen dem Ablaufe der Anmeldefrist und dem allgemeinen Prüfungstermine soll mindestens eine Woche und höchstens zwei Monate betragen.

127. Die Anmeldung hat die Angabe des Betrages und des Grundes der Forderung sowie des beanspruchten Vorrechts zu enthalten. Sie kann bei dem Gerichte schriftlich eingereicht oder zum Protokolle des Gerichtsschreibers angebracht werden. Die urkundlichen Beweisstücke oder eine Abschrift derselben sind beizufügen.

128. Die Anmeldungen sind in der Gerichtsschreiberei zur Einsicht der Betheiligten niederzulegen.

Der Gerichtsschreiber hat jede Forderung sofort nach der Anmeldung derselben in der Rangordnung des beanspruchten Vorrechts in eine Tabelle einzutragen, welche innerhalb des ersten Dritttheils des zwischen dem Ablaufe der Anmeldefrist und dem Prüfungstermine liegenden Zeitraums auf der Gerichtsschreiberei zur Einsicht der Betheiligten niederzulegen und abschriftlich dem Verwalter mitzutheilen ist.

129. In dem Prüfungstermine werden die angemeldeten Forderungen ihrem Betrage und ihrem Vorrechte nach einzeln erörtert.

Der Gemeinschuldner hat sich über die Forderungen zu erklären.

130. In dem Prüfungstermine sind auch diejenigen Forderungen, welche nach dem Ablauf der Anmeldefrist angemeldet sind, zu prüfen, wenn weder der Verwalter noch ein Konkursgläubiger hiergegen Widerspruch erhebt; anderenfalls ist auf Kosten des Säumigen ein besonderer Prüfungstermin zu bestimmen.

Auf nachträglich beanspruchte Vorrechte und sonstige Aenderungen der Anmeldung findet die vorstehende Bestimmung entsprechende Anwendung.

Gläubiger, welche Forderungen nach dem Prüfungstermin anmelden, tragen die Kosten des besonderen Prüfungstermins.

131. Die Prüfung einer angemeldeten Forderung findet statt, wenngleich der anmeldende Gläubiger im Prüfungstermine ausbleibt.

132. Eine Forderung gilt als festgestellt, soweit

gegen sie im Prüfungstermine ein Widerspruch weder von dem Verwalter noch von einem Konkursgläubiger erhoben wird, oder so weit ein erhobener Widerspruch beseitigt ist.

Ist die Forderung vom Gemeinschuldner im Prüfungstermine bestritten, so kann ein Rechtsstreit, welcher über dieselbe zur Zeit der Eröffnung des Konkursverfahrens anhängig war, gegen den Gemeinschuldner aufgenommen werden.

133. Das Gericht hat nach der Erörterung einer jeden Forderung das Ergebniß in die Tabelle einzutragen. Auf Wechseln und sonstigen Schuldurkunden ist von dem Gerichtsschreiber die Feststellung zu vermerken.

Die Eintragung in die Tabelle gilt rücksichtlich der festgestellten Forderungen ihrem Betrage und ihrem Vorrechte nach wie ein rechtskräftiges Urtheil gegenüber allen Konkursgläubigern.

134. Den Gläubigern streitig gebliebener Forderungen bleibt überlassen, die Feststellung derselben gegen die Bestreitenden zu betreiben. Zu diesem Behufe hat das Gericht den Gläubigern einen Auszug aus der Tabelle in beglaubigter Form zu ertheilen.

Auf die Feststellung ist im ordentlichen Verfahren Klage zu erheben. Für die Klage ist das Amtsgericht, bei welchem das Konkursverfahren anhängig ist, und, wenn der Streitgegenstand zur Zuständigkeit der Amtsgerichte nicht gehört, das Landgericht ausschließlich zuständig, zu dessen Bezirke der Bezirk des Konkursgerichts gehört.

War zur Zeit der Eröffnung des Konkursverfahrens

ein Rechtsstreit über die Forderung anhängig, so ist die Feststellung derselben durch Aufnahme des Rechtsstreits zu verfolgen.

Die Feststellung kann nur auf den Grund gestützt und nur auf den Betrag gerichtet werden, welcher in der Anmeldung oder dem Prüfungstermine angegeben ist.

Die Bestimmungen des ersten, dritten und vierten Absatzes finden auf Forderungen, für deren Feststellung ein besonderes Gericht, eine Verwaltungsbehörde oder ein Verwaltungsgericht zuständig ist, entsprechende Anwendung.

Der Widerspruch gegen eine Forderung, für welche ein mit der Vollstreckungsklausel versehener Schuldtitel, ein Endurtheil oder ein Vollstreckungsbefehl vorliegt, ist von dem Widersprechenden zu verfolgen.

Die obsiegende Partei hat die Berichtigung der Tabelle zu erwirken.

135. Soweit durch ein Urtheil rechtskräftig eine Forderung festgestellt oder ein Widerspruch für begründet erklärt ist, wirkt dasselbe gegenüber allen Konkursgläubigern. War der Prozeß nur gegen einzelne Gläubiger geführt, so können diese den Ersatz ihrer Prozeßkosten aus der Konkursmasse insoweit verlangen, als der letzteren durch das Urtheil ein Vortheil erwachsen ist.

136. Der Werth des Streitgegenstandes eines Prozesses über die Richtigkeit oder das Vorrecht einer Forderung ist mit Rücksicht auf das Verhältniß der Theilungs- zur Schuldenmasse von dem Prozeßgerichte nach freiem Ermessen festzusetzen.

Fünfter Titel.
Vertheilung.

137. Nach der Abhaltung des allgemeinen Prüfungstermins soll, so oft hinreichende baare Masse vorhanden ist, eine Vertheilung an die Konkursgläubiger erfolgen.

138. Zur Vornahme einer Vertheilung hat der Verwalter, wenn ein Gläubigerausschuß bestellt ist, dessen Genehmigung einzuholen.

139. Vor der Vornahme einer Vertheilung hat der Verwalter ein Verzeichniß der bei derselben zu berücksichtigenden Forderungen auf der Gerichtsschreiberei zur Einsicht der Betheiligten niederzulegen und die Summe der Forderungen sowie den zur Vertheilung verfügbaren Massebestand öffentlich bekannt zu machen.

140. Konkursgläubiger, deren Forderungen nicht festgestellt sind und für deren Forderungen ein mit der Vollstreckungsklausel versehener Schuldtitel, ein Endurtheil oder ein Vollstreckungsbefehl nicht vorliegt, haben bis zum Ablauf einer Ausschlußfrist von zwei Wochen nach der öffentlichen Bekanntmachung dem Verwalter den Nachweis zu führen, daß und für welchen Betrag die Feststellungsklage erhoben oder das Verfahren in dem früher anhängigen Prozesse aufgenommen ist. Wird der Nachweis nicht rechtzeitig geführt, so werden die Forderungen bei der vorzunehmenden Vertheilung nicht berücksichtigt.

141. Gläubiger, von welchen abgesonderte Befriedigung beansprucht wird, haben bis zum Ablaufe der

Ausschlußfrist dem Verwalter den Nachweis ihres Verzichts oder ihres Ausfalls nach Maßgabe des § 57 zu führen. Wird der Nachweis nicht rechtzeitig geführt, so werden die Forderungen bei der vorzunehmenden Vertheilung nicht berücksichtigt.

Zur Berücksichtigung bei einer Abschlagsvertheilung genügt es, wenn bis zum Ablaufe der Ausschlußfrist dem Verwalter der Nachweis, daß die Veräußerung des zur abgesonderten Befriedigung dienenden Gegenstandes betrieben ist, geführt und der Betrag des muthmaßlichen Ausfalls glaubhaft gemacht wird.

142. Forderungen unter aufschiebender Bedingung werden bei einer Abschlagsvertheilung zu dem Betrage berücksichtigt, welcher auf die unbedingte Forderung fallen würde.

Bei der Schlußvertheilung findet ihre Berücksichtigung nur statt, sofern dem Verwalter bis zum Ablaufe der Ausschlußfrist der Eintritt der Bedingung nachgewiesen wird, oder soweit der Gemeinschuldner zu einer Sicherheitsleistung verpflichtet war.

143. Gläubiger, welche bei einer Abschlagsvertheilung nicht berücksichtigt worden sind, können nachträglich, sobald sie die Vorschriften der §§ 140, 141 erfüllt haben, die bisher festgesetzten Prozentsätze aus der Restmasse verlangen, soweit diese reicht und nicht in Folge des Ablaufs einer Ausschlußfrist für eine neue Vertheilung zu verwenden ist.

144. Die Antheile, mit welchen Gläubiger nach Maßgabe des § 141, Abs. 2 oder des § 142 Abs. 1 bei

Abschlagsvertheilungen berücksichtigt worden sind, werden für die Schlußvertheilung frei, wenn bei dieser die Voraussetzungen des § 141 Abs. 1 oder des § 142 Abs. 2 nicht erfüllt sind.

145. Binnen drei Tagen nach dem Ablaufe der Ausschlußfrist hat der Verwalter die auf Grund der vorstehenden Bestimmungen erforderlichen Aenderungen des Verzeichnisses zu bewirken.

146. Bei einer Abschlagsvertheilung sind Einwendungen gegen das Verzeichniß bis zum Ablauf einer Woche nach dem Ende der Ausschlußfrist bei dem Konkursgerichte zu erheben.

Das Gericht entscheidet über die Einwendungen. Die Entscheidung, durch welche eine Berichtigung des Verzeichnisses angeordnet wird, ist auf der Gerichtsschreiberei niederzulegen. Die Beschwerdefrist beginnt mit dem Tage, an welchem die Niederlegung der Entscheidung erfolgt ist.

147. Für eine Abschlagsvertheilung bestimmt der Verwalter und, wenn ein Gläubigerausschuß bestellt ist, dieser auf Antrag des Verwalters den zu zahlenden Prozentsatz.

Der Verwalter hat den Prozentsatz den berücksichtigten Gläubigern mitzutheilen.

148. Das Gericht kann auf Antrag des Gemeinschuldners, wenn derselbe einen Zwangsvergleich vorgeschlagen hat, die Aussetzung einer Abschlagsvertheilung anordnen, sofern nicht schon die Ausschlußfrist abgelaufen ist.

149. Die Schlußvertheilung erfolgt, sobald die Verwerthung der Masse beendigt ist.

Die Vornahme der Schlußvertheilung unterliegt der Genehmigung des Gerichts.

150. Zur Abnahme der Schlußrechnung, zur Erhebung von Einwendungen gegen das Schlußverzeichniß und zur Beschlußfassung der Gläubiger über die nicht verwerthbaren Vermögensstücke bestimmt das Gericht einen Schlußtermin, welcher nicht unter drei Wochen und nicht über einen Monat hinaus anzuberaumen ist.

Die Bestimmungen des § 146 Abs. 2 finden auf die Schlußvertheilung Anwendung.

151. Nach der Abhaltung des Schlußtermins beschließt das Gericht die Aufhebung des Konkursverfahrens. Eine Anfechtung des Beschlusses findet nicht statt.

Der Beschluß und der Grund der Aufhebung sind öffentlich bekannt zu machen.

Die Vorschriften der §§ 103 Abs. 2, 104, 106 finden entsprechende Anwendung.

152. Nach der Aufhebung des Konkursverfahrens können die nicht befriedigten Konkursgläubiger ihre Forderungen gegen den Schuldner unbeschränkt geltend machen.

Für die Gläubiger, deren Forderungen festgestellt und nicht von dem Gemeinschuldner im Prüfungstermine ausdrücklich bestritten worden sind, findet gegen den Schuldner aus der Eintragung in die Tabelle die Zwangsvollstreckung unter entsprechender Anwendung der §§ 662—701 der Civilprozeßordnung statt.

Für Klagen auf Ertheilung der Vollstreckungsklausel, sowie für Klagen, durch welche die die Forderung selbst betreffenden Einwendungen geltend gemacht werden, oder der bei der Ertheilung der Vollstreckungsklausel als bewiesen angenommene Eintritt der Thatsache, von welcher die Vollstreckung aus der Eintragung in die Tabelle abhängt, oder die als eingetreten angenommene Rechtsnachfolge bestritten wird, ist das im § 134 Abs. 2 dieses Gesetzes bezeichnete Gericht zuständig.

153. Wenn nach dem Vollzuge der Schlußvertheilung Beträge, welche von der Masse zurückbehalten sind, für dieselbe frei werden, oder Beträge, welche aus der Masse gezahlt sind, zur Masse zurückfließen, so sind dieselben von dem Verwalter nach Anordnung des Konkursgerichts auf Grund des Schlußverzeichnisses zur nachträglichen Vertheilung zu bringen. Die über die Verwaltung und Vertheilung solcher Beträge abzulegende Rechnung unterliegt der Prüfung des Konkursgerichts.

Dasselbe gilt, wenn nach der Schlußvertheilung oder der Aufhebung des Verfahrens zur Konkursmasse gehörige Vermögensstücke ermittelt werden.

154. Der Vollzug einer jeden Vertheilung erfolgt durch den Verwalter.

155. Die Antheile

1. auf Forderungen, welche in Folge eines bei der Prüfung erhobenen Widerspruchs im Prozesse befangen sind,
2. auf Forderungen, welche von einer aufschiebenden Bedingung abhängen,
3. auf Forderungen, für welche eine abgesonderte Be-

friedigung beansprucht und der Vorschrift des § 141 Abs. 2 genügt ist,

4. auf Forderungen unter auflösender Bedingung, sofern der Gläubiger zu einer Sicherheitsleistung verpflichtet ist und die Sicherheit nicht leistet,

werden zurückbehalten.

156. Die Beträge, welche bei dem Vollzuge der Schlußvertheilung zurückzubehalten sind, oder welche bis zu diesem Zeitpunkte nicht erhoben werden, hat der Verwalter nach Anordnung des Gerichts für Rechnung der Betheiligten zu hinterlegen.

157. Zahlungen auf festgestellte bevorrechtigte Forderungen kann der Verwalter mit Ermächtigung des Gerichts unabhängig von den Vertheilungen leisten.

158. Beträge, welche zur Sicherstellung eines bedingt zur Aufrechnung befugten Gläubigers nach Maßgabe des § 47 Abs. 3 hinterlegt worden sind, fließen zur Konkursmasse zurück, sofern nicht bis zum Ablaufe der Ausschlußfrist für die Schlußvertheilung dem Verwalter der Eintritt der Bedingung nachgewiesen wird, oder soweit nicht der Gemeinschuldner zu einer Sicherheitsleistung verpflichtet war.

159. Masseansprüche, welche nicht bis zu der Festsetzung des Prozentsatzes oder der Beendigung des Schlußtermins oder der Bekanntmachung einer Nachtragsvertheilung zur Kenntniß des Verwalters gelangt sind, können nicht auf den Massebestand geltend gemacht werden, welcher zur Auszahlung des festgesetzten Prozentsatzes erforderlich ist oder den Gegenstand der Schlußvertheilung oder der Nachtragsvertheilung bildet.

Sechster Titel.

Zwangsvergleich.

160. Sobald der allgemeine Prüfungstermin abgehalten und so lange nicht die Vornahme der Schlußvertheilung genehmigt worden ist, kann auf den Vorschlag des Gemeinschuldners zwischen diesem und den nicht bevorrechtigten Konkursgläubigern ein Zwangsvergleich geschlossen werden.

161. Der Vergleichsvorschlag muß angeben, in welcher Weise die Befriedigung der Gläubiger erfolgen, sowie ob und in welcher Art eine Sicherstellung derselben bewirkt werden soll.

162. Ein Zwangsvergleich ist unzulässig:

1. so lange der Gemeinschuldner flüchtig ist oder die Ableistung des Offenbarungseides verweigert;
2. so lange ein wegen betrüglichen Bankerutts gegen den Gemeinschuldner eröffnetes Hauptverfahren oder wiederaufgenommenes Verfahren anhängig ist;
3. wenn der Gemeinschuldner wegen betrüglichen Bankerutts rechtskräftig verurtheilt worden ist.

163. Auf Antrag des Verwalters und, wenn ein Gläubigerausschuß bestellt ist, des letzteren kann das Gericht den Vergleichsvorschlag zurückweisen, wenn bereits in dem Konkursverfahren ein Vergleichsvorschlag von den Gläubigern abgelehnt oder von dem Gerichte verworfen oder von dem Gemeinschuldner nach der öffentlichen Bekanntmachung des Vergleichstermins zurückgezogen worden ist.

164. Wird der Vergleichsvorschlag nicht zurückgewiesen, so hat der Gläubigerausschuß sich über die Annehmbarkeit des Vorschlags zu erklären.

Erklärt der Gläubigerausschuß den Vorschlag nicht für annehmbar, so ist ein Widerspruch des Gemeinschuldners gegen die Verwerthung der Masse nicht zu berücksichtigen.

165. Der Vorschlag und die Erklärung des Gläubigerausschusses sind auf der Gerichtsschreiberei zur Einsicht der Betheiligten niederzulegen.

166. Der Vergleichstermin soll nicht über einen Monat hinaus anberaumt werden. Der Termin ist öffentlich bekannt zu machen. Zu demselben sind unter Mittheilung des Vergleichsvorschlags und des Ergebnisses der Erklärung des Gläubigerausschusses die nicht bevorrechtigten Konkursgläubiger, welche Forderungen angemeldet haben, besonders zu laden.

167. Auf Antrag des Gemeinschuldners und, wenn ein Gläubigerausschuß bestellt ist, des letzteren kann das Gericht den Vergleichstermin mit dem allgemeinen Prüfungstermine verbinden.

168. Der Vergleich muß allen nicht bevorrechtigten Konkursgläubigern gleiche Rechte gewähren. Eine ungleiche Bestimmung der Rechte ist nur mit ausdrücklicher Einwilligung der zurückgesetzten Gläubiger zulässig. Jedes andere Abkommen des Gemeinschuldners oder anderer Personen mit einzelnen Gläubigern, durch welches diese bevorzugt werden sollen, ist nichtig.

169. Zur Annahme des Vergleichs ist erforderlich, daß

1. die Mehrzahl der in dem Termine anwesenden stimmberechtigten Gläubiger dem Vergleiche ausdrücklich zustimmt, und
2. die Gesammtsumme der Forderungen der zustimmenden Gläubiger wenigstens drei Viertheile der Gesammtsumme aller zum Stimmen berechtigenden Forderungen beträgt.

Wird nur eine der Mehrheiten erreicht, so kann der Gemeinschuldner bis zum Schlusse des Termins die einmalige Wiederholung der Abstimmung in einem neuen Termine verlangen. Das Gericht hat denselben zu bestimmen und im Termine zu verkünden.

170. Der angenommene Zwangsvergleich bedarf der Bestätigung des Konkursgerichts.

Das Gericht entscheidet, nachdem es die Gläubiger, den Verwalter und den Gläubigerausschuß in dem Vergleichstermine oder einem zu verkündenden Termine gehört hat.

171. Der Beschluß, durch welchen der Zwangsvergleich bestätigt oder verworfen wird, ist zu verkünden.

172. Der Vergleich ist zu verwerfen:

1. wenn die für das Verfahren und den Abschluß des Vergleichs gegebenen Vorschriften nicht beobachtet sind, und das Fehlende nicht ergänzt werden kann;
2. wenn ein Fall der Unzulässigkeit eines Zwangsvergleichs nachträglich eingetreten ist.

173. Der Vergleich ist auf Antrag eines nicht bevorrechtigten Konkursgläubigers, welcher stimmberechtigt war oder seine Forderung glaubhaft macht, zu verwerfen:

1. wenn der Vergleich durch Begünstigung eines Gläubigers oder sonst in unlauterer Weise zu Stande gebracht ist;
2. wenn der Vergleich dem gemeinsamen Interesse der nicht bevorrechtigten Konkursgläubiger widerspricht.

Der Antrag ist nur zuzulassen, wenn die Thatsachen, auf welche derselbe gegründet wird, glaubhaft gemacht werden.

174. Die sofortige Beschwerde gegen den Beschluß, durch welchen der Vergleich bestätigt oder verworfen ist, steht dem Gemeinschuldner und jedem nicht bevorrechtigten Konkursgläubiger zu, welcher stimmberechtigt war oder seine Forderung glaubhaft macht.

Die Frist zur Einlegung der Beschwerde beginnt mit der Verkündung des Beschlusses.

Eine Anfechtung der Entscheidung des Beschwerdegerichts findet nicht statt.

175. Sobald der Vergleich rechtskräftig bestätigt ist, beschließt das Gericht die Aufhebung des Konkursverfahrens. Eine Anfechtung des Beschlusses findet nicht statt.

Der Beschluß und der Grund der Aufhebung sind öffentlich bekannt zu machen.

Die Vorschriften der §§ 103 Abs. 2, 104, 106 finden entsprechende Anwendung.

176. Der Verwalter hat aus der Konkursmasse die Masseansprüche zu berichtigen. Die bestrittenen Masseansprüche sind sicher zu stellen.

Die bevorrechtigten Konkursforderungen sind, insoweit sie festgestellt sind, zu berichtigen, insoweit sie glaubhaft gemacht sind, sicher zu stellen.

177. Soweit der Zwangsvergleich nicht ein Anderes bestimmt, erhält der Gemeinschuldner das Recht zurück, über die Konkursmasse frei zu verfügen.

178. Der rechtskräftig bestätigte Zwangsvergleich ist wirksam für und gegen alle nicht bevorrechtigten Konkursgläubiger, auch wenn dieselben an dem Konkursverfahren oder an der Beschlußfassung über den Vergleich nicht Theil genommen oder gegen den Vergleich gestimmt haben. Die Rechte der Gläubiger gegen Mitschuldner und Bürgen des Gemeinschuldners werden nicht berührt.

179. Aus dem rechtskräftig bestätigten Zwangsvergleiche findet für die Konkursgläubiger, deren Forderungen festgestellt und nicht von dem Gemeinschuldner in dem Prüfungstermine ausdrücklich bestritten worden sind, gegen den Gemeinschuldner und diejenigen, welche in dem Vergleiche für dessen Erfüllung neben dem Gemeinschuldner ohne Vorbehalt der Einrede der Vorausklage Verpflichtungen übernommen haben, die Zwangsvollstreckung unter entsprechender Anwendung der §§ 662—701 der Civilprozeßordnung und des § 152 Abs. 3 dieses Gesetzes statt.

180. Soweit die Leistungen aus dem Vergleiche noch nicht fällig sind, gewährt die Feststellung einer Konkursforderung, wenn nach den Landesgesetzen ein Urtheil den Anspruch auf eine Hypothek an dem unbeweglichen Vermögen des Schuldners begründet, den Anspruch auf eine solche nur im Falle eines Arrestgrundes.

181. Eine Klage auf Aufhebung des Zwangsvergleichs aus dem Grunde der Nichterfüllung desselben findet nicht statt.

182. Wenn der Zwangsvergleich durch Betrug zu Stande gebracht ist, so kann jeder Gläubiger den vergleichsmäßigen Erlaß seiner Forderung anfechten, unbeschadet der ihm durch den Vergleich gewährten Rechte.

Die Anfechtung ist nur zulässig, wenn der Gläubiger ohne Verschulden außer Stande war, den Anfechtungsgrund in dem Bestätigungsverfahren geltend zu machen.

183. Die rechtskräftige Verurtheilung des Gemeinschuldners wegen betrüglichen Bankerutts hebt für alle Gläubiger den durch den Zwangsvergleich begründeten Erlaß auf, unbeschadet der ihnen durch den Vergleich gewährten Rechte.

Auf Antrag eines Gläubigers kann das Konkursgericht Sicherheitsmaßregeln gegen den Gemeinschuldner schon vor der rechtskräftigen Verurtheilung desselben anordnen.

184. Im Falle der rechtskräftigen Verurtheilung wird, wenn genügende Masse vorhanden ist, das Konkursverfahren auf Antrag eines Konkursgläubigers wieder aufgenommen.

Die Wiederaufnahme erfolgt durch Beschluß des Gerichts. Auf den Zeitpunkt der Wiederaufnahme und die Bekanntmachung derselben finden die Vorschriften der §§ 100, 103, 104, 106 entsprechende Anwendung.

185. Für die Anfechtung von Rechtshandlungen, welche in der Zeit von der Aufhebung bis zur Wiederaufnahme des Konkursverfahrens vorgenommen sind, sowie für die in diesem Zeitraume entstandenen Aufrechnungsbefugnisse gilt, wenn nicht inzwischen eine Zahlungseinstellung erfolgt ist, als Tag der Zahlungseinstellung der Tag des ersten die Verurtheilung des Gemeinschuldners aussprechenden Urtheils.

186. An dem aufgenommenen Verfahren nehmen die Gläubiger, für und gegen welche der Vergleich wirksam war, mit dem noch nicht getilgten Betrage ihrer ursprünglichen Forderungen Theil.

Die neuen Gläubiger des Gemeinschuldners sind zur Theilnahme an dem Verfahren berechtigt. Dieselben haben keinen Anspruch auf Befriedigung aus einer für die Erfüllung des Zwangsvergleichs bestellten Sicherheit.

187. Das Verfahren ist so weit als nöthig zu wiederholen.

Früher geprüfte Forderungen werden nur hinsichtlich ein r inzwischen eingetretenen Tilgung von neuem geprüft.

Siebenter Titel.

Einstellung des Verfahrens.

188. Das Konkursverfahren ist auf Antrag des Gemeinschuldners einzustellen, wenn er nach dem Ablaufe der Anmeldefrist die Zustimmung aller Konkursgläubiger, welche Forderungen angemeldet haben, beibringt. Inwieweit es der Zustimmung oder der Sicherstellung von Gläubigern bedarf, deren Forderungen angemeldet aber nicht festgestellt sind, entscheidet das Konkursgericht nach freiem Ermessen.

Das Verfahren kann auf Antrag des Gemeinschuldners vor dem Ablaufe der Anmeldefrist eingestellt werden, wenn außer den Gläubigern, deren Zustimmung der Gemeinschuldner beibringt, andere Gläubiger nicht bekannt sind.

189. Der Antrag ist öffentlich bekannt zu machen und mit den zustimmenden Erklärungen auf der Gerichtsschreiberei zur Einsicht der Konkursgläubiger niederzulegen. Die Konkursgläubiger können binnen einer mit der öffentlichen Bekanntmachung beginnenden Frist von einer Woche Widerspruch gegen den Antrag erheben. Im Falle des § 188 Abs. 1 steht der Widerspruch jedem Gläubiger zu, welcher bis zum Ablaufe der Frist eine Forderung angemeldet hat.

Das Gericht beschließt über die Einstellung nach Anhörung des Gemeinschuldners und des Verwalters. Im Falle eines Widerspruchs ist auch der widersprechende Gläubiger zu hören.

190. Das Gericht kann das Konkursverfahren einstellen, sobald sich ergiebt, daß eine den Kosten des Verfahrens entsprechende Konkursmasse nicht vorhanden ist.

191. Der Einstellungsbeschluß und der Grund der Einstellung sind öffentlich bekannt zu machen.

Die Vorschriften der §§ 103 Abs. 2, 104, 106 finden entsprechende Anwendung.

192. Der Gemeinschuldner erhält das Recht zurück, über die Konkursmasse frei zu verfügen.

Die Vorschriften des § 152 finden entsprechende Anwendung.

Achter Titel.

Besondere Bestimmungen.

193. I. Ueber das Vermögen einer Aktiengesellschaft findet das Konkursverfahren außer dem Falle der Zahlungsunfähigkeit in dem Falle der Ueberschuldung statt.

Nach Auflösung einer Aktiengesellschaft ist die Eröffnung des Verfahrens so lange zulässig, als die Vertheilung des Vermögens nicht vollzogen ist.

194. Zu dem Antrage auf Eröffnung des Verfahrens ist außer den Konkursgläubigern jedes Mitglied des Vorstandes und jeder Liquidator berechtigt.

Wird der Antrag nicht von allen Mitgliedern des Vorstandes oder allen Liquidatoren gestellt, so ist derselbe zuzulassen, wenn die Zahlungsunfähigkeit oder Ueberschuldung glaubhaft gemacht wird. Das Gericht hat die übrigen Mitglieder oder Liquidatoren nach Maßgabe des § 97 Abs. 2, 3 zu hören.

195. Ueber das Vermögen einer eingetragenen Genossenschaft findet das Konkursverfahren außer dem Falle der Zahlungsunfähigkeit in dem Falle des § 48 des Gesetzes, betreffend die privatrechtliche Stellung der Erwerbs- und Wirthschaftsgenossenschaften, vom 4. Juli 1868 statt.

Die Vorschriften der §§ 193, Abs. 2, 194, finden entsprechende Anwendung.

196. Die Genossenschaft wird durch den Vorstand oder die Liquidatoren vertreten.

Ein Zwangsvergleich findet nicht statt.

197. Nach der Aufhebung des Konkursverfahrens sind die Konkursgläubiger, deren Forderungen festgestellt worden sind, berechtigt, wegen des in dem Verfahren erlittenen Ausfalls, einschließlich der Zinsen und Kosten, die einzelnen ihnen solidarisch haftenden Genossenschafter in Anspruch zu nehmen. Den letzteren stehen Einwendungen nur gegen solche Forderungen zu, welche von dem Vorstande oder den Liquidatoren im Prüfungstermin ausdrücklich bestritten worden sind.

198. Im Falle der Zahlungsunfähigkeit einer offenen Handelsgesellschaft, einer Kommanditgesellschaft oder einer Kommanditgesellschaft auf Aktien findet über das Gesellschaftsvermögen ein selbständiges Konkursverfahren statt.

Die Vorschrift des § 193 Abs. 2 findet entsprechende Anwendung.

199. Zu dem Antrage auf Eröffnung des Verfahrens ist außer den Konkursgläubigern jeder persönlich haftende Gesellschafter und jeder Liquidator berechtigt.

Wird der Antrag nicht von allen persönlich haftenden Gesellschaftern oder allen Liquidatoren gestellt, so ist derselbe zuzulassen, wenn die Zahlungsunfähigkeit der Gesellschaft glaubhaft gemacht wird. Das Gericht hat die übrigen persönlich haftenden Gesellschafter oder Liquidatoren nach Maßgabe des § 97 Abs. 2, 3 zu hören.

200. Ein Zwangsvergleich kann nur auf den Vorschlag aller persönlich haftenden Gesellschafter geschlossen werden.

Der Zwangsvergleich begrenzt, soweit er nicht ein Anderes festsetzt, zugleich den Umfang der solidarischen Haftung der persönlich haftenden Gesellschafter mit ihrem sonstigen Vermögen.

201. Wenn Gesellschaftsgläubiger in einem über das Privatvermögen eines persönlich haftenden Gesellschafters eröffneten Konkursverfahren ihre Befriedigung wegen des Ausfalls suchen, welchen sie in dem Konkursverfahren über das Gesellschaftsvermögen erleiden, so sind bei den Vertheilungen die Antheile auf den vollen Betrag der Gesellschaftsforderungen zurückzubehalten, bis der Ausfall bei dem Gesellschaftsvermögen feststeht.

Im Uebrigen finden auf die vorstehend bezeichneten Forderungen die Vorschriften der §§ 57, 88, entsprechende Anwendung.

202. II. Für das Konkursverfahren über einen Nachlaß ist das Amtsgericht ausschließlich zuständig, bei welchem der Erblasser zur Zeit seines Todes den allgemeinen Gerichtsstand gehabt hat.

203. Die Eröffnung des Verfahrens setzt die Ueberschuldung des Nachlasses voraus.

204. Die Eröffnung des Verfahrens wird nicht dadurch gehindert, daß der Erbe noch eine Ueberlegungsfrist hat.

205. Zu dem Antrage auf Eröffnung des Verfahrens ist jeder Erbe oder Vertreter des Nachlasses und jeder Nachlaßgläubiger berechtigt.

Wird der Antrag nicht von allen Erben oder Nachlaßvertretern gestellt, so ist derselbe zuzulassen, wenn die Ueberschuldung glaubhaft gemacht wird. Das Gericht hat die übrigen Erben oder Nachlaßvertreter nach Maßgabe des § 97 Abs. 2, 3 zu hören.

206. Ein Zwangsvergleich kann nur auf den Vorschlag aller Erben oder Nachlaßvertreter geschlossen werden.

207. III. Besitzt ein Schuldner, über dessen Vermögen im Auslande ein Konkursverfahren eröffnet worden ist, Vermögensgegenstände im Inlande, so ist die Zwangsvollstreckung in das inländische Vermögen zulässig.

Ausnahmen von dieser Bestimmung können unter Zustimmung des Bundesraths durch Anordnung des Reichskanzlers getroffen werden.

208. Ein Konkursverfahren über das im Inlande befindliche Vermögen eines Schuldners, welcher im Deutschen Reiche keinen allgemeinen Gerichtsstand hat, findet statt, wenn derselbe zum Betriebe einer Fabrik, einer Handlung oder eines anderen Gewerbes im Inlande eine Niederlassung hat, von welcher aus unmittelbar Geschäfte geschlossen werden.

Dasselbe gilt, wenn ein Schuldner, welcher im Deutschen Reiche keinen allgemeinen Gerichtsstand hat, im Inlande ein mit Wohn- und Wirthschaftsgebäuden versehenes Gut als Eigenthümer, Nutznießer oder Pächter bewirthschaftet.

Für das Verfahren ist das Amtsgericht ausschließlich zuständig, in dessen Bezirke die Niederlassung oder das Gut sich befindet.

Ist im Auslande ein Konkursverfahren eröffnet, so bedarf es nicht des Nachweises der Zahlungsunfähigkeit zur Eröffnung des inländischen Verfahrens.

Drittes Buch.

Strafbestimmungen.

209. Schuldner, welche ihre Zahlungen eingestellt haben, oder über deren Vermögen das Konkursverfahren eröffnet worden ist, werden wegen betrüglichen Bankerutts mit Zuchthaus bestraft, wenn sie in der Absicht, ihre Gläubiger zu benachtheiligen,

1) Vermögensstücke verheimlicht oder bei Seite geschafft haben,
2) Schulden oder Rechtsgeschäfte anerkannt oder aufgestellt haben, welche ganz oder theilweise erdichtet sind,
3) Handelsbücher zu führen unterlassen haben, deren Führung ihnen gesetzlich oblag, oder
4) ihre Handelsbücher vernichtet oder verheimlicht oder so geführt oder verändert haben, daß dieselben keine Uebersicht des Vermögenszustandes gewähren

Sind mildernde Umstände vorhanden, so tritt Gefängnißstrafe nicht unter drei Monaten ein.

210. Schuldner, welche ihre Zahlungen eingestellt haben, oder über deren Vermögen das Konkursverfahren eröffnet worden ist, werden wegen einfachen Bankerutts mit Gefängniß bis zu zwei Jahren bestraft, wenn sie

1) durch Aufwand, Spiel oder Differenzhandel mit Waaren oder Börsenpapieren übermäßige Summen verbraucht haben oder schuldig geworden sind,
2) Handelsbücher zu führen unterlassen haben, deren Führung ihnen gesetzlich oblag, oder dieselben verheimlicht, vernichtet oder so unordentlich geführt haben, daß sie keine Uebersicht ihres Vermögenszustandes gewähren, oder
3) es gegen die Bestimmung des Handelsgesetzbuchs unterlassen haben, die Bilanz ihres Vermögens in der vorgeschriebenen Zeit zu ziehen.

211. Schuldner, welche ihre Zahlungen eingestellt haben, oder über deren Vermögen das Konkursverfahren eröffnet worden ist, werden mit Gefängniß bis zu zwei Jahren bestraft, wenn sie, obwohl sie ihre Zahlungsunfähigkeit kannten, einem Gläubiger in der Absicht, ihn vor den übrigen Gläubigern zu begünstigen, eine Sicherung oder Befriedigung gewährt haben, welche derselbe nicht oder nicht in der Art oder nicht zu der Zeit zu beanspruchen hatte.

212. Mit Zuchthaus bis zu zehn Jahren wird bestraft, wer

1) im Interesse eines Schuldners, welcher seine Zahlungen eingestellt hat, oder über dessen Vermögen das Konkursverfahren eröffnet worden ist, Vermögensstücke desselben verheimlicht oder bei Seite geschafft hat, oder
2) im Interesse eines solchen Schuldners, oder, um sich

oder einem Anderen Vermögensvortheil zu verschaffen, in dem Verfahren erdichtete Forderungen im eigenen Namen oder durch vorgeschobene Personen geltend gemacht hat.

Sind mildernde Umstände vorhanden, so tritt Gefängnißstrafe oder Geldstrafe bis zu sechstausend Mark ein.

213. Ein Gläubiger, welcher sich von dem Gemeinschuldner oder anderen Personen besondere Vortheile dafür hat gewähren oder versprechen lassen, daß er bei den Abstimmungen der Konkursgläubiger in einem gewissen Sinne stimme, wird mit Geldstrafe bis zu dreitausend Mark oder mit Gefängniß bis zu einem Jahre bestraft.

214. Die Strafvorschriften der §§ 209--211 finden gegen die Mitglieder des Vorstandes einer Aktiengesellschaft oder eingetragenen Genossenschaft und gegen die Liquidatoren einer Handelsgesellschaft oder eingetragenen Genossenschaft, welche ihre Zahlungen eingestellt hat, oder über deren Vermögen das Konkursverfahren eröffnet worden ist, Anwendung, wenn sie in dieser Eigenschaft die mit Strafe bedrohten Handlungen begangen haben.

Sach-Register
zur Konkursordnung.

Die arabischen Ziffern ohne nähere Bezeichnung geben die Paragraphen der Konkursordnung, die Ziffern, denen ein E vorgesetzt ist, die des Einführungsgesetzes zur Konkursordnung.

A.

B.

C.

D.

E.

F.

G.

H.

J.

K.

L.

M.

N.

O.

P.

Q.

R.

S.

T.

U.

V.

W.

Z

Buchdruckerei der Berliner Bürger-Zeitung (W. u. S. Loewenthal)
Berlin SW., Schützen-Straße 68.

FSC
www.fsc.org
MIX
Papier | Fördert gute Waldnutzung
FSC® C083411

Kolibri 360 GmbH
Ferdinand-Jühlke-Straße 7
99095 Erfurt, Deutschland
produktsicherheit@kolibri360.de